LA PART DU BRONZE

PLATON ET L'ÉCONOMIE

Est classique le livre qu'une nation ou un groupe de nations ou les siècles ont décidé de lire comme si tout dans ses pages était délibéré, fatal, profond comme le cosmos et susceptible d'interprétation sans fin.

N'est pas classique (je le répète) un livre qui nécessairement possède tel ou tel mérite, mais un livre que les générations humaines, pressées par des raisons différentes, lisent avec une ferveur préalable et une mystérieuse loyauté.

Jorge Luis Borges

TRADITION DE LA PENSÉE CLASSIQUE

Directeur : Monique DIXSAUT

LA PART DU BRONZE

PLATON ET L'ÉCONOMIE

par

Étienne HELMER

PARIS

LIBRAIRIE PHILOSOPHIQUE J. VRIN

6, Place de la Sorbonne, Ve

—

2010

La citation de Borges est extraite de
Enquêtes, trad. Paul et Sylvia Benichou, coll. Folio / Essais,
Gallimard, Paris, 1967, p. 251-252

ISBN 978-2-7116-2263-4

www.vrin.fr

Socrate : « La cité sera détruite lorsqu'elle sera gardée par l'homme de fer ou de bronze. »
Platon, *République* III, 415c5-6

Socrate : « Ne méprise pas, Nichomachidès, ceux qui s'occupent d'économie. »
Xénophon, *Mémorables* III, 4, 12

REMERCIEMENTS

L'origine de ce livre est une thèse intitulée *Économie et politique chez Platon*, dirigée par Mme Monique Dixsaut, Professeur émérite de l'Université Paris I Panthéon-Sorbonne, et soutenue le 9 décembre 2004 devant un jury composé de L. Brisson (C.N.R.S.), É. Lévy (Université March Bloch, Strasbourg), R. Muller (Université de Nantes), C.J. Rowe (Université de Durham). Je remercie le Professeur M. Dixsaut d'accueillir cet ouvrage dans sa collection, et Christian Keime, à qui je dois plus que je ne saurais dire.

INTRODUCTION

Platon est le premier philosophe d'Occident à proposer une conception philosophique de l'économie. Il invente l'économie générale ou politique, et lui accorde un rôle central dans l'ensemble de sa pensée. Ses contemporains étaient sensibles à certains phénomènes économiques, mais hormis Aristote aucun ne sut en proposer une vision d'ensemble ni en montrer comme lui les attaches et les répercussions sur tous les plans à la fois : anthropologique, métaphysique, éthique et politique. Le lecteur trouvera dans l'Annexe 1 un résumé des principales approches théoriques dont l'économie fit l'objet du temps de Platon. Je ne les ai pas mentionnées ici afin d'en venir sans tarder à Platon lui-même.

LA THÈSE DE PLATON SUR L'ÉCONOMIE

La thèse de Platon sur l'économie s'énonce en quatre moments.

Premièrement, l'économie est ambivalente, elle fait et défait la cité. Elle la fait en ce qu'elle en est l'origine : c'est la nécessité de subvenir à leurs appétits matériels qui pousse les hommes à s'associer. Mais en raison d'une nécessité anthropologique, ces mêmes appétits ont spontanément tendance à la démesure lorsqu'ils sont livrés à eux-mêmes. Ils mènent ainsi la cité au conflit, à l'intérieur comme à l'extérieur : l'économie défait alors la cité.

Deuxièmement, de ce que l'économie est à l'origine de la cité, les agents économiques prétendent qu'elle la constitue tout entière. Ils disputent ainsi au politique authentique le titre de cause de la cité. La pseudo-évidence de cette idée a pour conséquence que les hommes d'État ordinaires pensent pouvoir se contenter de mesures économiques pour diriger leur cité, et que la politique est presque toujours soumise à l'économie. Or, pour Platon, une cité n'est pas simplement une association économique où des intérêts opposés débouchent sur d'incessants conflits. Une cité est une communauté d'intérêts que seule la politique peut réaliser, ce qui implique de distinguer le véritable politique de ses rivaux « nourriciers des hommes »[1], et l'efficience politique de l'efficience économique.

Troisièmement, l'économie est hétéronome : elle est toujours instituée par une politique qui lui transmet ses valeurs. Pour Platon, les régimes politiques empiriques, ceux où nous vivons « nécessairement »[2], sont tous mauvais, à des degrés divers : ils laissent libre cours à la tendance anomique et conflictuelle des appétits, et la renforcent en mettant la politique au service d'une économie qui les entretient et les développe. C'est pourquoi ces régimes ne sont pas vraiment politiques : ils ne parviennent pas à établir l'unité et l'harmonie qui caractérisent une cité authentique et qui sont le fruit d'une politique véritable ou « vraiment conforme à la nature »[3], c'est-à-dire possédant le monopole de la décision et de la prescription sur l'ensemble des affaires humaines au sein de la cité. Seule la cité véritable, régie par cette politique autonome, peut donner le jour à une économie mesurée et réglée au bénéfice de la cité tout entière. Dans la cité authentique, l'économie est subordonnée à la politique véritable et à sa visée unificatrice.

Quatrièmement, cet idéal de subordination de l'économie à la politique véritable ne signifie pas néanmoins que Platon n'accorde à l'économie qu'un rôle secondaire, ni qu'il joue la politique *contre* l'économie dans une opposition simpliste. L'économie n'est pas pour lui une matière passive que la politique informerait à sa guise. Au contraire : elle possède une réelle positivité politique, que seule la politique véritable peut faire passer de la puissance à l'acte en convertissant au bénéfice de toute la cité sa charge de destruction potentielle. L'autonomie de la politique ne signifie pas la dévalorisation de l'économie. Elle n'implique pas non plus la disparition de l'économie domestique et de l'*oikos*[4], mais au contraire sa promotion comme moyen d'accomplissement politique des individus et de la cité à laquelle ils participent. L'*oikos* est à l'époque de Platon le rouage économique et social central où s'éduquent les appétits, et il y voit une force foncièrement antipolitique. C'est donc principalement à sa réforme et à celle de ses rapports avec la cité qu'il s'attache, non sans quelques

1. *Pol.* 289e4-290a3.

2. *Pol.* 302e6.

3. *Pol.* 308d1.

4. Contrairement à ce que soutient A. Espinas selon qui, dans la cité de Platon, « l'État absorbe tout, il n'y a plus rien de privé, plus rien qui appartienne à l'économie domestique », « L'Art économique dans Platon », *Revue des études grecques*, N°27, 1914, p. 111.

variations entre la *République* – qui du moins pour les gardiens promeut plutôt son abolition – et les *Lois* – qui affirment clairement la nécessité tant anthropologique que politique de le conserver mais sous une forme renouvelée par rapport à celle de son temps. De manière générale, à défaut de pouvoir changer la nature humaine en supprimant le désir de possession – ce désir qui anime nos appétits sensibles et que l'éducation ordinaire dispensée au sein de l'*oikos* contribue à renforcer au détriment de l'unité de la cité –, Platon crée un dispositif politique, social et éducatif permettant de convertir au bénéfice de la cité tout entière la puissance antipolitique de l'*oikos*. C'est en ce sens qu'il faut comprendre le rôle du *klèros* ou lot agricole dans les *Lois*, que Platon substitue à l'*oikos* traditionnel, au point que, dans le projet de cité parfaite élaboré dans ce dialogue l'activité économique du citoyen constituera, en un sens très précis, une part essentielle de son existence politique et de sa contribution à l'unité de la cité. Platon politise ainsi la maison et la famille, il hisse le monde privé à la hauteur du monde commun, et fait passer ce qui relevait jusqu'alors d'une économie domestique au stade d'une économie politique, c'est-à-dire pensée à l'échelle de la cité tout entière.

Étudier l'économie de Platon, c'est donc comprendre à quelles conditions l'économie peut contribuer à cette finalité politique fondamentale qu'est l'établissement d'une cité vraiment unie.

RAISONS DU SILENCE SUR L'ÉCONOMIE CHEZ PLATON

On connaît le mot de Whitehead : « la caractérisation générale la plus sûre de la tradition philosophique européenne est qu'elle consiste en une série de notes de bas de page à Platon. »[1] Pourquoi donc, sur la question de l'économie, l'importance de ce philosophe n'a-t-elle jusqu'à présent pas été reconnue à sa juste valeur ? Pourquoi l'économie est-elle, à de très rares exceptions près, la grande absente de l'impressionnante bibliographie des études platoniciennes ? Quatre raisons au moins, qui sont étroitement liées, peuvent être invoquées. La première tient à la difficulté de définir l'économie et de concevoir un discours philosophique qui la prenne pour objet. La seconde tient à l'interprétation, longtemps admise, selon laquelle les Grecs de la période classique seraient un peuple préoccupé presque exclusivement de politique. La troisième est l'application de ce préjugé au cas particulier de Platon, sous la forme de trois sortes de lectures de son

1. *Process and Reality*, [1929], édition corrigée, New York, The Free Press, 1979, p. 39.

œuvre : toutes déforment ou minimisent la place que l'économie y occupe. La quatrième et dernière raison du silence entourant l'économie dans les études consacrées à Platon consiste à croire que la dimension principalement domestique de l'économie, telle qu'elle se présente à l'époque de Platon et très souvent dans ses textes, l'empêcherait de lui conférer une dimension aussi politique. Examinons ces quatre points.

Comment définir philosophiquement l'économie ?

La négligence dont l'économie a pâti jusqu'à présent chez Platon s'explique d'abord par les difficultés que soulève sa définition, et par la spécificité du discours que Platon tient sur elle. Non qu'aucune définition ne soit disponible : elles sont au contraire très nombreuses, chez les économistes eux-mêmes comme chez les historiens ou les sociologues. Mais cette diversité est le meilleur témoin des difficultés conceptuelles et des obstacles épistémologiques que présente cette notion, et qu'une analyse philosophique de ne peut se dispenser d'étudier.

Par « économie », on désigne en général trois choses : des *phénomènes* ou des *activités* d'un certain type ; un *savoir* qui étudie ces phénomènes ; un *art* ou une *pratique* qui organise ou oriente ces activités dans une direction déterminée[1]. Voici alors, simplement esquissées, quelques-unes des questions qui se posent lorsqu'on veut définir l'économie.

En ce qui concerne les activités économiques, quelle est leur finalité ? La question de la richesse, si importante pour Platon, se révèle centrale sur ce point : si l'économie a notamment pour but de produire des biens et des richesses, doit-elle par exemple viser leur accumulation, comme le laissent entendre les économistes libéraux classiques[2] ? Et que faut-il donc entendre par bien ou richesse ? Une telle question implique qu'on s'interroge alors sur la notion de valeur, c'est-à-dire sur son origine et sa mesure, et sur ce que satisfait en nous l'économie : des besoins naturels ? Des désirs dont le contenu et l'expression dépendent des sociétés où nous vivons ?

Pour ce qui est de l'économie comme savoir, quelle en est la nature ? Est-ce uniquement une science mathématique, dégageant les lois prétendument naturelles des phénomènes économiques au même titre que la physique expose les lois naturelles du mouvement ? Ou est-ce aussi, pour

1. J. N. Keynes, *The Scope and Method of Political Economy*, [1891], London, Macmillan, 1917, p. 34-35 et 46.

2. Par exemple J. N. Keynes, *op. cit.*, cité par D. Hausman, *The Philosophy of Economics. An Anthology*, Cambridge, Cambridge University Press, 1984, p. 70.

reprendre le titre d'un ouvrage célèbre, une « science morale et politique »[1], où les descriptions prétendument objectives des faits se fondent inévitablement sur un discours normatif ou idéologique sous-jacent[2] ? Si Platon et son temps ne pouvaient poser l'alternative exactement en ces termes, puisqu'il n'existait pas de science économique autonome et mathématisée comme nous la connaissons aujourd'hui, la question se présentait toutefois à lui, *mutatis mutandis*, sous une forme similaire : qu'il prétende seulement décrire ce qui est ou qu'il prescrive explicitement ce qui devrait être, le savoir ou le discours sur la *pratique* économique ne repose-t-il pas toujours sur des valeurs, sur la détermination préalable d'un bien ? Si tel est le cas, comme Platon le montre, deux questions se posent. D'abord, quelles sont ces valeurs ? – question qui suppose qu'on se soit prononcé sur la finalité de l'économie évoquée plus haut. Ensuite, l'économie les pose-t-elle elle-même ou les reçoit-elle d'un savoir prescriptif auquel elle serait subordonnée : est-elle autonome ou hétéronome ?

Dernier point : si au niveau du savoir comme de la pratique et des activités, l'économie se révèle pétrie de valeurs qui correspondent à la finalité qu'on lui reconnaît, est-elle alors concevable indépendamment d'une anthropologie, c'est-à-dire d'une théorie générale des désirs de l'homme et des manières qu'il a de se réaliser ?

L'objet de ce livre est de montrer que Platon est le premier à percevoir et étudier toutes ces difficultés relatives à l'économie, et que les mesures économiques qu'il préconise pour l'organisation matérielle de la cité idéale sont subordonnées à ces analyses préalables. Ce sont ces analyses qui font la spécificité du discours platonicien sur l'économie, qui n'est pas un discours d'économiste mais un discours philosophique ou dialectique sur l'économie. Si, comme le dit Socrate, les sciences positives « se servent d'hypothèses sans y toucher et ne sont pas capables d'en rendre raison », la philosophie en revanche, ou la dialectique, « supprime les hypothèses et remonte jusqu'au principe lui-même pour y gagner en solidité »[3]. Une réflexion philosophique ne peut donc tenir pour acquises les définitions données de l'économie. Il lui faut au contraire les examiner, les soumettre à la question, pour en dégager une qui puisse triompher des obstacles qui se

1. A. O. Hirschman, *L'Économie comme science morale et politique*, Paris, Gallimard-Le Seuil, 1982. Voir aussi A. Sen, *Éthique et Économie*, [1991], trad. fr., Paris, P.U.F., 1993 ; *L'Économie est une science morale*, [1990], trad. fr., Paris, La Découverte, 1999.

2. Sur cette question : G. Myrdal, *The Political Element in the Development of Economic Thought*, London, Routledge & Kegan Paul, 1953 ; K. Klappholz, « Value Judgments and Economics », *British Journal for the Philosophy of Science*, vol. 15, 1964, p. 97-114.

3. *Rép.* VII, 533c1-d1.

dressent sur le chemin de la pensée. Aussi Platon n'invente-t-il pas une théorie économique au sens actuel du terme, c'est-à-dire une science autonome expliquant les phénomènes économiques par des mécanismes obéissant à leurs propres lois, car une telle science ne remet pas en cause la définition de l'économie sur laquelle elle se fonde. Il invente bien plutôt une théorie philosophique de l'économie, c'est-à-dire un ensemble de questions et de propositions sur ce thème, dont la pertinence et les limites n'apparaissent qu'une fois qu'on les a rapportés aux autres aspects – politiques, éthiques, anthropologiques, métaphysiques – de sa philosophie. Par exemple, ses considérations sur le crédit, sur la production agricole ou la répartition des terres, sont indissociables de son anthropologie et de son ontologie, et elles sont incontournables pour comprendre sa politique. Procédant de la même façon qu'avec les notions de politique et de cité mais de façon moins évidente et plus diffuse – et ce en raison de la nature même de l'économie –, Platon va donc avancer sa propre définition de l'économie, qui rendra compte de ce qu'elle est dans la cité juste et idéale et de ce qu'elle devrait être dans les cités empiriques.

À l'issue de ce livre, on ne saura donc pas si Platon est un précurseur du capitalisme[1], s'il préconise la planification, s'il est favorable ou non à l'institution du marché. Car de telles catégories, dont les définitions font elles-mêmes l'objet d'âpres discussions[2], peuvent tout au plus nous renseigner sur les positions de Platon lui-même et sur sa place dans l'histoire de la pensée économique : mais elles ne peuvent rien nous apprendre ni sur sa philosophie ni sur l'économie elle-même, c'est-à-dire sur le *sens* des pratiques économiques qu'il critique et de celles qu'il préconise.

C'est donc parce que les questions conceptuelles soulevées par l'économie et la spécificité du discours de Platon ont été négligées que l'économie a été si peu et si mal étudiée chez ce philosophe.

Les Grecs, un peuple seulement politique ?

Cette situation s'explique aussi par le préjugé tenace voulant que les Grecs n'aient manifesté que peu d'intérêt pour les questions économiques. Les arguments, semble-t-il, ne manquent pas : on invoque une distinction

1. Comme l'avancent R.C. Cross et A.D. Woozley, *Plato's* Republic. *A Philosophical Commentary*, London, Macmillan, 1964, p. 80.

2. Sur le capitalisme, voir par exemple les objections d'A. Caillé à l'hypothèse de F. Braudel selon laquelle le marché serait séparable, théoriquement et historiquement, du capitalisme, *Dé-penser l'économique. Contre le fatalisme*, A. Caillé, Paris, La Découverte-MAUSS, 2005, p. 72-73.

tranchée – mais aujourd'hui largement critiquée[1] – entre l'homme grec, *homo politicus*, et l'homme moderne, *homo œconomicus*; le défaut flagrant de conceptualisation de l'économie par les auteurs anciens eux-mêmes; la subordination de l'économie antique à des principes de réciprocité, de redistribution et de nécessités domestiques, en vertu de quoi il serait artificiel de vouloir faire de l'économie antique un objet d'étude séparé[2]. Si l'on ajoute le caractère très parcellaire des témoignages qui nous sont parvenus dans ce domaine pour les périodes antérieures au ve siècle, les faibles données chiffrées, donc d'exploitation très délicate, dont les historiens disposent, et la querelle entre primitivistes et modernistes sur la différence – qualitative ou quantitative ? – entre l'économie ancienne et l'économie moderne, ce préjugé peut aisément passer pour une vérité éternelle[3]. N'est-il pas d'ailleurs confirmé par le prétendu mépris général des Grecs eux-mêmes à l'endroit des activités productives et marchandes ? Le commerce n'est-il pas en effet un « métier sans nom »[4] ? « L'idéal de l'homme libre, de l'homme actif » n'est-il pas « d'être universellement usager, jamais producteur »[5] ? On a beau concéder à Aristote l'initiative d'un balbutiement conceptuel dans ce domaine, et à Xénophon quelques mesures empiriques pour augmenter les revenus de la *polis* et ceux de l'*oikos*[6], ces timides innovations n'atténuent en rien le constat d'ensemble : parce

1. Ch. Laval, *L'Homme économique. Essai sur les racines du néolibéralisme*, Paris, Gallimard, 2007.

2. K. Polanyi, *La Grande Transformation*, [1944], trad. fr., Paris, Gallimard, 1983, p. 71-86.

3. Sur la faiblesse des données concernant l'économie antique avant le ve siècle : S.C. Humphreys, *Anthropology and the Greeks*, London, Routledge & Kegan Paul, 1978, p. 143. Sur les données chiffrées : M.I. Finley, *L'Économie antique*, [1973], trad. fr., Paris, Minuit, 1975, p. 32-36. Pour un exemple de difficulté créée par leur exploitation : P. Garnsey, *Food and Society in Classical Antiquity. Essay in Social and Economic History*, Cambridge, Cambridge University Press, 1998, p. 30-32 ; *Famine et approvisionnement dans le monde gréco-romain*, [1988], trad. fr., Paris, Les Belles Lettres, 1996, p. 156. Sur la querelle entre primitivistes et modernistes : A. Bresson, *L'Économie de la Grèce des cités (fin* VIe-Ier *siècle av. C.)*, vol. 1, Paris, Armand Colin, 2007, p. 8-10.

4. Sur le mépris attaché au commerce : É. Benveniste, « Un métier sans nom : le commerce », *Le Vocabulaire des institutions indo-européennes*, vol. 1, Paris, Minuit, 1969, p. 139-147 ; M.I. Finley, *Le Monde d'Ulysse*, [1956], trad. fr., Paris, La Découverte, 1986, p. 82 ; M. Hénaff, *Le Prix de la vérité. Le Don, l'argent, la philosophie*, « La figure du marchand dans la tradition occidentale », Paris, Le Seuil, 2002, p. 83-106.

5. J.-P. Vernant, « Aspects psychologiques du travail en Grèce ancienne », [1962], dans *Mythe et pensée chez les Grecs*, Paris, La Découverte, 1996, p. 301.

6. J.A. Schumpeter, *Histoire de l'analyse économique*, t. I, *L'Âge des fondateurs*, [1954], trad. fr., Paris, Gallimard, 1983, p. 25-33 sur les exigences scientifiques de l'analyse économique, et p. 88-93 sur son inexistence en Grèce classique.

qu'aux yeux des Grecs elle n'aurait pas constitué un domaine signifiant par lui-même, l'économie ancienne serait restée dans l'enfance, aussi bien pour ce qui est de la théorie que pour ce qui est de la pratique[1]. D'où le constat sans appel de K. Polanyi : avant la période moderne, « autant qu'on puisse en juger, [le] concept [d'économie] n'existait pas »[2].

L'économie sans la philosophie: trois lectures de Platon et leurs limites

Platon n'échappe pas à cette interprétation générale. Les répercussions s'en font sentir même dans les rares études portant sur l'économie dans les *Dialogues*, notamment en ce fait qu'elles concernent davantage des passages délimités que l'ensemble du corpus, et qu'elles s'en tiennent pour la plupart à des exposés plus descriptifs qu'analytiques[3]. Si l'on met de côté les interprétations d'inspiration chrétienne ou néoplatonicienne, qui minimisent, voire nient, l'intérêt de Platon pour les questions économiques et plus largement pour les réalités sociales[4], les passages que Platon consacre à l'économie sont victimes de trois sortes de lectures, qui se soldent globalement par un même échec, à savoir l'incapacité à reconnaître la pertinence de ses analyses philosophiques de l'économie et la place décisive, pour ne pas dire centrale, qu'il leur accorde dans l'ensemble de sa pensée.

Le premier type de lecture prend acte du lien étroit de la politique, de l'éthique et de l'économie chez Platon, mais elle minimise la pertinence des considérations économiques au profit exclusif de l'éthique. Le cas le plus extrême consiste à *nier* purement et simplement le sens propre des thèmes

1. H. Michell, *Economics of Ancient Greece*, [1940], Cambridge, Cambridge University Press, 1957, p. 33.

2. K. Polanyi, « Aristote découvre l'économie », [1957], trad. fr., dans *Les Systèmes économiques dans l'histoire et dans la théorie*, Paris, Larousse, 1975, p. 98.

3. P.-M. Schuhl, *Études platoniciennes*, chapitre IV « Vingt années d'études platoniciennes », Paris, P.U.F., 1960. *Lustrum* : H. Cherniss, N° 4 et 5 (1959-1960); L. Brisson, N°20 (1977); (en collaboration avec H. Ioannidi) N° 25 (1983), p. 31-320, avec des *corrigenda* dans N° 26 (1984), p. 205-206; N° 30 (1988), p. 11-294, avec des *corrigenda* dans N° 31 (1989), p. 270-271; N° 35 (1993). L. Brisson (en collaboration avec F. Plin) : *Lustrum, Platon 1990-1995*.

4. Pour l'interprétation d'inspiration chrétienne : P. Hadot, *Qu'est-ce que la philosophie antique ?*, Paris, Gallimard, 1995, p. 380; J.A. Festugière, *Contemplation et vie contemplative selon Platon*, Paris, Vrin, 1975. Pour l'interprétation néoplatonicienne : P. Hadot, *op. cit.*, p. 244; D. O'Meara, « Conceptions néoplatoniciennes du philosophe-roi » dans *Images de Platon et lectures de ses œuvres : les interprétations de Platon à travers les siècles*, A. Netschke-Henschke (éd.), Louvain, Peeters, 1997, p. 34-50.

économiques pour ne leur reconnaître de fonction que méthodologique dans le cadre d'une recherche éthique. C'est ce que fait par exemple R. Waterfield, selon qui l'économie ne serait dans la *République* que l'expression métaphorique des appétits de l'individu. Elle ne servirait alors, comme la politique, que d'analogie heuristique pour découvrir la nature de la justice individuelle[1]. Mais le plus souvent, les réalités économiques évoquées par Platon ne se voient accorder de pertinence que par leur subordination étroite à des enjeux éthiques. C'est ce qu'on observe dans certaines interprétations d'ensemble de sa philosophie. Selon A.E. Taylor, dans la *République*, la vie commune des gardiens et l'interdiction qui leur est faite de posséder des biens matériels n'ont pas de sens économique mais d'abord un sens politique lié au rapport entre l'intérêt personnel et l'intérêt public, puis un sens éthique en ce que le dialogue porterait moins sur la meilleure forme de gouvernement que sur la quête du salut éternel[2]. Cette tendance, qui se décline en différentes nuances[3], se retrouve chez des exégètes pourtant plus attentifs au détail des dispositions économiques de Platon mais qui, pour rendre raison des différences entre les thèses de ce dernier et les théories modernes de l'économie, adoptent en définitive la même ligne interprétative. Pour L. Houmanidis par exemple, « c'est un fait que les idées économiques de Platon sont fondées sur sa conception de la moralité et de la justice, car il cherche un critère stable pour mesurer la valeur des échanges »[4]. Pour J. Bonar également, « les analyses de la richesse, de la production, de la distribution et des fonctions économiques de l'État et de la société sont toujours subordonnées chez Platon à l'éthique, et ne sont jamais séparables (même en théorie) de considérations éthiques »[5]. Ces exposés perçoivent bien un aspect de

1. *Plato. Republic*, Oxford, Oxford University Press, 1993, p. XVI-XVIII.

2. *Plato. The Man and his Work*, London, Methuen, 1948, p. 277.

3. Par exemple, pour F. Arends la *République* serait une enquête sur le bonheur, et la politique y remplirait une fonction heuristique. Mais contrairement à l'interprétation de R. Waterfield, la politique et l'économie ne sont pas pour lui de simples métaphores, et contrairement à celle de A.E. Taylor, elles ne sont pas totalement subordonnées à l'éthique; « Plato as a Problem Solver; the Unity of the *Polis* as a Key to the Interpretation of Plato's *Republic* », *Essays on Plato's* Republic, E.N. Ostenfeld (ed.), Aarhus University Press, Denmark, 1998, p. 28-29.

4. « Les idées de Platon sur l'économie se fondent sur sa conception de la morale et de la justice, parce qu'il était en quête d'un étalon de mesure stable pour évaluer les échanges » (*the economic ideas of Plato are based on his concepts of morals and justice as he searched a constant measure of value for the exchanges*), « Plato's Economic Doctrine », *Archives of Economic History*, VI, 1, 1995, p. 25.

5. « Platon subordonne toujours à l'éthique ses conceptions de la richesse, de la production, de la distribution, et des fonctions économiques de l'État et de la société, et

l'économie platonicienne, sans toutefois le rapporter à ses véritables fondements qui sont de nature politique. Les limites de ces exposés apparaissent aussi dans le singulier mutisme dont ils font preuve sur les arguments éthiques censés justifier par exemple la répartition des fonctions au livre II de la *République* ou la présence des esclaves dans la cité des Magnètes[1]. Subordonner l'économie de Platon exclusivement à son éthique, c'est s'empêcher d'en comprendre la portée et le sens.

Une seconde tendance interprétative, due principalement à des sociologues, a voulu faire valoir la modernité de Platon en énumérant les nombreuses données économiques qu'il évoque. Si elle rendait ainsi justice à la richesse des *Dialogues* sur ce point, cette interprétation visait toutefois d'autres enjeux que la compréhension de la portée philosophique des analyses de Platon en matière économique. Au XIXe siècle en effet, la naissance des sciences sociales a ouvert la voie à cette approche de l'économie de Platon, alors sollicitée par ces nouvelles disciplines pour garantir à leur positivisme déclaré une légitimité théorique comparable à celle dont seule la philosophie jouissait jusque-là[2]. En général, les promoteurs des sciences sociales mirent en avant des similitudes de contenu ou de méthode entre Platon et l'époque contemporaine. Pour ce qui est du contenu, A. Espinas fut l'un des rares sociologues à percevoir la rupture de Platon avec les traités philosophiques et la mentalité de son époque : Platon « voyait de plus en plus [l'économie] d'un œil tranquille comme une réalité nécessaire. En tout cas, [sa] liste [des activités économiques] [...] fait entrer pour la première fois dans la science par la philosophie un ensemble de faits et de question d'un intérêt considérable et le rattache, sinon à l'économie directement, du moins à la politique à laquelle l'économie est étroitement

considère qu'elles ne sont jamais séparables (même en théorie) de considérations éthiques » (*the conceptions of wealth, production, distribution and of the economical functions of the state and society are treated by Plato [...] always in subordination to Ethics and never as separable (even in theory) from ethical considerations*), *Philosophy and Political Economy in Some of their Historical Relations*, [1909], Bristol, Thoemmes Press, 1992, p. 11. Les auteurs anciens « s'occupent d'éthique économique et non d'économie politique », G. Salvioli, *Le Capitalisme dans le monde antique. Études sur l'histoire de l'économie romaine*, trad. fr., Paris, Giard et Brière, 1906, p. 2. « Les Grecs [...] n'ont jamais su isoler l'économie et la politique de la morale », A. Souchon, *Les Théories économiques dans la Grèce antique*, Paris, Larose, 1898, p. 32 ; voir aussi, p. 116 et 202. J. Lacour-Gayet, *Platon et l'économie dirigée*, Communication faite à l'Académie des Sciences morales et politiques, le 6 novembre 1944, Paris, 1945, p. 42.

1. Respectivement *Rép.* II, 369e2-370d4 ; *Lois* VI, 776b5-778a5.

2. Sur les rapports des sciences sociales et de la philosophie : É. Durkheim, *Sociologie et philosophie*, [1924], Paris, P.U.F., 1996.

liée »[1]. On verra que l'œil que Platon jette sur l'économie n'est pas « tranquille », loin s'en faut. Mais ce sociologue a le mérite de prendre acte de l'intérêt de Platon pour les réalités économiques. Concernant la méthode, par la place qu'il accorde aux données économiques recueillies empiriquement dans l'explication des faits, Platon serait pour K. Popper « un des fondateurs des sciences sociales [...] et un sociologue au sens qu'Auguste Comte, Stuart Mill et Spencer ont donné à ce mot »[2]. Il s'efforcerait par là, selon L. Robin, de « faire dépendre *l'art* politique d'une *science* sociale positive » et serait donc « plus qu'on ne dit, économiste et, [...], sociologue, sans cesser d'être philosophe »[3]. Mais de cette apparente similitude entre Platon et les sociologues modernes – qui est sans doute davantage un intérêt partagé pour la vie sociale qu'une véritable proximité méthodologique – peut-on déduire une similitude dans les intentions épistémologiques sans risquer l'anachronisme ? L'attention que Platon accorde à l'expérience n'autorise pas à parler à son sujet d'empirisme scientifique, et encore moins à déceler chez lui un projet de fondation d'une science économique autonome comparable à ce qu'est l'économie moderne. On peut étendre en effet à l'ensemble des *Dialogues* la remarque de L. Brisson sur le *Timée* : « Il est absolument impossible de dissocier dans le *Timée* ce qui ressortit à la cosmologie de ce qui relève d'un autre domaine de la connaissance : mathématiques, physique, chimie, biologie, médecine, psychologie, économie, sociologie, politique et même religion. Tout cela se confond en un écheveau inextricable. Aucun de ces domaines ne présente une véritable autonomie, celle qu'ils réussissent à conquérir deux millénaires plus tard ; reconnaître ce manque d'autonomie, c'est se donner les moyens de résister à la tentation de l'anachronisme[4]. » Souvent affaibli en outre par des intentions idéologiques et partisanes[5], cet éclairage nouveau qui offrait certes l'intérêt de se détourner du « ciel des Idées » pour illuminer la terre

1. A. Espinas, « L'art économique dans Platon », *Revue des études grecques*, N°27, 1914, p. 110.

2. Sir K.R. Popper, *La Société ouverte et ses ennemis*, t. I. : *L'Ascendant de Platon*, [1945], trad. fr. partielle, Paris, Le Seuil, 1979, p. 39. Même constat de L. Robin, « Platon et la science sociale », *Revue de métaphysique et de morale*, Paris, 1913, p. 211-255.

3. L. Robin, art. cit., p. 212. Souligné par l'auteur.

4. *Le Même et l'Autre dans la structure ontologique du* Timée, Paris, Klincksieck, 1973, p. 627.

5. Les plus notoires sont celles de K.R. Popper, *op. cit.* A. Espinas cherchait, lui, en Platon un repoussoir à ses propres positions en faveur du capitalisme, et attribuait ainsi la taille et le nombre de lots de la cité des *Lois* à une « inspiration secrète », à « des raisons d'ordre esthétique ou magique » liées à « la chimère socialiste », art. cit., p. 123-124, et 246.

des réalités sociales, laissait toutefois dans l'ombre le souci proprement philosophique de Platon pour l'économie.

Cette même insuffisance se laisse enfin encore mieux percevoir dans la troisième et dernière sorte de lecture, celle des économistes eux-mêmes et des historiens de l'économie[1], qui valorisent plus ou moins l'économie de Platon selon la proximité à la modernité qu'ils lui concèdent. Les uns insistent sur la rupture, Platon étant rejeté au profit d'Aristote dans les limbes d'un savoir pré-économique, notamment parce que l'analyse des données, au sens d'expertise scientifique, est absente des *Dialogues*. J.A. Schumpeter relève ainsi quelques éléments d'analyse économique dans la *République* et surtout dans les *Lois*, mais pas « comme une fin en soi. En conséquence, [le travail d'analyse] ne va pas très loin », notamment parce que les Grecs en général, et Platon en particulier, ne s'occupent pas de l'économie pour elle-même mais l'intègrent à une philosophie de la société qui a en vue une sagesse pratique[2]. D'autres au contraire voient déjà chez Platon le précurseur de thèses et de concepts économiques actuels. Par exemple, Platon connaîtrait déjà l'institution du marché et en percevrait les dangers pour la cité, et il serait le premier à proposer des moyens pour le réguler au lieu de le supprimer[3]. De même, les premières formulations du principe de la division du travail chez A. Smith devraient davantage à Platon qu'à *La Fable des abeilles* de Mandeville et qu'aux recherches des Encyclopédistes[4]. Dans sa législation sur l'eau, Platon appliquerait même dans les *Lois* un principe théorisé par R.H. Coase, prix Nobel d'économie en 1991, sur le surcoût social et économique de la prévention juridique des risques liés à certaines activités économiques[5]. Qu'elles concluent à la

1. Par exemple H. Denis, *Histoire de la pensée économique*, chapitre 1, § 2, « La doctrine économique de Platon », Paris, P.U.F., 1966.

2. J.A. Schumpeter, *op. cit.*, p. 91 et 88. S. Todd Lowry est lui aussi partisan de la rupture entre l'Antiquité et le monde contemporain mais il fait à tort de Platon le représentant paradigmatique de son époque, *The Archeology of Economic Ideas. The Classical Greek Tradition*, Durham, Duke University Press, 1987, p. 92-93.

3. G. Danzig et D. Schaps, « The Economy : what Plato Saw and what he Wanted », *Plato's* Laws *and its historical significance. Selected Papers of the International Congress on Ancient Thought*, F. Lisi (éd.), Sankt Augustin, Academia Verlag, 2001, p. 143-147.

4. V. Foley, « The Division of Labor in Plato and Smith », *History of Political Economy*, Durham, N°6, 1974, p. 220-242. Même idée chez C.P. Baloglou, « La division des tâches chez Platon », *Archives of Economic History*, II, 1992, p. 77. B. Gordon est lui aussi très soucieux de marquer cette continuité entre époque contemporaine et Antiquité, *Economic Analysis before Adam Smith*, Macmillan, London, 1975.

5. W. Drechsler, « Plato's *Nomoi* as the basis of Law & Economics », *Plato's* Laws : *From Theory into Practice. Proceedings of the VIth Symposium Platonicum*, S. Scolnicov, L. Brisson (éd.), Academia, Sankt Augustin, 2003, p. 215-220. Voir *Lois* VIII, 844a-d.

rupture ou à la continuité, ces deux positions n'en obéissent pas moins à un seul et même principe : elles jaugent l'économie de Platon à l'aune de l'économie de marché moderne et contemporaine ou du capitalisme, mais sans l'analyser pour elle-même. Enfin, lorsqu'il s'agit d'inscrire Platon dans l'histoire des doctrines économiques, l'exposé prend souvent une forme thématique[1] dont les catégories seraient applicables directement à tout discours sur l'économie, sans voir que celui de Platon, on l'a vu, ne consiste pas en une *théorie économique* mais en une *théorie de l'économie*.

En dépit de leur réel intérêt, ces trois types de lecture sous-évaluent largement la valeur des réflexions de Platon sur l'économie parce qu'elles le considèrent comme le fils de son temps, comme un penseur pour qui l'économie ne saurait être, au mieux, qu'une question secondaire.

Platon : de l'économie domestique à l'économie politique

Dans le droit fil de cette interprétation d'ensemble, une dernière raison explique pourquoi l'économie de Platon n'a pas été étudiée. C'est qu'on a estimé que l'économie de son temps n'était globalement qu'une économie de subsistance, qui ne débordait pas le cadre domestique et privé. Par conséquent, elle ne pouvait être comprise, dans le meilleur des cas, qu'à travers le prisme des valeurs éthiques qui régissaient la vie à l'intérieur de l'*oikos*, comme chez Aristote, et non à un niveau général ou politique. On était alors incapable de voir que Platon était précisément le premier à donner consistance à un concept politique ou général d'économie, même s'il ne disposait pas de terme pour la désigner en tant que telle.

Pour préciser la différence entre l'économie domestique et l'économie politique, rappelons les premiers mots de Rousseau dans l'article « Économie politique » de l'*Encyclopédie* : « Le mot d'Économie ou d'Œconomie vient de οἶκος, *maison*, et de νόμος, *loi*, et signifie originairement le sage et légitime gouvernement de la maison pour le bien commun de toute la famille. Le sens de ce terme a été dans la suite étendu au gouvernement de la grande famille, qui est l'État. Pour distinguer ces deux acceptions, on l'appelle, dans ce dernier cas, *économie générale* ou *politique* ; et dans l'autre, *économie domestique* ou *particulière*[2]. »

Le grec ancien n'a pas de mot correspondant à ce que Rousseau entend par économie générale ou politique. Le terme οἰκονομία, extrêmement

1. Notamment L. Houmanidis, art. cit., et J. Bonar, *op. cit.*

2. *L'Encyclopédie ou Dictionnaire raisonné des Sciences, des Arts et des Métiers*. Textes choisis, Éditions Sociales, Paris, 1984, p. 153 (souligné par l'auteur).

rare avant Platon et Xénophon[1], et même chez ces deux auteurs qui lui préfèrent souvent la périphrase verbale « administrer la maison » (διοικεῖν τὴν οἰκίαν)[2], désigne plus étroitement l'économie domestique, c'est-à-dire la gestion de l'*oikos*, domaine ou « unité domestique », tant sur le plan matériel que sur le plan humain[3]. L'*oikos* n'est pas en effet simplement une exploitation agricole, « il comprend tous les gens de la maison avec leurs biens [...] »[4]. L'*oikos* est donc un foyer de valeurs et de normes qui régissent à la fois la production du nécessaire et les rapports humains[5], et c'est l'institution centrale de l'économie antique, y compris à l'époque des cités. C'est pourquoi Platon lui consacre la plus grande part de sa réflexion sur l'économie, en se penchant notamment sur deux points. Le premier porte, comme chez Xénophon[6], sur le rôle que doivent y tenir les femmes, car il était alors déterminant dans l'organisation matérielle et morale de l'*oikos*. Le second est de savoir dans quelle mesure les principes organisant l'*oikos* pouvaient être compatibles avec ceux de la *polis*, dans quelle mesure une communauté domestique exerçant jusqu'alors son pouvoir de façon interne pouvait s'accommoder d'une communauté politique née de la juxtaposition d'*oikoi* dès lors forcés à composer avec un pouvoir extérieur.

Un dernier élément, le commerce, doit être pris en compte pour comprendre en quoi Platon invente l'économie générale ou politique. Le fait que l'économie ancienne ait été longtemps une économie domestique condamnait le commerce à n'être qu'un phénomène marginal, du moins à l'époque archaïque. Il était alors limité aux produits que l'*oikos* était incapable de se procurer par lui-même, comme les objets métalliques

1. On en trouve une occurence au VIIe siècle chez Pittacos, *Sept. Sap.* 2.5.9, puis, au début du Ve siècle, deux occurrences dans la doxographie ultérieure concernant Anaxagore et Métrodore.

2. Par exemple : *Mén.* 73a6-7; *Prot.* 318e6; *Lois* VII, 790b5-6. Chez Xénophon : *Oec.* 11.10.

3. Sur l'*oikos* comme unité domestique plus large que la simple cellule familiale, voir M. Weber, *Économie et Société*, trad. fr. [1971], Paris, Pocket, 1995, p. 76-79. Voir É. Benveniste, *op. cit.*, vol. 1., p. 293-319; P. Chantraine, *Dictionnaire étymologique de la langue grecque*, p. 781.

4. M. I. Finley, *Le Monde d'Ulysse*, [1956], Paris, Le Seuil, 2002, p. 69.

5. *Ibid.* Pour les Grecs, « le terme *oikos* au sens étroit désignait les ascendants paternels, le grand-père, les enfants du père, et au sens large l'ensemble du foyer, les propriétés, les animaux et les esclaves, les ascendants, et les clients » (*the term* oikos *in its narrow usage referred to the descent group of father, grandfather, children, and in its wider usage to the entire household, property, animals, and slaves, members of the descent group, affines and clients*), R.J. Littman, « Kinship in Athens », *Ancient Society*, N°10, 1979, p. 13.

6. Pour Xénophon, voir M. Foucault, *Histoire de la sexualité*, vol. 2, *L'Usage des plaisirs*, Paris, Gallimard, 1984, p. 185-240.

nécessitant un outillage spécialisé[1]. Avant l'apparition de la cité, l'*oikos* consistait en effet en une unité de production et de consommation qui devait subvenir par elle-même à ses besoins en limitant autant que possible les échanges commerciaux avec les autres *oikoi*[2]. Le commerce ne tenait qu'une place minime par rapport à l'importance qu'il allait avoir à l'époque de Platon – ce dont témoigne la législation rigoureuse qui l'encadre dans les *Lois*[3]– et il souffrait d'une image très négative. Contre-modèle de la razzia et des vertus guerrières qu'elle exige dans le monde homérique, le commerce fut ensuite associé à la duperie et au mensonge. Ce soupçon reste perceptible chez Platon, par exemple lorsqu'il identifie le sophiste à un commerçant, ou qu'il interdit la pratique du commerce à l'homme libre de la cité des *Lois*[4]. Toutefois, le souci de Platon est bien plus de prévenir les dérives possibles que de condamner une activité qu'il juge éthiquement neutre[5]. En associant le commerce à ses réflexions sur l'*oikos* dans une seule et même analyse, et parce qu'il envisage ces réflexions depuis la perspective de l'unité de la *polis*, Platon fait de l'économie une question aux dimensions de la cité. Il invente l'économie générale ou politique.

Si ce livre redonne aujourd'hui à l'économie platonicienne sa place légitime mais longtemps négligée, c'est sans doute pour cette raison si bien exposée par E.R. Dodds : « Ce qu'on découvre dans n'importe quel document dépend de ce qu'on y cherche, et ce qu'on y cherche dépend de nos propres intérêts qui, à leur tour, sont déterminés, en partie du moins, par le climat intellectuel de notre temps[6]. » Or qui peut nier que l'économie ne soit aujourd'hui au centre de nos préoccupations ? *Tout* semble en effet de nos jours suspendu à l'économie : *tout*, c'est-à-dire le devenir de la planète, la stabilité des sociétés et de leurs institutions, la force et la légitimité des

1. M. I. Finley, *Le Monde d'Ulysse*, *op. cit.*, p. 80.

2. *Ibid.*, p. 73. Voir aussi M. Weber : « [...] l'*oikos* [...] était une cellule domestique vivant en économie fermée », *op. cit.*, p. 13.

3. *Lois* VIII, 847b-e ; XI, 915d-920b.

4. Trois des six définitions du sophiste font explicitement référence à l'aspect commercial de son activité. Il est en effet : commerçant (ἔμπορος) des connaissances qui se rapportent à l'âme ; marchand (κάπηλος) de ces mêmes articles ; quelqu'un qui nous vend ces articles fabriqués par lui-même (αὐτοπώλης), *Soph.* 231d-e. Sur les différences entre ces trois sortes de marchands : H. Knorringa, *Emporos. Data on Trade and Trader in Greek Literature from Homer to Aristotle*, [1926], Chicago, Ares Publishers, 1987. Sur l'interdiction du commerce faite aux citoyens de la cité des Magnètes : *Lois* XI, 919d2-920a3.

5. *Lois* XI, 918a6-919d2 : le commerce ne doit sa mauvaise réputation qu'à l'incapacité de la plupart des hommes à limiter leur désir de richesse.

6. *The Ancient Concept of Progress and other Essays on Greek Literature and Belief*, Oxford, Clarendon Press, 1973, p. 28.

gouvernements, les équilibres géostratégiques, la santé physique et mentale des individus. Sans doute cette dépendance envers l'économie est-elle plus grande aujourd'hui qu'à l'époque de Platon. Mais la question demeure la même : ce n'est qu'en comprenant la nature de l'économie que l'on peut espérer lui donner la place qui lui revient dans les sociétés humaines. Peut-être pourra-t-on alors, comme le souhaitait Platon, mettre un terme aux maux des cités ou du moins trouver dans quel régime la vie est la moins pénible, « vu qu'elle est pénible en tous »[1].

Le premier chapitre présente l'ambivalence de l'économie – elle fait et défait la cité –, et les fondements anthropologiques de cette ambivalence. Le deuxième analyse les effets dévastateurs qu'une économie mal contrôlée fait subir aux cités imparfaites. Le dernier expose les remèdes économiques que Platon invente pour que l'économie devienne vraiment politique et contribue à l'unité de la cité.

1. *Pol.* 302b5-6.

CHAPITRE PREMIER

L'ÉCONOMIE : FAIRE ET DÉFAIRE LA CITÉ

L'économie a pour Platon deux visages : elle est instable, incohérente, source de divisions, et pourtant cohérente dans son incohérence, durable dans son instabilité, capable de rassembler sur les désunions qu'elle suscite. Bref, l'économie fait et défait la cité. Cette ambivalence lui est naturelle, et ses conséquences opposées ne sont l'aboutissement que d'un seul et même mouvement : celui qui pousse les hommes à s'assembler pour subvenir à leurs besoins, au risque de conflit d'intérêts généralisé. La tendance destructrice de l'économie n'atteint toutefois son maximum de puissance que dans les régimes imparfaits, ceux dont les membres ne s'associent qu'en s'opposant, parce que la politique y est, à des degrés divers, au service d'une économie donnant libre cours au désir illimité de possession, à l'insatiabilité de nos appétits sensibles. À l'inverse, dans la cité idéale, le politique régule et contient cette propension dévastatrice, et en utilise la force au bénéfice de la cité tout entière. C'est dire combien pour Platon l'économie ne prend sens que par son institution politique, et qu'il est de la responsabilité du politique d'orienter cette dynamique à double tranchant. L'économie est en somme une puissance des contraires, comme dirait Aristote, que le politique fait passer à l'acte pour le meilleur ou pour le pire.

C'est ce que nous montrera d'abord l'appréciation contrastée dont l'économie fait globalement l'objet dans les *Dialogues*. On verra ensuite plus précisément comment ses deux tendances – constructrice et destructrice – apparaissent dans le mythe du *Politique*, puis au livre II de la *République*. C'est dans ce second passage que sont posés les principes les plus importants et les plus constants de la conception platonicienne de l'économie : le principe de l'unicité de la fonction propre, sans rapport avec la division moderne du travail avec lequel on l'a souvent confondu, et la dimension économique de la citoyenneté. Par ces deux principes, Platon inscrit l'économie dans une réflexion politique d'où elle tire tout son sens. Enfin, on verra que les deux visages qu'il prête à l'économie s'expliquent par son anthropologie, notamment par nos appétits sensibles, cette « part maudite » en nous qu'il est si difficile d'apprivoiser.

L'AMBIVALENCE MORALE ET POLITIQUE DE L'ÉCONOMIE

Dans les *Dialogues*, le tableau des activités économiques oscille entre dépréciation et légitimité. Les emplois d'οἰκονομία et des termes apparentés, assez rares chez Platon, et des périphrases synonymes et plus fréquentes formées sur les termes διοικεῖν, διοῖκησις, οἰκεῖν et οἴκησις sont éloquents sur ce point, tout comme la présentation qui est faite de la production artisanale et du commerce[1].

L'économie critiquée

L'οἰκονομία est prise en mauvaise part dans les *Dialogues* quand elle renvoie à l'économie domestique pratiquée dans les cités empiriques, où la logique de l'intérêt privé et égoïste défait le lien et l'unité politiques, et ce principalement parce que, comme dans la conception défendue par Ischomaque dans l'*Économique* de Xénophon, elle se traduit par un désir d'enrichissement sans mesure. C'est alors l'incompatibilité de l'*oikonomia* avec l'activité philosophique qui est la cible des critiques de Socrate. Celui-ci se définit en effet comme un homme différent des autres car il n'a eu, dit-il, « nul souci de ce dont se préoccupent la plupart des gens : des affaires d'argent, de l'administration de leur bien (χρηματισμοῦ τε καὶ

1. On dénombre huit occurrences d'οἰκονομία, cinq d'οἰκονομικός, cinq d'οἰκονόμος et trois d'οἰκονομεῖν (Brandwood *s.v.*). Construits transitivement, les termes διοικεῖν ou διοίκησις désignent l'organisation ou l'administration d'un ensemble : par exemple le monde (*Phdr.* 246c2), le ciel (*Lois* X, 905e3), les « affaires humaines » en général (*Rép.* X, 606e3-4 ; *Lois* IV, 713c6), la cité ou les affaires publiques (*Lach.* 179c4-5 ; *Rép.* V, 455b2), la maison ou les affaires privées (*Prot.* 318e6 ; *Lois* VII, 807e3-4), la maison *et* la cité (*Charm.* 172d4 ; *Mén.* 73a6-7 ; *Lois* IV, 714a1).

De même avec les termes οἰκεῖν et οἴκησις qui s'appliquent plus spécifiquement à la maison (*Mén.* 71e7 ; *Lach.* 185a7 ; *Charm.* 171e6) ou à un ensemble politique (une cité, un régime, une région) : *Hipp. Maj.* 284d5 ; *Gorg.* 491b1-2 ; *Rép.* II, 371c6-7 ; IV, 420b9 ; *Banq.* 182b6-7 ; *Lois* III, 681d4-5 ; 695c10). Οἴκησις désigne plus largement un lieu de résidence ou d'habitation (*Lois* VI, 758b6 ; VII, 805e4).

οἰκονομίας) »[1]. Ce désintérêt n'est pas accidentel, il ne relève pas d'une simple affaire de goût : il est tout à la fois l'effet et la cause d'une vie consacrée à la philosophie. C'est pourquoi dans la *République*, Socrate explique que, pour qu'elle soit profitable à la cité, la philosophie doit être traitée à l'inverse de ce qui se fait sous ses yeux : « À présent, ceux-là même qui s'y mettent le font étant adolescents, juste au sortir de l'enfance, et quand tout en s'occupant de l'administration de leur bien et de faire des affaires (οἰκονομίας καὶ χρηματισμοῦ), ils en sont venus au voisinage de ce qu'il y a en elle de plus ardu, ils s'en éloignent en se flattant d'être les philosophes par excellence[2]. » Incompatible avec la philosophie, le souci de l'économie domestique l'est aussi avec la politique authentique que Platon élabore pour sa cité idéale, s'il est vrai que le pouvoir doit y revenir aux philosophes. L'activité économique domestique et la fonction de gardien sont donc foncièrement incompatibles. La propriété privée empêcherait les gardiens de remplir correctement leur fonction et ferait d'eux des « administrateurs de leur bien (οἰκονόμοι) », la connotation péjorative de ce terme étant ici portée par les commentaires qui le suivent : « Au lieu d'être les compagnons et les défenseurs de la cité, ils en deviendraient les tyrans et les ennemis, remplis de haine et eux-mêmes haïs [...], se précipitant vers la ruine, eux-mêmes et l'ensemble de la cité[3]. »

Cette οἰκονομία ordinaire menace donc la possibilité de la philosophie et de la cité juste, et leur incompatibilité semble totale : la patience qu'exige la difficulté de la philosophie peut difficilement convenir à la pression du désir de richesse et de reconnaissance sociale animant les jeunes épigones de Socrate[4]. Parallèlement, ce sont deux agencements opposés des parties de l'âme qui se profilent, avec leurs répercussions politiques : l'un qui tend à l'harmonie et qui a établi la raison aux commandes de l'âme, l'autre qui tend à la dissension et qui instrumentalise la raison au service des appétits.

Même constat en ce qui concerne la production et le commerce. Artisans et marchands sont souvent critiqués dans les *Dialogues* pour leur ignorance de ce qui est bon et de ce qui est mauvais pour le corps[5] : ils lui procurent en général ce qui lui fait plaisir. Comparés à la médecine et à la gymnastique qui, elles, savent ce qu'exige la santé, ce sont des métiers

1. *Apol.* 36b7.
2. *Rép.* VI, 497e9-498a3.
3. *Rép.* III, 417a6-b6.
4. Sur la difficulté de la philosophie et la patience qu'elle exige : par exemple *Phil.* 16b4-c2.
5. *Prot.* 313c7-d4.

« serviles et subordonnés »[1]. C'est pourquoi l'artisanat et les métiers manuels sont le propre des naturels incapables de se dominer et d'installer la pensée aux commandes de leur âme. De telles activités ne peuvent que pervertir davantage le corps et l'âme[2]. Il faut donc en interdire la pratique aux citoyens des *Lois*, notamment lorsqu'il s'agit du commerce, propice à relancer le désir d'enrichissement illimité et à entretenir une rivalité malsaine entre les citoyens[3]. La citoyenneté est en effet un métier à plein temps, qui requiert une formation permanente et la disponibilité totale des meilleures dispositions de l'âme, plus promptes à oublier qu'à apprendre ce qui leur convient[4]. Cette critique des activités économiques, notamment du commerce, s'étend à l'activité des sophistes que Platon présente, comme des marchands d'illusion qui racolent les jeunes gens de bonne famille pour leur soutirer leur argent[5].

Ce tableau de l'économie dans les *Dialogues* serait toutefois incomplet si l'on s'en tenait là. Il n'est pour s'en convaincre que de voir comment, sur chacun des points évoqués, Platon fait aussi valoir la légitimité des activités économiques.

L'économie légitime et ses paradoxes

Les *Dialogues* présentent aussi les activités économiques sous un jour favorable. En ce qui concerne tout d'abord la production et le commerce, il serait plus juste de dire que leur présentation n'est pas toujours défavorable. Par exemple, la malhonnêteté est imputable à certains commerçants, non au commerce lui-même, victime pour cette raison d'un injuste discrédit : « ce sont des procédés malhonnêtes qui ont jeté le discrédit sur ces métiers destinés à porter secours à notre détresse. »[6] Socrate fait parfois référence aux artisans sans que s'y mêle de préjugé moral négatif : par exemple dans l'*Apologie*, la prétention infondée à la sagesse dont ils font preuve ne leur est pas spécifique et elle n'est pas condamnée en termes éthiques[7].

1. *Gorg*. 518a2 ; voir tout le passage 517c7-518a5.
2. Sur le premier point : *Rép*. IX, 590c2-7 ; sur le second : *Rép*. VI, 495d4-e3.
3. Sur cette critique du commerce : *Lois* XI, 918d-919b.
4. *Lois* V, 741e1-6. Voir S. Sauvé Meyer : « The moral dangers of labour and commerce in Plato's *Laws* », *Plato's* Laws : *From Theory into Practice. Proceedings of the VIth Symposium Platonicum, S. Scolnicov*, L. Brisson (éd.), Academia, Sankt Augustin, 2003, p. 207-214. L'auteur perçoit bien les raisons psychologiques et politiques qui motivent la législation rigoureuse sur le commerce qu'on trouve dans les *Lois*.
5. *Soph*. 231d2-4.
6. *Lois* XI, 918d-919b ; 919b1-3 pour la citation.
7. *Apol*. 22c9-d8.

La valorisation de l'économie est toutefois nettement plus sensible et plus positive en ce qui concerne les activités de gestion ou d'administration qui caractérisent l'économie domestique. Dans la cité des Magnètes, c'est une occupation légitime et légale du citoyen, dont l'emploi du temps nocturne doit être consacré à des tâches soit politiques (τῶν τε πολιτικῶν) soit domestiques (τῶν οἰκονομικῶν)[1]. Dans le même sens, l'Athénien critique sévèrement l'éducation (ἡ παιδεία) que Cyrus a donnée à ses enfants, ou bien plutôt qu'il ne leur a pas donnée : sa négligence à l'égard de l'éducation et de l'οἰκονομία souligne *a contrario* la légitimité et l'utilité d'une οἰκονομία bien réglée. C'est bien cette possibilité de mise en ordre de l'οἰκονομία que mettent en avant les *Lois*, en soulignant à ce propos le rôle fondamental de l'arithmétique : « En effet, par rapport à l'administration de son bien (οἰκονομίαν) et par rapport au régime politique (πολιτείαν), par rapport à tous les arts, aucun objet d'étude ne possède une vertu éducative comparable en importance à celle du temps que l'on passe dans l'étude des nombres[2]. » De même, le prélude adressé au responsable de l'éducation indique qu'un certain nombre de connaissances, dont l'étude des lettres, de la lyre et du calcul, doivent être acquises « pour la guerre, l'administration de son bien (οἰκονομίαν) et l'organisation de la cité (κατὰ πόλιν διοίκησιν) »[3]. L'économie exigerait donc, en partie du moins, la même propédeutique que la dialectique dans la *République*[4], ce qui ne peut que la valoriser.

Néanmoins, cette valorisation de l'économie domestique ne peut manquer de surprendre, pour deux raisons. D'abord, à lire le passage précédent sur l'utilité de l'arithmétique, il semblerait en effet possible de soumettre l'*oikonomia* à un principe d'organisation rationnel qui serait commun à différents domaines, dont la politique. De même, les critiques de l'Athénien envers Cyrus ne portent pas uniquement sur sa négligence envers ses enfants, mais aussi sur l'écart entre ses réelles compétences militaires et son incurie domestique qu'une même règle, pourtant, devrait

1. *Lois* VII, 808a7-b1.

2. *Lois* V, 747b1-3.

3. *Lois* VII, 809c3-6. Néanmoins, les mathématiques ne sont pas une condition suffisante de la bonté d'une pratique ou d'une pensée. Elles n'ont de caractère qu'instrumental et peuvent aussi bien favoriser la rouerie, notamment dans le commerce (*Lois* V, 747b6-d1). Voir Y. Lafrance, « La Rationalité platonicienne : mathématiques et dialectique chez Platon », *Platon. L'Amour du savoir*, M. Narcy (dir.), Paris, P.U.F., 2001, p. 13-48 ; L. Brisson, « De la philosophie politique à l'épopée. Le *Critias* de Platon », *Revue de métaphysique et de morale*, N°75, 1970, p. 402-438.

4. *Rép.* VII, 522c-528d.

pouvoir ordonner. C'est ce que montre aussi, outre les passages précédemment cités des *Lois*, une partie du programme éducatif que doit mettre en place le responsable de l'éducation dans la cités des Magnètes : « adaptant de la sorte à un jeu [...] la pratique usuelle des opérations arithmétiques indispensables, [les maîtres] forment utilement leurs élèves à régler un campement, une marche, une expédition militaire, aussi bien qu'à administrer leur bien (οἰκονομίας)[1]. » Dans le *Charmide*, Socrate déclare aussi : « La sagesse serait un grand bien si elle présidait à l'administration des maisons comme à celle de la cité (διοικήσεως καὶ οἰκίας καὶ πόλεως)[2]. » Faut-il donc en conclure que le Platon des *Lois* se range aux conceptions du sophiste Protagoras, pour qui un même enseignement permet de « bien délibérer dans les affaires privées, de savoir comment administrer sa maison, ainsi que, dans les affaires de la cité, de savoir comment devenir le plus à même de les traiter en actes comme en paroles »[3] ? Ou encore à celles du personnage de Xénophon, Ischomaque, pour qui l'économie et la politique, comme l'*oikos* et de la *polis*, ne diffèrent qu'en degré et non en nature[4] ?

Seconde surprise, et non des moindres : celle qui apparaît dans la hiérarchie des réincarnations de l'âme du *Phèdre*. L'intendant ou le maître de l'*oikos* (ὁ οἰκονόμος) y occupe le même rang, le troisième – sur neuf – que l'homme d'affaire (ὁ χρηματιστής) et le politique, après « celui qui aspire au savoir, au beau » et « le roi qui obéit à la loi, qui est doué pour la guerre et le commandement »[5]. Comment comprendre que soient mentionnés sur ce même échelon l'homme d'affaires, pourtant condamné par ailleurs pour le danger qu'il représente pour la cité[6], et le politique, alors que Platon semble par ailleurs subordonner l'économie à la politique ? Est-ce à dire là encore qu'il valorise l'économie parce qu'il se range aux conceptions traditionnelles et sophistiques, qui assimilent l'économie et la politique, la maison et la cité ? Il n'en est rien. À ses yeux, on va le voir, l'*oikos* et la *polis* ne sont pas identiques et ne doivent pas être confondues, mais elles doivent être soumises à une commune mesure, dont la politique est le principe. La réforme de l'*oikos* aura ainsi pour principale fonction d'inscrire dans un seul et même ordre commun la communauté domestique et la communauté politique. Pour l'heure, précisons les raisons pour

1. *Lois* VII, 819c1-5.
2. *Charm.* 172d3-4. Cf. *Alc. I*, 133c18-134a1.
3. *Prot.* 318e5-319a2.
4. Voir l'Annexe 1.
5. *Phdr.* 248d5-6, et plus largement 248c2-e3.
6. *Rép.* III, 417a6-b6 ; VIII, 551a-d.

lesquelles l'économie présente deux visages, en nous penchant sur un passage du mythe du *Politique*.

L'ABSENCE AMBIGUË DE L'ÉCONOMIE DANS LE MYTHE DU *POLITIQUE*

Le texte

L'économie est une sphère d'activité dont la portée politique et éthique est ambivalente : si elle semble être de prime abord une cause du malheur des cités, elle se révèle aussi être une condition de leur bonheur. C'est ce qui ressort indirectement de son absence dans le passage suivant du mythe du *Politique* :

> *L'Étranger* : [À l'époque de Cronos], les démons, sortes de pasteurs divins, distinguèrent les êtres vivants en genres et troupeaux, et chacun subvenait indépendamment à tous les besoins (εἰς πάντα) de chacun de ceux qu'il gouvernait personnellement. Ainsi il n'y avait rien de sauvage, aucun être vivant n'était nourriture pour l'autre, et il n'y avait là absolument (τὸ παράπαν) aucune guerre ni dissension. Quant à toutes les autres conséquences qui découlent d'une telle organisation, il y en aurait des milliers à conter. Pour ce qu'on rapporte des hommes précisément, au sujet des conditions d'existence spontanées qu'ils connaissaient, voici ce qu'on en dit : c'était le dieu lui-même qui les faisait paître et les dirigeait, de la même façon que les hommes à présent, parce qu'ils sont une espèce plus divine, font paître les autres espèces, qui leur sont inférieures. Sous le règne du dieu, il n'y avait pas de constitutions politiques (πολιτεῖαι) ; on ne possédait ni femmes ni enfants (κτήσεις γυναικῶν καὶ παίδων), car c'est de la terre que tous venaient à la vie, sans garder aucun souvenir du passé. Si donc il n'y avait rien de tout cela, en revanche les hommes jouissaient des fruits sans nombre dispensés par les arbres et l'ensemble de l'ample végétation ; fruits qui n'étaient pas l'œuvre de la culture, mais que la terre donnait spontanément. Ils vivaient dehors nus, dormant le plus (τὰ πολλὰ) souvent sans lit (ἄστρωτοι) ; car les saisons avaient été tempérées pour leur éviter de souffrir (ἄλυπον), et douces étaient leurs couches, faites d'herbe foisonnante poussant à même la terre [1].

L'absence de l'économie : une condition du bonheur ?

L'époque de Cronos ne comporte pas d'économie, ni générale ni domestique : on n'y trouve ni travail, ni échange, ni vie familiale. Cette absence semble contribuer à la félicité de cette période, le narrateur du

1. *Pol.* 271d6-272b1.

mythe – l'Étranger – évoquant indirectement les maux qui naissent du travail et de l'économie dans le monde ordinaire. Ce qui fait surtout défaut à cette période, c'est ce qui sera à l'origine de l'économie et de sa dégénérescence antipolitique, comme on le verra avec le livre II de la *République* et un passage du *Phédon* : à savoir le désir de possession.

Cette absence se manifeste d'abord au niveau de la dimension matérielle de l'économie. À l'époque de Cronos, le modèle politique pastoral ainsi que la spontanéité et l'abondance de la croissance végétale rendent le travail inutile, à commencer par l'agriculture, rangée parmi les techniques « les plus nécessaires » à la fondation de la cité au livre II de la *République*[1]. Inutiles également le cordonnier, le tisserand et le maçon, eux aussi à l'origine de la cité : l'abondance de l'herbe et les saisons « qui ne font pas souffrir (ἄλυπον) » permettent à ces hommes de vivre nus, sans lits (ἄστρωτοι) et le plus souvent en plein air[2]. Inutile donc les arts producteurs d'un confort supplémentaire, ainsi que l'échange et le commerce. Ce mode de vie rend donc caduques le besoin de confort et le problème de ses limites soulevé par Glaucon, qui sera à l'origine de l'inflammation de la cité[3]. Il rend vain aussi le désir de possession et d'accumulation des denrées les plus nécessaires.

Sans doute cette situation contribue-t-elle à faire de l'Âge de Cronos une période pacifique. Mais cette paix tient aussi au fait que les besoins de tous les vivants, « selon leur genre et en troupeaux », sont pris en charge par les divinités subordonnées qui en ont la garde : les animaux ne peuvent donc se servir de proies les uns aux autres. La capacité de chaque divinité de tutelle à satisfaire par elle-même tous ces besoins instaure ainsi entre les espèces animales un rapport de coexistence pacifique, où la sauvagerie ordinaire de la chaîne alimentaire n'a plus sa place[4]. À la satisfaction totale (εἰς πάντα) des besoins répond l'impossibilité absolue (τὸ παράπαν) de quelque conflit que ce soit[5]. Si ces animaux ont donc des appétits, ils ne connaissent pas la sauvagerie qui les caractérisent ordinairement et que connaissent même les êtres en apparence mesurés : comme l'explique en effet Socrate, « il existe en chacun de nous une espèce de désirs qui est

1. *Rép.* II, 369d6-9.

2. *Pol.* 272a5-b1. La restriction « le plus souvent (τὰ πολλὰ) » qui porte sur la vie en plein air peut s'expliquer par le fait que le climat est tempéré, et n'exclut ni la pluie ni le vent dont les hommes devront s'abriter.

3. *Rép.* II, 372b5-6, d7-8.

4. La précision « selon leur genre et en troupeaux » invite à exclure les plantes des vivants en question, *Pol.* 271d6.

5. *Pol.* 271d7-e2.

terrible, sauvage et sans égards pour les lois. On la trouve même chez le petit nombre de ceux qui sont selon toute apparence mesurés »[1]. Sous Cronos aucun animal ne peut convoiter l'autre, ne peut désirer se l'approprier ou le posséder, ce qui vaut aussi pour l'homme, traité dans ce mythe comme un animal parmi d'autres. Il faut donc supposer un végétarisme général, qui n'est alors qu'un cas particulier de la disparition de l'acquisition et du désir de possession que l'économie permet de satisfaire dans notre monde[2]. L'homme ne connaît donc plus sous Cronos la croissance de l'appétit de consommation et de possession, dont la nutrition est l'expression la plus élémentaire et dont la guerre et la dissension ne sont que les prolongements[3].

Sous Cronos, l'absence de l'appétit de possession concerne aussi la dimension « humaine » de l'économie domestique : la vie familiale et la sexualité. Avant la reproduction sexuée qu'on trouve à l'époque de Zeus, la génération procédait par autochtonie. Était donc exclue la famille en tant que structure de parenté sociale superposée à la parenté biologique. Sous Cronos, « il n'y avait pas non plus de possession (κτῆσις) de femmes ni d'enfants », le terme grec ayant à la fois le sens de propriété juridique et de possession physique[4]. Or c'est le sentiment d'appartenance familiale et l'attachement que nourrissent les uns pour les autres les membres d'une même famille au sein de l'*oikos* qui, selon Platon, font de cette institution un obstacle à l'édification d'une cité une. L'époque de Cronos semble ainsi protégée de la force antipolitique que le monde privé de la famille oppose au monde commun de la cité.

Le silence sur la sexualité est plus ambigu. Il est difficile en effet de se satisfaire du déséquilibre des appétits à l'époque de Cronos : pourquoi y aurait-on encore besoin de se nourrir mais plus de satisfaire l'*erôs* sexuel ? Certes *erôs* semble avoir disparu du *Politique*, où il n'est évoqué que deux fois : implicitement dans la division, en termes de croisement des espèces animales, et explicitement à la fin du dialogue, à propos des mariages que le politique doit régler entre les naturels opposés[5]. Tout se passe comme si

1. *Rép.* IX, 572b4-6.

2. Le végétarisme de la cité saine au livre II de la *Rép.* (372b1-5) s'expliquerait alors moins par des motifs religieux (Leroux, *op. cit.*, note 69, p. 556) que par la modération des appétits des « cochons », encore préservés de la sauvagerie. Cf. *Lois* VI, 782c1-d1 ; *Tim.* 77c6-9 ; 80d7-e1.

3. *Rép.* II, 373e4-8. Voir aussi *Phéd.* 66c5-d2, analysé au chapitre suivant.

4. *Pol.* 271e8-272a1. Sur ces deux nuances du verbe κτῶμαι, voir *LSJ s.v.* II. 2 ; P. Chantraine, *Dictionnaire étymologique de la langue grecque*, p. 590.

5. *Pol.* 265d9-e9 ; 307e6. Dans ce second passage, l'*erôs* en question n'est pas sexuel : il a pour objet la paix et la tranquillité.

pour prévenir les dangers dont l'*erôs* sexuel est responsable dans le monde de Zeus, l'Étranger le subordonnait aux nécessités de la politique, c'est-à-dire de l'unité civique[1]. Dans les *Lois* en effet, ce désir est présenté comme « le plus aigu qui embrase les êtres humains jusqu'à les rendre complètement fous, [et c'est] un feu plein de démesure »[2]. De même dans le *Banquet*, Pausanias évoque comment la force du désir amoureux d'Aristogiton et d'Harmodios vint à bout du pouvoir tyrannique des Pisistratides[3]. Toutefois la disparition de la sexualité à l'époque de Cronos n'a rien d'une évidence : l'inversion du sens du monde ne semble pas entraîner la disparition des organes sexuels, et il n'y a apparemment aucune nécessité à ce que le changement du mode de reproduction entraîne avec lui la disparition du désir sexuel. Si donc l'Étranger n'en dit mot, c'est qu'il estime que la sexualité n'est qu'un cas particulier de la possession que vise le désir : sa disparition à l'époque de Cronos entraîne celle de sa manifestation sexuelle. Une constitution politique (πολιτεία), c'est-à-dire un système de règles politiques, s'avère donc inutile puisqu'il n'y a aucun rapport de possession, de partage du « tien » et du « mien », à régler. Parce que l'économie en est absente, l'époque de Cronos serait donc l'Âge d'or de l'humanité. Par conséquent, les sociétés humaines sous Zeus ne pouvant se dispenser d'économie, aucune ne saurait être complètement heureuse.

L'économie au service de la philosophie : la formule du bonheur

Faut-il pour autant en conclure qu'en dispensant l'époque de Cronos des troubles que l'économie introduit d'ordinaire dans la cité, Platon inaugure une tradition vouant l'économie à la malédiction, comme il semble le faire, on va le voir, au livre II de la *République* ? En fait, rien ne permet de dire que l'époque de Cronos est une période heureuse, ce qui implique que ce n'est pas l'économie en tant que telle qui fait obstacle au bonheur dans les sociétés où nous vivons : c'est l'usage qui en est fait.

La fin du mythe nous apprend en effet que la véritable condition du bonheur n'est pas, comme on le croit d'ordinaire, la disparition des souffrances, notamment celles que nous imposent les nécessités économiques et en particulier le travail, mais la présence de la philosophie. Voici en effet ce que répond l'Étranger à Socrate le Jeune qui lui demande, de l'époque de Cronos ou de celle de Zeus, laquelle est la plus heureuse :

1. Sur *erôs* dans le *Pol.* : S. Rosen, Le Politique *de Platon. Tisser la cité*, [1995], Paris, Vrin, 2004, p. 29, 33, 74-75 et 244.

2. *Lois* VI, 782e6-783a4.

3. *Banq.* 182c1-7.

> Suppose que les nourrissons de Cronos, ainsi pourvus d'un abondant loisir et de la faculté de lier conversation non seulement avec les êtres humains mais aussi avec les animaux mettaient à profit tous ces avantages (τούτοις σύμπασιν) pour pratiquer la philosophie [...] ; dans un pareil cas, il est aisé de déclarer que ceux d'alors surpassaient mille fois ceux de maintenant pour ce qui est du bonheur. Mais suppose au contraire que, occupés à se gorger de nourriture et de boissons, ils se racontaient les uns aux autres et aux bêtes les histoires qu'aujourd'hui on raconte notamment à leur sujet, il m'est encore très facile, s'il me faut là-dessus faire connaître mon opinion, de répondre à la question posée [1].

« Tous ces avantages (τούτοις σύμπασιν) » ne sont en fait que des conditions nécessaires mais non suffisantes du bonheur véritable : le loisir que libère l'absence des nécessités économiques sous Cronos n'est heureux que s'il est rempli par la philosophie. Toute l'interprétation du mythe se trouve ainsi modifiée. Lorsque se produit le renversement cosmique qui fait passer de l'âge de Zeus, le nôtre, à celui de Cronos, l'humanité est en effet débarrassée du travail et de la sexualité, et la plénitude qu'elle connaît alors pourrait sembler très proche de l'Âge d'or décrit par Hésiode [2]. Mais dans le texte du *Politique*, c'est la *suppression* de certaines particularités de notre expérience du monde qui est exposée, non leur *renversement* dans la qualité opposée. Par exemple, l'absence de sauvagerie ne signifie pas nécessairement l'apprivoisement. Ou encore l'absence de la pénibilité du travail n'implique pas nécessairement la présence du bonheur. En d'autres termes, ce n'est pas l'Âge d'or que décrit l'époque de Cronos mais un état qui n'est par lui-même ni bon ni mauvais, et qui peut être aussi bien la condition de la vie la plus heureuse que celle d'une vie certes paisible et confortable, mais pouvant difficilement être dite heureuse si la philosophie en est absente.

La leçon du mythe sur l'économie est donc la suivante : ce n'est pas en demandant à l'économie de mimer l'abondance naturelle de l'époque de Cronos que les cités seront heureuses à l'époque de Zeus, c'est-à-dire la nôtre. La satisfaction des nécessités économiques, et *a fortiori* l'abondance économique, ne fait pas en tant que telle le bonheur des cités. Elle n'en est qu'une condition nécessaire mais pas suffisante : encore faut-il qu'elle soit subordonnée au loisir requis par la vie de l'esprit. En tant que telles, l'économie et les satisfactions qu'elle nous apporte ne sont donc ni bonnes

1. *Pol.* 272b8-d2.
2. *Les Travaux et les Jours*, v. 109-120.

ni mauvaises. Tout dépend de l'usage que nous en faisons, à quelle fin nous les employons.

Se pose alors la question suivante: la recherche de l'abondance économique est-elle compatible avec le loisir philosophique? Vouloir atteindre dans nos cités une profusion semblable à celle de la nature sous Cronos, n'est-ce pas faire le jeu de nos appétits et utiliser tout notre temps à produire et consommer, au détriment de la philosophie? Pour retrouver à l'époque de Zeus le temps libre le plus similaire possible à celui de l'époque de Cronos, il faudrait donc d'une part régler strictement les activités économiques, au lieu d'y investir le plus clair de notre temps pour les développer, et d'autre part éduquer nos appétits en les soumettant à une mesure qui limite en conséquence l'essor des activités économiques dans la cité. Le mythe ne va pas jusqu'à cette conséquence, mais il semble néanmoins légitime de la tirer car elle s'accorde avec les mesures prises en ce sens par Platon dans ses projets de cités idéales.

Même soumise à une limite, l'économie ne suffit toutefois pas à faire le bonheur des cités. Cette idée, en accord avec la thèse plus générale du *Politique* que nous venons d'examiner – l'économie ne fait par elle-même ni le bonheur ni le malheur des cités – est confirmée de façon très nette dans un passage du livre II de la *République*, le plus important des *Dialogues* sur cette question.

L'ÉCONOMIE, PUISSANCE DES CONTRAIRES DANS LA *RÉPUBLIQUE*

La cité naissante est-elle économique ou politique ?

Le passage 369b5-374a7 du livre II de la *République* est à plus d'un titre insolite et central dans la réflexion de Platon sur l'économie. Socrate et ses interlocuteurs y décrivent la genèse de la cité en paroles, d'abord saine (369b5-372d3) puis malade (372d4-373e1). Cette cité n'est pas encore dirigée par les gardiens, dont l'apparition à la fin de l'extrait ouvre à l'analyse des critères moraux et intellectuels auxquels ils devront satisfaire pour bien gouverner la cité juste. L'exposé de Socrate n'est pas ici mythologique : à la différence de Protagoras qui relate l'origine mythique de la vie des hommes dans les cités[1], il n'évoque en effet ni dieu ni héros fondateur. Ce récit n'est pas non plus historique, puisqu'on n'y trouve aucune référence à des cités empiriques ou à des événements précis du

1. *Prot.* 320c-322d.

passé grec, contrairement, par exemple, au récit de Thucydide sur la fondation des premières cités grecques de Sicile[1]. L'exposé de Socrate, tout comme celui de l'Athénien au livre III des *Lois* (677a1-680a2), est plutôt une reconstruction rationnelle de la cité, destinée à rendre intelligible le monde sensible.

Que veut donc montrer précisément Socrate dans ce récit ? La réponse est d'autant moins évidente que ce qui motive l'enquête de Socrate et de ses interlocuteurs dans la *République* – la justice, l'injustice et leur utilité comparée (368c4-7) – n'apparaît que dans la cité malade (371e11-12; 372e2-6). Aussi certains commentateurs considèrent-ils l'analyse de la cité saine comme obscure et inutile[2]. Si d'autres au contraire la trouvent très claire » – Platon y présenterait une cité « purement économique », fondée sur la division des tâches et composée d'individus égoïstes cherchant leur intérêt propre dans des relations commerciales mutuelles[3] – ils ne rendent pas davantage compte du rapport entre les deux cités, la saine et la malade, et n'expliquent pas non plus la fonction de la cité saine dans l'enquête sur la justice. La cité en train de naître est donc en général considérée soit comme une cité purement économique, dont le rapport avec la suite du dialogue n'a dès lors plus rien d'évident, soit comme une cité de part en part politique, dont l'organisation se complexifierait à mesure que le dialogue avance mais sans solution de continuité entre la cité saine, la cité malade et la cité gouvernée par les philosophes. La portée économique de la tripartition sociale et de l'interdiction de la propriété privée chez les gardiens est alors négligée[4]. Dans les deux cas, on ne reconnaît comme seul intérêt à ce

1. *Histoire de la guerre entre les Péloponnésiens et les Athéniens* VI, 1, § 3-5. Sur le caractère non historique de ce passage : M. Schofield, *The Cambridge History of Greek and Roman Political Thought*, Cambridge, Cambridge University Press, 2000, p. 212; F.M. Cornford, *The* Republic *of Plato, translated with introduction and notes*, Oxford, Clarendon Press, 1944, p. 52-53; R.C. Cross, A.D. Woozley, *Plato's* Republic : *A Philosophical Commentary*, [1964], London, MacMillan, 1979, p. 81 ; J. Annas, *Introduction à la* République *de Platon*, [1981], Paris, P.U.F., 1994, p. 95 ; A.E. Taylor, *Plato, The Man and His Work*, London, Methuen, 1948, p. 273 ; P. Friedlander, « *Republic* : The Origin of the Human Community », *Plato*, vol. III, Princeton, Princeton Univsersity Press, 1958-1969, p. 80. L. Ferrari voit dans ce passage une histoire *a priori* ou philosophique, « The Origin of the State according to Plato », *Laval Théologique et Philosophique*, Québec, vol. XII, 1956, N°2, p. 145-151, en particulier, p. 147-148. Le terme d'« histoire » reste néanmoins gênant car les étapes marquées par αὖ (373b2), par le préfixe προσ- de προσθήσομεν (369d8) et de προσδεήσει (370e9, 371b2, etc.) ainsi que par les nombreux ἔτι (370e9, 371e1, etc.) sont moins temporelles que logiques.

2. J. Annas, *op. cit.*, p. 101-102.

3. R.C. Cross, A.D. Woozley, *op. cit.*, p. 78-80.

4. A.E. Taylor, *op. cit.*, p. 275-277.

passage que d'annoncer la définition de la justice donnée au livre IV (433a8-b1) : exercer sa fonction propre[1]. C'est bien peu pour un si riche passage.

L'alternative – cité économique ou politique ? – manque en effet l'essentiel, à savoir que c'est de leur rapport dont traite ici Platon malgré son silence sur la politique, ou précisément à cause de lui : parce qu'il fait apparaître l'ambivalence de l'économie prise en elle-même – elle fait et défait la cité – ce silence permet de dégager les deux thèses fondamentales de Platon sur l'économie et ses liens avec la politique. Exposons-les avant d'en venir au détail du texte.

Deux thèses fondamentales de Platon sur l'économie

La première est l'institution politique de l'économie. L'économie explique la naissance de la société mais ne peut d'elle-même en faire une communauté réellement politique. Quand elle est abandonnée à son propre mouvement, elle tend en effet à devenir anomique et à favoriser la croissance sans mesure des appétits humains, et elle conduit alors à la guerre. Il faut donc la régler, ce que seule peut bien faire une politique droite. Cette thèse expose donc à un niveau général l'articulation de la sphère économique et de la sphère politique, avec une visée normative que parachèvera l'édification de la cité juste et son gouvernement de philosophes.

Mais la cité purement économique et malade du livre II, sans régime politique déterminé, n'est qu'une fiction théorique, car dans les faits, l'économie ne prend forme que dans des régimes bien déterminés. Elle est toujours instituée politiquement, mais elle l'est *mal* : c'est toujours de l'imperfection de leurs régimes dont souffrent les cités empiriques, régimes qui ne peuvent donc que mal instituer l'économie. C'est ce que nous verrons au chapitre II avec les livres VIII et IX de la *République*, qui répondent à la thèse normative et générale du livre II en soulignant ses effets dans les cités où nous vivons, où la et le politique ne sont pas conformes à ce qu'ils devraient être. L'économie n'y sera plus présentée comme un domaine autonome, analysé comme ici pour lui-même, mais elle sera étudiée au sein des contextes politiques où s'actualisent ses potentialités destructrices.

La seconde thèse du livre II est l'assise anthropologique et cosmologique de toute conception de l'économie. Dans la cité naissante décrite par Socrate, saine puis malade, la prolifération du besoin en désirs

1. P. Friedländer, *op. cit.*, p. 81-82 ; M. Schofield, « Plato on the Economy », *The Ancient Greek City-State*, M.G. Hansen (éd.), Copenhagen, 1993, p. 185 ; A.E. Taylor, *op. cit.*, p. 275-277.

insatiables est présentée comme l'effet d'une nécessité naturelle et de la nature humaine. Mais sous leur apparente évidence, ces deux idées sont discrètement remises en question dans le texte. C'est que toute description de l'état de nature et de la nature humaine, sans être arbitraire, n'en est pas moins contingente : elle relève d'une décision, du choix d'une certaine conception de l'homme et de l'univers, adoptée en cohérence avec les autres aspects, notamment métaphysiques, de la pensée du philosophe. Cette anthropologie et cette cosmologie seront exposées dans la dernière section de ce chapitre pour ceux de leurs aspects liés à l'économie. Pour le moment, dans l'analyse qui va suivre, je me contenterai de montrer comment ce soubassement anthropologique est perceptible dès l'apparition de l'économie dans et avec la cité.

Ces deux thèses apparaissent en filigrane dans les quatre moments du récit de la naissance de la cité : elles figurent dès les deux paradoxes économiques liminaires, puis dans l'introduction de la spécialisation individuelle des fonctions, qui est avant tout un principe politique, ensuite dans l'exposé de la cité saine ou cité des cochons, et enfin dans celui de la cité malade où se développe la tendance pathologique de l'économie dans le silence de la politique. Étudions plus en détail ce passage en suivant ces quatre étapes.

Les deux paradoxes de la cité naissante

L'origine de la cité : la multiplicité des besoins

Le récit de fondation de la cité s'ouvre de la façon suivante :

> *Socrate* : Eh bien, dis-je, à mon sens, une cité (πόλις) naît puisque (ἐπειδή), de fait, aucun d'entre nous ne se suffit à lui-même mais a beaucoup de besoins (πολλῶν ἐνδεής) ; ou bien y a-t-il, d'après toi, une autre origine (ἀρχή) à la fondation (οἰκίζειν) d'une cité ?
> *Adimante* : Aucune autre, dit-il.
> Dès lors, un individu en prend un autre avec lui par besoin d'une chose, et un autre par besoin d'une autre ; et parce qu'ils manquent d'une multiplicité de choses, ils rassemblent un grand nombre d'individus en un seul et unique lieu d'habitation (μίαν οἴκησιν), pour vivre en commun (κοινωνούς) et se porter assistance ; à ce rassemblement (συνοικίᾳ), nous avons attribué le nom (ὄνομα) de « cité » (πόλιν), n'est-ce pas ?
> Oui, absolument.
> On donne donc une part de quelque chose à un autre, qu'on donne ou qu'on reçoive quelque chose, parce que l'on pense que c'est mieux pour soi-même ?
> Absolument.

Eh bien, dis-je, allons-y ! Par la parole (τῷ λόγῳ), produisons une cité en partant de son origine (ἐξ ἀρχῆς). Or ce qui la produira, semble-t-il, c'est notre besoin (ἡ ἡμετέρα χρεία).
Comment le nier ?
Or le premier et le plus important des besoins, c'est de se procurer de la nourriture en vue d'exister, de vivre.
Tout à fait.
Le second, assurément, de se procurer un lieu d'habitation, et le troisième, de quoi se vêtir et ce genre de choses.
C'est cela.
Eh bien donc, dis-je, comment la cité suffira-t-elle à procurer tant de choses ? Y a-t-il un autre moyen que celui-ci : que l'un soit cultivateur, un autre maçon, un autre encore tisserand ? Et y ajouterons-nous aussi un cordonnier ou quelque autre personne au service des soins du corps ?
Absolument.
La cité, du moins réduite au strict nécessaire (ἥ γε ἀναγκαιοτάτη πόλις), serait donc constituée de quatre ou cinq hommes.
Apparemment. (369b-e1)

Ce passage de la *République* a dû surprendre ou même choquer le lecteur grec du IVᵉ av. J.-C. pour deux raisons[1]. Le premier paradoxe consiste à fonder la cité sur le besoin et, plus précisément, sur la multiplicité des besoins. Très souvent, les récits de fondation politique mettent en scène un héros donnant naissance à une race autochtone[2], ou encore un législateur d'origine divine donnant sa *politeia* à la cité. Ainsi, la victoire de Cadmos sur un dragon serait à l'origine de Thèbes et des Thébains ; Erichthonios, fils de Gè et d'Héphaïstos, serait le fondateur d'Athènes[3] ; Minos, fils de Zeus, aurait quant à lui donné ses lois à Cnossos[4]. Platon lui-même n'hésite pas à utiliser de telles histoires[5]. Or il propose ici une origine strictement économique de la cité : c'est l'impossibilité de l'autarcie individuelle qui conduit les hommes à constituer une *polis*, définie comme un rassemblement de maisons (συνοικίᾳ, 369c4) destiné à pourvoir aux besoins humains. Le terme *arkhè* (ἀρχὴν, 369b7) désigne la cause de la fondation de la cité (οἰκίζειν, 369b7), c'est-à-dire à la fois sa cause « matérielle » et le principe permettant de rendre intelligible son apparition, comme l'indique l'expression « par la parole » (τῷ λόγῳ, 369c9). Si donc d'autres récits

1. M. Schofield, art. cit., p. 187.

2. N. Loraux, « L'imaginaire des autochtones », *Les Enfants d'Athéna*, [1981], Paris, Le Seuil, 1990, p. 7-26, et « L'autochtonie : une topique athénienne », *ibid.*, p. 35-74.

3. Isocrate, *Panathénaïque*, 126.

4. *Odyssée* XIX, v. 178-179.

5. Par exemple *Rép.* III, 414c4-7 ; *Lois* I, 624a-b ; *Tim.* 21e.

des origines sont disponibles, qui mettent en avant d'autres facteurs pour expliquer la formation des sociétés, pourquoi Socrate choisit-il de faire du besoin l'origine nécessaire de la société? Pourquoi ne choisit-il pas non plus le don par exemple, dont M. Mauss a montré dans l'*Essai sur le don* qu'il était, en vertu de la triple obligation qu'il instaure – donner, rendre, recevoir –, le fondement du lien social dans de nombreuses sociétés? Quelle qu'en soit la raison, Socrate inaugure ici une certaine figure de l'*homo œconomicus*, animé par le seul souci de son propre intérêt et engagé dans des relations purement utilitaires avec ses semblables : « un individu en prend un autre avec lui par besoin d'une chose[1]. » L'anthropologie qui sous-tend la conception platonicienne de l'économie fait là sa première apparition. Ce n'est certes pas le dernier mot de Socrate sur l'homme, mais c'en est bien le premier dans son analyse de l'apparition des cités, et il est lourd de conséquences : en plaçant ainsi le besoin à l'origine des rapports sociaux, Platon fait précéder la politique d'un type de rapports avec lequel elle devra composer, et qui semblent rendre légitime l'idée que ce sont les activités et les agents économiques qui font la cité.

Socrate précise cette idée en évoquant la « multiplicité des besoins » (πολλῶν ἐνδεής, 369b6-7), qui est adoptée comme principe moteur des relations sociales sans qu'Adimante ne trouve à y redire. La discussion exclut ainsi, sans aucune explication, l'éventualité de l'autarcie individuelle, qu'un Hippias aurait peut-être vivement soutenue en vantant les ressources de sa polymathie[2]. Est exclue surtout l'hypothèse de la limitation naturelle des besoins, comme le confirmera le passage de la cité saine à la cité malade. Socrate inscrit ainsi le germe de la démesure au fondement de la cité, même si dans un premier temps les besoins sont limités au strict nécessaire (ἥ γε ἀναγκαιοτάτη πόλις, 369d11), l'insatiabilité ne se déchaînant que dans la cité malade.

Ce passage ne se contente donc pas de décrire objectivement les différentes composantes élémentaires et naturellement indispensables de toute cité. L'évidence initiale (« puisque (ἐπειδή) », 369b5) est déjà elle-même une décision : non sur son objet, la nécessité du besoin comme tel étant bien un fait irréductible, mais sur sa multiplicité comme origine de la cité.

1. Sur l'histoire de la notion d'*homo œconomicus* : Ch. Laval, *L'Homme économique. Essai sur les racines du néolibéralisme*, Paris, Gallimard, 2007 ; A. Caillé, *op. cit.*, p. 13.

2. *Hipp. min.* 368a-e.

De la polis *comme* sunoikia *: l'invention de l'économie politique*

Le second paradoxe de ce passage porte plus directement sur l'institution politique de l'économie : Socrate et Adimante choisissent d'extraire l'économie de la sphère privée de l'*oikos* et de la placer sur le terrain de la *polis*, qui apparaît avec insistance en quelques lignes seulement (369b5, b8, c4, c9, d6, d11). L'économie qu'ils décrivent est en effet une économie sans *oikoi*, alors que l'*oikos* était à l'époque l'institution économique dominante. Ce silence sur l'*oikos* ne peut être mis au compte d'une lacune ou d'une ignorance puisque dans les *Lois*, bien qu'il ne mentionne pas le terme *oikos*, l'Athénien fait du groupe familial le point de départ de la formation des cités[1]. Pourquoi donc ce choix de Socrate, qui n'a l'air de surprendre ni Glaucon ni Adimante ? Pourquoi faire sortir l'économie de l'*oikos*, où Aristote et Xénophon la cantonnent[2] ? Faut-il en déduire que l'*oikos*, et par conséquent l'*oikonomia* au sens d'économie domestique, disparaîtront totalement de la cité de la *République ?*

Pour comprendre ce passage, il faut prendre la mesure du déplacement conceptuel que Socrate effectue ici : il met en place un point de vue politique sur les affaires économiques, c'est-à-dire un point de vue qui envisage ces questions à l'échelle de l'ensemble de la société et non plus du seul point de vue de ses parties. La cité qu'il façonne ici avec Adimante est en effet d'abord un *unique* lieu d'habitation (μίαν οἴκησιν, 369c2-3), puis une *sun*-oikia, c'est-à-dire une maisonnée commune, une maison à l'échelle de toute la société. En substituant à la pluralité des *oikoi* une cité conçue comme un seul *oikos*, Platon fait ainsi de l'économie une question politique. L'*oikonomia* traditionnelle se trouve vidée de sa fonction de gestion d'unités domestiques privées vouées à la production et à la consommation. Sous cet angle, l'*oikonomia* antique laisse ici la place à l'économie générale, à l'économie politique.

Ce déplacement tient à la donnée anthropologique à laquelle Socrate donne ici la priorité, à savoir la multiplicité des besoins. Elle fait éclater le cadre étroit de l'*oikos* traditionnel, et revient à donner la priorité à l'échange sur la production. C'est en effet parce qu'ils ont grand besoin les uns des autres que les individus de cette communauté ne sont pas présentés comme les membres de différents *oikoi*, mais d'un ensemble plus vaste où chacun dépend de tous. Cette priorité de l'échange sur la production comme cause première des relations sociales interviendra également au moment d'analyser les rapports entre les gardiens et les producteurs dans la

1. *Lois* III, 680d7-681b7.
2. Voir l'Annexe 1.

cité juste, c'est-à-dire les conditions de son unité politique : chaque groupe y remplit sa fonction au profit de *toute* la cité, laquelle repose donc sur un échange de prestations mutuelles entre ses groupes fonctionnels (V, 463a-b). Cette priorité de l'échange sur la production confirme donc que c'est du point de vue du tout de la cité et non de ses parties que Platon se place pour comprendre l'économie. Il inaugure par là une approche politique de l'économie, que la suite de nos analyses confirmeront : l'économie n'est pas simplement une affaire de production, de consommation et d'échange entre des agents abstraits, analysable en termes seulement quantitatifs, mais une forme de lien qui organise activement les sociétés et les rapports humains, parce qu'y interviennent des valeurs, des passions et des intérêts de nature très variée.

Toutefois, cette société demeure pour l'heure une sun-*oikia*, elle reste conçue sur le modèle de la maison (*oikia*) : mais forme-t-elle pour autant une réelle communauté (κοινωνούς, 369c3), une cité achevée ? Une cité ne serait-elle donc qu'une grande maison, et un citoyen qu'un artisan, qu'un agent économique[1] ? Envisagée comme groupement économique, la cité peut certes être pensée comme un seul grand *oikos*, où chacun apporte sa contribution dans un ensemble de prestations et de contre-prestations mutuelles. Mais la cité n'a pas simplement vocation à assurer la subsistance de ses membres, qui n'y participent pour l'instant que pour satisfaire leur intérêt propre. Dès l'instant qu'on considère la cité comme une entité politique, c'est-à-dire comme devant réaliser le passage de la multiplicité des intérêts égoïstes à l'unité d'un intérêt commun, le modèle de l'*oikos* ne tient plus, comme le montrera la suite de la *République* : au livre IV, Socrate expliquera que « seule mérite d'être appelée cité celle que nous avons établie »[2], c'est-à-dire la cité juste organisée en trois groupes dont chacun, y compris celui des producteurs, a pour tâche politique de participer à l'unité de la cité et pas simplement à sa subsistance. Cette unité ne sera pas simplement une agrégation d'intérêts divergents, mais un consensus autour de valeurs communes. C'est ce que confirmera le fait que, dans la suite du dialogue, Socrate ne recourra pas au modèle de l'*oikos* pour penser l'ensemble de la cité, mais à celui de l'individu dont tout le corps souffre ou jouit en même temps que l'une de ses parties[3]. Je reviendrai plus

1. M. Schofield est à ma connaissance le seul à s'interroger sur le sens qu'il faut donner à « cité » et à « citoyen » dans ce passage, art. cit., p. 187.

2. *Rép.* IV, 422e3-5.

3. *Rép.* V, 462a-e. Certes, dans le noble mensonge, les relations entre les citoyens sont exposées en termes de parenté (III, 415a). Mais ce n'est là qu'une image, requise par la nature

précisément dans le dernier chapitre sur la distinction établie par Platon entre cité et maison, et sur la façon très nuancée dont il utilise la référence à l'*oikos* et à la vie domestique pour penser certains aspects de la politique. Pour l'heure, en donnant à cette *sunoikia* le nom de *polis* (369c4), Socrate et Adimante sont donc en mesure de reconnaître la part nécessaire de l'économie dans la cité, d'en faire un objet proprement politique, tout en laissant ouverte la question de savoir si une cité n'est qu'une *sunoikia*.

Cette dimension politique de l'économie apparaît aussi de façon très nette avec le principe architectonique de la cité, celui de la spécialisation individuelle des tâches.

La spécialisation individuelle des tâches : un principe avant tout politique

Selon Socrate, la cité doit en partie sa santé au principe selon lequel chaque individu n'y exerce que la seule et unique tâche convenant à sa nature. Voici en effet comment, dans la suite du texte, il envisage la répartition des métiers :

> Eh bien alors, faut-il donc que chacun d'eux individuellement mette son propre travail à la disposition commune de tous, que par exemple le cultivateur, à lui seul, procure de la nourriture pour quatre, dépense le quadruple de temps et d'efforts pour procurer du blé, et le mette en commun avec d'autres ? Ou bien faut-il que, sans se soucier des autres, il produise pour lui seul le quart de ce blé dans le quart de temps, et que les trois autres quarts, il les passe, l'un à se procurer la maison, l'autre un vêtement, l'autre des chaussures, et qu'au lieu de se donner du mal pour mettre en commun avec d'autres, il fasse lui-même, par lui-même, les choses qui sont siennes (τὰ αὑτοῦ πράττειν) ?
>
> Adimante dit alors : Eh bien Socrate, peut-être est-ce plus facile de la première façon que de celle-ci.
>
> Par Zeus, dis-je, rien d'étrange à cela ! Car moi-même aussi, pendant que tu parles, je me fais la réflexion que, en premier lieu, chacun d'entre nous ne naît pas tout à fait semblable à chaque autre, mais qu'en raison des différences de sa nature, chacun est fait pour l'exécution d'un travail différent. N'est-ce pas ton avis ?
>
> Oui, c'est mon avis.
>
> Eh bien, est-ce qu'un individu rendrait l'exécution plus belle lorsqu'il travaille à lui seul à plusieurs métiers, ou lorsqu'il travaille à lui seul à un unique métier ?

et la fonction de ce discours qui doit persuader tout un chacun de l'unité de la cité et de la justesse de son organisation. En outre, elle ne concerne qu'un des trois groupes de la cité.

C'est lorsqu'un individu travaille à lui seul à un unique métier, dit-il.
Mais je crois que ce qui suit est évident aussi : si on laisse passer le moment opportun pour un exécuter un travail, quel qu'il soit, il est manqué.
C'est évident, en effet.
À mon avis en effet, la tâche en cours d'exécution ne consent pas à attendre le loisir de l'exécutant, mais il est nécessaire que l'exécutant suive la tâche en cours, et ne s'y livre pas seulement à ses heures perdues.
C'est nécessaire.
La conséquence, c'est donc que la réalisation de chaque sorte de choses est plus abondante, plus belle et plus facile lorsqu'un individu unique exécute une seule tâche conformément à sa nature et au moment opportun, parce qu'il est dispensé des autres tâches.
Oui, tout à fait. (369e2-370c6)

On a souvent fait du principe platonicien de la « fonction propre » une anticipation de la division smithienne du travail[1]. À tort : ses fondements et sa finalité indiquent qu'il ne s'agit pas d'un principe purement économique, contrairement au principe smithien, mais d'un principe politique, même s'il a des répercussions sur le plan économique. Deux différences majeures séparent le principe platonicien du principe smithien. La première est que les Grecs connaissent certes la réalité anthropologique et sociale de la division des métiers mais pas la division économique du travail, concept qui n'apparaît qu'au XVIIe siècle et qui est une réponse à des exigences mercantiles précises[2]. Pour Platon, la division en métiers, fondée sur la distinction des aptitudes naturelles individuelles, a seulement pour but d'organiser la répartition des opérations nécessaires à la survie sociale. Pour les économistes européens, et Adam Smith en particulier, la division du travail est un instrument destiné à organiser la production dans le but de produire plus que les concurrents et à moindres frais, de vendre davantage et moins cher qu'eux. La différence des aptitudes naturelles, pour autant qu'elle entre ici en ligne de compte, se trouve donc subordonnée aux impératifs du marché. Le principe platonicien organise la coopération sociale, le principe smithien organise la concurrence économique.

La seconde différence entre Platon et Smith, qui prolonge la précédente et confirme plus nettement la signification foncièrement politique du principe platonicien, est que celui-ci ne vise pas la prospérité de l'État ou la

1. V. Foley, « The Division of Labor in Plato and Smith », *History of Political Economy*, Durham, N°6, 1974, p. 220-242 ; C.P. Baloglou, « La division des tâches chez Platon », *Archives of Economic History*, II, 1992 [1993], p. 45-60 ; R.C. Cross, A.D. Woozley, *op. cit.*, p. 80.
2. J.-P. Séris, *Qu'est-ce que la division du travail ?*, Paris, Vrin, 1994, p. 13-15.

richesse de la nation mais son unité, et il constituera en outre la définition de la justice[1]. Certes, le principe platonicien a d'indéniables implications sur l'organisation de l'économie : mais il ne donne lieu qu'à une division des métiers ou des fonctions, dont on verra qu'elle a pour but ultime de réserver l'exercice du pouvoir aux philosophes, non d'enrichir la nation. À l'inverse, la division smithienne du travail peut bien présenter des aspects anthropologiques et politiques : ils n'entament pas pour autant l'autonomie de l'ordre économique[2]. Or telle est bien la différence décisive entre ces deux auteurs : pour Smith, la main invisible assure l'autorégulation du marché, rouage essentiel d'une économie qui se trouve ainsi douée d'une autonomie véritable par rapport au politique, ce qui toutefois n'exclut pas son intervention; à quoi Platon oppose l'idée que l'économie est hétéronome, donc incapable de s'autoréguler. Cette idée apparaîtra avec plus d'évidence lorsqu'on examinera dans cette section le passage de la cité saine à la cité malade, puis, au chapitre suivant, les désordres économiques qui affectent les cités mal constituées et mal dirigées. Pour l'instant, penchons-nous plus précisément sur trois groupes d'indices qui, dans ce passage du livre II, invitent à lire le principe de la fonction propre comme un principe avant tout politique.

Le premier ne le prouve pas directement, mais montre que la pertinence économique de cette répartition est discutable. Bien que l'urgence de la satisfaction des besoins « les plus nécessaires » donne toute sa pertinence à l'argument invoqué par Adimante pour choisir ce mode de répartition des fonctions – « c'est plus facile » (370a5-6) – le comparatif laisse entendre que la première option serait concevable : une cité où chaque individu accomplirait plusieurs fonctions n'a rien d'impossible ni d'invraisemblable, surtout dans la cité saine, où les besoins sont limités. La division sexuelle des tâches, par exemple, aurait très bien pu convenir à cette cité naissante, et autoriser l'exercice de plusieurs métiers à un même individu. Dès lors, une fois produit le nécessaire, les producteurs n'auraient-ils pas le temps de développer d'autres aptitudes, d'apprendre un autre métier et de s'intéresser notamment à la politique[3] ? De plus, peut-on vraiment fonder la répartition des tâches économiques sur un principe qui ne garantit pas *a priori* que la répartition des dispositions naturelles sera toujours suffisamment diversifiée pour satisfaire les besoins humains ? Et si l'on en

1. *Rép.* IV, 433a8-b4.

2. Voir J. Mathiot, *Adam Smith, philosophie et économie : de la sympathie à l'échange*, Paris, P.U.F., 1990.

3. J. Rancière, *Le Philosophe et ses pauvres*, Paris, Fayard, 1983, p. 19-21.

venait par exemple à manquer d'individus doués par nature pour le tissage ? Enfin, l'excellence individuelle pour « l'exécution d'un travail » particulier (370b1-2) correspond-elle nécessairement à une fonction utile pour la cité ? Si j'ai des dons pour monter à cheval, en quoi cela me rend-t-il utile à la cité si elle n'a pas besoin de cavaliers ? Nulle nécessité économique ne semble donc fonder le principe de la fonction propre.

Le second groupe d'indices invitant à donner un sens politique au principe de spécialisation individuelle concerne la thèse anthropologique qui soutient ce principe. Est-il vrai en effet que « chacun de nous est naturellement au départ non pas tout à fait semblable à chacun mais d'une nature différente, l'un doué pour l'accomplissement d'une fonction, l'autre pour une autre » (370a8-b2) ? Le fait que certains commentateurs acceptent comme une évidence la division des tâches et la thèse des différences naturelles d'aptitude avancée pour la justifier, tandis que d'autres les contestent, témoigne bien que l'argument anthropologique de Socrate est éminemment ambigu[1]. D'abord, pourquoi restreindre à une seule et unique aptitude la compétence naturelle des individus ? Certes, au livre III, Socrate déclare aussi que « la nature humaine semble morcelée en petits fragments », mais sans avancer aucune explication[2]. Il faut sans doute comprendre qu'un seul et même individu ne saurait être doué dans *tous* les domaines, ce que, les prétentions d'un Hippias mises à part, l'expérience confirme aisément. Mais pourquoi faudrait-il qu'un individu ne soit doué que pour une seule et unique tâche ? Ensuite, le talent naturel est-il vraiment requis pour des tâches simples ou élémentaires ? L'argument ne vaut-il pas surtout et d'abord pour les tâches difficiles, et en particulier celle du philosophe ? Dans les *Dialogues*, la tâche la plus difficile est en effet la sienne, et pour devenir un bon gouvernant, ses aptitudes naturelles, elles-mêmes très rares[3], doivent être soumises à une évaluation rigoureuse et à une éducation aussi longue que difficile[4]. Ainsi la capacité à saisir le moment opportun (καιρόν, 370b6-7) pour garantir la qualité du résultat de l'art considéré, et l'exclusion corrélative des autres tâches (370c3-6), valent au suprême degré pour le philosophe-roi : les gardiens sont en effet les seuls qui soient « capables de saisir le bon moment (τὸν καιρόν) pour bien administrer une

1. Pour le premier cas : R.C. Cross, A.D. Woozley, *op. cit.*, p. 87 et 99 ; P. Friedländer, *op. cit.*, p. 81. Pour le second : J. Annas, *op. cit.*, p. 96.

2. *Rép.* III, 395b3-4.

3. *Rép.* VI, 491a8-b3.

4. *Rép.* VII, 540a-b : l'éducation commence dans l'enfance (536d) et ne se termine pas avant l'âge de 50 ans pour les philosophes-rois et les philosophes-reines.

cité et la rendre heureuse »[1], et il faut à tout prix éviter « d'associer aux gardiens un bonheur tel [s.e. un bonheur matériel] qu'il fera d'eux tout autre chose que des gardiens »[2]. Ainsi la thèse anthropologique de Socrate semble-t-elle vraiment présentée dans l'horizon de l'ordre politique juste qu'il cherche à édifier. Le principe de répartition des fonctions selon les aptitudes naturelles, avec ses répercussions économiques, serait donc conditionné à la fois par la spécificité anthropologique du philosophe-roi et par sa nécessité politique pour édifier la cité juste. Le philosophe-roi serait comme l'étalon de mesure anthropologique et politique de l'organisation économique de la cité.

Le dernier ensemble d'indices invitant à lire le principe de la spécialisation individuelle comme un principe avant tout politique se compose de trois autres passages de la *République*. Ils confirment l'origine et la finalité politiques de ce principe, en passant de la répartition des *métiers* économiques telle qu'elle est exposée dans ce passage du livre II, à la séparation des trois *fonctions* architectoniques de la cité, à savoir les fonctions économiques, militaires et politiques. Plus précisément, c'est le souci de justifier la séparation à venir des fonctions politiques assumées par les gardiens philosophes d'avec les fonctions économiques, qui rend d'emblée nécessaire la séparation des métiers au sein du premier groupe qui apparaît dans cette cité, celui des agents économiques. Le premier passage est le « noble mensonge » sur les trois races métalliques, qui symbolisent des différences de naturels et qui correspondent aux trois groupes de la cité : l'or pour les dirigeants, l'argent pour les auxiliaires, le fer et le bronze pour les artisans et les cultivateurs. Cette fiction, racontée aux trois groupes de la cité juste pour les convaincre de rester unis, interdit, sauf cas exceptionnels, les alliages métalliques, c'est-à-dire les passages d'un groupe fonctionnel à un autre, sans toutefois interdire les changements de métier dans le groupe des cultivateurs et des artisans[3]. L'interdiction majeure concerne la « pureté », c'est-à-dire la compétence, qu'il convient de conserver au groupe des dirigeants : si un de leurs enfants « naît avec une part de bronze ou de fer, qu'ils n'aient aucune pitié, mais que, lui accordant le rang qui convient à sa nature, ils le repoussent chez les artisans ou les cultivateurs »[4]. À l'inverse, « si un enfant de ces derniers a une nature mêlée d'or ou d'argent, qu'ils lui accordent des honneurs, élevant celui-ci à la

1. *Rép.* IV, 421a7. Cf. *Pol.* 284e2-8 : le *kairos* est un cas particulier de la juste mesure dont se sert l'art politique.

2. *Rép.* IV, 420d5-420e1.

3. *Rép.* III, 414d1-415c7.

4. *Rép.* III, 415b6-c2.

garde, celui-là à la fonction d'auxiliaire »[1]. La fin du passage est claire : « la cité sera détruite lorsque celui qui la gardera sera l'homme de fer ou de bronze[2]. » En d'autres termes, les agents économiques ne sont pas en mesure de bien gouverner la cité par eux-mêmes, ils la mèneront à sa perte. Il importe donc de réserver l'exercice du pouvoir à ceux qui en sont capables, ce que seul peut garantir le principe de la fonction propre.

Le second passage allant dans ce sens se trouve au début du livre IV. À Glaucon qui s'indigne du sort peu enviable réservé aux gardiens de la cité en paroles, Socrate répond par une analogie avec les parties et la totalité d'une statue qu'on peindrait pour l'embellir, et il invoque ensuite le principe de la spécialisation individuelle en précisant que sa nécessité augmente avec l'importance politique de la fonction concernée :

> *Socrate* : Eh bien non ! Ne nous oriente pas dans ce sens-là, car si nous te suivions, le cultivateur cesserait d'être cultivateur et le potier potier, et personne en général n'occuperait aucune de ces fonctions à partir desquelles naît une cité. À vrai dire, quand il s'agit du reste de la population, l'argument a moins de portée. En effet, si ce sont des savetiers qui deviennent médiocres, perdent leur qualité, et prétendent en jouer le rôle sans l'être réellement, pour une cité cela n'a rien de grave ; tandis que les gardiens des lois et de la cité, qui font semblant de l'être sans l'être réellement, tu vois bien qu'ils détruisent complètement toute la cité ; et que réciproquement, ils sont les seuls à savoir saisir le bon moment pour bien administrer une cité et la rendre heureuse[3].

Le métier politique sert donc d'étalon de mesure à la pertinence du principe de la fonction propre, qui décroît quand on passe des fonctions politiques aux fonctions économiques.

C'est ce que confirme le dernier passage en ce sens, qui se trouve dans la suite du livre IV :

> *Socrate* : Un charpentier qui entreprend de faire le travail d'un cordonnier, ou un cordonnier qui entreprend de faire le travail d'un charpentier, ou encore le fait qu'ils échangent leurs outils ou la reconnaissance (τιμάς) qu'ils tirent de leur métier, ou encore le même homme qui entreprend d'exercer ces deux métiers, si en somme on renversait tout cet ordre de choses, à ton avis, cela causerait-il un grand tort à la cité ?
> *Glaucon* : Pas vraiment, dit-il.

1. *Rép.* III, 415c3-5.
2. *Rép.* III, 415c5-6.
3. *Rép.* IV, 420e7-421a8.

> À mon avis, quand un homme qui, par nature (φύσει) est artisan ou homme d'affaires, est porté ensuite, soit par sa richesse, soit par son importance (πλήθει) soit par sa force physique, soit par quelque autre avantage analogue, à entreprendre d'entrer dans la catégorie des hommes de guerre ; ou quand l'un des hommes de guerre essaie d'entrer dans la catégorie du spécialiste de la délibération, du gardien, alors qu'il en est indigne (ἀνάξιος), et quand ces hommes-là échangent les uns avec les autres leurs outils (τὰ ὄργανα) et la reconnaissance (τὰς τιμάς) qu'ils tirent de leurs fonctions, ou quand c'est un seul homme qui entreprend de faire tout cela à la fois (ὅταν ὁ αὐτὸς πάντα ταῦτα ἅμα ἐπιχειρῇ πράττειν), alors je crois – toi aussi tu en seras d'avis – que cette interversion des hommes et cette dispersion dans les tâches (πολυπραγμοσύνην) causent la ruine de la cité.
> Tout à fait [1].

Ce passage est clair sur les conséquences différentes que la transgression du principe de spécialisation individuelle a sur la cité, selon qu'elle est le fait de l'un ou l'autre groupe : si le cordonnier et le charpentier échangeaient leurs outils, la cité n'en subirait pas grand dommage, contrairement à ce qui se produirait si un gardien et un producteur échangeaient leurs fonctions.

En présentant donc d'abord le principe de la fonction propre comme un principe économique, assorti d'un soubassement anthropologique encore général, Socrate amorce et facilite l'introduction ultérieure de ce qui sera en fait sa justification et son fondement : le philosophe-roi. Certes, la fonction propre *justifie* leur introduction ultérieure comme seuls et uniques agents politiques, et exclusivement politiques ; mais c'est en réalité la nécessité politique et, dans une certaine mesure, la vérité anthropologique du philosophe-roi qui *fondent* le principe de la fonction propre. Lors de la naissance de la cité, c'est certes l'économie qui appelle à sa suite la

1. *Rép.* IV, 434a3-b8. J'analyse aussi ce passage au chapitre suivant à propos de la « dispersion dans les tâches (πολυπραγμοσύνη) » (voir p. 125 *sq.*). Πλήθει veut-il dire « le nombre de ses gens » (P. Pachet, G. Leroux) ou « la quantité de sa richesse » (Robin) ? Platon évoque ici les motifs des producteurs pour faire valoir leur prétention aux fonctions guerrières. Le « nombre de ses gens » pourrait convenir : le candidat revendiquerait une fonction de commandement dans l'armée parce qu'il sait diriger les nombreux esclaves de maison. Platon critiquerait là l'identification des fonctions économiques et stratégiques telle que Xénophon l'expose dans son *Économique*. Mais cette interprétation force un peu le sens du terme πλῆθος. Il faut plutôt songer à un « soutien populaire » ou au « nombre de ses partisans » pour exercer des fonctions de stratège dans l'armée, puisque dans l'Athènes démocratique des Vᵉ et IVᵉ siècles, c'est l'Assemblée, en partie constituée d'artisans, qui les désignait. Cette hypothèse conserverait à πλῆθος son sens de « masse populaire », de « foule (qui apporte son soutien) », ce que je rends par « l'importance » d'un homme dans la cité. Cette hypothèse s'accorde avec le même triplet de 432a5-6.

politique, mais c'est la politique droite qui donne sa validité au principe de la fonction propre, à son application économique et à la thèse anthropologique qui la sous-tend.

Les exposés de la cité saine puis de la cité malade confirment que le discours de Platon sur l'économie se déploie dans un horizon politique qui en oriente le contenu tant en ce qui concerne l'organisation économique proprement dite que les corrélats anthropologiques destinés à la justifier.

La cité saine : une cité aux besoins limités

La combinaison du principe anthropologique de la multiplicité des besoins et du principe de l'unicité des tâches, qui vient d'être adopté, a pour conséquence inévitable la multiplication concomitante des agents économiques et des objets et fonctions nécessaires à la survie de la cité. Voici en effet comment, dans la suite du texte, Socrate et Adimante décrivent les effets de cette combinaison sur la cité :

> *Socrate* : Il faut donc, Adimante, plus de quatre citoyens pour se procurer ce dont nous parlions. Car le cultivateur, semble-t-il, ne produira pas lui-même pour lui-même sa charrue, si celle-ci doit être de bonne qualité, ni sa houe, ni aucun de tous les autres instruments qui servent à cultiver. Et le maçon, de la même façon, pas davantage ; or à lui aussi, il lui en faut beaucoup. Et de même pour le tisserand et pour le cordonnier, n'est-ce pas ?
> *Adimante* : C'est vrai.
> Et donc des menuisiers et des forgerons et une foule d'artisans de ce genre, en entrant dans la communauté de notre minuscule cité, lui donnent de l'ampleur.
> Oui, absolument.
> Mais elle ne serait sans doute pas grand chose encore, si nous leur adjoignions des bouviers, des bergers et les autres types de pasteurs, afin que les cultivateurs aient des bœufs pour le labour, que les maçons puissent se servir de bêtes de somme pour leurs transports, en commun avec les cultivateurs, et que tisserands et cordonniers puissent se servir de peaux et de laine.
> Oui, dit-il, mais une cité qui aurait tout cela ne serait pas petite non plus !
> Cependant, dis-je, fonder cette cité sur un lieu tel qu'elle n'ait pas besoin de produits d'importation, c'est presque impossible.
> Impossible, en effet.
> Il lui faudra donc en plus d'autres gens encore, qui lui apporteront d'une autre cité ce dont elle manque.
> Oui, elle en aura besoin.

De plus, si celui qui est en charge de ce service s'en va les mains vides, sans rien apporter de ce qui manque à ceux qui lui fournissent les produits dont les siens ont besoin, il reviendra les mains vides, n'est-ce pas ?
C'est mon avis.
Il faut donc que, sur place, ils produisent suffisamment non seulement pour eux-mêmes mais aussi, en qualité et en quantité, pour ces fournisseurs dont ils auront besoin.
Il le faut, en effet.
Il faut donc pour notre cité un plus grand nombre de cultivateurs et d'artisans.
Un plus grand nombre, en effet.
Et en particulier, je suppose, de ces personnes chargées des importations et des exportations de chaque produit; ces gens-là, ce sont des marchands, n'est-ce pas ?
Oui.
Nous aurons donc aussi besoin de marchands.
Absolument.
Et si donc le commerce se fait par voie de mer, il sera besoin encore d'une foule d'autres individus compétents dans le secteur d'activité qui touche à la mer.
D'une foule, oui.
Eh bien donc, à l'intérieur de la cité elle-même, comment échangeront-ils les uns avec les autres les produits du travail de chacun ? Car c'est bien en vue d'eux que nous avons fondé une cité en faisant une communauté.
Eh bien, dit-il, il est évident que c'est en vendant et en achetant.
À partir de là, nous aurons donc une place de marché et une monnaie, signe conventionnel destiné à l'échange.
Oui, absolument.
Si donc le cultivateur, ou quelque autre artisan, ayant apporté au marché un de ses produits, ne s'y est pas rendu en même temps que ceux qui ont besoin de prendre ses produits en échange, restera-t-il assis sur la place du marché à négliger son propre métier ?
Pas du tout, dit-il, mais il y a des gens qui, voyant cela, se chargent eux-mêmes de ce service; dans les cités correctement administrées, ce sont en général ceux qui sont les plus faibles de corps et qui sont inutiles à tout autre tâche. Il faut en effet qu'ils restent à proximité du marché, à faire l'échange de produits contre de l'argent avec ceux qui ont besoin de vendre, et à les échanger de la même façon contre de l'argent avec tous ceux qui ont besoin d'acheter.
Voilà donc le besoin, dis-je, qui fait naître des marchands dans notre cité. N'appelons-nous pas commerçants ceux qui, installés au marché, se chargent de l'achat et de la vente, tandis que nous appelons marchands ceux qui errent de cité en cité ?
Oui, absolument.

> Voici encore, je crois, des préposés à d'autres tâches : ceux qui, pour ce qui est de la pensée, ne méritent pas tout à fait d'être admis dans la communauté, mais qui possèdent la force physique nécessaire pour les travaux pénibles. Ceux-là donc qui vendent l'usage de leur force, comme ils appellent salaire ce prix qu'ils en reçoivent, ils sont, je crois, appelés salariés, n'est-ce pas ?
> Oui, absolument.
> Comme complément de la cité, il y a donc aussi, semble-t-il, des salariés.
> C'est mon avis.
> Alors Adimante, notre cité s'est-elle désormais accrue au point d'être achevée ?
> Peut-être. (370c8-371e10)

Cette description est tout entière placée sous le signe de l'augmentation nécessaire des besoins. Les métiers artisanaux et les services supplémentaires requis pour le développement et la survie de la cité sont à chaque fois appelés par un autre, dont ils sont une condition nécessaire : les forgerons pour les outils des artisans, les pasteurs pour les moutons dont le tisserand a indirectement besoin, etc. La prise en compte des conditions géographiques, jamais parfaites (370e5-8), oblige également à introduire des marchands, puis des commerçants, tous ces métiers nouveaux entraînant donc à leur tour la nécessité d'augmenter la production du nécessaire, donc d'augmenter aussi celle des moyens nécessaires pour produire le nécessaire…

Mais cette augmentation n'implique pas encore la démesure. La cité peut paraître « achevée » (371e10) pour autant que le nécessaire y est soumis à une mesure stable, déterminée naturellement. Dans une telle hypothèse, l'économie suffirait seule à faire la cité. C'est ce qui se passe dans le tableau, sérieux et comique à la fois, que Socrate dresse d'une vie frustre et rudimentaire où ne sont satisfaits que des besoins élémentaires, bornés aux seules nécessités naturelles :

> *Socrate* : Eh bien, dis-je, peut-être as-tu raison ; il faut au moins procéder à l'examen et ne pas renoncer. Examinons donc tout d'abord de quelle façon vont vivre ceux qui se sont organisés de cette manière. Feront-ils autre chose que de produire du grain et du vin, des vêtements et des chaussures ? Et après s'être construit des maisons, en été ils travailleront la plupart du temps nus et sans chaussures, et en hiver, vêtus et chaussés comme il faut. Ils se nourriront en se préparant de la farine d'orge et de la farine de froment, cuisant la seconde, pétrissant la première sous forme de belles galettes et de pains (μάζας γενναίας καὶ ἄρτους)[1] qu'ils jetteront en

1. Les termes ἡ μάζα et ὁ ἄρτος renvoient à la nourriture grecque de base.

> pâture (παραβαλλόμενοι)[1], sur quelque natte de jonc ou sur des feuilles bien propres; étendus sur des lits d'herbe (ἐπὶ στιβάδων)[2] jonchés de liseron et de myrte, ils se régaleront, eux et leurs jeunes enfants, buvant par dessus le vin, chantant des hymnes de louange aux dieux avec des couronnes sur la tête, ayant du plaisir à être ensemble, ne faisant pas d'enfants au-delà de ce que leur permettent leurs ressources (οὐχ ὑπὲρ τὴν οὐσίαν), et veillant à se préserver de la misère ou de la guerre[3].
> Alors Glaucon prit la parole : C'est apparemment d'une pitance dépourvue d'accompagnement (ὄψου)[4], dit-il, que tu régales ces hommes.
> Tu as raison, dis-je. J'ai oublié qu'ils auront aussi de quoi l'accompagner : évidemment du sel, ainsi que des olives et du fromage, et ils se feront bouillir des oignons et des légumes, comme dans ces bouillies qu'on fait à la campagne. Et je suppose que nous leur offrirons des friandises faites avec des figues, des pois chiches et des fèves, des baies de myrte et des glands qu'ils braiseront sur le feu tout en buvant avec modération (μετρίως). Et passant ainsi une vie en paix et en bonne santé, comme il est naturel, ils mourront à un âge avancé et transmettront à leur progéniture une vie semblable à la leur.
> Et lui : Socrate, dit-il, si c'était une cité de cochons que tu organisais, les engraisserais-tu d'autre chose ?
> Mais Glaucon, dis-je, comment faut-il s'y prendre ?
> Comme c'est l'usage, dit-il : c'est sur des lits, je pense, que s'allongent ceux qui ne souhaitent pas souffrir, c'est à table qu'ils dînent; et ils ont les mêmes accompagnements qu'aujourd'hui (νῦν) et les mêmes friandises. (372a3-372e1)

Au désir d'avoir toujours plus et surtout plus que les autres (la *pleonexia*) qui, selon Glaucon et Adimante, anime la plupart des hommes[5], Socrate oppose ici ce qu'il estime être « la véritable cité [au sens où] elle est saine, pour ainsi dire » (372e6-7). Le fait qu'il soit sans doute impossible de la réaliser, comme on va le voir, ne rend pas pour autant inutile la description de cette cité, et n'en fait pas davantage un simple prétexte à l'introduction du principe de la spécialisation individuelle[6]. Cette impossible cité, que Glaucon qualifie de « cité de cochons » (372d4-5) indique l'objectif que le bon politique devra poursuivre pour réaliser l'unité de la

1. παραβαλλόμενοι : terme utilisé pour désigner l'action de donner de la nourriture à des animaux.

2. Le στιβάς est un lit d'herbe ou de feuilles, et désigne aussi la litière de différents animaux.

3. Les termes ἡ μάζα et ὁ ἄρτος renvoient à la nourriture grecque de base.

4. τὸ ὄψον : ce terme désigne tout ce qui accompagne (littéralement « ce qui vient après ») la μάζα. Socrate en donne quelques exemples ensuite.

5. *Rép.* II, 358c5-6; 365b4-7.

6. Contrairement à ce qu'avance J. Annas, *op. cit.*, p. 101-102.

cité : apprendre aux hommes à limiter leurs besoins, donc leur apprendre à éduquer leurs appétits. Quelques remarques sont nécessaires pour comprendre le rôle de ce passage dans l'argumentation de Socrate et ses implications sur la place de l'économie dans la cité.

Dans ce récit, Socrate est à la fois sérieux et comique. Comique en ce qu'on ne saurait y lire l'évocation nostalgique d'un état de nature révolu[1] : car que peut valoir pour Socrate une cité sans philosophie, où l'échange de paroles n'est pas même évoqué ? Le comique consiste aussi sans nul doute dans la charge polémique dirigée contre Athènes qui, à l'époque supposée du récit et de la rédaction, est la cité la plus puissante du monde grec sur le plan économique mais qui est en train de devenir la plus fragile sur le plan politique. Or cette intention comique invite précisément à prendre ce récit au sérieux. Socrate en effet ne se livre pas ici à une satire des récits qui, comme ceux d'Antisthène, exaltaient la vie sauvage et frugale[2]. Car cette cité frustre et peu attirante est bien pour Socrate la « véritable cité en tant qu'elle est saine » (ἡ ἀληθινὴ πόλις, 372e6-7). L'adjectif ἀληθινός renvoie chez Platon au caractère authentique d'une chose, par différence avec tous les faux-semblants ou toutes les contrefaçons qui cherchent à en usurper le titre et la fonction : il utilise cet adjectif pour désigner par exemple un véritable gouvernant (*Rép.* I, 347d5), un véritable législateur (IV, 427a4), le régime authentique par opposition à ceux qui l'imitent plus ou moins bien (*Pol.* 301a1), ou encore les véritables agriculteurs, ceux qui ne s'occupent que d'agriculture (*Crit.* 111e2)[3]. En ce sens, une chose véritable est une chose qui est « réellement », non pas au sens existentiel mais au sens « essentiel »[4] : elle répond aux exigences du discours vrai sur ce qu'elle est, cette conformité étant alors garante de la rectitude de son nom. En qualifiant cette cité de « véritable cité en tant qu'elle est saine », Socrate propose ainsi à Glaucon un double modèle à atteindre.

Un modèle anthropologique tout d'abord, du moins en ce qui concerne le corps. Pour Glaucon, l'humanité est écart par rapport à la nature : être homme consiste à éprouver des besoins plus variés et plus nombreux que

1. P. Friedländer, *op. cit.*, p. 83 ; M. Schofield, art. cit., p. 188 et 196. Pour d'autres au contraire, la cité des cochons est la cité idéale : D.R. Morrison, « The Utopian Character of Plato's Ideal City », *The Cambridge Companion to Plato's* Republic, G.R.F. Ferrari (ed.), Cambridge, Cambridge University Press, 2007, p. 252. Pour une position nuancée : E. Voegelin, *Plato and Aristotle*, Baton Rouge, Louisiana State University Press, 1957, p. 99 ; R. Waterfield, *Plato. Republic*, Oxford, Oxford University Press, 1993, p. 389.

2. Xénophon, *Banq.* III, 8 ; IV, 34-44.

3. L. Strauss avance une interprétation morale : « "La cité véritable", c'est-à-dire la cité vérace, qui ne ment pas », *La Cité et l'Homme*, [1964], Paris, De Fallois, 2005, p. 232.

4. *Soph.* 240b3-4.

ceux des animaux, à se placer sous la règle de l'usage et non sous celle de la nécessité naturelle. Et Socrate, on va le voir, donne raison à Glaucon, du moins pour ce qui est du constat qu'il dresse : contrairement à ce qu'on observe chez les autres animaux, le besoin humain n'est pas une pure détermination naturelle, ce n'est pas un manque qui se tarit dès qu'il est satisfait et qui renaît à intervalles réguliers, sans jamais dépasser la mesure de ce que la nécessité naturelle impose. Au contraire, il s'exprime toujours sous la forme de désirs foncièrement insatiables, auxquels chaque société, en fonction de ses coutumes et de ses valeurs, c'est-à-dire de ses usages (νομίζεται, 372d7)[1], donne ses formes et ses expressions singulières.

Mais ce faisant, les sociétés empiriques, donc imparfaites pour Platon et Socrate, donnent aussi aux appétits leur « mesure », c'est-à-dire toujours leur démesure. Façonnés par les déterminations historiques et culturelles des sociétés où ils apparaissent, et qui ne font que relayer leur tendance naturelle à l'expansion, les appétits sensibles marquent tous les rapports humains de leur insatiabilité. C'est pourquoi, si Glaucon voit juste pour ce qui est du fait, il a tort en revanche, aux yeux de Socrate, d'ériger le fait présent (νῦν, 372e1) en norme : car c'est ce qui va rendre la cité malade. Si l'on veut que le fait serve de norme saine, alors il faut changer la norme, c'est-à-dire les usages de la société quant à l'extension des appétits humains. Si pour Socrate, l'humanité ne se limite pas à la vie des cochons, celle-ci en est toutefois la condition au niveau des appétits liés au corps. L'humanité véritable – c'est-à-dire le bon usage de notre pensée – n'est possible que par la limitation de ces appétits au nécessaire, ce qui suppose la détermination d'une règle ou d'une mesure (« pas au-delà de ce que leur permettent leurs ressources (οὐχ ὑπὲρ τὴν οὐσίαν) », 372b8 ; « avec modération (μετρίως) », 372d1), dont la vie animale offre précisément le modèle. Ainsi s'explique, de Glaucon à Socrate, l'inversion de la valeur symbolique du cochon : contre-modèle dans la bouche de Glaucon, qui fait implicitement référence à la connotation négative de cet animal – c'est l'emblème de la stupidité des Béotiens et le symbole de la négation de l'homme depuis la mésaventure des compagnons d'Ulysse chez Circé –, il devient un modèle ou un idéal dans celle de Socrate[2]. Pour Socrate, la

1. Le verbe νομίζομαι employé au passif sur le mode impersonnel exprime la relativité d'un jugement, notamment la relativité culturelle (LSJ *s.v.* νομάς, IV. 1). Par exemple *Banq.* 182b7, d3 ; 184a6 où il renvoie à la diversité des mœurs et des lois en matière amoureuse.

2. *Odyssée* X, v. 220-243. Pour Platon, le cochon symbolise l'ignorance : *Lach.* 196c10-197a1. La comparaison de l'homme au cochon est fréquente : *Théét.* 161c3-5 ; *Lois* VII, 819d5-e1 ; elle est sous-entendue en *Pol.* 266b10-c9.

bestialité n'est pas écart par rapport à l'usage (νομίζεται, 372d7), c'est-à-dire aux mœurs, comme pour Glaucon, mais dérèglement pathologique des appétits et inflation indéfinie des besoins. Paradoxalement, c'est donc la régularité et la limitation des appétits des animaux qui sert ici de modèle à l'homme. Avec cette différence essentielle que la limitation est naturelle chez l'animal mais pas chez l'homme : sauf divine exception, elle ne peut être que le résultat d'une éducation et d'une politique. Pour ce qui concerne leurs appétits, tous les membres de cette cité saine devraient être aussi modérés que Socrate[1] : n'a-t-il pas en effet l'habitude de souligner sa pauvreté et son désintérêt pour l'argent[2], donc le caractère limité de ses besoins ?

C'est pourquoi la cité saine représente également un modèle économique à suivre : il faudra organiser l'économie de la cité juste de telle sorte qu'elle limite les appétits au nécessaire, de manière à éviter les conflits intérieurs et extérieurs dont la cité malade va donner le spectacle. On le verra, les dispositions économiques prises par Platon dans la *République* et plus encore dans les *Lois* iront dans ce sens.

Pour souhaitable qu'elle soit, cette cité de cochons n'en est pas moins un horizon sans doute inaccessible pour l'homme. Cette cité saine est une cité véritablement et exclusivement économique : l'économie y suffit d'elle-même à réguler les rapports sociaux sans qu'il soit besoin de recourir à une instance politique qui lui donnerait sa règle[3]. Mais pour qu'une cité humaine de ce type voie le jour, encore faudrait-il que l'homme soit totalement animalisé. Or la leçon du passage est sans appel : la désir d'avoir plus (la *pleonexia*) est lui aussi une nécessité naturelle, dont mêmes les meilleurs naturels, comme Glaucon, ne sont pas préservés. En revendiquant, avec toute la bonne foi du monde, la diversité des appétits humains sous la forme anodine et apparemment inoffensive des plats cuisinés et du mobilier (372c2-3; d7-e1), il ouvre la cité à la maladie et à la démesure économique.

La cité malade

Bien que Socrate reconnaisse comme véritable cette cité aux besoins limités, il accepte pourtant l'exigence de Glaucon : faire des mœurs la mesure des besoins et du nécessaire. Le passage se poursuit en effet ainsi :

1. D.R. Morrison, art.cit., p. 253.
2. Par exemple : *Apol.* 23b9-c1 ; 38b1-3.
3. M. Schofield, art. cit., p. 187.

Socrate : Soit, dis-je, je comprends : ce que nous examinons, semble-t-il, ce n'est pas seulement comment naît une cité, mais aussi comment naît une cité qui s'amollit (τρυφῶσαν πόλιν). En fin de compte, peut-être n'est-ce pas une mauvaise chose : car en examinant aussi une telle cité, peut-être pourra-t-on apercevoir par quelle voie la justice et l'injustice naissent un beau jour dans les cités. Assurément, la véritable cité (ἡ ἀληθινὴ πόλις) me semble être celle que nous venons de décrire : elle est saine, pour ainsi dire. Mais si vous le désirez, observons aussi une cité atteinte d'inflammation (φλεγμαίνουσαν πόλιν), rien ne nous en empêche. Apparemment en effet, cela ne suffira donc pas à certains, et ce régime de vie non plus : s'y ajouteront des lits, des tables et d'autres meubles, et naturelle-ment aussi des accompagnements culinaires, des parfums en essences et des parfums à brûler, des courtisanes et des gâteaux ; et chacune de ces choses sera présente dans toute la diversité de ses formes ; et bien sûr aussi, ce dont nous parlions en premier, il ne faut plus le tenir pour ce qui consti-tue le nécessaire : maisons, vêtements et chaussures, mais en avant la peinture et la broderie ! C'est l'or, l'ivoire et tout ce genre de choses qu'il faut acquérir, n'est-ce pas ?
Glaucon : Oui, dit-il.
Il faut donc agrandir à nouveau la cité, car cette cité saine n'est plus suffisante : il faut dorénavant la remplir, en volume et en nombre, de ce qui dans les cités n'a plus pour but de pourvoir au nécessaire : par exemple tous les chasseurs et les imitateurs, dont beaucoup s'occupent des formes et des couleurs, et beaucoup d'autres de « musique », des poètes et de leurs subordonnés, rhapsodes, acteurs, choreutes, entrepreneurs (ἐργολάβοι)[1], fabricants en accessoires de toutes sortes et, entre autres, de ceux qui se rapportent à la parure féminine. Et naturellement, nous aurons besoin aussi d'une multitude de gens chargés de différents services ; à ton avis, ne faudra-t-il pas des pédagogues, des nourrices, des bonnes d'enfants, des femmes de chambre, des coiffeurs, et encore des cuisiniers et des bouchers ? En outre, nous aurons besoin, en plus, de porchers : car cela ne figurait pas dans notre cité précédente, – il n'en fallait aucun en effet – mais dans celle-ci, il faudra les y ajouter. Et il faudra aussi toutes sortes d'autres bestiaux, pour qui en mange, n'est-ce pas ?
C'est sûr !
Nous aurons donc aussi bien plus besoin de médecins avec un tel régime de vie qu'avec le précédent ?
Bien plus, oui.
Et le territoire, je suppose, celui qui suffisait alors à nourrir les hommes d'alors, de suffisant qu'il était, il deviendra petit. Ou jugeons-nous qu'il en est autrement ?

1. Le terme ὁ ἐργολάβος (*hapax* chez Platon) désigne plus largement celui qui exerce une activité pour sa dimension lucrative, quel qu'en soit l'objet.

> Non, c'est cela, dit-il.
> Nous faut-il donc tailler une part du territoire de nos voisins, si nous voulons en avoir un suffisant pour faire paître et pour cultiver? Et eux, ne faut-il pas qu'ils taillent aussi une part du nôtre, s'ils s'abandonnent également à l'acquisition illimitée de richesses et dépassent la limite du nécessaire ?
> De toute nécessité, Socrate, dit-il.
> Nous ferons donc la guerre, Glaucon, voilà la conséquence ? Ou en sera-t-il autrement ?
> Oui, c'est cela, dit-il. (372e2-373e4)

Pourquoi Socrate cède-t-il aux exigences de Glaucon alors que, par la suite, il fera de la maîtrise de soi et de ses désirs (ἡ ἐγκράτεια ἑαυτοῦ) l'une des qualités requises pour être gardien, et plus généralement pour vivre dans la cité[1] ? C'est qu'à ce stade, Socrate ne prescrit pas encore : il dresse un constat sur le besoin humain qui, on vient de le rappeler, est de lui-même incapable de se maintenir dans les bornes de la nécessité naturelle. Certes, Socrate accepte le passage de la cité saine à la cité malade pour des raisons qui tiennent aussi à l'objet de l'enquête : « en examinant une telle cité, peut-être pourra-t-on apercevoir par quelle voie la justice et l'injustice naissent un beau jour dans les cités » (372e4-6). Mais ce feu vert donné à la cité malade est surtout une manière de dire que la pente naturelle des appétits humains est de franchir les bornes que la nature a imposées aux autres animaux[2].

Trois points étroitement liés sont mis en avant dans ce texte qui expose le passage du besoin aux besoins ou appétits. Le premier porte sur l'inflammation de la cité, qui est imputable à son amollissement (*truphè*), c'est-à-dire à un manque de discipline des appétits. Le deuxième concerne la singularisation de l'objet des besoins humains, qui va de pair avec leur multiplication in(dé)finie. Le dernier est l'ouverture de la nécessité à un second registre : ce n'est plus seulement le besoin naturel mais aussi, sous la forme de ces besoins in(dé)finis, le superflu qui devient nécessaire. Examinons chacun de ces points.

Le premier porte sur le mal bien particulier dont souffre la cité. L'agrandir au-delà du nécessaire, c'est la rendre malade. L'idée d'inflammation apparaît déjà dans le *Gorgias*, dans une réplique de Socrate à Calliclès : « Tu fais l'éloge d'hommes qui ont nourri les Athéniens et qui les

1. *Rép.* III, 389d7-391a2 ; IV, 430e6-432b1.

2. *Rép.* II, 372e4-6. Sur l'acceptation par Socrate du passage de la cité saine à la cité malade : R. Muller, *La Doctrine platonicienne de la liberté*, Paris, Vrin, 1997, p. 236-237 ; E. Voegelin, *Plato*, [1957], Baton Rouge, University of Missouri Press, 2000, p. 100.

ont comblés de tout ce dont ils avaient envie. Certes, ces hommes, dit-on, ont agrandi la cité, mais en fait, à cause de ces Anciens, elle devenue une cité toute enflée de pus (ὕπουλός), et l'on ne s'en aperçoit pas ! En effet, sans jamais se demander ce qui était raisonnable ou juste, ils l'ont gorgée de ports, d'arsenaux, de murs, de tributs, et d'autres stupidités du même genre[1]. » Mais dans la *République*, l'inflammation est rapportée à l'amollissement, au laisser-aller (τρυφῶσαν, 372e3). Ce mal provient d'un défaut de tension dans la partie de l'âme qui est le siège de l'ardeur (τὸ θυμοειδές) et l'alimente en retour. Comme l'explique Socrate à propos du tyran, la τρυφή est le résultat d'un manque de courage pour discipliner les appétits[2], le θυμοειδές étant alors moins en mesure de faire barrage à la tendance spontanée des appétits à se multiplier et à se subordonner la partie rationnelle de l'âme. Ce mal n'est somme toute que le prolongement du penchant naturel à rechercher la facilité et le confort que Glaucon réclame, sous la formes de lits et de tables, pour éviter aux hommes de « souffrir » (ταλαιπωρεῖσθαι, 372d8). Contrairement à ce que laissent supposer la plupart des traductions[3], la τρυφή désigne donc moins « le luxe » de la cité que cette tendance profonde à la facilité et au refus de l'effort, dont le luxe n'est qu'une expression parmi d'autres. Par exemple, à Ménon qui exige de Socrate une définition de la couleur, Socrate reproche de devenir tyrannique en matière de discours, comme ceux qui vivent dans la mollesse (οἱ τρυφῶντες)[4]. La τρυφή désigne donc plutôt un énervement des facultés, une indiscipline des appétits qui ne souffrent plus de délai quant à leur satisfaction et deviennent tyranniques. Ce laisser-aller n'est donc ni l'inertie ou l'apathie ni la simple pression permanente des appétits, mais une humeur très changeante, une « surpathie » incapable de se satisfaire d'aucun objet et qui en exige toujours de nouveaux : d'après l'Athénien, « la mollesse (ἡ τρυφή) rend le caractère des enfants difficile et irritable, sujet à de violents mouvements d'humeur pour de faibles motifs [...] »[5].

C'est pourquoi dans de nombreux passages des *Dialogues*, la *truphè* va de pair avec la richesse : moins avec sa recherche, qui avive encore la réflexion et suppose un effort pour l'obtenir, qu'avec sa possession qui, par les ressources qu'elle offre, n'incite plus à l'effort physique ou moral. En voici quelques exemples. Dans le *Critias*, les Atlantes « ne se laissent pas griser par la mollesse (τρυφή) qu'entraîne la richesse » tant que persiste

1. *Gorg*. 518e2-519a4. Socrate viseThémistocle, Cimon et Périclès. Voir aussi 455d8-e6.
2. *Rép*. IX, 590b3-4.
3. Par exemple P. Pachet, G. Leroux, A. Bloom, *ad. loc*.
4. *Mén*. 76b7-c1.
5. *Lois* VII, 791d5-7. Voir aussi *Alc. I*, 113e5-114b1.

l'élément divin de leur caractère; mais lorsque cet élément se corrompt, ils deviennent moralement laids[1]. Dans la *République*, Socrate recommande de ne pas introduire la richesse dans la cité « car elle fait naître la mollesse (τρυφή), la paresse et le goût de la nouveauté »[2]. Lors du passage de l'oligarchie à la démocratie, le souci exclusif de l'enrichissement de la part des citoyens rend leurs enfants, « à force de mollesse (τρυφῶντας), incapables aussi bien des travaux du corps que de ceux de l'âme, trop indolents pour s'endurcir contre plaisirs et peines, et paresseux »[3]. Même chose dans les *Lois* : l'éducation de Xerxès par Darius, « toute de mollesse (τρυφή) », a sa cause « dans la mauvaise vie que vivent le plus souvent les enfants des hommes qui possèdent une richesse exceptionnellement grande ou bien un pouvoir absolu ». On notera qu'à l'inverse, selon l'Athénien, Darius n'étant pas lui-même fils de roi, il n'a pas été éduqué dans la mollesse, ce qui a permis ses mesures favorables à l'égalité des citoyens et au sens de la communauté[4]. De manière générale donc, la richesse corrompt l'âme par la mollesse qu'elle y imprime[5].

La mollesse se solde ainsi par le refus de toute contrainte, précisément parce qu'elle résulte de l'absence de contraintes au cours de l'éducation. Elle va de pair avec un abandon éducatif comme celui que Mélésias et Lysimaque reprochent à leurs pères dans le *Lachès*[6]. Par là, la mollesse s'oppose à la vertu, qui ne s'acquiert que par l'effort et l'entraînement à la maîtrise de soi. La pensée éthique et politique de Platon est constante sur ce point: la τρυφή est « à l'opposé de la vertu »[7]. On le voit bien dans le *Gorgias* : pour Calliclès, la τρυφή, l'indiscipline (ἡ ἀκολασία) et la liberté (ἡ ἐλευθερία) font le bonheur tant qu'elles échappent à la punition; « tout le reste, ce ne sont que des manières, des conventions contre nature faites par les hommes, des paroles en l'air qui ne valent rien »[8]. À quoi Socrate répond, dans le mythe final, que Rhadamante envoie dans le Tartare les âmes laides et en désordre sous l'effet de la licence (ἐξουσία), de la mollesse (τρυφή), de la démesure (ἡ ὕβρις), de l'absence de maîtrise dans l'action (ἡ ἀκρατία τῶν πράξεων)[9]. En ce sens, la mollesse est liée à un bonheur illusoire aussi bien sur le plan individuel, comme ces Siciliens

1. *Crit.* 121a2-c5.
2. *Rép.* IV, 422a1-2.
3. *Rép.* VIII, 556b8-c2.
4. *Lois* III, 695c6-696a2.
5. *Lois* XI, 919b8-c1 ; voir aussi, 926a9-b2.
6. *Lach.* 179c5-d2.
7. *Lois* X, 900e9-14.
8. *Gorg.* 492c4-8.
9. *Gorg.* 524d7-525a7.

qui s'imaginent vivre heureux parce qu'ils vivent dans la mollesse et commandent à leurs dirigeants, que sur le plan politique, lorsque le législateur ne se préoccupe pas de l'éducation des femmes et les abandonne à la mollesse, ne rendant ainsi heureuse que la moitié de la cité[1]. La mollesse s'oppose aussi à la rigueur de la discipline philosophique et à la pratique intelligente des vertus qu'elle implique : accepter la mollesse de la cité malade, n'est-ce donc pas souligner l'incompatibilité fondamentale entre la philosophie et son exigence de rigueur d'un côté, et les pratiques sociales et politiques des cités empiriques de l'autre ?

On comprend ainsi, second point, pourquoi la *truphè* est liée à la singularisation et à la multiplication excessive des besoins. Si pour Glaucon, la cité décrite par Socrate est une cité de cochons (372d5), c'est parce qu'elle ne comporte pas cette place pour la singularisation de l'objet du besoin qui est constitutive des appétits humains. Socrate ne s'y trompe pas : il procède ici par distinctions plus nettes et plus particularisantes entre les objets. Dans la cité, il ne fait pas seulement entrer du parfum mais deux sortes de parfums, « en essence et à brûler », des tables « et d'autres meubles », etc., le tout, précise-t-il, « dans toute la diversité de ses formes » (373a4). On y ajoutera aussi notamment « des artisans en accessoires *de toutes sortes* » (373b8 ; je souligne) et « *toutes sortes d'autres* bestiaux » (373c6-7 ; je souligne). Cette diversité indéfinie d'espèces d'objets et d'animaux est la manifestation matérielle et économique de la tendance à l'illimitation des appétits humains.

Si ce besoin de particularisation est donc humainement nécessaire, jusqu'où peut-il être poussé sans devenir excessif et dangereux ? À quelle mesure le soumettre ? À cette question, Socrate ne répond pas encore. Il montre pour l'instant que telle est bien l'ambivalence foncière du besoin : limité en tant que détermination naturelle, mais tendanciellement illimité dans ses expressions particulières. C'est en ce sens que l'on peut comprendre l'emploi sans doute ironique que Socrate fait du verbe ταλαιπωρεῖσθαι (372d8) : fréquent chez les Tragiques, ce terme est ici placé dans la bouche de Glaucon et annonce la *truphè* de 372e3[2]. Pour ce dernier, on s'en souvient, le lit et la table sont des éléments indispensables au bien-être qui, sans être illégitimes mais par contraste avec « les lits d'herbe jonchés de liseron et de myrte » de la cité saine (372b5-6), arrachent du même coup le

1. Respectivement *Lettre* VIII, 354d5-7 ; *Lois* VII, 806c3-7.

2. Par exemple : Euripide, *Oreste*, v. 672 ; Sophocle, *Œdipe à Colone*, v. 1136 (συνταλαιπωρεῖν). L'épithète ταλαίπωρος (« malheureux ! ») est omniprésent. Le verbe ταλαιπωρεῖσθαι et ses composés appartiennent aussi au vocabulaire médical et signifie « être fatigué », « se donner du mal » : *Phéd.* 95d3 ; *Crit.* 45d5 ; *Rép.* VII, 540b3.

besoin à son ancrage naturel initial. C'est ce que marquaient également plus haut dans le texte des termes exprimant une légère indétermination. Ils pourraient paraître négligeables, mais ils servent en réalité à souligner le passage d'une conception naturaliste du besoin à l'institution humaine des besoins : ainsi de « ce genre de choses » (369d4) ou encore du flottement sur le nombre des artisans qui composent la cité à son premier niveau, « quatre *ou* cinq hommes » (369d11-12; je souligne). De même, faut-il introduire dans cette cité un cordonnier (369e8-9) ? Après tout Socrate est le philosophe aux pieds nus[1], et le statut des chaussures – superflues ou nécessaires ? – n'est pas aussi facile à déterminer qu'il y paraît. En déclarant que c'est « notre » besoin qui produit la cité (369c10), encore faut-il donc s'entendre sur le sujet désigné par cet adjectif : Socrate ? Glaucon ? Un tyran aux appétits débridés ? Ou encore un sujet collectif : les Athéniens du IVe siècle, qu'anime une insatiable soif de richesses ? Les Spartiates, réputés pour leur ascétisme ? « *Notre* besoin produit la cité » dit Socrate : manière inédite de placer l'économie à la base de la *polis* et de montrer immédiatement que ce besoin est ouvert à des variations qualitatives et quantitatives presque infinies.

C'est pourquoi, dernier point, la nécessité s'applique désormais au superflu. Rien ne l'illustre mieux que la place donnée au divertissement. Il était déjà présent dans la cité des cochons mais de manière très simple, réduit à presque rien, ne nécessitant presque aucun artifice : dans cette cité, les hommes, « étendus sur des lits d'herbe jonchés de liseron et de myrte, se [régalent], eux et leurs jeunes enfants, buvant par dessus le vin, chantant des hymnes de louange aux dieux avec des couronnes sur la tête, ayant du plaisir à être ensemble » (372c7-d1). Les seules ressources du corps suffisent à se divertir : on chante, on ne joue pas de musique. De même, les couronnes ne nécessitent aucun outillage pour être confectionnées. Dans la cité des cochons, le divertissement est donc réduit au minimum et ne requiert aucune activité économique. Dans la cité malade en revanche, Socrate compte le divertissement au nombre des activités humaines nécessaires, mais l'inscrit désormais nettement dans la sphère économique.

Cette composante de l'économie est réaffirmée dans le *Politique*. Comme cinquième espèce d'arts auxiliaires du politique[2] – ces arts dont l'ensemble compose ce qu'on appelle le secteur ou la sphère économique – l'Étranger compte en effet celle du « divertissement », qui comprend « ce qui relève de l'ornementation et de la peinture, avec toutes ces imitations que servent à produire soit ces techniques, soit la musique, qui ne sont

1. *Phdr.* 229a3 ; *Banq.* 174a3-4.
2. *Pol.* 287d-289c.

réalisées que dans le seul but de notre plaisir »[1]. La différence avec notre passage de la *République* est que dans ce recensement des arts auxiliaires, qui définissent le secteur économique, la présence du divertissement s'impose comme un fait nécessaire, comme une donnée anthropologique, et non comme le symptôme d'une maladie elle-même inévitable. Il en va de même pour la chasse, la boucherie et la médecine : dans la *République*, elles apparaissent dans la cité malade[2], alors que dans le *Politique*, elles figurent aux côtés de l'agriculture dans l'espèce de « ce qui sert à nous nourrir », ce qui confirme leur nécessité. Je reviendrai sur ce texte du *Politique* dans le dernier chapitre, au moment de distinguer l'efficience politique de l'efficience économique. Mais notons dès à présent le point très important que Platon perçoit ici : c'est que l'économie ne se limite pas à procurer ce qui est seulement vital au sens strict. L'importance du divertissement montre qu'elle doit aussi combler ce qui correspond à une nécessité anthropologique fondamentale, celle du plaisir gratuit. Sa finalité n'est donc pas purement utilitaire, si l'on entend par là ce qui satisfait un besoin immédiatement vital. Elle vise la production de l'utile, qui est plus large que l'utilitaire, précisément en ce que l'utile est ouvert à la dimension de la gratuité. L'économie a donc aussi affaire avec le superflu : toute la question est de savoir dans quelles limites.

Que le superflu, pour malade qu'il nous rende, n'en soit donc pas moins nécessaire, c'est ce que montre le vocabulaire de la prescription. Exprimée par les formes verbales δεῖ (onze occurrences à l'actif) et προσδεῖ (deux occurrences à l'actif), la prescription sur ce qui doit entrer dans la cité ouvre le champ des besoins au-delà du nécessaire[3]. Les formes moyennes de ces deux verbes[4] sont particulièrement significatives à cet égard puisqu'elles signifient à la fois le manque ou le besoin subjectifs, et la nécessité objective qu'ils impliquent quant à ce qu'il faut intégrer dans la cité. Avant le passage à la cité malade, cette prescription obéit à ce qui est reconnu comme nécessaire ; après ce passage, elle est subordonnée à la recherche de « ce qui n'est plus nécessaire » (οὐκέτι τἀναγκαῖα, 373a4-5)[5], les formes actives et moyennes de ces verbes se suivant de manière très rapprochée pour souligner la rapidité de cette inflation sans limite des besoins (373c2 ; c4 ; c6). Manière de dire qu'il y a une nécessité du non nécessaire.

1. *Pol.* 288c1-6.
2. Respectivement : *Rép.* II, 373b5 ; 373c4 ; 373d1.
3. Par exemple δεῖ : 369e2 ; 370c7 ; 371a6-7 ; 373e9.
4. Respectivement : huit et deux occurrences.
5. Voir aussi 373b4 ; d10-e1.

La nécessité du besoin présente donc deux aspects ou deux niveaux. D'un côté, elle *s'impose* comme un état de fait naturel que ne peut manquer de rencontrer toute description de la nature humaine : se nourrir est par exemple le premier et le plus important de tous les besoins puisque c'est une condition nécessaire de la survie individuelle. De l'autre, la nécessité du besoin est *posée* comme telle (373a5) dans la variété qualitative et quantitative des objets particuliers sur lesquels elle porte : se nourrir est une nécessité universelle, mais la relativité collective et individuelle des régimes alimentaires peut elle aussi se justifier d'une autre nécessité, d'une nécessité de second niveau. Ce qui la distingue de la précédente n'est pas d'être est *moins* nécessaire qu'elle : c'est d'être malléable, jusqu'à un certain point, sur les plans quantitatifs et qualitatifs.

Les deux bords de l'économie ou l'invention de l'économie politique

Avec l'accroissement indéfini des besoins, la cité se trouve acculée à la guerre offensive, et par là au risque de sa propre destruction. On verra plus tard que ce conflit pour la richesse et les biens matériels se déploie aussi à l'intérieur de la cité. Dans tous les cas, le paradoxe de l'économie est bien le suivant : le besoin fait la cité, les besoins la défont, aussi longtemps qu'aucune limite ne leur est imposée. Livrée à elle-même, l'économie encourage la tendance au développement anomique de nos appétits qui, s'ils ne détruisent pas complètement la cité, risquent toutefois de la rendre malade. Les effets précis de cette tendance pathologique de l'économie sur la vie de la cité seront étudiés au chapitre suivant, à l'aide d'autres passages des Dialogues.

Pour l'heure, en analysant ce qui arrive à la cité selon qu'on se place du point de vue d'une économie saine ou d'une économie malade, ce passage 369b5-374a7 du livre II de la *République* ne donc fait rien moins qu'inventer l'économie politique et avancer quelques éléments importants pour en saisir la nature bien particulière. Platon en effet ne se livre pas ici à la déduction transcendantale du marché[1], dont l'histoire des institutions économiques nous apprend qu'il n'a pas toujours existé. Il ne se contente pas non plus d'exposer les conditions nécessaires à l'apparition de la cité vraiment politique[2]. Il fait surtout ressortir l'incapacité de la sphère

1. Contrairement à ce qu'avance M. Schofield, art. cit., p. 191. Sur la non naturalité du marché, *cf.* A. Caillé, *op. cit.*, p. 14.

2. Contrairement à ce que soutiennent J. Annas, *op. cit.*, p. 95 ; R.C. Cross, A.D. Woozley, *op. cit.*, p. 82.

économique à constituer un ordre autonome, et le fait qu'elle est au contraire pétrie de normes qui lui viennent de la politique du moment. La cité saine mais impossible de Socrate montre que la norme que la politique devra suivre pour organiser comme il faut l'économie de la cité est la vérité, et qu'il faudra réduire au minimum les exigences de l'usage réclamées par Glaucon, qui guident pourtant l'économie dans les cités ordinaires. Car si la cité de Glaucon n'est aucune cité en particulier, si elle ne correspond à aucun régime particulier, elle illustre en revanche ce que l'économie peut devenir dans toutes les cités empiriques, dans l'abandon ou le retrait de la politique, c'est-à-dire lorsque la politique lâche la bride à l'économie et s'efface à son profit, sans toujours s'en rendre compte. La cité malade illustre ici la déréliction de la cité du seul point de vue des causes économiques, tandis que le livre VIII de la *République* analyse les causes politiques de ces ravages économiques dans des types de régimes particuliers.

L'économie est donc hétéronome, et ses valeurs, qui façonnent l'ampleur et la nature de ses activités, lui viennent de la sphère politique. Elle n'a donc de consistance propre qu'intermédiaire : sur son bord inférieur, on trouve la nécessité du besoin comme détermination abstraite et générale; sur son bord supérieur, les normes qui indiquent comment les besoins doivent être satisfaits. La cité saine puis la cité atteinte d'inflammation ne sont donc pas purement économiques. En dépit de l'absence de corps dirigeant, elles ne sont pas apolitiques[1] : elles sont tout à la fois économiques et politiques, si par politique on entend ici non pas l'existence et l'exercice de magistratures ou la présence des gardiens, mais l'inscription de la réflexion sur l'économie et la nature dans un plan relatif à l'ensemble de l'organisation de la cité. L'économie politique fait ici ses premiers pas.

Avant d'examiner au chapitre suivant les dommages occasionnés dans la cité par une économie livrée à elle-même et « conforme à l'usage », c'est-à-dire aux mœurs déréglées des cités empiriques, puis dans le dernier chapitre les mesures nécessaires à sa régulation, il faut se pencher sur l'anthropologie qui explique cette double capacité de l'économie à faire et défaire la cité. Étudions donc le rôle du corps puis celui de l'âme dans l'économie de Platon.

1. Contrairement à ce qu'avance J. Rancière, *op. cit.*, p. 25.

La part maudite : anthropologie de l'économie platonicienne

Si dans les cités mal constituées, des mécanismes sociaux et politiques entretiennent le dérèglement de l'économie, ils n'en sont toutefois pas les causes premières. Celles-ci sont à chercher du côté de l'anthropologie de Platon. Par la faiblesse de son corps, toujours menacé de dissolution, et le rôle dynamique de la partie mortelle de son âme, siège de puissants appétits, l'homme est spontanément animé d'une tendance à la démesure, à l'accaparement et à la puissance. La politique, quand elle est conforme à ce qu'elle doit être, a précisément pour tâche de contenir cette tendance par l'éducation, la dissuasion et la punition. Si donc Socrate fait droit aux exigences de Glaucon lors de l'édification de la cité en paroles et expose la cité à la démesure et à l'inflammation, c'est parce qu'il constate – et l'Athènes de son temps lui en apporte la confirmation éclatante – que l'homme nourrit en lui une bête polycéphale et insatiable[1]. En d'autres termes, la nature humaine est faible[2], et cette faiblesse est à l'origine de la double puissance – faire et défaire la cité – qu'il prête à l'économie.

Cette faiblesse, inscrite dans notre corps et dans notre âme, tient à la situation intermédiaire que nous occupons dans l'univers[3]. Par exemple, si l'élément feu est en nous « en petite quantité, de médiocre qualité et faible (ἀσθενὲς) », c'est parce que nous ne sommes pas l'univers, que nous ne sommes pas, comme le Tout, faits d'éléments purs : nous sommes un mélange, donc de plus médiocre qualité que le Tout[4]. Mais faiblesse n'est pas impuissance. Pour faible qu'elle soit, notre espèce n'est pas pour autant condamnée à la passivité ni soumise à une nécessité implacable : nous sommes moins puissants que les dieux mais pas totalement impuissants[5]. La maîtrise de soi est à notre portée, du moins « autant que possible » ou « dans la mesure de nos forces »[6]. Elle nous offre la perspective d'une plus grande coïncidence à nous-mêmes et d'une plus grande séparation d'avec les parties mortelles de l'âme, celles qui sont liées au corps. Tout est question de degré, et par là même de mesure.

1. *Rép.* IX, 588c7-10.
2. Par exemple *Théét.* 149c1-2 ; *Pol.* 274b7-8 ; *Lois* IX, 854a1 ; *Phéd.* 107b1.
3. *Phéd.* 109c3-e2.
4. *Phil.* 29b3-c4.
5. *Tim.* 77c6-7.
6. Ces expressions sont des leitmotive dans le *Phédon* et dans les *Lois*.

Le corps dans l'économie platonicienne

Le corps du monde : un modèle pour limiter l'expansion économique

Longtemps négligé dans les études consacrées à l'anthropologie de Platon[1], le corps joue pourtant un rôle central dans les mécanismes économiques décrits dans la cité saine et la cité malade. Car même si d'après l'*Alcibiade* et les *Lois*[2], l'homme est son âme tandis que le corps est l'instrument de cette âme, et bien que les mouvements du corps reçoivent leur impulsion et leur orientation de l'âme, le corps possède son efficience propre[3]. Autrement dit, si l'homme n'est pas son corps, le corps est bien, lui, quelque chose de l'homme.

Ce corps est affecté par la faiblesse dont souffre la nature humaine. Cette faiblesse apparaît d'autant mieux qu'elle contraste nettement avec la plénitude qui, à l'inverse, caractérise le corps du monde. Tandis que notre corps est placé sous le signe du manque perpétuel, celui du monde ne manque jamais de rien, il est autosuffisant et n'outrepasse jamais la mesure de ses besoins. Il offre ainsi l'image de ce à quoi il faudrait que le corps humain ressemble, non seulement le corps individuel pour ce qui est de la limitation des besoins au strict nécessaire, mais également le corps des citoyens organisés en cité. Car s'il est impossible à un individu d'être autosuffisant, une cité, elle, peut l'être. Le corps du monde figure ainsi l'objectif qui devra guider les mesures économiques dans une cité bien gouvernée.

L'opposition entre la faiblesse du corps humain et la plénitude d'un corps d'essence supérieure n'est pas une invention de Platon. Les mythologies d'Hésiode et d'Homère marquent déjà le corps humain du sceau de la limitation, de la déficience et de l'incomplétude, comme s'il s'agissait d'une sorte de « sous-corps [qui] ne peut être compris que par référence à ce qu'il suppose : la plénitude corporelle, un sur-corps, celui des dieux »[4]. Pour Platon, ce « sur-corps » est celui du monde, et c'est dans le *Timée* qu'il en donne la présentation la plus complète. Ce corps représente le plus haut

1. Voir N.A. Grau : « Le rôle du corps dans l'anthropologie platonicienne », *Akten des XIV Internationalen Kongress für Philosophie* (résumé), Wien, V, 1970, p. 428-430.

2. *Alc.* 129e5-130c7 ; *Lois* XII, 959a4-b5.

3. *Lois* X, 896e8-897b1.

4. J.-P. Vernant, *L'Individu, la mort, l'amour. Soi-même et l'autre en Grèce ancienne*, Paris, Gallimard, 1989, p. 13. Voir les lamentations d'Ulysse sur « la panse malfaisante (*gastèr kakoergos*) », *Odyssée* XVII, v. 286-289 ; M. Detienne et J.-P. Vernant, *La Cuisine du sacrifice en pays grec*, Paris, Gallimard, 1979, p. 94.

degré de perfection dans son ordre, c'est-à-dire un corps organisé le plus possible en accord avec la pensée et qui, pour cette raison mais non sans paradoxe, perdure sans se dissoudre. Contrairement au corps humain, le corps du monde est un corps qui ne s'altère pas, qui est autosuffisant et qui obéit à la mesure du strict nécessaire. Examinons ces trois points.

Le caractère exceptionnel du corps du monde tient à sa constitution propre, qui le soustrait aux maladies et au vieillissement. Rien ne peut en effet affecter du dehors ce corps total puisqu'il n'y a rien d'extérieur à lui[1]. Son organisation interne exclut également toute possibilité de corruption ou de destruction. D'une part, les parties qui le composent sont dites parfaites ou complètes et ne peuvent donc pas être la cause d'une imperfection[2]. D'autre part, la proportion qui règne entre elles introduit dans le Tout qu'elles composent l'accord et l'amitié, ainsi que l'unité la plus achevée[3]. Enfin, puisqu'il ne subit que ce qu'il incite lui-même et qu'il ne possède que le mouvement circulaire – mouvement le plus conforme à l'intellect qui compose la totalité de son âme – il ne saurait subir rien que de rationnel[4]. Par conséquent, il ne peut être cause ni de sa propre dissension ni de sa propre corruption.

Cette complétude rend le corps du monde autosuffisant et le dispense d'avoir à rechercher de la nourriture, même si sur ce point le *Timée* est ambigu. En effet, en tant qu'il est une totalité, le monde semble dispensé de la nécessité de se nourrir, ce qui expliquerait pourquoi « il n'a pas besoin d'un organe qui lui permette d'absorber de la nourriture puis de rejeter cette nourriture après en avoir extrait les sucs »[5]. Mais immédiatement après, Timée ajoute que « le monde a été fabriqué de façon qu'il puisse se procurer sa nourriture (τροφήν) en se consommant lui-même (τὴν ἑαυτοῦ φθίσιν) »[6]. La contradiction apparente disparaît dès lors qu'on comprend que Timée ne cherche pas à dire que le monde ne se nourrit pas, mais que son mode de nutrition ne peut être pensé sur le modèle pour nous familier de l'absorption d'un élément extérieur, puisque rien n'existe en dehors de lui. Son unité, sa sphéricité et sa totalité rendent caduques pour lui toutes les

1. Corps total : *Tim.* 32c5-6 ; 33c1-2. Corps soustrait à la maladie et au vieillissement : *Tim.* 33a3-6.

2. *Tim.* 32c8-33b2 ; 34b2-3.

3. *Tim.* 31c2-32c4. Il est difficile de savoir si ces « parties » du monde renvoient aux êtres qui y vivent (*Tim.* 30c2-31a1) ou aux éléments dont il est composé (*Tim.* 32c5-33a1).

4. *Tim.* 33c7-d1. Sur l'impossibilité pour l'âme du monde d'être irrationnelle : L. Brisson, *Le Même et l'Autre dans la structure ontologique du* Timée : *un commentaire systématique du* Timée *de Platon*, Paris, Klincksieck, 1973, p. 337-353.

5. *Tim.* 33c4-6.

6. *Tim.* 33c7-8.

fonctions organiques qui, chez l'homme, procèdent d'un échange avec l'extérieur. Pour se nourrir, le monde ne peut donc que « se consommer lui-même ». Le plus souvent, Platon emploie le terme φθίσις pour désigner le processus de diminution ou d'amaigrissement affectant le corps en général, et le corps humain en particulier, en tant qu'il est soumis au devenir et passe d'un contraire à un autre[1]. Mais à l'échelle du Tout, cette diminution est nécessairement compensée par une augmentation sur un autre plan, les vivants qui constituent le monde ne pouvant disparaître purement et simplement quand ils dépérissent et meurent, sans quoi le corps du monde diminuerait jusqu'à disparaître. Leurs éléments doivent donc être réutilisés pour former d'autres vivants, comme le suggère la fabrication du corps des mortels par les divinités subordonnées au démiurge : « [Les divinités inférieures] empruntaient au monde des portions de feu et de terre, des portions d'eau et d'air, en reconnaissant que ces portions devaient lui être rendues (ἀποδοθησόμενα πάλιν) un jour[2]. » Faute d'extériorité, le monde ne peut ni trouver sa nourriture ni rejeter ses excrétions en dehors de lui : il connaît donc un cycle interne de transformations de ses propres éléments dans lequel, à la différence de l'animal qui hiberne et se nourrit sur ses réserves, l'auto-consommation s'accompagne nécessairement d'une auto-reconstitution[3]. Se met donc en place un flux continu où « les éléments ne cessent de passer les uns dans les autres et de se mouvoir », entretenant ainsi le mouvement du monde et assurant la conservation de la matière[4]. Ce processus garantit l'identité du monde et son autosuffisance, puisque ce dont il a besoin pour se nourrir correspond exactement à ce qui en lui dépérit et à ce dont il se nourrit, et qu'il est lui-même l'unique source de ce processus[5].

Aussi le corps du monde respecte-t-il la mesure du strict nécessaire. Ne connaissant pas de manque à proprement parler, il ne connaît donc pas non plus d'excès, et se trouve préservé des ravages que l'insatiabilité humaine – notamment sous la forme de la *pleonexia* – fait subir aux cités. Sans écart entre lui et lui-même, le corps du monde est donc par nature toujours

1. *Rép.* VII, 521e4-5 ; *Phéd.* 71a12-b5 ; *Lois* X, 897a6 ; *Phil.* 42c9-d3.

2. *Tim.* 42e6-43a1.

3. L'image de l'animal qui hiberne est due à A.E. Taylor. Pour suggestive qu'elle soit, le rapport à l'extérieur qu'elle implique pour constituer les réserves est impossible pour le monde ; *A Commentary on Plato's* Timaeus, Oxford, Clarendon Press, 1928, p. 102.

4. *Tim.* 58a2-4, et 56d-61c pour le détail des transformations des éléments. Voir C. Joubaud, *Le Corps humain dans la philosophie platonicienne : étude à partir du* Timée, Paris, Vrin, 1991, p. 48-50.

5. *Tim.* 33d2.

comblé et toujours satisfait[1]. C'est un corps observant naturellement la bonne mesure, et dont la sphéricité, que mime le crâne humain, est celle d'un corps sans distance à soi, qui se possède lui-même et n'a donc rien à posséder en dehors de lui parce qu'il coïncide au mieux avec lui-même[2]. L'unicité de la Forme du monde et l'unicité du monde lui-même expliquent en partie qu'il ne connaisse pas le désir de possession qui, du besoin de se nourrir à la sexualité en passant par l'appât du gain et des honneurs, agite le corps humain et son âme, et expose la cité au conflit et à la division[3]. L'autosuffisance et la mesure de son métabolisme font du corps du monde le modèle d'une cité à l'économie droite comme celle des cochons, à l'opposé de la cité malade. À l'évidence, il est impossible au corps humain pris individuellement de parvenir à une semblable autarcie[4]. Mais une mesure peut toutefois lui être imprimée de sorte qu'une relative autosuffisance soit possible à l'échelle de la cité. Le corps du monde offrirait ainsi un modèle naturel pour organiser les besoins humains dans une cité obéissant à une économie mesurée.

Le corps humain, source de l'économie

La double tendance de l'économie à faire et défaire la cité s'explique en partie par la nature du corps humain. Marqué du sceau de l'incomplétude et de l'imperfection, ce corps a en effet besoin d'un certain nombre de choses pour se maintenir en vie : il est donc à la source de l'économie et, on l'a vu, de la cité.

À la différence du corps du monde, le corps humain n'est pas un corps total et complet, mais un corps incomplet : c'est un corps de manque, comme le sont tous les corps des êtres mortels. Fabriqués par les dieux inférieurs selon les injonctions du démiurge[5], ces corps connaissent des mouvements alternés de vide ou de déplétion, et de remplissage ou de réplétion, par lesquels ils sont nécessairement en rapport avec des corps

1. Sur les origines de cette représentation du corps du monde : F.-M. Cornford, *Plato's Cosmology. The* Timaeus *of Plato translated with a running commentary* [1937], London, Routledge, 2000, p. 55-57 ; R. Brague, « The Body of the Speech. A New Hypothesis on the Compositional Structure of Timaeus'Monologue », *Platonic investigations*, D. O'Meara (ed.), Washington DC, The Catholic University of America Press, 1985, p. 53-83,

2. R. Brague, art. cit., p. 58. Sur la sphéricité du corps du monde : R.J. Mortley, « Plato's choice of the sphere », *Revue des Études Grecques*, 1969, t. 82, p. 342-345.

3. Voir R.D. Parry, « The unique world of the *Timaeus* », *Journal of the History of Philosophy*, XVII, 1979, N°1, p. 1-10 ; R.A. Patterson, « The unique worlds of the *Timaeus* », *Phoenix, Journal of the Classical Association of Canada*, N°35, 1981, p. 105-119.

4. *Rép.* II, 369b5-8.

5. *Tim.* 42e-43a.

extérieurs. Les mouvements de déplétion tiennent au fait que les liens qui composent les corps mortels ne sont pas indissolubles (ἀλύτοις)[1], et qu'ils s'altèrent sous l'effet des corps extérieurs: «en effet, ce qui nous décompose et ce qui nous divise sans cesse, [...], ce sont précisément les choses qui nous entourent du dehors[2].» Il faut donc compenser cette altération en se remplissant, en absorbant de la nourriture, le feu interne divisant les aliments et permettant leur assimilation[3]. Les corps mortels sont donc exposés aux aléas du monde extérieur. Pour protéger l'homme, le démiurge du *Timée* invente alors des protections qui permettront à la vie de se prolonger, sans qu'elle puisse toutefois durer toujours[4]. Le corps humain est en effet doté de certains moyens de protection naturels comme la chair, que le démiurge fabrique pour protéger le squelette des assauts du froid et de la chaleur, ou les cheveux, qui assurent la protection du cerveau, logé dans une tête dépourvue de chair afin de ne pas entamer la sensibilité de la partie supérieure de l'âme qui y réside, à savoir la pensée[5]. La chair abrite les parties fragiles du corps derrière des protections qui, disposées en avant et autour d'elles, freinent l'action dissolvante des éléments extérieurs comme on repousse un ennemi (ἀμυνεῖσθαι)[6]. Elle remplit ainsi la fonction de défense (προβολή) contre la chaleur et de protection (πρόβλημα) contre le froid, et les cheveux celle d'une toiture[7].

Toutefois cet équipement naturel ne suffit pas à nous protéger complètement des rigueurs de la nature ni à subvenir à nos besoins. Car pour Platon le corps humain n'est pas un corps animal tout à fait comme les autres : il est en effet marqué d'une déficience particulière dont ne souffrent pas les autres animaux, et qui explique que, contrairement à eux qui peuvent survivre grâce aux moyens corporels dont la nature les a doté, l'homme doive en plus développer des activités économiques pour compléter ce que son corps seul ne peut pas faire, et subvenir ainsi à ses besoins. Au contraire d'Aristote pour qui le corps humain est la réalisation parfaite des

1. *Tim.* 43a2.

2. *Tim.* 81a4-6. Voir plus largement *Tim.* 81d-86a pour la corruption du corps humain et ses maladies. Voir L. Brisson, *op. cit.*, p. 424-427; H.W. Miller, «The aetiology of disease in Plato's *Timaeus*», *Transactions and Proceedings of the American Philological Association*, N°93, 1962, p. 175-187; et C. Joubaud, *op. cit.*, p. 64-101 et les tableaux VIII, IX et XV, p. 296, 297 et 301.

3. *Tim.* 80d3.

4. *Tim.* 75b7-c3.

5. Sur la chair : *Tim.* 74a7-c5 ; pour les cheveux : *Tim.* 76b1-d3.

6. Pour les verbes ἀμύνειν ou ἀμυνεῖσθαι en contexte polémique : *Rép.* III, 399b2; 414e4; *Gorg.* 456e4; *Lois* III, 692e1-2.

7. Respectivement *Tim.* 74b7-8 et 76c7.

intentions de la nature et par rapport auquel « tous les animaux sont conformés comme des nains »[1], Platon voit le corps humain comme un corps animal déficient ou imparfait. Cela apparaît très bien dans la première division du *Politique* et dans le mythe du *Protagoras*, textes où le corps humain est pensé par soustraction à partir du corps animal. Dans le *Politique*, une fois la première division parvenue à la distinction entre non-vivants et vivants, l'homme n'apparaît qu'au terme de plusieurs soustractions opérées sur la structure du corps animal : les interlocuteurs le recherchent d'abord dans la branche des animaux *sans* cornes (ἄκερων, 265b11; κολοβὸν κεράτων, 265d4), puis parmi les animaux dont les espèces *ne* se croisent *pas* (ἀμείκτου, 265e9); et, dans la division plus courte, dans le groupe des bipèdes *nus* (ψιλῷ, 266e7). Le corps humain est ainsi présenté comme un corps animal auquel seraient soustraites certaines propriétés, et l'adjectif κολοβός, qui désigne la mutilation et l'incomplétude, le marque d'une sorte d'infirmité. Notons aussi que dans l'une de ses réponses, Socrate le Jeune substitue le terme négatif ou soustractif ἄμεικτος au terme synonyme mais positif ἰδιογενής employé par l'Étranger dans sa question, comme s'il était spontanément impossible de penser le corps de l'homme sur un mode positif[2]. Dans le mythe du *Protagoras*, Épiméthée distribue aux animaux non humains un stock de qualités selon un principe de compensation (ἐπανισῶν, 321a1) en vertu duquel toute propriété constituant une menace pour la survie d'une espèce est compensée par un avantage. Ainsi « il dotait les uns de force sans vitesse, et donnait la vitesse aux plus faibles »; ou encore, aux animaux carnassiers, il « accorda une progéniture peu nombreuse, alors qu'à leurs proies, il accorda une progéniture abondante »[3]. Le sort de l'homme est moins heureux en ce qu'il ne bénéficie pas de ce beau principe. En le privant, par négligence, des protections dont il « revêt » ou « couvre » (ἤμπισχεν, 320e3) les autres animaux, Épiméthée le condamne à la nudité[4], qui n'est pas la simple nudité physique, l'absence de vêtements, mais un profond déficit fonctionnel du corps face à une nature hostile.

Dans le *Politique* comme dans le *Protagoras*, cette insuffisance naturelle du corps humain est comblée par le développement de techniques,

1. *Des Parties des animaux*, 686b3. Aristote définit les nains comme des êtres disproportionnés, *op. cit.*, 686b4.

2. *Pol.* 265b-267c. Pour les termes cités : respectivement 265b11, 265d4, 265e9, 266e7, 265e8. Les mss divergent sur l'expression κολοβὸν κεράτων en *Pol.* 265d4. La leçon [Y] κολοβὸν ἀγέλην τινὰ κεράτων est la plus satisfaisante pour la grammaire et le sens.

3. *Prot.* 320d8-e1 ; 321b5-6.

4. *Prot.* 320e3; 321c5.

dont l'ensemble compose la sphère économique. Dans le *Politique*, la politique a sous sa coupe des arts auxiliaires, dont la quatrième espèce produit protections et moyens de défense pour le corps humain. Cette espèce comprend « tout l'habillement, la plupart des armes, les murs, toutes les enveloppes (περιβλήματα) de terre ou de pierre, et une foule d'autres choses de ce genre. Et comme c'est en vue de protéger (προβολῆς) que tout cela est produit, le nom général de protection (πρόβλημα) serait justifié ; et l'on aurait davantage raison de penser que la plupart de ces choses sont bien plus l'œuvre de l'architecte ou du tisserand que du politique »[1]. L'architecte, le tisserand et le maçon qui fabrique ces « enveloppes de pierre » sont justement les trois producteurs qui, dans la *République*, interviennent au fondement de la cité pour satisfaire les besoins « les plus nécessaires »[2]. La proximité de ce vocabulaire avec celui du *Timée*, évoqué plus haut à propos des protections dont le démiurge équipe le corps humain, souligne que l'économie s'inscrit directement dans le prolongement de notre configuration physique : elle apporte le complément indispensable à ce que la nature a seulement commencé et ébauché. De manière plus générale, on peut dire que les sept espèces d'arts auxiliaires du *Politique* – « la matière première, l'instrument, le récipient, le véhicule, l'abri, le divertissement, l'aliment »[3] – définissent l'ensemble des activités économiques dont toutes, si ce n'est peut-être celles qui concernent le divertissement, sont appelées à l'origine par la faiblesse de notre corps.

Dans le mythe du *Protagoras*, c'est le « savoir qui concerne la vie (τὴν μὲν οὖν περὶ τὸν βίον σοφίαν) », c'est-à-dire la *tekhnè*, qui pallie notre dénuement physique[4]. Après le langage[5], la *tekhnè* donne alors naissance aux activités économiques. Grâce au feu dérobé par Prométhée, l'homme en effet « invente les habitations, les vêtements, les chaussures, les couvertures et les aliments qui viennent de la terre », c'est-à-dire l'agriculture[6]. L'économie est donc là encore appelée par la faiblesse de notre corps. Notons ici que le mythe du *Protagoras* rejoint sur un point les analyses du livre II de la *République* et s'en écarte sur un autre. Dans les deux cas, l'économie est à l'origine de la société sans suffire à achever la cité, à en faire un ensemble politique cohérent. Mais tandis que la *République*

1. *Pol.* 288b1-9.
2. *Rép.* II, 369d1-e1.
3. *Pol.* 289b1-2. Sur ces auxiliaires, voir le chapitre III, p. 186 *sq*.
4. *Prot.* 321d4.
5. *Prot.* 322a6. On peut comprendre soit simplement que le langage est artificiel, soit qu'il est né sous l'effet du besoin de communiquer pour développer des techniques.
6. *Prot.* 322a6-8.

attribue cet échec à l'économie elle-même en lui prêtant une puissance propre (au livre II et surtout aux livres VIII et IX), le *Protagoras* l'attribue seulement à l'absence d'art politique, absence qui d'une part prive les hommes du savoir de la guerre indispensable pour lutter contre les bêtes sauvages, et qui d'autre part les empêche de trouver une issue aux injustices qu'ils commettent les uns envers les autres[1]. Certes, c'est aussi l'art politique qui, dans la *République*, fera passer la cité du statut de société économique à celui de communauté politique. Mais l'économie y est présentée comme douée d'une efficience propre qui se répercute sur les rapports sociaux, ce qui n'est pas le cas dans le mythe du *Protagoras*.

Par son corps, l'homme est donc par nature un animal économique. Mais ce corps est aussi à l'origine de l'inflation des besoins et des activités économiques qui entrent dans la cité au risque de la détruire.

Le corps humain, source de l'anomie économique

Tout irait bien si le corps était capable de se réguler lui-même, de limiter ses besoins au nécessaire et d'en assurer la satisfaction avec régularité et équilibre. Mais tel n'est pas le cas.

Notre corps n'est en effet pas spontanément porté à la mesure ni à la régularité. L'image de l'écoulement, que Platon utilise dans le *Timée* pour décrire les fonctions du corps mortel sur le mode d'un échange de particules entre le corps mortel et le monde extérieur, le montre bien. En effet, « le corps est soumis à un flux (ἐπίρρυτον) et un reflux (ἀπόρρυτον) perpétuels »[2]. Mais tandis que le nombre de particules dont se nourrit le corps du monde est égal à celles qui s'en échappent, « l'*epirruton* [tenant] la balance à l'*aporruton* dans un équilibre permanent »[3], ce double mouvement est, pour le corps mortel en général et humain en particulier, irrégulier et déséquilibré.

Il est irrégulier en ce que le corps mortel est pris dans un devenir chaotique : il suit le mouvement spontanément désordonné du réceptacle (χώρα) tant que « Dieu en est absent » et que les éléments qui le composent

1. *Prot.* 322b1-8.

2. *Tim.* 43a5-6. Sur cette image : le flot (ἀπορρέοντος) des particules qui nourrissent le corps, 43b5 ; la vision des couleurs à partir d'une flamme émanant (ἀπορρέουσαν) de chaque corps, 67c4-7 ; les flots (ἐπίρρυτα) de nourriture ne cessent de circuler dans tous les vivants, 80d7-81b4 ; la bile coule (ἐπιρρέουσα) dans le sang, 85e3 ; le processus (ἐπιρρέῃ) de l'accroissement du corps exige des exercices pour être équilibré, *Lois* VII, 788d10-789a2.

3. C. Mugler, « Le Corps des dieux et l'organisme des hommes », *Annales de la Faculté des Lettres et Sciences humaines de Nice*, N°2, 1967, p. 7-13.

ne sont pas agencés selon « les formes (εἴδεσί) et les nombres »[1]. Masse tumultueuse (θορυβώδη) et sans raison (ἄλογον), mû sans ordre (ἀτάκτως) et au hasard des six mouvements qui l'agitent en tous sens – en haut et en bas, en avant et en arrière, à droite et à gauche – sans qu'aucune direction parvienne à dominer durablement les autres, le corps mortel en général, et humain en particulier, est donc un flux permanent qui ne peut être à lui-même le principe de sa propre régulation[2]. C'est ce désordre constitutif du corps qui est au principe de la *truphè* dans la cité malade décrite au livre II de la *République* : l'inconstance des goûts, le désir du renouvellement périodique des objets, le souci de la bigarrure, de « la mode » dirait-on aujourd'hui, s'enracinent dans cette instabilité foncière du corps, dont Socrate a bien conscience lorsqu'il décrit la cité atteinte d'inflammation.

Mais ce mouvement irrégulier qui agite le corps est aussi déséquilibré. Le corps mortel est en effet exposé en permanence à la menace de la destruction ou de la corruption, soit sous l'effet d'une déperdition (ἀποχωρήσις) excessive d'éléments, soit au contraire sous l'effet d'une réplétion (πληρώσις) excessive, lorsque le corps absorbe plus qu'il ne lui est nécessaire[3]. C'est cette seconde tendance qui est à l'origine de l'inflammation de la cité au livre II de la *République*. Elle provient de la structure si ambivalente de notre bas-ventre, où est logée la partie mortelle de l'âme au principe de la nutrition. Les dieux inférieurs établirent en effet « ce qui est appelé le bas-ventre comme réceptacle pour recueillir la boisson et la nourriture superflues, et ils enroulèrent sur eux-mêmes les intestins pour éviter qu'un transit rapide de la nourriture ne contraigne le corps à avoir besoin à nouveau rapidement d'autres aliments [...] »[4]. Cette configuration est présentée comme une précaution que les dieux inférieurs, en prévision de notre insatiabilité, prennent pour ménager la possibilité d'une période de temps soustraite aux exigences du besoin et dès lors disponible pour la « philosophie et les Muses » : ils savaient « ce que serait en nous l'intempérance à l'égard de la boisson et de la nourriture ; ils savaient que,

1. *Tim.* 53b3-5. Les formes en question ne sont sans doute pas les Formes intelligibles mais les configurations spatiales régulières formées par la combinaison des triangles élémentaires : voir L. Brisson, *Tim.* note 386, p. 252. Sur le mouvement désordonné de la χώρα : *Tim.* 52e3-53b5 ; R.D. Mohr, « The mechanism of flux in Plato's *Timaeus* », *Apeiron*, N°14, 1980, p. 96-114.

2. *Tim.* 42d1 pour les deux premiers qualificatifs ; 43b1-5 pour le troisième. Sur le tumulte du corps : *Phéd.* 66d5-6.

3. *Tim.* 65a2-3 pour ces deux termes à propos du mécanisme de la sensibilité.

4. *Tim.* 73a1-8. Sur ce passage : C. Joubaud, *op. cit.*, p. 123-124 ; F.-M. Cornford, *op. cit.*, p. 290-291. Sur le manque comme configuration du corps : cf. *Gorg.* 496e1-2.

poussés par la gloutonnerie, nous aurions tendance à absorber nourriture et boisson bien au-delà de la mesure et du nécessaire »[1]. Mais cette précaution risque en même temps de faciliter l'insatiabilité qu'elle vise pourtant à combattre. Chez celui qui considère le monde comme un réservoir offert à ses appétits, qui est animé du désir insatiable d'en posséder l'inépuisable totalité, bref pour le pluvier que Socrate oppose en vain à Calliclès[2], la longueur des intestins favorise la démesure des appétits que le corps nous invite à satisfaire[3]. C'est cette tendance qui, selon Platon, est spontanément la nôtre et qui expose la cité à la démesure économique.

Marqué par de telles déterminations, le corps humain requiert donc des disciplines comme la gymnastique qui, en domestiquant les parties mortelles de l'âme, lui imposent mesure et régularité. L'anthropologie de Platon marque ainsi le corps du sceau de la privation et du négatif, et l'ouvre tout à la fois à la menace de la démesure et à la possibilité de la mesure.

Mais pour concevoir la politique nécessaire à ce projet de modération, il faut comprendre que la nature du corps humain et ses besoins ne sont pas seuls à l'origine de l'économie et de son expansion sans mesure, contrairement à ce que pourrait laisser croire une lecture trop rapide de la naissance de la cité au livre II de la *République*. Car même si les mouvements du corps ont une efficience propre[4], ils sont seconds par rapport aux mouvements de l'âme qui les déclenchent et les orientent. C'est en effet l'âme qui, pour Platon, est le siège des désirs[5], le corps n'étant que le moyen par lequel certains d'entre eux se satisfont. Pour comprendre comment l'économie tend à devenir anomique, il faut donc aussi comprendre le rôle que jouent les parties mortelles de l'âme et leurs appétits.

L'âme dans l'économie platonicienne

L'appétit de consommation et la possession du Tout

Au livre IV de la *République*, Socrate passe de la tripartition de la cité à celle de l'âme individuelle en discernant les différentes motivations qui sont à l'origine de nos actes[6]. Des trois parties psychiques qu'il distingue, le

1. *Tim.* 72e3-6.

2. *Gorg.* 494b6.

3. « Et les désirs qu'a l'âme de nourriture et de boisson et de tout ce dont elle a besoin (ἔνδειαν) à cause de la nature du corps (διὰ τὴν τοῦ σώματος φύσιν) [...] », *Tim.* 70d7-8.

4. *Lois* X, 896e8-897b1.

5. « Notre raisonnement nous conduit à conclure qu'il n'y a pas de désir (ἐπιθυμίαν) du corps », *Phil.* 35c6-7 ; « le désir (ἐπιθυμίαν) et ce qui gouverne l'ensemble du vivant sont le fait de l'âme », *Phil.* 35d1-3.

6. *Rép.* IV, 434d6 *sq.*

siège des appétits, l'ἐπιθυμητικόν, est cette partie mortelle de l'âme « par quoi elle aime, a faim, a soif et est portée vers les autres désirs », et qui la tourne donc vers la recherche de la boisson, de la nourriture et des plaisirs sexuels[1]. Liée aux besoins que le corps nous impose, cette partie de l'âme occupe le plus de place dans l'âme et est insatiable[2]. Mais insatiabilité ne signifie pas nécessairement déréglement, elle signifie plutôt tendance au dérèglement : cette insatiabilité naturelle, pour inévitable qu'elle soit, peut en effet se prêter à une certaine régulation, ce qui sera l'objet des mesures économiques préconisées par Platon pour sa cité juste. Car c'est lorsqu'elle entraîne l'augmentation quantitative et la diversification qualitative sans mesure des appétits que cette insatiabilité, entraînant alors l'expansion anarchique et effrénée des activités économiques, s'avère problématique pour la conservation et l'unité de la cité. Or c'est précisément ce qui se passe le plus souvent, sous l'effet une tendance spontanée que les régimes mal constitués et les éducations imparfaites ne font qu'aggraver. Reste donc à comprendre pourquoi cette insatiabilité tend à se dérégler : pourquoi, comme dit l'Athénien, « ces trois maladies » que sont l'appétit pour la nourriture, la boisson et le sexe, ont-elles tendance à « croître »[3] ? En comprenant ce phénomène, on comprendra la tendance à la consommation et à la possession qui fait de l'économie un domaine antipolitique tant qu'elle n'est pas réglée.

La *République* et le *Philèbe* offrent quelques éléments d'explication à l'augmentation quantitative des appétits et à leur diversification qualitative. D'après la *République*, c'est parce qu'ils visent à une impossible totalité et qu'ils aspirent à la réitération sans fin d'un plaisir vécu et pensé comme alternance de réplétion et de vide, qu'ils augmentent sans mesure. Les appétits portent en effet sur la totalité d'un genre ou d'une espèce d'objets, comme le montre le passage suivant :

> *Socrate* : Celui que nous disons adonné au désir (ἐπιθυμητικόν) de quelque chose, déclarons-nous qu'il désire (ἐπιθυμεῖν) tout ce qui est de cette espèce (παντὸς τοῦ εἴδους), ou qu'il désire tel aspect et pas tel autre ?
> *Glaucon* : Qu'il désire tout (παντὸς)[4].

À travers l'objet singulier, c'est en réalité la totalité du genre ou de l'espèce dont relève cet objet que vise l'appétit. Chaque verre que consomme l'homme porté aux plaisirs de la boisson figure la promesse

1. *Rép.* IV, 439d6-8 ; VIII, 580e2-4 ; *Lois* VI, 782d10-783b1.
2. *Rép.* IV, 442a5-7. Sur ses liens avec les besoins du corps : *Tim.* 70d7-71a3.
3. *Lois* VI, 783a4-b1.
4. *Rép.* V, 475b4-7.

intenable de la totalité du buvable. Les désirs liés au corps sont donc condamnés à une perpétuelle relance, à une répétition qui seule peut donner le sentiment, certes illusoire, de la totalité. La frustration est donc le moteur des appétits, pour lesquels cette totalité n'est qu'un horizon inaccessible[1].

La seconde cause de l'augmentation et de la diversification des appétits tient au fait qu'ils ne portent pas tant sur des objets que sur des actes ou des processus. C'est ce que montre un passage du *Philèbe* où il s'agit de « comprendre ce qu'est le désir (ἐπιθυμίαν) et dans quelle circonstance il naît »[2]. Après avoir répondu dans un premier temps que la soif est désir de boisson, Protarque se corrige suite à une question de Socrate : le désir est plus précisément « désir de se remplir de boisson (πληρώσεως πώματος) » que « désir de boisson (πώματος) » à proprement parler[3]. Certes, un passage de la *République* semble aller à l'encontre de cette hypothèse en faisant porter le désir sur l'objet et non sur le mouvement : selon Socrate, « la soif considérée seule et en elle-même est par nature soif de la boisson (πώματος) en elle-même »[4]. Mais immédiatement après, il déclare : « Par conséquent, l'âme de celui qui est assoiffé ne souhaite pas, en tant qu'il a soif, autre chose que de boire (πιεῖν), c'est cela qu'elle désire, c'est vers cela que la porte son élan[5]. » Dans ce passage, la mention de la boisson « en elle-même » s'inscrit dans un raisonnement destiné à mettre au jour dans l'âme des forces distinctes s'exerçant dans des directions différentes, afin d'éviter d'imputer ces directions divergentes à une même faculté, ce qui serait incompréhensible. Si un même individu a soif mais refuse de boire, par exemple par crainte de tomber malade, c'est parce que deux principes s'opposent en lui : le principe désirant et le principe rationnel[6]. L'attention se focalise sur l'objet de l'appétit quand il s'agit de comprendre la structure de l'âme et de distinguer ses parties. Mais analysé en lui-même, l'appétit lié au corps est désir d'un mouvement, désir de « remplissage » plutôt que de « ce qui le remplit ». Il n'y a donc pas de contradiction entre le *Philèbe* et la *République*.

Or selon la conception la plus commune du plaisir, fondée sur l'expérience des appétits liés au corps, celui-ci consiste en la restauration

1. Seules les Formes satisfont vraiment l'exigence de totalité, et c'est dans cette perspective que Socrate parle de l'*epithumia* du philosophe pour la sagesse : *Rép.* V, 475b8-10. Voir P.W. Ludwig, « Eros in the *Republic* », *The Cambridge Companion to Plato's* Republic, Cambridge University Press, 2007, p. 217-222.

2. *Phil.* 34d1-3.

3. *Phil.* 34e13-35a2.

4. *Rép.* IV, 439a6-7.

5. *Rép.* IV, 439a9.

6. *Rép.* IV, 439c2-e3.

d'un manque, de sorte que « celui qui est rassasié n'éprouvera plus de plaisir »[1]. Il faut donc recréer du manque pour renouveler l'expérience du plaisir, ce qui n'est pas difficile puisque, en ce qui concerne les appétits liés au corps, l'ἐπιθυμητικόν est insatiable et vise une totalité à jamais inaccessible. Le désir de totalité et le processus du plaisir s'étayent donc l'un l'autre et se renforcent mutuellement : l'inaccessible totalité incite à répéter le processus de vide et de réplétion ; et celui-ci, parce qu'il est plaisant dans son second moment, avive la quête de l'impossible totalité. Ce processus s'apparente donc à une consommation indéfinie et ne pouvant que s'accroître, ce que Socrate illustre par l'image des tonneaux percés et de la vie de pluvier dans son entretien avec Calliclès[2]. Ainsi s'explique la croissance des appétits les plus élémentaires, et par elle, la croissance des activités économiques destinées à les satisfaire et qui conduisent la cité à l'inflammation.

Ce mécanisme, fondé sur un désir de possession jamais satisfait, se retrouve dans le déréglement de l'*erôs* sexuel, et c'est d'ailleurs par une seule et même loi sur les mœurs sexuelles que l'Athénien entend mettre un frein chez les hommes à « la frénésie et à la démence sexuelles, à toutes les formes de l'adultère, à tous les excès de boisson et de nourriture, et les porter à aimer leurs propres femmes »[3]. De tous les désirs liés au corps, l'appétit sexuel est effectivement le plus sujet au dérèglement et à la démesure, car le plaisir qu'il procure est d'une intensité incomparable, au point que sa tyrannie s'impose facilement et peut rendre fou[4]. Ainsi du tyran, totalement soumis à l'emprise de l'*erôs* sexuel[5]. Or cet appétit est mauvais économe et, par conséquent, mauvais sujet pour la cité.

Portée à son paroxysme, sa tyrannie est en effet telle qu'elle démultiplie les désirs particuliers et exige leur satisfaction immédiate, entraînant ainsi la dilapidation des ressources, l'endettement et, si nécessaire, le vol. Cette menace de ruine matérielle s'accompagne d'une dislocation des relations familiales, l'homme tyrannique sacrifiant ses relations avec ses parents à des relations nouvelles et non nécessaires, avec une courtisane ou un jeune amant. Ce sont donc les deux aspects de l'économie domestique, l'aspect matériel et l'aspect humain, qui sont menacés. Tous les forfaits sont alors

1. G. Van Riel, « Le plaisir est-il la réplétion d'un manque ? », *La Fêlure du plaisir. Études sur le* Philèbe *de Platon*, vol. 1, M. Dixsaut (dir.), Paris, Vrin, 1999, p. 301. *Rép.* IX, 585a3 ; *Phil.* 31e3-32a5.

2. *Gorg.* 493d5-494b7. Voir aussi *Lois* IV, 714a2-4.

3. *Lois* VIII, 839a6-b1.

4. *Lois* VI, 783a1-4 ; *Rép.* III, 403a4-6.

5. *Rép.* IX, 578a10-12.

envisageables, dans la sphère privée comme dans la sphère publique, pour assouvir ces appétits sans nombre allumés par *erôs*[1]. Même en admettant avec l'Aristophane du *Banquet* l'existence d'une moitié appropriée à chacun, censée satisfaire le désir et éviter la perpétuation des conflits interpersonnels, la puissance d'*erôs* n'en demeure pas moins problématique pour l'unité de la famille et celle de la cité, pour deux raisons. D'abord, la fusion à laquelle aspirent les hommes et les femmes en quête de leur moitié d'origine et dont Héphaïstos serait l'artisan mythique[2], ne peut jamais aboutir à une unité mais seulement à une union temporaire, l'union sexuelle, qui est l'état s'approchant le plus du bonheur pour la plupart des hommes, mais qui n'est pas durable. L'amour, défini ici comme recherche d'une totalité, comme l'étaient les appétits dans la *République*, ne peut jamais atteindre cet état mais seulement s'en approcher par la répétition d'une satisfaction à laquelle la possession définitive de l'objet est toujours refusée[3]. Ensuite, cette quête de l'« unité » perdue est au principe de la distinction du toi et du moi et de la possession dans le domaine des relations amoureuses : chacun cherche « sa » moitié[4]. Combinés, ces deux traits expliquent donc l'exclusivité du sentiment amoureux, qui se fait alors au détriment de toute autre appartenance. Sa force, comme dans le cas d'Aristogiton et Harmodios rappelé par Pausanias, est telle qu'elle peut briser l'autorité des tyrans[5]. Le même raisonnement vaut pour la *philia* qui attache les pères et les mères à leurs enfants : on verra qu'elle constitue un obstacle relevant de l'économie domestique que Platon devra surmonter pour réaliser une cité vraiment une.

La folie de l'*erôs* sexuel porte donc à son paroxysme le désir de consommation et de possession, et trame perpétuellement la dissolution de la cité et des foyers : « la passion amoureuse des jeunes gens pour l'un et l'autre sexe, celle des femmes pour les hommes, et celle des hommes pour les femmes, sont sources de maux autant dans la vie privée que dans les cités[6]. » Car même si l'Athénien compte sur la force d'*erôs* et sur une forme particulière de *philia* pour renforcer la fidélité conjugale et, par elle, la

1. Sur la tyrannie de l'erôs sexuel chez le tyran : *Rép.* IX, 573d2-575a8.

2. Héphaïstos propose de fondre ensemble les amants, *Banq.* 192d2-e9.

3. « Au désir (τῇ ἐπιθυμίᾳ) de la totalité et à sa recherche, nous donnons donc le nom d'amour », *Banq.* 192e10-193a1.

4. « Quoi qu'il en soit, je parle, moi des hommes et des femmes dans leur ensemble (καθ' ἁπάντων), pour dire que notre espèce peut connaître le bonheur, si nous menons l'amour à son terme, c'est-à-dire si chacun de nous rencontre le bien-aimé qui est le sien (τῶν παιδικῶν τῶν αὑτοῦ) », *Banq.* 193c2-5.

5. *Banq.* 182c1-7.

6. *Lois* VIII, 836a6-b2.

stabilité des foyers, encore faut-il rappeler que cet attachement sera subordonné à un attachement premier, celui du citoyen à la cité[1]. De même, avec sa législation sur les mariages des gardiens et sur la communauté des femmes et des enfants, Socrate combat lui aussi le sentiment de possession qui naît aussi bien de l'amour entre les amants que de la *philia* entre les membres d'une même famille.

La partie appétitive est donc animée d'une tendance foncière à la possession exclusive, et d'un mouvement récurrent qui, par le plaisir procuré par le passage d'un état de vide à un état de réplétion, est spontanément porté à se reproduire et à se multiplier sans mesure, quantitativement et qualitativement. Reste donc à comprendre comment ce mécanisme, qui nous ensauvage et contre lequel un remède est nécessaire[2], se traduit dans la vie économique de la cité. Il faut pour cela cerner le rôle psychologique que Platon reconnaît à l'argent.

Psychologie de l'argent

C'est évidemment l'argent qui va permettre de traduire dans la vie économique et politique de la cité les aspirations de nos appétits les plus bas. Selon Socrate, la partie désirante, qui recherche boissons, nourritures et plaisirs charnels, est avide de biens matériels et d'argent. Et c'est cette dernière propriété qu'il retient au livre IX pour la distinguer des autres parties de l'âme et pour la nommer : on peut la baptiser « amie de l'argent et amie du profit (φιλοχρήματον καὶ φιλοκερδὲς) », car c'est par les richesses et l'argent que peuvent être satisfaits tous les autres appétits liés au corps[3]. L'argent est donc recherché d'abord comme un moyen, et fait l'objet d'une soif inextinguible. D'après l'Athénien des *Lois*, cette dernière « résulte de la nature (διὰ φύσιν) », qui « chez la plupart des hommes fait de ce désir (ἵμερος) le plus fréquent et le plus fort [...], celui qui enfante les mille et unes fureurs d'acquisition insatiable, indéterminée »[4]. Cet *erôs ploutou* qui monopolise leur âme, au détriment de l'éducation et de la vertu, les incite à commettre les pires actes afin de « se rassasier de toutes sortes de nourritures, de boire à l'avenant, et de se gorger tout leur soûl de tout ce

1. Sur les trois espèces de *philia : Lois* VIII, 836e5-837e1. Voir M. Dixsaut, « La *philia* et ses lois », *Cosmos et psychè. Mélanges offerts à Jean Frère*, E. Vegleris (ed.), Heildesheim, Zürich, New York, Olms, 2005, p. 101-122.

2. L'ἐπιθυμητικόν est comparé à une bête sauvage en *Tim.* 70e4. Cf. *Rép.* IX, 588c8-9, qui lui adjoint des « animaux paisibles ». Sur la nécessité d'un « remède » : *Lois* VIII, 836b2-4.

3. *Rép.* IX, 580d10-581a8. Cette avidité pour les biens matériels apparaît déjà en *Rép.* IV, 442a6-7.

4. *Lois* IX, 870a1-5.

qu'il peut y avoir de plaisirs sexuels »[1]. Cette avidité incite les individus à s'engager dans une activité de type « économique » tournée vers l'acquisition, et choisie selon leur caractère : elle « transforme en marchands, en armateurs et pour tout dire en gens de service ceux des citoyens qui sont d'un naturel paisible, et fait par ailleurs de ceux qui ont un naturel courageux, des brigands, des perceurs de murailles, des pilleurs de temples, des batailleurs, des prétendants à la tyrannie »[2]. Cette mise en parallèle des activités commerciales et des actes violents témoigne moins d'un mépris pour le commerce qui, n'est pas mauvais en lui-même, que d'une mise en garde contre les dangers dont il menace la cité. Quoi qu'il en soit, cette passion pour l'argent donne naissance « aux mille et unes fureurs d'acquisition insatiable, indéterminée », c'est-à-dire à l'acquisition des biens matériels, des richesses, et par là à l'apparition d'activités productives caractéristiques de l'économie du superflu évoquée plus haut, celle qui conduit la cité à l'inflammation. La soif insatiable d'argent démultiplie donc les appétits particuliers, et dans ce mouvement « d'ensauvagement de l'âme (ψυχῆς ἐξηγριωμένης) », où les appétits sensibles s'étendent au point de s'en rendre maîtres, l'Athénien voit la première cause de criminalité dans les cités ordinaires[3].

Poursuivi comme un moyen, l'argent l'est aussi comme une fin : n'étant rien en particulier, l'argent est en puissance l'équivalent de toutes choses. Il est ainsi un simulacre de cette totalité que visent nos appétits, et cette convertibilité universelle de l'argent explique l'attitude de thésaurisation de l'homme oligarchique qui « ne tire gloire d'aucun autre honneur que de l'acquisition de richesses », et qui, « économe et travailleur », est « un accumulateur de trésors »[4]. S'il ne dépense pas son argent, s'il ne le convertit pas en objets particuliers, c'est pour mieux se sentir possesseur d'une totalité potentielle. Ce n'est donc pas uniquement pour donner un nom unique au groupe économique de la cité que Socrate désigne la partie désirante de l'âme d'amie de l'argent ou du profit[5] : c'est surtout parce que l'argent est le meilleur moyen de satisfaire l'exigence de totalité qui anime nos appétits.

Ceux pour qui il n'est de réalité que sensible, comme nos appétits nous portent à le croire, font donc de l'avoir la mesure de l'être : la richesse, en biens ou en argent, est à leurs yeux l'expression d'une plénitude onto-

1. *Lois* VIII, 831e1-2.
2. *Lois* VIII, 831c4-832a1.
3. *Lois* IX, 869e10-870a6.
4. *Rép.* VIII, 553d5 ; 554a5 ; a11.
5. M. Schofield, *Plato*, Oxford, Oxford University Press, 2006, p. 257. *Rép.* IX, 580e5.

logique, dont la traduction sur les plans éthique et politique consiste à faire du tyran, animé d'une infinité d'appétits qu'il peut satisfaire à loisir, le modèle de l'homme heureux. On verra au chapitre suivant quels bénéfices les sophistes savent habilement tirer de cette tendance de notre nature, et quelles en sont les conséquences sur la cité. Disons pour l'instant qu'ils exploitent très efficacement la fascination que l'argent et la richesse exercent sur nous. En ce sens, la métaphore commerciale utilisée par Socrate dans le *Phédon* pour expliquer le commerce des plaisirs, des craintes et des peines, et pour le distinguer de l'acquisition des vertus véritables, est révélatrice de ce pouvoir bien particulier qu'ont la richesse en général et l'argent en particulier de convertir l'être en avoir[1]. La transaction en question porte en réalité sur la quantité de crainte ou de plaisir, mais passe pour porter sur la nature prétendue de l'affect. Pour l'illustrer, prenons l'exemple de la piété de Céphale au début de la *République*. Cette piété n'est due qu'à sa crainte des châtiments posthumes[2]. La crainte des dieux est de moindre coût que celle de la mort pour toute vie dirigée par les appétits liés au corps : Céphale troque donc une plus grande crainte contre une plus petite. Mais cette crainte moins onéreuse passe en fait pour de la piété aux yeux de l'entourage de Céphale, et sans doute aussi à ses propres yeux : le quantitatif, l'avoir, s'est « changé » en qualitatif, en être. Il a moins peur, mais passe pour plus pieux. On comprend alors pourquoi la métaphore de la transaction commerciale est employée par Socrate, selon qui cet échange a lieu « comme si c'étaient des pièces de monnaie »[3] : c'est que le commerce est indissociable de l'idée de gain, de profit, aussi bien du côté du client qui a avantage à acheter, que du côté du vendeur qui écoule ses produits. L'échange est alors conçu comme une substitution de nature puisqu'on acquiert quelque chose qu'on ne possédait pas, ou que l'on cède quelque chose que l'on possédait : en acceptant de craindre davantage les dieux pour moins craindre la mort, Céphale réalise ce qui semble être un profit et qui lui permet ensuite de donner à cette crainte le nom positif de piété.

Certes, la portée critique de cette référence à la monnaie est d'abord morale : tandis que l'individu est persuadé de changer de nature, il troque toujours en réalité du plaisir contre du plaisir, de la peur contre de la peur, de la peine contre de la peine, sans changer de registre. Il ne fait qu'échanger un dérèglement contre un autre. Parce que l'argent a pour fonction de

1. *Phéd.* 68c-69c.
2. *Rép.* I, 330d4-331b7.
3. Sur ce passage, voir M. Dixsaut, *Phédon*, notes 101 et 102, p. 335.

rendre homogènes les termes de l'échange, cette image démasque le subterfuge des faux vertueux : ils croient acquérir une nature autre, ils retrouvent la même. Qu'il craigne désormais les dieux et les châtiments plus que la mort, Céphale n'en demeure pas moins habité par la peur. Mais cette image joue aussi un rôle critique à l'égard de l'argent lui-même puisqu'il nourrit, par exemple chez Céphale, l'illusion d'une possibilité de conversion du quantitatif en qualitatif, de l'avoir en être.

Une précision s'impose néanmoins sur le statut que Platon reconnaît à l'argent. Si les *Dialogues* soulignent très nettement les dangers sociaux et politiques que fait courir cette avidité en partie naturelle pour l'argent et les richesses, ils ne jettent pas pour autant l'anathème sur eux : car l'argent ou la richesse ne sont pas mauvais s'ils sont mis à la place qui leur revient. Mégille fait ainsi remarquer à l'Athénien que son insistance sur les méfaits de l'argent est sans doute motivée par la haine qu'il éprouve pour leurs conséquences politiques; autrement dit, il commet là une faute contre la mesure, ce qu'il reconnaît de bonne grâce[1]. Il tempère donc par la suite son propos. La perspective politique qui prévaut dans les *Lois* n'autorise pas en effet à stigmatiser outre mesure l'argent et la richesse, et à vanter au contraire la pauvreté, qui est tout aussi dangereuse pour l'unité de la cité. Certes, tandis que Grecs et Barbares ont la mauvaise habitude « d'offrir à la richesse dans leurs propos des louanges déplacées en la regardant comme le premier des biens », il faut au contraire, pour le plus grand avantage des cités « dire la vérité sur la richesse [...] : elle est pour le corps, et le corps est pour l'âme », et occupe ainsi le troisième rang sur l'échelle des biens humains[2]. Mais cette place n'implique ni mépris ni refus de l'enrichissement : ce qu'il faut comprendre, c'est qu'« un tel raisonnement enseigne à qui veut être heureux qu'il ne faut pas chercher à s'enrichir, mais s'enrichir sans injustice et avec modération. » En d'autres termes, il faut éviter de faire de la richesse le critère premier du bonheur, sans nier pour autant sa nécessité et son utilité pour les individus et la cité. Soumise à un usage réglé sur les vertus fondatrices de la cité idéale, la richesse est un bien tant qu'elle ne « force pas l'homme à se détourner de ce en vue de quoi les richesses sont naturellement faites, [...], l'âme et le corps »[3]. L'argent n'est donc pas mauvais en soi, seul peut l'être son usage, qui dépend de l'éducation et de la politique sur laquelle elle se fonde[4]. Si pour l'Athénien, il est impossible

1. *Lois* VIII, 832b5-8.

2. *Lois* IX, 870a6-b6. Voir aussi III, 697b ; V, 743e-744a. *Cf.* I, 631b-c.

3. *Lois* V, 743d5-7.

4. Sur l'usage de l'argent : *Euthyd.* 280d1-4. Cf. *Lys.* 220a1-5. Sur le rôle de l'éducation dans le développement de l'avidité : *Lois* IX, 870a5-7.

d'être un homme de bien, donc un homme heureux, quand on est très riche[1], c'est parce qu'il sait que l'âme est faible, et que son insatiable cupidité, s'éveillant très facilement, jette le discrédit sur les activités commerciales qui, si elles étaient confiées aux natures les meilleures, seraient alors estimables : « Supposons en effet [...] qu'une prescription contraigne pendant un certain temps les hommes qui en tout lieu sont les meilleurs de tenir auberge, d'ouvrir boutique ou d'exercer quelque activité de cette sorte [...], nous saurions alors quelle estime et quel attachement mérite chacune de ces professions, et nous aurions pour elles toutes, qui seraient pratiquées selon la règle et dans une intégrité incorruptible, la révérence qu'on a pour une mère et pour une nourrice[2]. » La limitation du pouvoir de l'argent dans la cité juste, celle des *Lois* ou celle de la *République*, tient donc davantage au pessimisme anthropologique de Platon qu'à un vice inhérent au secteur économique et à l'argent.

Pour comprendre comment l'économie est spontanément portée à la démesure, un dernier mécanisme psychologique est à prendre en compte dans l'anthropologie platonicienne : la *pleonexia*, qui articule le désir de richesse à ses expressions sociales dans les cités imparfaites, et qui avive les rivalités interpersonnelles par le jeu des apparences.

De la richesse au conflit des apparences : la pleonexia

Platon emploie les expressions *pleonexia* et *pleon ekhein* pour désigner un rapport déséquilibré et contre-nature entre deux éléments ou plus. Ces expressions, dont le sens est toujours relatif, traduisent l'idée d'une supériorité ou d'un avantage par rapport à quelque chose ou quelqu'un. Cette supériorité signifie soit, au sens transitif, avoir « davantage de », avoir « plus que sa juste part de quelque chose » ; soit, au sens intransitif, « l'emporter sur », « dominer »[3]. Envisagée comme un état de déséquilibre, la *pleonexia* est un phénomène universel : la présence de ce concept sur les plans cosmologique, physique, anthropologique et politique permet de constituer une théorie unitaire du mal, lequel est alors pensé en termes de rapports et non en termes d'essence. Le mal n'est en effet imputable ni à l'homme ni à l'univers mais à certains rapports déréglés de l'homme à lui-même et de l'homme au monde. L'action politique consistera donc, « dans

1. *Lois* V, 743c3-4.
2. *Lois* XI, 918c9-e7.
3. J. Gutglueck, « From *pleonexia* to *polupragmosunè*. A conflation of possession and action in Plato's *Republic* 349b-350c », *American Journal of Philology*, vol. 109, N°1, 1988, p. 20-39, en particulier, p. 25-26.

la mesure du possible », à agir sur ces rapports en réformant l'éducation et la cité des hommes.

Au niveau corporel, la maladie et le trouble apparaissent à l'occasion d'une rupture de l'ordre naturel, lorsqu'un des quatre éléments domine les autres ou qu'il est en défaut par rapport aux autres (ἡ παρὰ φύσιν πλεονεξία καὶ ἔνδεια)[1]. De même en ce qui concerne les troubles des saisons, et plus généralement tous les phénomènes caractérisés par la rupture d'un ordre. Le médecin Éryximaque donne ainsi une extension universelle aux effets de la *pleonexia* et met en parallèle les épidémies, les maladies et les troubles climatiques : tous proviennent « du déséquilibre et du dérèglement (ἐκ πλεονεξίας καὶ ἀκοσμίας) qui s'installent dans les relations mutuelles qu'entretiennent de tels phénomènes relevant d'Erôs »[2]. Dans les *Lois*, le concept est importé dans le domaine des relations humaines, politiques notamment : les maladies physiques, les catastrophes climatiques et l'injustice en politique sont provoquées par la *pleonexia*. Pour l'Athénien en effet, « la faute qui a reçu le nom de "convoitise (τὴν πλεονεξίαν)", nous disons que c'est une maladie lorsqu'elle frappe les corps de chair, nous disons que c'est un fléau lorsqu'elle intervient dans les saisons de l'année et dans les années, tandis que dans les cités et dans les régimes politiques, le même mal, changeant de nom, se nomme "injustice" »[3]. Si dans le *Gorgias* Calliclès la prône, c'est, selon Socrate, parce qu'il ignore la géométrie et l'égalité proportionnelle qui fonde l'ordre du monde et assure le lien durable de toute communauté (κοινωνία)[4]. Du désordre climatique à l'injustice en passant par la maladie, la *pleonexia* est donc rupture de l'harmonie d'une totalité complexe.

Dans la sphère des affaires humaines, les traducteurs réduisent trop souvent la *pleonexia* à sa manifestation privilégiée – la supériorité en richesses ou en biens – sans la traiter pour ce qu'elle est fondamentalement : une tendance à vouloir dominer, une « volonté de puissance » universelle. C'est ce que montre l'histoire de Gygès dans la *République*. Selon Glaucon, qui rapporte ici une opinion courante sur la justice, les hommes ne sont justes que contre leur gré : si les hommes dits justes pouvaient agir à leur guise et à l'insu de tous, on les verrait commettre les mêmes méfaits que les injustes, à cause de « la *pleonexia*, que toute nature (πᾶσα φύσις)

1. *Tim.* 82a2-3.
2. *Banq.* 188a7-b6.
3. *Lois* X, 906c2-6.
4. *Gorg.* 507e6-508a8.

poursuit naturellement comme un bien »[1]. L'histoire de l'ancêtre de Gygès sert ensuite à illustrer ce principe anthropologique : l'anneau qui le rend invisible le conduit à « séduire la femme du roi [de Lydie] et, avec sa complicité, à tuer le roi et à s'emparer du pouvoir »[2]. Or il ne s'agit pas seulement ici de l'envie d'avoir plus que les autres, comme si la *pleonexia* consistait uniquement en la recherche d'un avantage matériel, contrairement à ce que laissent entendre certains traductions[3]. Il s'agit là de dominer les autres, de l'emporter sur eux, la supériorité en richesses n'étant qu'une forme particulière de cette domination et qu'un moyen pour l'atteindre. L'ancêtre de Gygès ne profite pas de son pouvoir d'invisibilité pour s'enrichir mais pour prendre le pouvoir. Par la *pleonexia*, chacun veut agir parmi les hommes « en étant l'égal d'un dieu » comme dit Glaucon[4], en dépassant le sentiment de sa finitude. Cet aspect secondaire de la *pleonexia* comme enrichissement aux dépens d'autrui, par rapport à la visée de domination, se confirme dans la suite de son exposé : l'homme qui n'a que l'apparence de la justice « l'emporte sur ses ennemis (πλεονεκτεῖν τῶν ἐχθρῶν) », et « par cette supériorité (πλεονεκτοῦντα) », il « s'enrichit (πλουτεῖν) »[5]. De même dans le discours d'Adimante, l'homme injuste apprend à dresser une façade dissimulatrice autour de lui-même et de ses actes, et à tirer profit des leçons des orateurs « pour dominer (ὡς πλεονεκτοῦντες) impunément » ses semblables, et pas seulement pour « s'enrichir »[6].

Néanmoins, la course à l'enrichissement et à l'ostentation est la modalité la plus répandue de la *pleonexia* car celle-ci est, comme l'argent, un opérateur de conversion de la quantité en qualité, de l'avoir en être, ce qui explique que le sens d'« avoir plus que sa part par rapport à un autre » soit l'expression la plus fréquente de cette tendance à la domination que constitue la *pleonexia*. C'est ce que laisse entendre Socrate sur un mode mi-plaisant mi-sérieux dans un passage du *Gorgias*. Identifiant aux « plus intelligents (φρονιμώτεροι) » « les hommes supérieurs » dont Calliclès prétend qu'ils doivent avoir davantage que les autres (πλεονεκτεῖν), Socrate tire les conséquences de cette vision des choses. Il imagine pour

1. *Rép.* II, 359c4-5.

2. *Rép.* II, 360b1-2.

3. Par exemple G. Leroux « l'appétit du gain » ; P. Pachet « l'envie d'avoir plus que les autres » ; L. Robin « la convoitise du plus ».

4. *Rép.* II, 360c3.

5. *Rép.* II, 362b7-c1.

6. Contrairement à ce que laisse entendre cette traduction de G. Leroux en 365d4. Voir tout le passage 365c1-d7.

cela ce que serait une répartition des biens en fonction du degré d'intelligence ou de compétence dans un domaine particulier : nécessairement, le médecin, le tisserand et le cordonnier devraient avoir respectivement plus de nourriture et de boisson, de vêtements et de chaussures que tous les individus privés de ces compétences. Au cordonnier, des chaussures plus grandes (μέγιστα) et en plus grand nombre (πλεονεκτεῖν) ; au tisserand un manteau plus grand (μέγιστα) et des vêtements plus nombreux (πλεῖστα) et plus beaux (κάλλιστα) que ceux des autres. L'agriculteur devrait avoir davantage de semences que les autres (πλεονεκτεῖν) pour sa propre terre (τὴν αὑτοῦ γῆν)[1]. La conséquence pratique d'un tel raisonnement, c'est qu'aux yeux du client ou du patient, la répartition quantitative des biens malicieusement suggérée par Socrate serait l'indice de la compétence de l'artisan ou du vendeur. Pour illogique qu'il soit, ce mode de raisonnement traduit donc la quantité en qualité : plus veut dire mieux. Ce que récuse Calliclès après cette analyse de Socrate, ce n'est d'ailleurs pas le mode de répartition ni la conséquence qu'on vient d'en tirer mais seulement son objet : « Quand je parle d'êtres supérieurs, ils ne sont ni cordonniers ni bouchers ! Non, je parle d'hommes intelligents qui savent s'occuper des affaires de la cité [...][2]. » Avoir du pouvoir, et surtout le pouvoir suprême, serait donc le signe de la compétence de celui qui le détient. Les sophistes, on va le voir, ont compris la portée de ce mécanisme : le degré de richesse du sophiste (sens transitif de la *pleonexia*) lui permet de passer pour un meilleur sophiste, donc pour plus compétent en toutes choses, auprès de ses clients potentiels. C'est ce que perçoit très bien Socrate dans l'*Hippias Majeur*. À Hippias qui s'enorgueillit « d'avoir presque réalisé à lui seul de plus gros profits que deux autres sophistes [s.e. d'autrefois] pris ensemble, n'importe lesquels », Socrate répond : « Que c'est beau, Hippias, ce que tu dis ! et quelle imposante preuve pour ton propre savoir [...] de toute sa supériorité sur celui des Anciens. [...] Tu fais valoir une belle preuve de ce que vaut le savoir des hommes d'aujourd'hui comparés à leurs devanciers, et, suivant une opinion acceptée de beaucoup de gens, c'est pour lui-même que personnellement le savant doit être savant. Or ce qui, tu me l'as bien montré, en est la marque, c'est qu'il aura réalisé la plus forte somme d'argent[3] ! » La richesse d'Hippias serait donc le signe incontestable de sa compétence.

1. *Gorg.* 489e6-491a6.
2. *Gorg.* 491a7-b1.
3. *Hipp. Maj.* 282e6-283b3.

Dans tous les cas donc, l'avoir – qu'il s'agisse de biens ou d'une position sociale – serait le signe de l'être, nos appétits mesurant l'être à l'aune des apparences sensibles. On comprend dès lors pourquoi la *pleonexia* se manifeste surtout par la course à l'enrichissement et à l'ostentation : pour « l'emporter sur » socialement, il faut « avoir davantage que » les autres et le montrer. Cette rivalité dont la *pleonexia* est le vecteur trouve un terrain propice dans la partie urbaine des cités, et favorise les activités économiques tournées vers la production du superflu : les hommes qui vivent dans les montagnes n'ont en effet pas l'expérience des arts et des procédés que les gens des villes (ἐν τοῖς ἄστεσι) emploient pour se nuire les uns aux autres et rivaliser[1]. Surtout, cette rivalité entérine un mode de raisonnement illogique qui ne peut que l'entretenir en retour : dans les cités les plus déréglées, c'est la richesse qui est signe de la « moralité », ce qui ne peut que conduire la cité à l'inflammation[2].

Enfin, la *pleonexia* exacerbe le désir de possession matérielle mais aussi affective. Selon Pausanias, « la règle qui veut qu'il soit honteux de céder aux avances d'un amant vient de la dépravation de ceux qui l'ont instituée : désir de domination (πλεονεξίᾳ) chez les dirigeants, lâcheté de leurs sujets »[3]. De tels dirigeants voient en effet d'un mauvais œil tout ce qui favorise la *philia* et l'*erôs* chez les citoyens, car de tels sentiments se nouent au détriment de la soumission à l'autorité politique. Sous l'effet de la *pleonexia*, ces gouvernants détournent autoritairement à leur avantage le sentiment d'attachement des citoyens, au détriment des relations interindividuelles. La *pleonexia* recherche donc l'exclusivité de ce sentiment. Si l'économie réglée de Platon, dans son volet familial, n'est pas totalement étrangère à un détournement affectif proche de celui évoqué par Pausanias, on verra dans le dernier chapitre ce qui l'en distingue malgré tout, puisque Platon prétendra éviter la *pleonexia*.

Selon une opinion très répandue, la tendance à la *pleonexia* serait universelle, ainsi que Glaucon le rapporte dans la citation donnée plus haut[4]. Dans les *Lois*, une remarque de l'Athénien atténue légèrement cette sombre anthropologie et ouvre ainsi une fenêtre sur la réforme politique :

1. *Lois* III, 677b5-9.

2. C'est aussi ce que rappelle à sa façon *Crit.* 121b6 : le déclin de la cité atlante s'explique par le fait que l'élément divin des Atlantes est dominé par l'élément mortel. Alors, les individus remplis d'une « injuste πλεονεξία *passèrent pour* » être heureux (ἐδοξάζοντο εἶναι).

3. *Banq.* 182c7-d2.

4. *Cf.* la position de Calliclès : « d'elle-même, la nature fait voir […] que la justice consiste en ce que le meilleur ait plus (τὸ πλέον […] ἔχειν) que le moins bon et le plus fort davantage que le moins fort », *Gorg.* 483c8-d2.

« la nature *mortelle* poussera toujours l'homme à la recherche de toujours plus et de son intérêt propre (ἐπὶ πλεονεξίαν καὶ ἰδιοπραγίαν)[1]. » L'Athénien présente une conception nuancée de l'homme, au croisement de deux natures dont l'une, la mortelle, est au principe des troubles de la vie politique et économique. La part divine en l'homme, elle, rend la réforme possible. Cette différence avec la position courante rapportée par Glaucon, plus radicale, s'explique par la perspective de réforme qui est celle de l'Athénien : pour que l'homme laisse prise à l'action du politique en vue de l'unité de la cité, il faut supposer qu'une part en lui échappe à l'emprise de la *pleonexia*. De ce point de vue, l'anthropologie du sens commun rapportée par Glaucon n'est pas totalement fausse : elle est seulement sans nuances. Quant à l'anthropologie de Platon, tant pour le corps que pour l'âme, elle s'enracine peut-être dans le triste spectacle que lui a offert l'Athènes de son temps : comment l'une des cités les plus riches et les plus luxueuses du monde grec a-t-elle pu en effet connaître une si lamentable défaite dans la guerre contre Sparte et ses alliées ? Comment une cité apparemment si puissante a-t-elle pu être vaincue ? Ce désastre a sans doute confirmé Platon dans son souci de dissocier la puissance politique de la puissance économique, de faire de la puissance économique un facteur de déstabilisation potentielle, et d'attribuer la force d'une cité non à sa richesse mais à son unité[2]. Mais ce désastre l'a peut-être surtout conduit à comprendre ce qu'il en est de la faiblesse de notre corps et de la sauvagerie de nos appétits.

L'analyse abstraite de l'économie et des rouages anthropologiques expliquant sa tendance naturelle au dérèglement ne suffit toutefois pas à rendre compte de leurs conséquences sur les cités constituées. Les analyses de ce premier chapitre ont décrit une structure générale, une tendance, mais il faut désormais voir comment elle s'articule aux différents types de régimes. Car l'économie est toujours inscrite dans une certaine *politeia*, dont dépendent ses institutions et ses conséquences sociales et politiques. Ce sont les ravages de cette économie incarnée dans les diverses *politeiai* empiriques que nous allons maintenant étudier.

1. *Lois* IX, 875b6-7 (je souligne).
2. *Rép.* IV, 422d8-423c5.

CHAPITRE II

DE L'ÉCONOMIE COMME POLITIQUE

Le chapitre précédent a montré en quoi, pour Platon, l'économie est en elle-même animée d'une double tendance à faire et à défaire la cité, et cette ambivalence a été rapportée à ses soubassements anthropologiques. Mais l'économie et sa propension destructrice n'existent jamais abstraitement : elles prennent toujours des formes singulières dans les cités empiriques et imparfaites où nous sommes condamnés à vivre[1]. En fonction de leur constitution, ces cités donnent à ces mécanismes anthropologiques et à leurs effets économiques des expressions bien définies. Comment se développe et se manifeste donc cette tendance antipolitique de l'économie dans les cités empiriques ?

Leur imperfection provient en grande partie du fait qu'elles subordonnent la politique à l'économie, ou plus précisément qu'elles font de l'économie leur politique, à des degrés divers. En laissant le champ libre à l'expansion économique, elles œuvrent à leur propre destruction, aussi bien sur les plans matériels et humains – l'économie déréglée acculant certains à la misère et à la mort – que sur le plan strictement politique – en sapant l'unité autour des valeurs et la concorde, qui seules peuvent faire d'une société une authentique communauté politique, une véritable cité.

Trois points sont à prendre en compte pour comprendre le mécanisme antipolitique de l'économie dans les cités empiriques. Les deux premiers portent sur les causes de ce développement. Tout d'abord, les sophistes exploitent la *pleonexia* pour diffuser une « économie sophistique », qui conduit à privilégier l'intérêt privé ou particulier sur l'intérêt commun.

1. Il y a d'un côté la cité juste, presque impossible à réaliser, et de l'autre, les cités imparfaites, qui sont « inévitables (ἀναγκαίας) », *Pol.* 302e6.

Ceci n'est possible que parce que l'économie est elle-même tendanciellement sophistique, au sens où elle va de pair avec le discours que nos appétits nous font tenir sur le monde : de leur point de vue, le sensible est la mesure de toutes choses. Ensuite, la sauvagerie des appétits inférieurs alimente elle aussi la dégradation des régimes politiques par le biais de mécanismes économiques bien identifiés, comme le prêt à intérêt, dont elle favorise l'apparition et la généralisation. Le troisième point porte sur les deux conséquences majeures du développement de la tendance anti-politique de l'économie : la guerre extérieure et la guerre intestine. Examinons chacun de ces points.

L'ÉCONOMIE SOPHISTIQUE

La *pleonexia*, on l'a vu, conduit spontanément à faire de l'avoir la mesure de l'être, à convertir illusoirement la quantité en qualité, à faire de l'apparence l'indice de la réalité. Or c'est la sophistique qui, dans bien des cas est le relais « politique » de la *pleonexia* comme tendance anthropologique. L'enseignement sophistique tel que Platon le présente aboutit en effet à la mise en place d'une véritable « politique » économique au sens d'économie faite politique : en d'autres termes, une politique livrée au pouvoir de l'économie et de ses dérèglements. C'est que la sophistique, qui consacre l'oubli de la différence ontologique entre l'être et le devenir, entre le sensible et l'intelligible, ne reconnaît pour réalité que les apparences : nos appétits n'y trouvent rien à redire et entraînent ainsi l'économie sur sa pente anomique. Les sophistes transmettent ce dérèglement à l'ensemble de la cité de deux manières : d'une part ils forment les futures élites politiques ; d'autre part, par leur richesse et la pratique commerciale qui est la leur, ils contribuent à diffuser un état d'esprit – qu'ils ne font que ranimer en la plupart des hommes – selon lequel la richesse est la mesure de la qualité individuelle, et selon lequel l'intérêt personnel ou privé prime sur l'intérêt commun.

Pour comprendre ce mécanisme, il faut donc d'abord saisir en quoi la sophistique n'est possible pour Platon que comme pratique commerciale à but lucratif, et en quoi cette dimension fondatrice de la sophistique favorise l'inflammation économique et la division de la cité. Par contraste, on verra ensuite ce que pourrait être une « économie socratique », c'est-à-dire en quoi la gratuité de l'échange philosophique, tourné vers la seule recherche de la vérité, va de pair avec une économie réglée.

Le sophiste commerçant : une métaphore ?

On a souvent fait remarquer que chez Platon, la condamnation des doctrines sophistiques s'accompagnait d'une critique de l'enrichissement des sophistes, présentés comme d'avides marchands. Mais cette présentation a le plus souvent été comprise comme purement métaphorique ou anecdotique, sans être jamais associée aux prescriptions politiques de Platon en matière économique. Pour les uns en effet, « [les sophistes] favorisent en quelque sorte physiquement la circulation des idées, et c'est peut-être ce travail de mise en circulation qui fait que Platon, pour les caractériser, emploie de préférence des *métaphores* commerciales ». Ou encore : « Il y a quelque chose de vrai dans cette *comparaison* malicieuse [du sophiste au commerçant voyageur] [...][1]. » Pour d'autres, ces images expriment la représentation que Platon se fait de l'ontologie des sophistes : la dépense économique renverrait à la conception d'un monde où « l'homme, pris dans l'économie générale du flux, décide des arrêts sur image » en proposant, au moment opportun, de donner à ce flux telle forme plutôt que telle autre, comme le préconise par exemple la théorie des discours forts de Protagoras[2]. La métaphore serait filée jusque dans le *Gorgias* où, à propos de la place à accorder à la satisfaction des désirs dans la conception du bonheur, Socrate oppose à Calliclès l'image des tonneaux pleins, connotant l'épargne, à celle des tonneaux percés, métaphore de la dilapidation et de l'insatiabilité. Ce passage a donné lieu au commentaire suivant : « Épargner ou dépenser : deux modèles ontologiques et deux manières d'en user avec le temps comme un ennemi à arrêter, ou comme un compagnon[3]. » La référence à l'économie, plus précisément à la dépense sans fin, illustrerait donc une conception de l'être comme flux, comme dépense et consommation, et alimenterait une éthique de l'insatiabilité ; face à cela, la modération socratique devrait sa stabilité à l'identité éternelle des êtres véritables – les Formes – sur lesquelles elle se fonde.

Si pertinentes et légitimes soient-elles, ces interprétations négligent toutefois un aspect essentiel de ces références à la sphère économique, et plus précisément commerciales, quand il est question des sophistes : Platon ne les emploie pas à titre d'images ou de métaphores mais pour désigner

1. Respectivement : G. Romeyer Dherbey, *Les Sophistes*, Paris, P.U.F., 1985, p. 5 (je souligne); W. Jaeger, *Paideia. La Formation de l'homme grec. La Grèce archaïque. Le Génie d'Athènes* [1934], trad. fr., Paris, Gallimard, 1964, p. 345 (je souligne). Voir aussi W.C.K. Guthrie, *Les Sophistes* [1971], trad. fr., Paris, Payot, 1976, p. 45.

2. B. Cassin, *L'Effet sophistique*, Paris, Gallimard, 1995, p. 230-231. Sur la théorie du discours fort, voir G. Romeyer Dherbey, *op. cit.*, p. 22-28.

3. B. Cassin, *op. cit.*, p. 235. *Gorg.* 493d5-494a5.

une pratique économique bien réelle. Sur les six aspects sous lesquels le sophiste s'offre aux divisions dialectiques de l'Étranger et de Théétète dans le *Sophiste*, quatre font en effet référence à l'aspect commercial de son activité. Celui-ci est en effet « le chasseur salarié d'une jeunesse riche », « le commerçant (ἔμπορος) des connaissances qui se rapportent à l'âme », « le marchand (κάπηλος) de ces mêmes articles », et « quelqu'un qui nous vend ces articles fabriqués par lui-même (αὐτοπώλης) »[1]. Dans le *Protagoras*, le sophiste « *est* un homme qui fait commerce, en gros ou en détail, des marchandises dont une âme tire sa nourriture »[2]. Les allusions aux gains importants qu'ils réalisent et au coût souvent élevé des leçons qu'ils proposent ne sont pas non plus des images : Socrate rappelle que dans le privé, Hippias « perçoit de la jeunesse des sommes importantes », que « Gorgias [a réalisé] de gros profits », que « Prodicos [...] a gagné des quantités mirifiques d'argent ». Hippias lui-même confirme à Socrate cet aspect de sa pratique, et y voit un signe de la supériorité de son enseignement sur celui de ses concurrents : « Peu s'en faut, je crois bien, que je n'aie, moi tout seul, réalisé de plus gros profits que deux autres sophistes pris ensemble, n'importe lesquels, à ton choix[3]. » De manière générale, les sophistes chassent « vers des prairies où surabondent fortune et jeunesse »[4], jeunesse qui semble elle-même prête à leur sacrifier toute sa fortune, si l'on en juge par les propos d'Hippocrate dans le *Protagoras* : pour suivre les leçons de Protagoras, le jeune homme se déclare prêt « à n'épargner ni [ses] biens ni ceux de [ses] amis »[5].

S'il s'agissait là simplement d'images ou d'anecdotes, pourquoi Platon soulignerait-il donc autant cet aspect de la pratique des sophistes ? Ne devrait-il pas plutôt analyser directement leur illusionnisme et l'ontologie qui le soutient, d'autant que c'est cet aspect de leur activité qui occupe principalement les interlocuteurs dans le *Sophiste*, au point qu'on ne voit plus pourquoi l'Étranger a introduit ces références à l'argent au début du

1. *Soph.* 231c8-d11. Pour désigner les sophistes comme commerçants Platon emploie les termes κάπηλος, ἔμπορος, et plus rarement αὐτοπώλης. Sur ces termes : J. Lacour-Gayet, *Platon et l'économie dirigée.* Communication faite à l'Académie des Sciences morales et politiques le 6 novembre 1944, p. 27-28 et, p. 35 ; H. Knorringa, *Emporos. Data on Trade and Trader in Greek Literature from Homer to Aristotle* [1926], trad. angl., Chicago, Ares Publishers, 1987.

2. *Prot.* 313c4-6 (je souligne), et c8-e1 pour la reprise des termes κάπηλος et ἔμπορος.

3. *Hipp. Maj.* 281a-282e.

4. *Soph.* 222a9-11.

5. *Prot.* 310e1-2.

dialogue et les abandonne ensuite[1]? C'est que loin d'être une simple métaphore de la sophistique, le commerce en est constitutif. Reste alors à comprendre pourquoi Socrate reproche aux sophistes de se faire payer alors qu'il ne le reproche pas aux autres artisans, et ce que cela nous apprend sur l'économie.

Le sophiste : marchand de savoir, donc producteur de savoir

Parallèlement à la critique de l'ontologie sophistique qu'on trouve dans le *Sophiste* et dans la *République*, les attaques de Platon contre les sophistes portent sur deux points : d'une part leur prétention à détenir une véritable *tekhnè* susceptible de produire la vertu individuelle, d'autre part le type de savoir que cette pseudo-*tekhnè* impliquerait, et qui serait conçu sur le mode de la possession. Dans notre perspective, c'est le premier point qui permet de comprendre l'importance de la dimension commerciale de l'enseignement des sophistes, et qui fait le lien entre les critiques de Platon sur les aspects ontologiques et épistémologiques de la sophistique d'un côté, et leur portée économique et politique de l'autre.

Les techniques véritables, fondées sur un savoir positif et objectif, se possèdent et pour cette raison peuvent se transmettre : le charpentier forme d'autres charpentiers, le pilote d'autres pilotes. Mais le savoir que prétendent enseigner les sophistes ne semble pas être de ce type. Dès le *Gorgias* en effet, la rhétorique, proche de la sophistique, était condamnée sur cette base : comment les élèves de Gorgias peuvent-ils agir injustement alors que Gorgias prétend leur apprendre à être justes[2]? La critique par Socrate du plus illustre élève des sophistes, Périclès, est l'exemple même de cette aporie : qu'il reconnaisse ou dénie la vertu à Périclès, Socrate conclut en général que le chef politique d'Athènes n'a pu enseigner cette vertu, ni dans le domaine privé à ses fils ni dans le domaine public à la cité entière[3]. Manière indirecte de dire que les sophistes n'ont pas su lui enseigner la vertu. Pourtant, les sophistes prétendent transmettre, en le vendant, un savoir qu'ils possèdent et qui porte sur la manière de bien administrer la maison et la cité, ainsi que sur la vertu. Par exemple Callias croit avoir trouvé en la personne du sophiste Événos de Paros celui qui « possède le savoir permettant d'atteindre à l'excellence qui convient à l'homme et au

1. La description du sophiste comme marchand s'étend de 222b à 231e alors que la discussion « métaphysique » court de 232a à 268c, c'est-à-dire jusqu'à la fin du dialogue.

2. *Gorg.* 457c-461b. Sur la proximité de la rhétorique et de la sophistique : 463a6-465e1 et 520a6-8.

3. *Mén.* 94a7-b8. Voir aussi F. Ildefonse, *Prot.* note 83, p. 159-160.

citoyen», et Socrate d'estimer bienheureux cet Événos, «à supposer qu'il possédât (ἔχοι) réellement cet art»[1]. De même Protagoras prétend enseigner «la manière de bien délibérer dans les affaires privées, savoir comment administrer au mieux sa propre maison, ainsi que, dans les affaires de la cité, savoir comment devenir le plus à même de les traiter, en actes comme en paroles»[2]. Comment donc expliquer le succès de la sophistique auprès des jeunes gens de bonne famille malgré l'échec dont Périclès offre l'exemple? C'est que le sophiste a compris qu'en vendant son pseudo-savoir à haut prix et en exhibant sa richesse, il se présente comme le témoin de l'efficacité du «savoir» dont il fait le commerce.

Socrate explique dans le *Gorgias* que pour juger de la compétence d'un médecin, on s'assure en effet au préalable du nombre de patients qu'il a guéris[3]. La compétence se mesure ici à l'efficacité. Le résultat est donc en général le signe de la compétence. Appliquons ce raisonnement au sophiste: que produit-il, quel résultat de sa «*tekhnè*» peut-il faire valoir? Du point de vue de Socrate, aucun, comme le montre le cas de Périclès évoqué plus haut. Le sophiste prétend vendre la vertu sans la produire en réalité: il ne vend que du vent. De ce point de vue, la critique du commerce sophistique ne serait alors qu'un cas particulier de la critique des dangers du commerce en général: intentionnellement ou non, le commerçant peut très bien ne pas vendre ce qu'il prétend vendre et dont il fait pourtant l'éloge. Le client ignorant est alors sa victime potentielle, le cas étant plus grave lorsque la marchandise est destinée à l'âme que lorsqu'elle est destinée au corps, ainsi qu'on le voit dans le *Protagoras*: Socrate met en garde Hippocrate sur le fait que, contrairement aux aliments qu'il est possible de soumettre au savoir d'un expert avant de les consommer pour savoir s'ils sont bons ou mauvais pour la santé, «les enseignements, eux, il n'est pas possible de les emporter dans un récipient distinct de soi, mais il est nécessaire, une fois le prix payé, de prendre l'enseignement dans son âme, d'apprendre et de s'en aller, qu'il y ait dommage ou profit»[4].

Mais cette critique du *Protagoras* ne va pas assez loin: elle ne désigne pas le processus par lequel a lieu la duperie sophistique. Car le sophiste produit bien quelque chose qui, pour des yeux peu avertis, témoigne de sa «compétence»: il produit d'abord sa propre apparence de producteur

1. *Apol.* 20b4-c1.
2. *Prot.* 318e5-319a2. Voir aussi *Mén.* 90e10-91b8; *Gorg.* 520e2-6.
3. *Gorg.* 514d3-e10.
4. *Prot.* 313c4-314b4.

compétent, sa richesse en étant l'indice le plus ostentatoire et le plus fallacieux.

Comment s'y prend-il en effet pour vendre comme un savoir ce qui n'est qu'une apparence de savoir? Son «truc» (τὸ σοφόν)[1] consiste précisément dans l'apparence qu'il est et qu'il produit grâce à l'ignorance complice de ses clients. Sa richesse, son personnage lui-même, dont le prestige et la valeur sociales se mesurent aux gains monétaires qu'il a réalisés, témoignent de sa prétendue compétence. Par sa richesse, le sophiste se montre en effet tel qu'il prétend être et tel qu'il prétend rendre son élève : producteur efficace d'une vertu qui s'y entend dans les affaires privées et en politique. C'est donc en s'instituant comme pratique commerciale de luxe que la sophistique peut passer pour une pratique efficace, et c'est pour cette raison que dans le *Sophiste*, le sophiste est désigné par l'Étranger d'αὐτοπώλης, de vendeur d'un savoir qu'il a fabriqué ou produit[2]. Certes, « si les sophistes sont payés [...] c'est [...] parce qu'ils se montrent habiles à vendre leur savoir comme des marchands »[3]. Mais il faut aller plus loin et renverser ce raisonnement si l'on veut comprendre le succès sophistique : ce n'est pas, ou du moins pas seulement et pas principalement, une aptitude naturelle au commerce qui explique que les sophistes se mettent à vendre leur prétendu savoir, c'est bien plutôt, à l'inverse, en s'instituant comme marchands que leur compétence acquiert une apparente réalité et une apparente efficacité. Ce procédé leur permet passer pour producteurs de ce qu'ils vendent, et pour des producteurs qui produisent en se fondant sur un savoir transmissible. Le raisonnement qu'ils attendent de leurs clients est le suivant : si les sophistes sont riches, c'est que la capacité qu'ils prétendent enseigner, la capacité à s'enrichir et à être puissant dans la cité, a été efficace sur eux. C'est pourquoi la référence aux gains réalisés par les sophistes intervient généralement en début de dialogue[4] : bien que les discussions où les sophistes interviennent soient consacrées à un objet particulier – le beau dans l'*Hippias Majeur* ou l'enseignement de la vertu dans le *Protagoras* – l'entretien ne semble pouvoir commencer qu'une fois rappelé cet aspect de la pratique sophistique, comme si c'était de lui que dépendait la possibilité de la prise de parole des sophistes eux-mêmes, et comme s'il fallait désamorcer le piège tendu par l'apparence du sophiste

1. Ce terme désigne aussi bien l'astuce pratique que la ruse intellectuelle. Voir par exemple *Rép.* VI, 502d4.

2. *Soph.* 231d9.

3. M. Hénaff, *Le Prix de la vérité. Le don, l'argent, la philosophie*, Paris, Le Seuil, 2002, p. 60-61.

4. *Soph.* 218a-236d; *Hipp. Maj.* 281a-283b; *Hipp. Min.* 363d; *Prot.* 311b-314b.

pour réfuter ses prétentions au savoir. Cette place privilégiée de la référence à la fortune et à la rémunération des sophistes confirme combien le caractère payant de leur enseignement est loin d'être secondaire ou anecdotique : il est la condition de l'efficacité persuasive de leur discours. Pour passer pour des producteurs compétents, ils doivent donc se faire riches commerçants. En d'autres termes, la sophistique n'est possible que comme pratique commerciale.

Portée économique et politique du commerce sophistique

Cette opération « magique »[1], par laquelle les sophistes font de leur apparence le gage illusoire de la valeur de leur savoir, livre la clé d'un paradoxe rarement perçu par leurs disciples : à savoir qu'ils présentent leur richesse personnelle comme le signe de leur capacité à enseigner « la bonne administration de la cité », laquelle supposerait le souci de l'intérêt commun et de la justice, et par conséquent la transmission gratuite de leur savoir afin que tous les membres de la cité puissent en bénéficier. C'est bien ce que Socrate expose à Calliclès dans le *Gorgias* : « Quand il s'agit de cette façon de vivre et d'agir qui montre comment on peut être le meilleur homme qui soit, comment il faut administrer le mieux possible sa maison et sa cité, on juge que c'est une vilaine chose de dire qu'on ne donnera pas de conseils si on ne reçoit pas d'argent en échange », parce qu'« être juste est le seul bienfait tel que celui qui en a bénéficié désire à son tour en faire bénéficier les autres »[2]. Si être juste suppose la capacité de dépasser son intérêt personnel, il est en effet contradictoire de vouloir vendre cette capacité ou la manière de l'acquérir, c'est-à-dire de vouloir tirer pour soi-même un bénéfice personnel de ce qui est précisément censé permettre le dépassement par chacun de son intérêt propre. En dépit de leur prétention à enseigner comment administrer le mieux possible « sa maison et la cité », c'est donc la première qu'ils favorisent au détriment de la seconde, donc l'intérêt privé au détriment du bien commun[3]. Ils incitent ainsi leurs élèves à traiter la cité comme s'il s'agissait de leur bien propre.

Deux faits confirment cette idée. D'une part, les sophistes profitent de leur mission publique d'ambassadeurs pour s'enrichir eux-mêmes : qu'il s'agisse d'Hippias mandaté par Élis, ou de Gorgias, émissaire de Léontion, ou encore de Prodicos envoyé de Céos, tous instrumentalisent leur rôle

1. Le sophiste comme magicien : *Soph.* 234c5 ; 235a1 ; a8 ; 241b6-7 ; *Pol.* 291c3 ; 303c3-5.

2. *Gorg.* 520e2-9.

3. Ce point est très bien relevé par M. Hénaff, *op. cit.*, p. 47.

politique à des fins personnelles[1]. Non que leur ambassade soit seulement pour eux *l'occasion* de s'enrichir : c'est plutôt qu'ils utilisent l'éminence de leur rôle politique comme un gage de l'efficacité de leur prétendue technique, et ils adoptent ce rôle *pour* s'enrichir. Ils colportent ainsi une idée pervertie de la finalité de l'exercice du pouvoir – s'enrichir – contre laquelle Platon se bat dans tous ses dialogues, notamment la *République* lorsque Socrate retire aux gouvernants véritables tout salaire en argent[2].

D'autre part, la subtile promotion de l'intérêt individuel ou personnel par les sophistes transparaît, selon Platon, jusque dans leur manière de délivrer leur savoir. Lors d'une démonstration (ἐπίδειξις) de leur compétence chez un particulier, ils évoluent dans une véritable mise en scène où ils tiennent le premier rôle, comme dans le *Protagoras* où Socrate décrit la « chorégraphie » dont Protagoras est le centre de la façon suivante : « J'éprouvai une grande joie à la vue de ce chœur, dont les magnifiques évolutions veillaient à ne jamais empêcher Protagoras de se trouver en tête : dès qu'il faisait demi-tour, avec ceux qui se trouvaient à ses côtés, ses auditeurs se séparaient en deux groupes, de part et d'autre, harmonieusement et en bon ordre, et, décrivant une marche circulaire, se replaçaient à chaque fois derrière lui : c'était superbe[3]. » Les sophistes drapent leur personne privée dans le costume d'un personnage public ayant valeur de modèle, lequel ne doit en grande partie sa consistance qu'aux regards qu'il s'attire. L'ἐπίδειξις est donc « l'occasion d'un plus [...], à la fois parce qu'on se sert de ce qu'on exhibe comme d'un exemple ou d'un paradigme, qu'on en montre plus grâce à lui ; mais aussi et surtout parce qu'il s'agit pour l'orateur de montrer ce qu'il sait faire à propos d'un objet, de se montrer lui-même et son talent, en plus »[4].

La puissance de persuasion dont le sophiste est capable tient donc au prestige dont il réussit à se parer, principalement en vantant sa richesse et en se mettant au centre de la scène sociale et politique. Ce faisant, il propage un modèle de réussite sociale et politique qui donne la priorité au succès individuel sur le bien commun, et qui diffuse une image incorrecte de ce que doit être la tâche politique. Cela ne peut que favoriser la rivalité entre individus et saper l'unité de la cité. En ce sens, la pratique sophistique institutionnalise la *pleonexia*, parce qu'elle en a fait son ressort. Elle perpétue également la force antipolitique d'une économie déjà par nature

1. *Hipp. Maj.* 281a1-282c6.
2. *Rép.* I, 345b9-347d8 ; IV, 420a2-3.
3. *Prot.* 314e3-315b8.
4. B. Cassin, *op. cit.*, p. 199.

tendanciellement « sophistique », comme l'a montré le livre II de la *République*. Le souci de satisfaire son intérêt propre, que Socrate plaçait à l'origine de la cité, l'inflammation des besoins et l'introduction inévitable de l'industrie du paraître et du superflu dans cette cité, sont dus à des mécanismes anthropologiques qui entérinent la confusion entre l'être et le devenir, le sensible et l'intelligible, et c'est précisément sur cette confusion que la sophistique elle-même se développe. Elle n'en est certes pas l'origine mais elle en facilite le développement, tant par l'artifice pédagogique sur lequel elle repose que par la valorisation des apparences qu'elle inculque à ceux qu'elle instruit, et qui s'en font le relais à l'échelle de toute la cité. Ainsi de Périclès, qui mit en œuvre le chantier du Parthénon et des Propylées sur l'Acropole, qui commanda à Phidias la statue chryséléphantine d'Athéna mais qui, aux dires de Socrate, ne réussit sans doute jamais à « améliorer les Athéniens »[1]. L'économie des cités ordinaires est « sophistique » en ce qu'elle tend déjà à l'être par nature, et le développement de la sophistique ne peut que relayer et développer cette tendance profonde.

De ce développement, il ne faudrait pas conclure néanmoins que Platon tient l'économie pour mauvaise ou pervertie en soi. Car l'économie est toujours enchâssée dans une certaine politique qui, dans le cas des cités empiriques, la détourne de la saine organisation et de la juste place que seule la cité droite peut lui donner. L'économie sophistique est cette économie qui tient lieu de politique dans les mauvais régimes. La faute n'en revient pas à l'économie elle-même mais aux mauvais(es) politiques qui, pour n'avoir pas perçu l'ambivalence de l'économie – elle fait et peut défaire la cité – ne peuvent la borner dans les limites appelées par la finalité première de la politique platonicienne : l'unité de la cité. Or si les sophistes correspondent à la diffusion d'une économie de la démesure et de l'intérêt privé, il n'est pas impossible que Socrate représente et promeuve l'économie opposée.

Une économie « socratique » ?

Au portrait du sophiste enrichi, Platon oppose la pauvreté de Socrate. Dans l'*Apologie*, ce dernier explique à plusieurs reprises qu'il ne se fait pas payer par les fils « des familles les plus riches » qui l'écoutent ou s'entretiennent avec lui. Il y voit un critère le distinguant des sophistes, et il

1. *Gorg.* 503c1-d3.

rappelle également sa grande pauvreté[1]. Pas davantage que le commerce des sophistes, la pauvreté de Socrate n'est à prendre en un sens métaphorique. Elle est plutôt la traduction pratique de sa conception de ce que savoir veut dire. Socrate en effet prétend ne pas *posséder* de savoir : l'instabilité du discours, l'aporie finale de certains dialogues ou encore l'image récurrente du chemin dialectique dont les étapes ne sont atteintes que pour inaugurer de nouveaux départs, sont autant d'images qui suggèrent l'impossible possession du savoir[2]. C'est en outre sur le mode du toucher ou de la communauté, et non de la possession, qu'est décrit le rapport de l'intellect aux Formes intelligibles[3], qui laisse toujours place à une certaine extériorité ou une certaine distance. Enfin, à l'idée d'un sujet possesseur et auteur du savoir, Socrate oppose sa soumission à la philosophie : il ne la possède pas comme on possède les mathématiques ou l'art de bâtir les maisons, mais c'est la philosophie qui le possède et le fait parler : « tout ce que tu m'entends dire, mon cher ami », dit-il à Calliclès, « c'est toujours elle qui me le fait dire »[4]. En se présentant lui-même comme un don divin fait à la cité[5], Socrate oppose donc à la définition de la sophistique comme art d'acquisition l'exercice dialectique comme pratique gratuite de la circulation du *logos*[6]. La gratuité du savoir revendiquée par Socrate ne suffit pas à garantir la différence ontologique entre l'être et le devenir, mais c'en est une condition nécessaire[7] : en excluant tout gain matériel, le dialogue socratique est en mesure de ne s'attacher qu'à la seule vérité. Au désir d'avoir, Socrate oppose le désir de chercher.

Aussi la pauvreté déclarée de Socrate ne relève-t-elle pas d'une exhortation morale, ni d'une étape propédeutique à la philosophie : aucun dialogue ne condamne la richesse ni n'invite à faire vœu de pauvreté, et Socrate s'offre aux questions de tous, « à celles du riche comme à celles du

1. Sur le premier point : *Apol.* 19d8-20c3 ; 31a3-c3 ; 33a6-b6. Sur le second : *Apol.* 23b8-c1 ; 31c2 ; 36d4 ; 37c4 ; *Lach.* 186c3.

2. Pour l'instabilité, voir par exemple la fin du *Protagoras* où les positions initiales des interlocuteurs s'inversent, *Prot.* 361a3-c6 ; *Hipp. Min.* 376c3-4 ; *Euthyph.* 11d7-8. Pour l'aporie, voir *Lys.* 222e7. Pour l'image du chemin, voir notamment les divisions du *Sophiste* et du *Politique* : la question est toujours de savoir « par où (πῇ) » diviser. Sur la reprise, voir la récurrence de la formule πάλιν suivi d'un verbe signifiant un mouvement de retour, ou πάλιν ἐξ ἀρχῆς dans *Pol.* 263a8 ; 264b6 ; 268d5 ; 275c9 ; 276e6 entre autres.

3. Pour le toucher : *Phéd.* 65b9, où l'âme touche (ἅπτεται) la vérité ; 67b1. Pour la compagnie des dieux : *Phéd.* 67a7-8 ; 81a4-9.

4. *Gorg.* 482a5.

5. *Apol.* 31a7-b1.

6. Socrate n'a d'autre occupation que de « circuler partout (περιέρχομαι) » dans la cité, *Apol.* 30a7-8.

7. *Apol.* 31b5-c3.

pauvre » dans la mesure où ils « prennent plaisir à l'examen de ceux qui se figurent être sages et qui ne le sont pas »[1]. La richesse n'est pas incompatible avec la vertu et la philosophie, elle est seulement un risque, ce que confirme l'Athénien des *Lois* en déclarant que « le riche ne peut être heureux [sauf s'] il [est] aussi homme de bien »[2]. La déclaration de pauvreté de Socrate n'est donc en réalité que le corollaire nécessaire de sa conception du savoir, les appétit liés aux corps et les désirs de l'âme seule relevant d'une seule et même organisation psychique. Il est donc permis de penser qu'à l'opposé de l'économie sophistique à laquelle tendent spontanément nos appétits, l'économie socratique serait celle de la cité des cochons, où les besoins n'outrepassent jamais la limite du nécessaire[3]. L'anthropologie de Platon rend toutefois plus qu'improbable l'avènement d'une telle cité et d'une telle économie, parce qu'un naturel divin comme celui de Socrate « naît rarement, et en petit nombre, parmi les hommes »[4]. La seule issue envisageable serait qu'en réglant l'économie, en limitant la place qu'y occupe inévitablement le superflu, on puisse éviter les marchandages de la sophistique et la sophistique elle-même, et instaurer ainsi les conditions de possibilité de la philosophie. Avant de détailler au chapitre suivant les mesures que Platon préconise pour régler l'économie des mauvaises cités, voyons en quoi leur économie contribue à leur imperfection.

L'ÉCONOMIE DES MAUVAISES CITÉS

Dans plusieurs passages des Dialogues, Platon se livre à des comparaisons entre d'un côté les régimes empiriques, organisés en typologies rigoureuses faisant intervenir des critères variables, et de l'autre un régime idéal ou droit, fondé sur un savoir véritable présenté tantôt comme politique tantôt comme philosophique. Or que l'accent soit mis sur la

1. *Apol.* 33b1-c2. Voir S. Rosen, *Plato's* Sophist. *The Drama of Original and Image*, South Bend Indiana, St. Augustine's Press, 1999, p. 135.

2. *Lois* V, 743a1-3 : tout le passage est très nuancé sur le rapport entre richesse et « moralité », et vise à l'instauration d'une mesure de la richesse. L'homme de bien ne recherche pas les richesses, mais rien n'empêche le riche d'être homme de bien, contre ce qu'affirme J. Lacour-Gayet selon qui, pour Platon, « ceux qui possèdent de grandes richesses ne peuvent être gens de bien », *op. cit.*, p. 40. Seule la grande richesse est condamnée (V, 741e-744d) mais pas en soi : c'est toujours au nom de la stabilité politique.

3. D.R. Morrison, « The Utopian Character of Plato's Ideal City », dans *The Cambridge Companion to Plato's* Republic, G.E.R. Ferrari (ed.), Cambridge, Cambridge University Press, 2007, p. 252-254.

4. *Rép.* VI, 491a7-b3.

portée théorique de ces classifications ou sur leurs implications pratiques, les passages où elles figurent évoquent toujours la richesse, soit à titre de critère classificatoire soit pour expliquer le caractère plus ou moins bon d'un régime. Qu'il s'agisse de comparer le prestige de l'ancienne Athènes à celui de l'Atlantide dans le *Critias* pour évaluer l'Athènes actuelle, ou de jauger indirectement la constitution de cette dernière à l'aune de celle de Sparte et de la Crète par l'intermédiaire de leur comparaison avec l'Ancienne Athènes et l'ancien régime de Perse dans les *Lois*[1]; qu'il s'agisse de classer les régimes du point de vue de la science politique dont le *Politique* recherche la définition[2], ou encore d'exposer le processus de transformation des régimes et des types d'hommes qui leur correspondent à partir du régime « idéal » des philosophes aux livres VIII et IX de la *République*, dans tous les cas, Platon accorde à l'appétit de richesses et à la possession matérielle un rôle déterminant dans l'analyse des régimes inférieurs et imparfaits.

Parmi ces passages classificatoires, les livres VIII et IX de la *République* (543a1-576b3) et le diptyque du *Critias* se distinguent par l'importance qu'ils donnent aux expressions économiques du désir d'avoir. Dans ces deux textes, le souci de la richesse et de la possession matérielle ne sont pas de simples critères classificatoires des régimes, comme c'est le cas dans le *Politique*. L'Étranger évoque certes la richesse et la pauvreté des gouvernants comme critères possibles de classification des régimes[3], mais ils deviennent secondaires par rapport à celui de la présence et de l'absence de savoir lorsqu'il s'agit de distinguer le régime droit des régimes imparfaits[4]. Et dans les *Lois*, l'appétit de possession et ses manifestations sont présentés comme les facteurs d'une corruption morale et politique dont l'exposé sert essentiellement à justifier la hiérarchie de valeurs de la cité des Magnètes. Certes Platon se montre très attentif dans ce dialogue aux effets de la valorisation de la richesse sur le comportement des citoyens, ainsi qu'en témoignent les remarques de l'Athénien sur l'influence néfaste de la richesse de Cyrus et de Darius sur l'éducation de Cambyse et de Xerxès[5]. Mais il ne propose pas d'analyse systématique des régimes imparfaits de ce point de vue, et il n'expose pas non plus directement comment cet appétit, livré à lui-même, se traduit sur le plan économique.

1. *Lois* III, 693d2-702b1.
2. *Pol.* 291c9-303d3.
3. *Pol.* 291e2.
4. *Pol.* 292b12-c3.
5. *Lois* III, 695d7-696b1.

Les mesures sur le commerce et la propriété ne laissent deviner qu'indirectement les effets néfastes d'un tel appétit.

Au contraire, dans le *Critias* et aux livres VIII et IX de la *République*, l'appétit de possession et ses manifestations économiques servent clairement de principes explicatifs à la dissension et au désordre croissants des régimes et aux comportements antipolitiques de leurs citoyens. Chacun de ces deux textes souligne ainsi, dans une intention critique, un aspect particulier des rapports de l'économie et de la politique. La leçon du *Critias* est négative : Platon montre en quoi des conditions économiques propices à l'abondance, sans être mauvaises en soi, constituent toutefois un danger potentiel contre lequel un régime organisé en clans ou en familles est incapable de lutter. Celle de la *République* porte sur les effets directs de l'économie sur la vie politique et sociale des mauvaises cités. Les livres VIII et IX permettent de voir comment le désir d'avoir façonne en profondeur l'organisation des mauvais régimes, et en quoi il ne se limite pas au seul appétit des richesses matérielles : il intervient aussi au niveau du rapport entre les membres de l'*oikos* et de la représentation que l'*oikos* se fait de la cité comme obstacle à son expansion. Ces deux passages sont donc particulièrement intéressants pour cerner les liens de la sphère économique et de la sphère politique dans les régimes imparfaits, ainsi que les dangers d'une politique subordonnant son pouvoir prescriptif au libre développement de la sphère économique et des appétits qui la fondent.

Critias : *l'économie de la démesure chez les Atlantes*

Dans le *Critias*, le diptyque entre l'Ancienne Athènes et l'Atlantide oppose une cité placée sous le signe de la mesure et de la limite à une cité que tout prédispose à la démesure et à « l'indéfinitude »[1]. Une interprétation récente a suffisamment souligné l'opposition terme à terme de ces cités, dont l'une est fidèle au modèle de la cité juste élaboré dans la *République*, tandis que l'autre le trahit[2]. Ces deux imitations antithétiques du modèle défini dans la *République* s'identifient en outre assez clairement aux cités de Sparte et d'Athènes : « le récit de la guerre menée par l'Athènes

1. Selon l'expression de L. Brisson, « De la philosophie politique à l'épopée. Le *Critias* de Platon », *Revue de Métaphysique et de Morale*, N°75, 1970, p. 424. Voir aussi, p. 428-429 pour le rapport de ce passage avec *Phil.* 23b-26d sur les trois espèces que sont le πέρας, l'ἄπειρον et leur mélange ; et J.-F. Pradeau, *Le Monde de la politique. Sur le récit atlante de Platon*, Timée *(17-27) et* Critias, Sankt Augustin, Academia Verlag, 1997, p. 102.

2. Voir J.-F. Pradeau, *op. cit.*, p. 90-91. Pour le détail de l'économie de chacune des deux cités, voir L. Brisson, art. cit., p. 412-417 pour l'économie d'Athènes et p. 424-429 pour celle de l'Atlantide.

ancienne contre l'Atlantide se présente comme une ré-actualisation symbolique de l'affrontement entre Sparte et Athènes que matérialisèrent les guerres du Péloponnèse[1]. » L'Atlantide n'est autre que l'Athènes que connaissent Socrate et Platon, ce qui nous autorise à voir dans la cité atlante l'image d'un régime empirique, et à en tirer certains enseignements sur l'économie. Quels sont en effet les facteurs qui expliquent la chute de l'Atlantide ? On peut en dégager deux, qui s'avèrent instructifs pour juger *a contrario* de la place qu'il faudrait assigner à l'économie dans une cité bien constituée : un facteur anthropologique, qui consiste à laisser croître l'appétit de possession d'autant plus que les ressources économiques abondent, et un facteur politique qui réside dans le fait que le pouvoir politique soit organisé sur le modèle domestique ou familial qui prévaut dans l'*oikos*.

L'île des éléphants : le facteur anthropologique dans la défaite des Atlantes

Selon Critias, la chute de l'Atlantide provient de l'étiolement de l'élément divin dans l'âme de ses gouvernants, et du renforcement corrélatif de l'élément humain : « Quand la part venue du dieu vint à se ternir en eux, parce que cet élément avait été abondamment mélangé et souvent avec l'élément mortel, et quand le caractère humain prédomina, alors [...] ils apparurent laids [...], remplis d'une injuste cupidité (πλεονεξίας) et de puissance[2]. » Mais Critias ne dit rien des causes immédiates de l'inversion de ce rapport. Cette inversion est d'autant plus surprenante que, de prime abord, rien dans les conditions matérielles ne paraît prédisposer davantage l'Atlantide que l'ancienne Athènes à la corruption, au sens où la seconde ne semble pas moins bien pourvue que la première : la terre de l'ancienne Athènes « dépassait en fertilité toutes les autres », « portait toutes ces choses [ses produits] en surabondance », ses plaines étaient « pleines d'une terre grasse », et la « terre portait pour les troupeaux une pâture prodigieuse »[3]. Elle possédait « beaucoup (πολλήν) de forêts », « beaucoup (πολλά) d'arbres », « beaucoup (πολλήν) de terre pour recueillir l'eau »[4]. De même dans l'Atlantide : « tout ce qu'une forêt peut fournir à ceux qui travaillent le bois, tout cela l'île le produisait en abondance »[5] ; ou encore : « les fruits cultivés, les fruits séchés qui servent à

1. *Timée. Critias*, L. Brisson, introd. trad. et notes, Paris, Flammarion, 1992, p. 324.
2. *Crit.* 121a8-b7.
3. *Crit.* 110e3-111c8.
4. *Crit.* 111c3, c7, d2.
5. *Crit.* 114e6-7.

notre nourriture, tous ceux dont nous tirons des farines – nous en nommons céréales les diverses variétés – cet autre fruit qui vient sur les arbres et qui nous fournit breuvages, aliments et onguents [...], l'île que le soleil éclairait alors les produisait vigoureux, superbes, magnifiques et en quantité inépuisable »[1].

Toutefois, la présence d'éléments similaires dans la description des ressources économiques des deux cités ne doit pas dissimuler un déséquilibre général en faveur (mais finalement au détriment) de l'Atlantide, pour ce qui est de son degré de richesse et de la variété de ses ressources. En effet, qualitativement, les ressources d'Athènes se limitent à ce qui est nécessaire pour organiser la cité : la terre et le bois. L'Atlantide au contraire est d'emblée menacée par la profusion naturelle du superflu : « Les Atlantes possédaient des richesses en une abondance telle que jamais sans doute n'en posséda avant eux aucune lignée royale et que dans l'avenir nulle n'arrivera facilement à en posséder[2]. » Et Critias de commencer sa description par les métaux précieux que l'île possède en abondance, dont l'orichalque, qui « était en ce temps-là le métal le plus précieux après l'or »[3]. Ces métaux sont abondamment utilisés pour orner les divers édifices de l'île, notamment le temple de Poséidon, ce qui leur confère un aspect « bariolé » (ποικίλα en 116b4, et πεποικιλμένην en 116d6)[4]. L'Atlantide se distingue aussi de l'ancienne Athènes par la grande variété de ses produits agricoles, qui va elle aussi jusqu'au superflu : « Toutes les essences aromatiques que la terre nourrit à présent ici ou là, racines, pousses, bois des arbres ou sucs que distillent fleurs ou fruits, cette terre excellait à les porter et à les nourrir [...], ce fruit qui pousse sur les hautes branches, dont la conservation est difficile et qu'on mange par amusement, tous ceux que nous offrons comme un agréable réconfort après le souper au convive qui souffre d'avoir trop mangé, tous ces fruits sans exception, l'île que le soleil éclairait alors les produisait vigoureux, superbes, magnifiques et en quantité inépuisable[5]. » Cette espèce de fruit qu'on ne mange à Athènes que par amusement parce qu'il est difficile à conserver, ou cet autre qu'on utilise pour soulager les excès gastronomiques, sont si abondants dans l'Atlantide que leur consommation en est facilitée, et que par conséquent cela peut inciter aux excès. L'abondance des ressources

1. *Crit.* 115a5-b6.
2. *Crit.* 114d4-6.
3. *Crit.* 114e5-6.
4. Pour la description des édifices de l'île : *Crit.* 116b2-c2. Pour celle du temple de Poséidon : 116c9-117a3.
5. *Crit.* 115a3-b6.

naturelles de l'Atlantide est donc on ne peut plus propice au développement des appétits sensibles.

Toutefois, cette abondance n'est qu'une condition, qu'un facteur, mais pas la cause déterminante de ce développement du désir de consommer et d'avoir. Elle ne peut tout au plus qu'en fournir l'occasion : car aussi longtemps que domina l'élément divin dans l'âme des Atlantes, « dédaignant toutes choses à l'exception de la vertu, ils faisaient peu de cas de leur prospérité [...], ne se laissant pas griser par la mollesse (τρυφῆς) qu'entraîne la richesse, ils ne sombraient pas, faute de se maîtriser eux-mêmes, dans les égarements de la mauvaise conduite »[1]. Mais quand l'élément humain prit le dessus, la chute fut inévitable et d'autant plus profonde.

Trois leçons peuvent donc être tirées de ce passage. La première, très générale, est que la richesse et l'abondance ne sont pas mauvaises en soi, mais peuvent devenir des facteurs aggravant de corruption des mœurs et de la vie publique dans les cités ordinaires. Une économie d'abondance exige donc une politique d'autant plus ferme sur les limites à imposer au désir d'avoir et au désir de richesse, ainsi que sur l'éducation à prodiguer aux citoyens pour qu'ils ne la valorisent pas outre mesure, surtout pas plus que la vertu.

La seconde leçon est d'ordre anthropologique. Sans être imputable au seul « climat » ou au « milieu », cette chute n'est possible que sur fond d'une anthropologie de la démesure dont le *Timée*, on l'a vu au chapitre précédent, a préalablement dessiné les grandes lignes. C'est pourquoi, si J.-F. Pradeau a raison de réduire la part de l'explication par l'influence du milieu dans le déclin de la cité atlante, en revanche sa thèse selon laquelle « loin de considérer le mal ou la bonté comme des situations anthropologiques données, naturelles, Platon en fait l'effet d'un certain type d'éducation et d'institutions politiques » doit être précisée[2] : il faut aussi admettre une tendance nécessaire des appétits humains à façonner une économie de la démesure, à un degré qui dépend en partie des conditions objectives du milieu. C'est la conjonction de ce facteur anthropologique et de cette abondance de ressources dans le cadre d'une politique imparfaite qui expliquent la faillite de la cité atlante. Certes, dans le mythe du *Politique*, les hommes de l'Âge de Cronos ne tombent pas dans cet excès en dépit de la profusion de la nature : mais c'est parce qu'un dieu les

1. *Crit.* 120e6-121a3.

2. *Op. cit.*, p. 294 pour les limites de l'explication par les données du milieu naturel, et, p. 148 pour la citation.

gouverne[1]. Le *Critias* montre donc surtout que l'appétit humain ne résiste pas aux possibilités matérielles d'expansion offertes par un milieu favorable. Fondée sur cet appétit, l'économie a donc spontanément tendance à la démesure anomique, la leçon du *Critias* rejoignant ici celle du livre II de la *République*.

La référence à l'éléphant va dans ce sens. Les ressources de l'île offrent une pâture abondante pour toutes les espèces animales et surtout l'éléphant, qui y est largement représenté[2]. Le choix de cet animal n'est pas anodin : après les cochons du livre II de la *République*, qui servent de modèle à une cité saine limitant son économie à la satisfaction des besoins « les plus nécessaires », les éléphants de l'Atlantide se signalent par leur voracité et représentent sur un mode imagé la démesure de l'appétit de possession qui s'exerce sur les ressources du territoire. Mais bien qu'il soit « le plus gros et le plus vorace » des animaux[3], l'éléphant est un animal ambigu dont la fragilité paradoxale correspond bien à celle de cette île qui, en dépit de tous les attributs de la puissance, s'est inclinée devant Athènes. C'est du moins ce que laisse supposer la référence implicite à Ésope, très probable à cet endroit. Dans deux fables, le poète souligne le contraste entre la masse imposante de l'éléphant et sa faiblesse relative : effrayé par un porcelet ou un moustique, le pachyderme ne résiste pas à une petite perturbation[4]. Contrairement au bon chien de garde qui sait distinguer l'ami de l'ennemi et repousser ce dernier, l'éléphant est un animal sans défense, mauvais gardien de lui-même et de son propre territoire. Il n'est pas sans rappeler le type du riche bouffi et s'essoufflant au combat de la *République*, incapable de résister à l'instauration de la démocratie par les pauvres endurcis par la faim[5].

Le facteur anthropologique est donc décisif dans la défaite des Atlantes, et la question se pose de savoir s'il est possible d'en limiter les effets dans les cités empiriques, donc de réguler l'économie. Car tandis que l'Ancienne Athènes, qui n'est autre que la cité juste de la *République* mise en mouvement[6], est un modèle à suivre parce qu'elle a réussi l'intégration politique de l'appétit de possession dans une économie totalement subor-

1. *Pol.* 271e4-272a5.

2. *Crit.* 114e6-9.

3. *Crit.* 115a2-3.

4. Fables n°220 et 259 dans la traduction de D. Loayza, Paris, Flammarion, 1995, p. 211 et 239. La fable 220 présente un contexte « politique » : les animaux se choisissent un roi, entre l'éléphant et le chameau. Selon le singe, si l'éléphant règne, il risque de ne pouvoir protéger ses sujets du porcelet dont il a peur.

5. *Rép.* VIII, 556c8-e1.

6. *Tim.* 19b4-c1.

donnée à l'ordre politique juste, l'Atlantide, qui en est l'antithèse, témoigne au contraire de la difficulté à soumettre cet appétit à un régime politique droit, surtout lorsque le milieu naturel offre un terrain favorable à son expansion. L'Atlantide semble donc correspondre aux régimes imparfaits dont le livre VIII de la *République* décline les quatre formes dégénérées. Et, en ce qu'elle est régie par la loi, elle doit correspondre également aux meilleurs des régimes imparfaits du *Politique*[1]. Or de fait elle combine ces deux représentations des cités imparfaites : malgré son respect scrupuleux des lois[2], elle ne résiste pas à l'enrichissement croissant et à l'appétit de possession dont le rôle est déterminant dans la dégradation des régimes au livre VIII de la *République*. En d'autres termes, même les meilleurs des régimes imparfaits, c'est-à-dire empiriques, n'échappent pas à la corruption et à la dégradation internes, car l'économie et le nécessaire désir de possession matérielle qui la sous-tend ne peuvent que s'accroître et, tôt ou tard, causer la ruine de ces régimes.

L'Atlantide ou la cité des familles

La troisième leçon à tirer de ce récit est de nature politique. L'Atlantide est dirigée sur un mode collégial évoquant l'organisation pré-démocratique de la cité, lorsqu'elle était aux mains de puissantes familles que les réformes de Clisthène eurent pour objectif de briser[3]. Répartie entre dix familles (*genè*), l'autorité commune ne s'exerce que sur « la guerre et les autres affaires », tout en laissant l'hégémonie au *genos* d'Atlas[4]. Chaque roi dirige en réalité sa propre cité, où l'arbitraire de son autorité est sans bornes : « Des dix rois, chacun régnait sur la portion de territoire qui lui était dévolue et, dans la cité qui était la sienne, exerçait son pouvoir sur les hommes et sur la plupart des lois, punissant et faisant périr qui il voulait (κολάζων καὶ ἀποκτεινὺς ὅντιν' ἐθελήσειεν)[5]. » Ce passage, qui n'est pas sans évoquer la figure du tyran[6], fait ressembler l'Atlantide à ces

1. *Pol.* 293e3-5. Certes, les régimes qui suivent la loi imitent le régime parfait « pour le mieux », mais ils n'en demeurent pas moins imparfaits. Sur le sens à donner à ἐπὶ τὰ καλλίω, voir le commentaire et les arguments de C.J. Rowe, *Plato* : Statesman, Warminster, Aris & Phillips, 1995, p. 222.

2. *Crit.* 119c1-120d5, en particulier 119e5-120b2.

3. Voir P. Vidal-Naquet et P. Lévêque, *Clisthène l'Athénien. Sur la représentation de l'espace et du temps en Grèce de la fin du* VIe *à la mort de Platon*, Paris, Macula, 1964.

4. *Crit.* 120d1-2.

5. *Crit.* 119c2-5.

6. *Cf.* les mots de Polos : « Les orateurs ne sont-ils pas comme les tyrans ? Ne font-ils pas périr qui ils veulent (ἀποκτεινύασίν τε ἂν βούλωνται), n'exilent-ils pas de la cité qui il leur plaît, ne le dépouillent-ils pas de ses richesses ? », *Gorg.* 466b11-c2.

groupements de *poleis* qui, d'après l'Athénien des *Lois*, ne sont pas de véritables régimes parce que l'autorité y est exercée sur un modèle despotique[1]. C'est leur soumission commune à la famille d'Atlas qui préserve les dix familles de l'Atlantide des dangers d'une rivalité mutuelle. L'hégémonie de la famille d'Atlas n'est due qu'à la plus grande extension et à la meilleure qualité de son territoire, celui de « la demeure maternelle » transmise à Atlas par Poséidon[2]. Par sa configuration spatiale et architecturale, cette demeure, qui est le foyer originaire de Poséidon et Clitô, occupe une place et une fonction symboliques correspondant à ce mode d'exercice du pouvoir : « [Poséidon] abattit tout alentour les pentes [de la montagne centrale de l'île] pour en faire une solide forteresse, établissant les uns autour des autres, de plus en plus grands, des anneaux de terre et de mer, deux de terre et trois de mer, [...] rendant ainsi inaccessible aux humains l'île centrale[3]. » Poséidon édifie donc ce lieu central avec ce même geste de clôture, de repli et d'exclusion que Platon attribue ailleurs à l'*oikos* et qui se fait au détriment de l'unité politique de la cité. Ce n'est que par la suite que ce lieu sera relié par des ponts au reste de l'île[4].

L'organisation interne de l'Atlantide repose donc bien sur le modèle de l'économie domestique : des *genè* similaires aux *oikoi* des cités ordinaires coexistent, et l'ensemble ne demeure stable qu'aussi longtemps que domine l'élément divin dans l'âme des rois. En ce sens, la cité atlante souffrirait du mal qui selon Platon affecte les cités ordinaires et l'Athènes de son temps, à savoir ce manque d'unité dû à la force antipolitique que les *oikoi* y déploient. L'étiolement de la partie divine de l'âme, et le déséquilibre entre la législation commune de Poséidon et la législation particulière de chaque roi, soulignent la tension entre organisation d'un royaume privé et agencement d'une cité commune. Accentuée par l'opulence et la course à la richesse, cette tension risque donc de dégénérer en un conflit entre les royaumes atlantes comme il s'en produit, on va le voir, entre les *oikoi* dans les régimes imparfaits analysés dans la *République*.

1. *Lois* IV, 712e10-713a2.
2. *Crit.* 113e6-114b1.
3. *Crit.* 113d5-e1.
4. *Crit.* 115c4-6.

Le désir d'avoir et ses manifestations économiques dans la succession des mauvaises cités[1]

Pour savoir qui de l'homme juste ou injuste est le plus heureux, les livres VIII et IX de la *République* dressent le tableau des dangers qui menacent les hommes et leurs cités s'ils ne prennent pas soin de leur éducation. La finalité de ce passage est surtout pratique et protreptique : pour « affermir la justice en nous-mêmes »[2] comme le propose Socrate, il faut montrer aux individus, gouvernants comme gouvernés, que la nature de la cité et leur bonheur dépendent dans une certaine mesure de leur conduite. Cet objectif, ainsi que le naturel non philosophe mais cultivé et bienveillant de Glaucon et Adimante[3], expliquent que Socrate expose la corruption des *politeiai* non sous la forme d'un exposé purement théorique et abstrait, comme dans le *Politique*, mais d'un tableau qui parle à l'imagination par sa force littéraire[4]. Ce tableau présente néanmoins une certaine systématicité, qui lui confère cohérence et rationalité. Chaque type psycho-politique est en effet soumis à une analyse en quatre étapes : l'analyse de la formation d'un régime à partir du précédent ; l'analyse de ce qui caractérise ce régime en propre ; l'analyse de l'origine du type d'homme correspondant à ce régime, à partir du type d'homme caractéristique du régime précédent ; l'analyse de ce qui caractérise en propre le type d'homme du régime examiné. Dans ce schéma général s'inscrivent alors divers principes de changement qui expliquent le passage d'un type à un autre, et dont la pluralité est appelée par la nature complexe et composée de la cité, ainsi que par le rapport entre individus et *politeia*, pour lequel un unique modèle explicatif risquerait d'être simpliste et réducteur. La visée pratique et protreptique du passage justifie aussi cette pluralité de principes : multiplier les explications dans le domaine pratique, c'est élargir le champ des actions possibles. Ainsi la négligence à l'égard de la *paideia*, notamment celle centrée sur les « Muses » et la philosophie[5], ou l'incurie législative sur

1. *Rép.* VIII, 543a1-569c9 ; IX, 571a1-576b3.

2. *Rép.* IV, 435a1-3. Voir H. Yunis, « The Protreptic Rhetoric of the *Republic* », dans *The Cambridge Companion to Plato's* Republic, G.E.R. Ferrari (ed.), Cambridge, Cambridge University Press, 2007, p. 1-26.

3. Glaucon est dit *mousikos*, *Rép.* III, 398e1 : au sens étroit, musicien ; au sens large, cultivé. Glaucon et Adimante sont « divins » par leur croyance sincère en la supériorité de la justice, *Rép.* II, 368a1-b3.

4. Sur la force littéraire du livre VIII : J. Annas, *op. cit.*, p. 372.

5. En *Rép.* VIII, 548b3-c1, c'est l'éducation dirigée par la force (ὑπὸ βίας) et non par la persuasion (ὑπὸ πειθοῦς) qui explique le caractère des hommes timocratiques. En 552e5, le manque ou l'absence de *paideia* (ἀπαιδευσίαν) explique l'apparition des faux-bourdons. En

des points très concrets, constituent des principes explicatifs des changements psycho-politiques, mais offrent aussi des voies à l'action collective et individuelle. Loin d'être « embrouillé et embrouillant » et de « rendre cette section très faible en tant que partie de l'argumentation principale »[1], le recours à des explications multiples dans ce passage se justifie donc par la complexité théorique et pratique des affaires humaines.

Or personne ne semble avoir remarqué que ce tableau complexe de la transformation des régimes et des types psychologiques qui leur correspondent ménage une place centrale à l'appétit de possession, à ses expressions économiques aussi bien qu'à ses effets politiques. Pour le voir, il faut rappeler qu'un des principes explicatifs de ces changements psycho-politiques consiste en l'exacerbation tendancielle de la valeur dominante de chaque régime. Les valeurs des types psycho-politiques aristocratiques, timocratiques, oligarchiques, démocratiques, tyranniques sont respectivement : le savoir, l'honneur, la richesse, la liberté, la servitude. La timocratie, il est vrai, obéit en réalité à deux valeurs concurrentes, l'amour de l'honneur sur le plan public, l'amour de la richesse sur le plan privé, mais cela ne modifie pas le schéma explicatif général. Combiné à d'autres principes – comme celui de la « double imitation », qui explique le passage du type aristocratique au type timocratique[2] ainsi que l'apparition de l'homme démocratique[3], et qui consiste pour chaque type psycho-politique à imiter à la fois le type géniteur, politique et paternel, et le type ultérieur, dont certains traits sont déjà présents ; la résultante psycho-politique est intermédiaire – le principe de l'exacerbation de la valeur dominante intervient pour rendre compte du passage de l'oligarchie à la démocratie, et de la démocratie à la tyrannie : exacerbation de l'appétit de richesses dans un cas, exacerbation de la licence démocratique dans l'autre[4]. Or la valorisation de la richesse, caractéristique de l'oligarchie, n'est en réalité qu'une expression particulière d'un appétit plus fondamental : l'appétit

554b4, le défaut de *paideia* explique en partie le passage de l'homme timocratique à l'homme oligarchique.

1. J. Annas, *op. cit.*, p. 372 et 385. Elle néglige la finalité protreptique de ce passage et croit que Platon, postulant une analogie rigoureuse entre la cité et l'âme, ainsi qu'une causalité mécanique par laquelle les individus impriment leur caractère à leur cité, reste fidèle aux procédés heuristiques élaborés aux livres II (368c4-369a3) et IV (435e1-436a7). Sur ces deux questions : N. Blössner, « The City-Soul Analogy », dans *The Cambridge Companion to Plato's* Republic, G.E.R. Ferrari (ed.), Cambridge, Cambridge University Press, 2007, p. 345-385.

2. *Rép.* VIII, 547b8, c6, d2 ; 550b4-6.

3. *Rép.* IX, 572d1.

4. *Rép.* VIII, 562a10-b5.

de possession, le désir d'avoir, dont le rôle se révèle décisif dans tout le processus de transformation de ces régimes. En effet, en dépit de la correspondance apparente qui attache chaque régime à une valeur dominante chez les gouvernants et chez les gouvernés, une lecture plus attentive montre que la succession de ces valeurs n'est que la manifestation superficielle d'une croissance du désir d'avoir qui s'exprime sous des modalités différentes. Chaque étape psycho-politique comporte en effet, sous une forme propre, une référence à cet appétit, dont le désir de richesse n'est que l'expression la plus obvie[1]. Les manifestations successives de cet appétit font ainsi de tout ce passage classificatoire une véritable généalogie du pouvoir politique : la succession des régimes et de leurs particularités économiques permet de remonter à la source du désir de pouvoir, qui n'est autre que le désir d'avoir. C'est ce qui apparaît avec le plus d'évidence dans la tyrannie : ce régime est l'expression la plus exacerbée du désir de pouvoir car il est la forme la plus aiguë du désir de possession. Avant d'analyser les expressions politiques et économiques du désir d'avoir dans les mauvais régimes, exposons les grandes étapes de cette généalogie.

Du désir d'avoir au désir de pouvoir

Le désir d'avoir, de posséder, est à l'origine du désir de pouvoir et de la lente discorde politique et sociale affectant les quatre régimes imparfaits qui naissent de la corruption du régime aristocratique, celui des philosophes-rois. Ces quatre régimes qui font suite à l'aristocratie sont la timocratie, l'oligarchie, la démocratie et la tyrannie. Le désir d'avoir commence son œuvre de destruction dès le régime des philosophes-rois, pourtant conçu précisément contre lui. La corruption du meilleur régime est présentée comme la contrepartie nécessaire de sa prétendue réalisation : « Puisque pour tout ce qui est né, il y a corruption, cette structure non plus ne pourra se maintenir à jamais, mais elle se dissoudra » dit Socrate[2]. Apparaît alors immédiatement une économie maladive qui, pour satisfaire le désir de possession, fait place à la propriété « individuelle » :

1. La dissension semble alors tout autant l'effet que la cause de l'appétit de richesses (547b2-7). Pour la richesse dans le type psycho-politique timocratique : *Rép.* VIII, 547b2-c4 ; 548a5-b7 ; 549d1-2 ; dans le type oligarchique, 550c4-555b2 ; dans le type démocratique, pour en expliquer l'apparition, 555c1-557a8, et de même dans le type tyrannique, 564e4-565b1 ; comme ressort de l'exercice de la tyrannie, 566a6-567e2. Pour l'appétit des biens matériels chez l'homme tyrannique : IX, 574d1-575c1. Seule l'oligarchie cultive pour lui-même l'appétit de richesses. Dans la démocratie, ce n'est qu'un appétit parmi d'autres, car tous sont subordonnés à la recherche de la liberté. Enfin, dans la tyrannie, l'appétit de richesses n'est que le masque d'un appétit qui, en un sens, est appétit de l'appétit lui-même.

2. *Rép.* VIII, 546a1-3.

> *Socrate* : Lorsque la discorde surgit [...], les races de fer et de bronze tendent vers la recherche de la richesse, de la possession de la terre (γῆς κτῆσιν), des habitations (οἰκίας), de l'or et de l'argent, tandis que les races d'or et d'argent [...] tirent en direction de la vertu et de l'ancien système. Comme elles se font violence et se tendent les unes contre les autres, elles en viennent à un moyen terme (εἰς μέσον) et tombent d'accord pour privatiser, en les répartissant, la terre et les maisons [1].

Ce passage est toutefois ambigu : les races de fer de bronze désignent-elles les parties inférieures de l'âme des gardiens ou le groupe des producteurs et des commerçants dans la cité? Autrement dit, ce passage décrit-il une discorde psychique chez les gardiens ou un conflit entre les groupes qui composent la cité? Certains se rangent à la première hypothèse[2], en prétextant de la suite du passage : « Quant à ceux sur qui ils veillaient (τοὺς δὲ πρὶν φυλαττομένους ὑπ᾽ αὐτῶν), en les considérant comme des hommes libres, comme leurs proches et leurs nourriciers, ils les asservissent pour les traiter dès lors en simples périèques et en domestiques (οἰκέτας), se réservant à eux-mêmes le souci de la guerre et la garde des autres[3]. » D'abord, dans le contexte, le pronom αὐτῶν ne semble pouvoir se rapporter qu'aux gardiens, sans quoi la suite de la phrase n'a plus de sens. Ensuite, ce conflit aboutit à l'apparition de la propriété privée, dont l'interdiction ne valait justement que pour les gardiens. Ce serait donc bien en eux-mêmes que se déroulerait ce conflit. Néanmoins, cette hypothèse ne tient pas suffisamment compte de l'interpénétration des vocabulaires psychologique et politique qui caractérise tout ce passage[4]. La confusion possible entre le sens psychologique des races et les groupes sociaux qu'elles peuvent désigner dans la cité est intentionnelle. Omniprésente dans tout le livre VIII, elle a précisément pour objet de montrer ici la solidarité des changements affectant l'âme des gardiens et l'ensemble de la cité dont ils tiennent les rênes. Elle permet d'éviter ainsi une étude trop théorique pour la finalité du passage et le naturel des interlocuteurs, pour qui des procédés explicatifs « plus faciles » sont indispensables[5].

Quoi qu'il en soit, avec cette discorde, le monde domestique refait surface et s'impose conjointement comme modèle d'organisation politique, et comme source de développpement et de diffusion du désir de

1. *Rép.* VIII, 547b2-c1.
2. En particulier G. Leroux, note 27, p. 697 de sa traduction.
3. *Rép.* VIII, 547c1-4.
4. Sur l'interpénétration des vocabulaires : J. Lear, « Inside and Outside the *Republic* », *Phronesis* 37, 1992, p. 184-215.
5. Sur la facilité : *Rép.* VIII, 544c1 ; *cf.* IV, 435c9-d8.

posséder à toute la société. En effet, dans ce passage de l'aristocratie à la timocratie, d'une part les gouvernés ne sont plus considérés comme nourriciers mais comme des domestiques et des esclaves[1], comme si la cité n'était plus qu'un grand *oikos* scindé entre les maîtres et leurs serviteurs; d'autre part réapparaît le désir d'avoir, qui se manifeste ici sous la forme de l'expansion de la propriété et de la recherche de la richesse financière[2]. L'*oikia* devient alors, contre la *polis*, le modèle de référence de la vie économique, sociale et politique. C'est pourquoi la solution de compromis qui est trouvée – placer εἰς μέσον la terre et les maisons pour les partager – ne saurait être que provisoire : une fois affranchi de toute tutelle politique authentique, le désir d'avoir va se propager sous des formes différentes et conduire à la dégradation des régimes. L'expression *eis meson*, qui à l'origine renvoie à la répartition du butin après la bataille et à la distribution de la parole dans les assemblées selon le principe de l'isonomie[3], implique donc la valorisation du monde commun mais sur le mode d'une concurrence entre intervenants égaux. Elle signale donc la « privatisation » sournoise de l'espace public qui accompagne ici le passage de l'aristocratie à la timocratie et qui s'affirmera encore plus dans les régimes suivants. Elle annonce aussi bien sûr le retour de l'égalité arithmétique contre l'égalité géométrique, prélude à la démocratie que Socrate critiquera pour cette raison même[4].

Passons à la timocratie. Son apparition et sa disparition reposent aussi sur le rôle moteur du désir de possession. Car malgré les apparences, ce régime ne repose pas seulement sur l'honneur mais aussi sur l'amour des richesses[5]. Ces deux valeurs ne se situent toutefois pas sur le même plan, car ce n'est pas l'amour de l'honneur qui perd ce régime, mais sa passion secrète des richesses : « Ce cellier (τὸ ταμιεῖον) où chacun entasse l'or, voilà ce qui va ruiner cette constitution politique[6]. » Si l'honneur prévalait seul, on ne voit pas en effet comment la timocratie pourrait en périr, si ce n'est par accident au niveau de sa politique extérieure, par des expéditions militaires aventureuses entreprises par souci de gloire. Mais ce goût

1. *Rép.* VIII, 547b2-c4 ; *cf.* V, 463a10-b5.

2. *Rép.* VIII, 547b8 pour la mention de l'*oikia*.

3. Ainsi que l'explique M. Detienne, *Les Maîtres de vérité dans la Grèce archaïque* (1967), Paris, La Découverte, 1990, p. 131-153.

4. *Rép.* VIII, 558c3-6; 563b4-9. Sur l'isonomie : *Lettre VII*, 326b-d; *cf.* 336d et *Ménex.* 239a. Sur les deux égalités : *Lois* VI, 756e-758a.

5. Voir J. Bordes, Politeia *dans la pensée grecque jusqu'à Aristote*, Paris, Les Belles Lettres, 1982, p. 402.

6. *Rép.* VIII, 550d9-10.

excessif des honneurs semble insuffisant pour causer systématiquement la ruine de la timocratie.

C'est bien plutôt son amour secret des richesses qui va la mener à sa perte, et il faut donc expliquer pourquoi, dans la timocratie, l'amour de l'honneur se double de cette passion inavouée pour les biens matériels et l'argent. Socrate ne semble la justifier que par des raisons méthodologiques, par souci de continuité et de cohérence dans son exposé sur l'évolution des régimes, afin de montrer que la timocratie prépare l'avènement de l'oligarchie : « De tels hommes [timocratiques], dit-il, seront avides de richesses, à l'instar de ceux des constitutions oligarchiques[1] [...] » Mais l'écart qui, en timocratie, se produit entre la publicité attachée à l'honneur et la privauté de la jouissance matérielle[2], s'explique peut-être aussi de la façon suivante : si c'est le désir de posséder qui a inauguré la décadence des régimes, il doit bien continuer à se manifester d'une manière ou d'une autre en timocratie. Or non seulement les honneurs n'ont de valeur que par l'intermédiaire d'une reconnaissance publique, mais en outre quiconque souhaite les obtenir doit être capable de dépasser son intérêt individuel immédiat : ainsi à la guerre, c'est en risquant sa vie pour la cité que le soldat s'attire sa reconnaissance. Les honneurs n'appartiennent donc pas pleinement à celui qui les reçoit, ils le lient toujours à une société, à un monde encore commun qui leur donne leur valeur. Ils ne sauraient donc comme tels satisfaire l'appétit de possession, qui impose un rapport plus immédiat à soi-même et à l'objet de la satisfaction.

Cette hypothèse est confirmée par l'exposé des motifs qui expliquent l'apparition de l'homme oligarchique. Pour s'éviter les déceptions et l'ingratitude par quoi se sont soldés les efforts et les risques liés aux responsabilités publiques de son père timocrate, il cherche à édifier laborieusement une fortune, « accumulant les richesses à coup de petites économies et à force de travail »[3]. À la reconnaissance publique à laquelle aspire le timocrate, l'oligarque substitue donc une reconnaissance dont il est lui-même le promoteur et l'objet. Elle ne provient plus de l'ensemble de la collectivité mais uniquement de lui-même : « [L'homme oligarchique] oblige le principe rationnel à ne faire rien d'autre que calculer et rechercher

1. *Rép.* VIII, 548a5-6.

2. La timocratie, qui reçoit les éloges de « tout le monde », est le régime de Sparte notamment (*Rép.* VIII, 544c1-3), dont la duplicité est dénoncée aussi dans *l'Alc.* 122e1-123a4 au moyen d'une référence à la fable d'Ésope « Le lion et le renard » (n°142 dans la traduction et l'édition de D. Loayza) : les richesses entrent à Sparte mais n'en sortent jamais et ne se laissent pas voir. Sur la richesse des Spartiates : *Hipp. Maj.* 283d1-3.

3. *Rép.* VIII, 553c3-4, et plus largement 553a9-d7.

les moyens, à partir de moins d'argent, d'en avoir plus, et il force l'élément d'ardeur à n'admirer et à n'honorer que la richesse et les riches, et à s'enorgueillir de ce que sa réputation ne soit fondée sur rien d'autre que la possession de richesses et de tout autre bien propre à y contribuer[1]. » Il entérine ainsi définitivement le passage d'un monde où le commun prime encore sur le particulier à un monde où c'est le particulier et le privé qui façonnent ce qu'on peut difficilement appeler encore un monde commun. L'homme oligarchique ne renonce donc pas à la reconnaissance publique – « c'est un homme qui ne pense qu'à thésauriser, un de ceux dont la foule fait l'éloge »[2] – mais en en modifiant l'objet, il en transforme l'origine et la nature, et sollicite ainsi en chacun l'intérêt pour soi-même avant et contre l'intérêt commun : l'homme oligarchique figure le type de la réussite individuelle, du *self-made man* que chacun aimerait devenir. La sphère publique n'implique alors plus ce sentiment d'appartenance commune qui suppose le dépassement par chacun de son intérêt individuel : elle n'est plus qu'une somme de points de vue individuels traduisant un même souci d'acquisition personnelle. Cette configuration est donc déjà en germe chez les timocrates : en trouvant des motifs de dépenses « pour eux-mêmes (αὑτοῖς) »[3], ils commencent déjà à faire de l'individu le centre de référence de tous les comportements, y compris publics et politiques, et à inscrire le désir d'avoir au cœur de la cité.

L'oligarchie commence quand la timocratie cesse d'avoir honte d'elle-même, c'est-à-dire quand l'appétit de richesses n'est plus secret mais public et qu'il tient lieu de valeur politique. Est donc ainsi promue au niveau public une valeur dont la satisfaction ne relevait jusqu'alors que de la jouissance privée parce qu'elle traduisait un désir d'accaparement néfaste pour l'ordre commun de la cité. Désormais le comportement austère (αὐχμηρός) et le désir de thésauriser (θησαυροποιός) qui caractérisaient le type timocratique ne résistent plus au désir de devenir « le plus riche possible »[4]. La richesse devient même la condition de l'exercice du pouvoir : « Ceux qui commandent dans cette constitution politique [l'oligarchie] n'exercent leur commandement, je pense, que parce qu'ils ont beaucoup acquis » dit Socrate[5], et la cité ressemble alors à un navire dont on choisirait le pilote en se fondant sur l'estimation de sa fortune plutôt que sur

1. *Rép.* VIII, 553d2-7, et 554a10-b1 à propos de l'éloge dont l'homme oligarchique est l'objet de la part du grand nombre pour son enrichissement et sa capacité à thésauriser.

2. *Rép.* VIII, 554a11.

3. *Rép.* VIII, 550d11.

4. *Rép.* VIII, 554a10-11 pour les deux adjectifs ; VIII, 555b10.

5. *Rép.* VIII, 555c1-2.

celle de ses compétences[1]. Cette soif de richesse ouvertement déclarée fait alors apparaître des pratiques économiques qui consacrent la division de la cité, et dont le principe général est que la richesse des uns se construit sur la misère des autres. Des instruments économiques, notamment financiers, favorisent ce mécanisme, comme le prêt à intérêt. C'est ce que montre ce dialogue saisissant entre Socrate et Adimante :

> *Socrate*: Ceux qui commandent dans cette constitution politique n'exercent leur commandement, je pense, que parce qu'ils ont beaucoup acquis; ils ne cherchent pas à contrôler les jeunes qui deviennent indisciplinés, pour les empêcher de dépenser leurs biens et leur éviter la ruine. Leur but est, en achetant leurs biens et en leur prêtant à intérêt, de devenir encore plus riches et plus considérés. [...] Ainsi dans les oligarchies, c'est en les négligeant et en tolérant l'indiscipline que les dirigeants réduisent parfois à la pauvreté des hommes qui n'étaient pas dépourvus de qualités par leur naissance.
> *Adimante* : C'est certain.
> Dès lors ces hommes demeurent inactifs dans la cité, où ils sont, je pense, armés de leur aiguillon, les uns criblés de dettes, les autres couverts d'infamie, d'autres subissant l'un et l'autre malheur à la fois ; remplis de haine, ils complotent contre ceux qui se sont appropriés leurs biens et contre tout le monde, désireux d'une seule chose : voir apparaître un régime nouveau.
> C'est bien cela.
> Quant aux hommes d'affaires (οἱ χρηματισταί), ils se tiennent cois et font mine de ne pas les apercevoir, mais ils piquent quiconque parmi les autres y consent en lui faisant une injection d'argent; et en multipliant ainsi les intérêts qu'ils amassent, rejetons de leur capital, ils multiplient en fait faux-bourdons et mendiants dans la cité.
> En effet, dit-il, comment ne le feraient-ils pas ?
> Et par ailleurs, repris-je, un tel mal qui se propage, ils ne consentent pour l'éteindre à aucun des moyens qu'il faudrait : ils ne veulent ni de ce moyen qui consiste à empêcher qu'on consacre ses propres biens aux dépenses de son choix, ni de cet autre moyen consistant à faire une loi en vue de supprimer un tel abus.
> Quelle loi ?
> Une loi qui viendrait en second, après celle de tout à l'heure, et qui contraindrait les citoyens à se soucier de vertu. Si en effet on prescrivait de conclure la plupart des contrats de gré à gré aux risques du prêteur, les citoyens rechercheraient la richesse avec moins d'impudence, et on verrait moins se développer dans la cité ces maux que nous décrivions à l'instant[2].

1. *Rép.* VIII, 551c2-5.
2. *Rép.* VIII, 555c1-556b4.

L'oligarchie promeut donc une économie de l'endettement, c'est-à-dire de l'appauvrissement et de l'aliénation, qui n'est pas sans faire songer au mécanisme financier sur lequel repose en partie le capitalisme contemporain. L'oligarchie offre ainsi l'exemple le plus clair d'un régime où, sous l'effet du décuplement du désir d'avoir, la perversion de la vie politique va de pair avec celle de l'économie. Car cette soif de richesse met en péril l'économie de subsistance dont toute cité a besoin, et menace ainsi la cité elle-même. Contrairement à ce que préconisait le principe de spécialisation individuelle au livre II, chacun est en effet incité ici à remplir plusieurs fonctions : désormais « l'agriculture, les affaires, la guerre sont, dans cette constitution politique, aux mains des mêmes personnes »[1], ce qui porte préjudice à la fois à la vie politique – les dirigeants n'étant plus les meilleurs mais les plus riches – et à l'efficacité économique – l'essentiel n'étant plus de bien produire mais de gagner le plus d'argent possible. La soif de richesse est désormais si vive que les deux mesures qui seraient nécessaires pour endiguer ces maux politiques et économiques sont impossibles à prendre : premièrement le contrôle de la nature des dépenses, d'une part parce que chacun s'estime pour lui-même en mesure de discerner le nécessaire du superflu, et d'autre part parce que c'est précisément sur leur confusion que se fonde le système d'aliénation financière mis en place; deuxièmement le prêt aux risques du prêteur[2], parce que le prêt à intérêt est une juteuse source de revenus pour les créanciers.

Au nom d'une économie de la richesse qui va de pair avec une totale indifférence à la vertu – « plus [les futurs oligarques] accordent de valeur à la richesse, moins ils en accordent à la vertu »[3] –, l'oligarchie organise donc une véritable économie de la misère, fatale à la cité : celle-ci n'est plus une cité mais deux, celle des riches et celle des pauvres « qui habitent le même lieu et qui conspirent constamment les uns contre les autres »[4]. Dans le meilleur des cas – ou plutôt le moins mauvais pour la cité – les pauvres sont réduits à l'état de mendiants; dans le pire des cas, ils se changent en malfaiteurs, « voleurs, coupeurs de bourse, pilleurs de temples, et artisans de tous les méfaits de ce genre »[5]. Platon propose donc ici une explication économique et politique de la misère et des conduites criminelles qu'elle

1. *Rép.* VIII, 551e6-552a2.

2. Dans le même esprit, les *Lois* interdisent l'achat et la vente à crédit (XI, 915d6-e6) et le prêt à intérêt (V, 742c4-6). S'ils ont lieu néanmoins, c'est toujours aux risques du créancier. Je reviendrai plus bas en détail sur ces mesures.

3. *Rép.* VIII, 550e4-9.

4. *Rép.* VIII, 551d5-7.

5. *Rép.* VIII, 552c6-d6.

peut susciter, et montre donc en même temps en quoi il n'est de saine économie qu'instituée moralement et politiquement par un bon régime.

C'est donc son appétit insatiable de richesses qui fait naître l'oligarchie et la conduit à sa perte, car elle se solde par une révolte des pauvres qui donne naissance à la démocratie[1]. Le conflit entre les deux parties de la cités ou entre les deux cités repose néanmoins sur un accord de fond : pour les riches comme pour les pauvres, la richesse est la mesure de toute chose. Précisément pour cette raison, le désir d'avoir possède donc une sorte de visibilité sociale qui en fait un objet public à part entière et qui entretient, sur des bases certes maladives, une forme de communauté. Or c'est précisément la disparition de ce bas niveau de communauté qui caractérise le désir d'avoir en démocratie. On n'y trouve plus deux cités mais un rassemblement d'individus dont les intérêts et les goûts particuliers et privés sont hissés au rang de valeurs publiques : « Chacun (ἕκαστος) peut y aménager sa propre vie (τοῦ αὑτοῦ βίου) suivant un ordre particulier (ἰδίαν), selon le bon plaisir de chacun (ἕκαστον)[2]. » L'amour de la liberté, que la démocratie définit comme bon et « comme la plus belle des choses qu'elle détient »[3], n'est en réalité que l'expression d'un amour de possession qui ne s'exprime plus par l'accumulation et l'exhibition de la richesse, comme en oligarchie, mais par une dépense sans frein destinée à acquérir non pas les objets pour eux-mêmes mais la liberté qu'offre la richesse. C'est pourquoi dans ce régime « tout le monde recherche la richesse »[4], comme moyen de se donner des attitudes, des styles de vie qui, une fois adoptés, réduisent d'un degré l'écart séparant l'appétit de son objet, puisque l'individu s'identifie à ces attitudes : ainsi l'un peut « avoir l'air de se livrer à la philosophie » et croit en faire véritablement[5]. Pour abolir, illusoirement, la distance à l'objet du désir, le désir d'avoir doit se déguiser en désir d'être. Avec la démocratie, on n'est plus ce qu'on a, comme en oligarchie, mais on a ce qu'on est, ou plus précisément, ce qu'on passe pour être.

Enfin, l'analyse de la tyrannie met à nu la force brute du désir de possession sous-jacent à la forme la plus terrible du désir de pouvoir. Car ce à quoi *erôs* aspire, ce n'est pas tant à posséder tel ou tel objet particulier pour lui-même qu'à assurer sa propre perpétuation, à laquelle tout est prétexte. Tandis qu'une identification temporaire à l'objet ou à l'attitude

1. *Rép.* VIII, 562b6-8 ; 556c8-557a8.
2. *Rép.* VIII, 557b8-10.
3. *Rép.* VIII, 562b9-c2.
4. *Rép.* VIII, 564e6.
5. *Rép.* VIII, 561d2. Voir plus largement le portrait de l'homme démocratique : 561c6-d7.

visée était encore décelable dans le type démocratique, laissant penser que l'objet du désir était en partie choisi pour lui-même, fût-ce provisoirement, ce n'est plus le cas avec l'homme tyrannique. L'essentiel n'est pas de prendre ceci ou cela, mais de prendre tout court, de posséder: l'homme tyrannique « dépouille » (ἀφελέσθαι, 573e8; voir aussi ἀφῃροῦντο, 574a7; ἀφαιρεῖσθαι, 574a9), « prend » (φέρειν, 574a3), « vole » (κλέπτειν, 574b2), « saisit » (ἁρπάζοι, 574b4). Si donc le désir de pouvoir plonge ses plus profondes racines dans le désir de posséder, le type tyrannique, politique et psychologique, ne saurait être considéré ni comme une prophétie sur les lendemains qui déchantent ni comme une hypothèse historique sur un passé plus ou moins proche[1]. Il est la menace permanente logée au cœur de l'âme, la racine d'un mal toujours prêt à ressurgir, à des degrés divers et sous des formes variables, surtout dans les cités mal constituées.

Ce processus de dégradation psycho-politique constitue donc une véritable généalogie du désir de pouvoir dont la racine, le désir d'avoir, apparaît dans tout son éclat et toute sa violence avec le type tyrannique. Reste donc à voir dans le détail comment les formes successives de cet appétit de possession se traduisent sur le plan des institutions économiques et politiques des cités mal constituées. Quatre points méritent d'être étudiés : la πολυπραγμοσύνη se substitue au principe architectonique de la cité juste, à savoir « l'exercice de la fonction propre »; des lois ou des règlements sur le prêt font leur apparition dans la cité; le plan politique se subordonne à la sphère économique, qui le « domestique » et le « privatise »; un jeu d'apparences sociales se met en place, où l'argent puis la liberté servent d'étalons de mesure aux valeurs.

La polupragmosunè *: désordre socio-économique et prestige social*

La dégradation des régimes est à la fois la cause et l'effet de la ruine du principe fondamental de l'organisation économique et politique de la cité : le principe selon lequel chacun doit exercer la fonction qui est la sienne. À l'οἰκειοπραγία (*Rép.* IV, 434c8) de la cité juste succèdent les désordres économiques et politiques de la πολυπραγμοσύνη qui, à une notable exception près, est toujours sévèrement critiquée par Platon. La justice consiste en effet à exercer sa fonction propre (τὰ ἑαυτοῦ πράττειν) et à ne

1. Sans doute Platon s'inspire-t-il ici de l'histoire mais il ne se livre pas à une narration historique. Voir N. Blössner, art. cit., p. 372. Sur le tyran : voir M. Meulder pour qui le tyran évoqué par Platon n'est pas identifiable, « Est-il possible d'identifier le tyran décrit par Platon dans la *République ?* », *Revue belge de philologie et d'histoire*, N°67, 1989, Part. 1, p. 45.

pas πολυπραγμονεῖν[1]. Aussi Platon voit-il dans la confusion des fonctions et des groupes qui composent la cité juste la source et l'effet d'un désordre socio-économique qui va de pair avec un désordre politique. Mais pour comprendre toutes les implications de ce concept, il est nécessaire de rappeler quel sens le terme avait l'époque de Platon et comment il lui donne un sens péjoratif.

Aux Vᵉ et IVᵉ siècles, ce terme désignait d'une part le trait par lequel les adversaires de l'impérialisme démocratique athénien caractérisaient la politique de Périclès et celle de ses successeurs, notamment Cléon ; et, d'autre part, le point de vue d'un membre d'un groupe social supérieur sur l'activité d'un inférieur qui outrepasse les prérogatives liées à son statut, rompant ainsi la justice fondée sur la reconnaissance de la hiérarchie sociale[2]. Il n'y aurait donc rien d'étonnant à ce que Platon reprenne ce terme à son compte, étant donné le jugement globalement négatif qu'il porte sur la démocratie et son impérialisme maritime, ainsi que sur les prétentions au pouvoir de tous ceux qui dans cette même démocratie le revendiquent alors que, ou précisément parce que, la science politique véritable, fondée sur la dialectique, leur fait défaut. Mais limiter le sens de la πολυπραγμοσύνη à un simple point de vue et à une fonction polémique ne permet pas de comprendre l'usage critique qu'en fait Platon à propos de

1. *Rép.* IV, 433a8-b4. Socrate déclare pourtant qu'il « se mêle des affaires des autres (πολυπραγμονῶ) » (*Apol.* 31c5), et qu'il « est condamné pour n'avoir pas su rester tranquille (οὐχ ἡσυχίαν ἦγον) » (*Apol.* 36b6). Cette déclaration est surprenante car elle va à l'encontre de la définition de la justice que le mythe du *Gorgias* applique au philosophe : « ayant passé sa vie à faire les choses qui sont siennes au lieu d'être un touche-à-tout (τὰ αὑτοῦ πράξαντος καὶ οὐ πολυπραγμονήσαντος ἐν τῷ βίῳ) », il est envoyé sur l'île des Bienheureux, *Gorg.* 526c3-5. Socrate serait-il donc, contrairement à ce que prétend l'Oracle, un homme injuste ? En réalité, sa revendication de la πολυπραγμοσύνη n'a de sens que dans l'Athènes démocratique dont Platon fait la critique : pour réduire les prétentions des pseudo-savants, Socrate n'a d'autre moyen que de les sonder, de « se mêler » de leur prétention au savoir. Faire ce qui nous est propre consisterait alors plus à amender son âme en fuyant l'injustice qu'à exercer une fonction sociale déterminée. Rien n'empêcherait donc d'être à la fois artisan et philosophe. Mais qu'en est-il dans la cité juste ? Comment concevoir un Socrate qui πολυπραγμονεῖ par le dialogue dans une cité fondée sur le refus de la πολυπραγμοσύνη ? Il ne saurait donc avoir sa place dans la Callipolis. Cf. *Lois* VII, 821a2-9.

2. Pour ces deux sens, voir respectivement V. Ehrenberg, « *Polupragmosunè* : A Study in Greek Politics », *The Journal of Hellenic Studies*, vol. 67, 1947, p. 46-67 ; A.W.H. Adkins, « *Polupragmosunè* and minding one's own business, a study in Greek social and political values », *Classical Philology*, Chicago, vol. 71, N°4, 1976, p. 301-327. Adkins montre bien que selon le groupe social ou politique auquel on appartient, la même action peut être décrite comme expression de l'*arètè* ou au contraire critiquée comme expression de la *polupragmosunè*, art. cit., p. 315.

l'économie et de ses rapports avec la politique. Pour le voir, laissons provisoirement de côté l'analyse des livres VIII et IX de la *République*.

Le terme πολυπραγμοσύνη entre en effet chez Platon dans deux couples de termes opposés sémantiquement, selon qu'on insiste sur le premier ou le second des deux radicaux dont il est composé. Il désigne tout d'abord l'agitation autour des affaires (τὰ πράγματα) par opposition à l'ἀπραγμοσύνη de celui qui s'en tient à l'écart. Se tenir à l'écart des πράγματα, c'est se tenir à l'écart des « affaires », qu'il s'agisse d'entreprises commerciales, de charges publiques ou de réclamations privées portées devant les tribunaux ; et en sens plus précis, se tenir ou être tenu à l'écart des fonctions de direction dans la cité. En voici trois exemples. D'abord, le père du timocrate subit les reproches de sa femme parce que son manque d'ambition l'empêche d'intégrer la classe dirigeante, qu'il est incapable de s'enrichir et de se faire entendre au tribunal, et qu'il n'applique son esprit qu'à lui-même (ἑαυτῷ τὸν νοῦν προσέχοντα)[1]. Son fils entend dire que ceux qui se contentent de « faire leurs propres affaires (τοὺς μὲν τὰ αὑτῶν πράττοντας) sont traités d'imbéciles, tandis que ceux qui « s'occupent d'affaires qui ne sont pas les leurs (τοὺς δὲ μὴ τὰ αὑτῶν) » sont estimés et loués[2]. Mais Platon ne qualifie pas pour autant ce père d'ἀπράγμων. Plus loin en revanche dans le livre VIII – second passage – la mise en place du régime tyrannique évoque le rôle décisif de ceux qui en démocratie travaillent eux-mêmes (αὐτουργοί) et ne s'occupent pas des affaires (ἀπράγμονες)[3]. Le lien étroit entre ces deux adjectifs (τε καὶ) souligne que dans leur cas c'est la nécessité de devoir travailler parce qu'ils ne possèdent pas grand-chose (οὐ πάνυ πολλὰ κεκτημένοι) qui les tient à l'écart de l'Assemblée, « à moins qu'on ne leur donne une part de miel »[4] : car dans ce régime « tout le monde recherche la richesse »[5]. Enfin dans le mythe d'Er, l'âme d'Ulysse, se souvenant des peines endurées à la poursuite des honneurs (φιλοτιμίας), cherche une vie de simple particulier à l'écart des affaires (ἀνδρὸς ἰδιώτου ἀπράγμονος)[6].

Ces trois passages font voir qu'être ἀπράγμων, c'est entretenir un rapport à soi qui n'est pas dicté par le *noûs* mais par des motifs irrationnels.

1. *Rép.* VIII, 549c8-e1.
2. *Rép.* VIII, 550a1-4.
3. *Rép.* VIII, 565a1-2.
4. *Rép.* VIII, 565a1-5 : le miel fait allusion à la rétribution des charges à l'Assemblée, mise en place par Périclès pour qui l'ἀπράγμων est inutile à la cité (Thucydide, *Hist.* II, 40, 2. 3-5).
5. *Rép.* VIII, 564e6-7.
6. *Rép.* X, 620c6-7.

Le démocrate n'est ἀπράγμων que par amour de la richesse, et le bon sens d'Ulysse provient d'abord d'une crainte, celle de voir réapparaître les souffrances passées, comme les courageux par lâcheté du *Phédon*[1]. Au contraire, le père du timocrate n'est pas ἀπράγμων puisqu'il obéit au principe τὰ ἑαυτοῦ πράττειν : il n'est ἀπράγμων que pour ceux qui conçoivent la *praxis* comme πολυπραγμοσύνη. Mais pourquoi le mythe d'Er semble-t-il alors valoriser l'ἀπραγμοσύνη d'Ulysse ? C'est ce que permet de comprendre le second sens du terme πολυπραγμοσύνη.

Ce terme désigne aussi et surtout chez Platon la dispersion dans plusieurs activités, par opposition à l'*oikeiopragia* qui cantonne chaque groupe fonctionnel à un genre unique de fonction, et à l'intérieur de chaque groupe, notamment celui des producteurs, chaque individu à un unique métier. C'est pourquoi ce terme apparaît également quand il s'agit de distribuer les rôles de questionneur et de répondant dans un dialogue : Parménide choisit pour répondant le Jeune Aristote, car c'est lui qui « se disperserait (πολυπραγμονοῖ) le moins », c'est-à-dire dans le contexte, « qui ferait le moins de questions » et se tiendrait le mieux à son rôle de répondant. De même, Socrate interroge Théétète pour éviter de πολυπραγμονεῖν, de tenir plusieurs rôles s'il interrogeait et répondait à ses propres questions[2]. Cette dispersion dans plusieurs rôles définit l'injustice puisque, du moins dans la *République*, la justice consiste en τὰ ἑαυτοῦ πράττειν. Néanmoins Socrate et Glaucon reconnaissent d'un commun accord qu'il serait bien plus dommageable pour la justice et la cité de voir les producteurs devenir gardiens ou les gardiens producteurs, que de voir dans le groupe des producteurs un cordonnier se mettre à la charpenterie ou l'inverse[3]. Ce passage semble remettre en cause l'idée du livre II selon laquelle chacun de nous ne peut bien remplir qu'une seule fonction, et qui se fondait sur des exemples similaires[4]. Or la contradiction apparente s'estompe si l'on songe d'abord que, dans le domaine des arts manuels, il n'est pas rare que l'habileté puisse s'appliquer à des objets et à des procédés différents, tant que le degré de spécialisation technique n'est pas trop élevé et ne requiert pas un apprentissage long et complexe : la compétence polyvalente du bricoleur de haut niveau ne le rend pas nécessairement apte à la lutherie. Elle s'atténue aussi si l'on se souvient que l'argument de la spécialisation naturelle, pour justifier le principe de répartition des fonctions au livre II dans la cité

1. *Phéd.* 68d2-e1.
2. *Parm.* 137b7 ; *Théét.* 184e4.
3. *Rép.* IV, 434a3-8.
4. *Rép.* II, 370c7-d4.

des cochons, n'intervenait qu'en second lieu, comme par surcroît, après l'argument de la facilité d'organisation que cette répartition permettait. L'argument de la prédisposition naturelle d'un individu à une tâche unique était en réalité nécessaire, on l'a vu[1], pour prévenir les dangers d'une confusion fonctionnelle au moment où le corps des gardiens ferait son apparition : si les interlocuteurs avaient dès le livre II admis cette possible interversion des activités techniques qu'ils évoquent au livre IV, il leur aurait été bien plus difficile de constituer un corps de gardiens spécialisés et séparés, et de contrer alors notamment la candidature des acteurs économiques à la direction de la cité. Au livre II, l'argument de la spécialisation individuelle par prédisposition naturelle relevait donc, au moins en partie, d'une stratégie argumentative précise : il était nécessaire pour garantir la tripartition fonctionnelle de la cité à venir, et ainsi son intégrité politique. Au livre IV, cette séparation fonctionnelle ayant été admise comme nécessaire et fondatrice suite au noble mensonge exposé à la fin du livre III, il est donc possible de revenir sur cet argument non pour le démentir mais pour en préciser la portée. C'est ce que montre le passage suivant :

> *Socrate* : À mon avis, quand un homme qui, par nature (φύσει) est artisan ou homme d'affaires, est porté ensuite, soit par sa richesse, soit par son importance (πλήθει) soit par sa force physique, soit par quelque autre avantage analogue, à entreprendre d'entrer dans la catégorie des hommes de guerre ; ou quand l'un des hommes de guerre essaie d'entrer dans la catégorie du spécialiste de la délibération, du gardien, alors qu'il en est indigne (ἀνάξιος), et quand ces hommes-là échangent les uns avec les autres leurs outils (τὰ ὄργανα) et la reconnaissance (τὰς τιμάς) qu'ils tirent de leurs fonctions, ou quand c'est un seul homme qui entreprend de faire tout cela à la fois (ὅταν ὁ αὐτὸς πάντα ταῦτα ἅμα ἐπιχειρῇ πράττειν), alors je crois – toi aussi tu en seras d'avis – que cette interversion des hommes et cette dispersion dans les tâches (πολυπραγμοσύνην) causent la ruine de la cité. [...] Cette dispersion dans les tâches (πολυπραγμοσύνη) au sein des trois races, et leur interversion les unes avec les autres causeraient le plus grand dommage pour la cité, et l'on aurait tout à fait raison de nommer cela une calamité extrême[2].

Ce texte montre clairement que c'est la distinction et l'ordre des trois « genres » ou catégories et des fonctions qui leur correspondent qui, plus que l'échange des métiers chez les producteurs, est mise en danger par la πολυπραγμοσύνη. Il permet ainsi de préciser en quoi la

1. Voir chapitre I, p. 46 *sq*.
2. *Rép.* IV, 434a9-434c2. Sur la traduction de πλήθει, voir chapitre I, note 1, p. 48.

πολυπραγμοσύνη fait l'objet de la critique de Platon, et de comprendre pourquoi au livre VIII la transgression du principe de la fonction propre constitue la première expression du mouvement de dégradation des régimes imparfaits, dont elle précipite aussi la chute. Les deux valeurs du timocrate sont un premier indice de la tendance à la πολυπραγμοσύνη : la recherche de l'honneur d'un côté, celle de la richesse de l'autre, inaugurent la confusion de la sphère économique et de la sphère politique qui va caractériser l'oligarchie[1]. Le renversement du principe *ta hautou prattein* est explicite dans l'oligarchie, elle qui fait de la πολυπραγμοσύνη un principe de gouvernement : « Dans ce régime, ce sont les mêmes qui se dispersent (πολυπραγμονεῖν) dans l'agriculture, les affaires commerciales et en même temps dans les affaires de la guerre[2]. » La liberté, valeur caractéristique de la démocratie, semble quant à elle représenter le stade ultime de la πολυπραγμοσύνη : chaque individu se sent libre de se livrer à n'importe quelle activité, dont il ne perçoit plus la spécificité fonctionnelle dans la cité. Pour le caractère démocratique, il n'y a plus de fonction, mais seulement des occupations ou des activités. Sans doute est-ce pour cette raison que Platon n'emploie pas le terme de πολυπραγμοσύνη quand il évoque la démocratie, car cela supposerait qu'on puisse encore y percevoir des distinctions fonctionnelles. Les groupes qui existent en démocratie ne se distinguent et ne se définissent ni à leurs yeux ni à ceux des autres groupes par leur fonction, mais par leur niveau de richesse et leur situation dans un rapport de forces économique et politique : il y a les faux-bourdons, dépensiers et paresseux, qui exercent le pouvoir; les riches, dont les précédents tirent leur « miel »; et le peuple, qui travaille sans posséder de grandes richesses, mais qui en reçoit de celles prélevées aux riches par les dirigeants[3].

Dans le long passage du livre IV cité plut haut, l'un des arguments avancés par Platon contre la πολυπραγμοσύνη est celui du temps. Le temps nécessaire à l'accomplissement de chaque activité rend en effet difficile de concilier différentes fonctions (ἅμα). Néanmoins, cet argument ne vaut que pour un même homme qui entreprendrait d'exercer « toutes (πάντα) les fonctions ensemble » : car il n'est pas impensable d'être tanneur et membre de l'Assemblée comme le Cléon d'Aristophane. En réalité, c'est moins l'exercice de plusieurs activités en tant que tel que Platon met en cause dans la πολυπραγμοσύνη que l'impertinence des

1. *Rép.* VIII, 548a5-b2.
2. *Rép.* VIII, 551e6-552a3.
3. *Rép.* VIII, 564c9-565a3.

critères invoqués par les candidats au changement de catégorie fonctionnelle. Dans le cas du premier passage, celui des membres de la classe des producteurs à celle des guerriers ou auxiliaires, sont renvoyés dos à dos les critères aristocratiques et démocratiques d'accès aux fonctions militaires, à savoir la richesse et le soutien populaire[1] ; même le critère le plus évident pour la fonction visée, à savoir la force physique, est disqualifié. De même, la πολυπραγμοσύνη des militaires consiste en une prétention aux fonctions de délibération propres aux gardiens, alors qu'ils n'en sont pas dignes puisqu'ils n'ont pas les compétences requises. Dans la πολυπραγμοσύνη, la confusion et la multiplication des activités est donc moins le principe que le résultat d'une inaptitude à déterminer les critères pertinents pour l'exercice d'une fonction.

Faut-il alors en déduire que la πολυπραγμοσύνη n'est que l'expression économique et sociale de l'ignorance ? Tel n'est pas le cas : à l'ignorance, la πολυπραγμοσύνη ajoute un enjeu de prestige ou de reconnaissance sociale, qui motive le désir de changer de catégorie. Pour le comprendre, il faut savoir que lorsqu'il se penche sur les prétentions au pouvoir des acteurs économiques, Platon formule le plus souvent ses analyses en termes épistémologiques et ontologiques et non en termes de reconnaissance sociale. Ainsi sous un mode imagé dans le noble mensonge, qui prévient que « la cité sera détruite lorsqu'elle sera gardée par l'homme de fer ou de bronze »[2]. De même dans le *Politique*, le véritable homme politique ne peut revendiquer l'exclusivité de sa fonction contre les prétentions des agents économiques (notamment les producteurs) à l'exercice du pouvoir, qu'en affirmant la spécificité irréductible de son savoir. L'argument général de la critique platonicienne est donné notamment dans l'*Apologie* : tout savoir, quel qu'il soit, est corrélatif non seulement d'un pouvoir mais aussi d'une certaine représentation de ce que pouvoir veut dire, notamment le pouvoir politique. Si ce thème est bien connu en ce qui concerne les faux savants, orateurs ou sophistes, qui sont les cibles privilégiées de Platon, il est plus rarement relevé en ce qui concerne les artisans, précisément parce qu'ils possèdent un véritable savoir, une *tekhnè*, dont il est plus difficile de voir pourquoi Platon la critique. C'est qu'en réalité, comme le rappelle Socrate, chaque artisan « exerçant son art de façon admirable s'imagine qu'il est en outre particulièrement compétent dans ce qu'il y a de plus important »[3]. Selon Socrate, la positivité du savoir technique et son efficacité sur la

1. Voir chapitre I, note 1, p. 48 pour la traduction de πλήθει par « soutien populaire ».
2. *Rép.* III, 415c5-6.
3. *Apol.* 22d5-8.

nature en font pour la plupart des artisans la norme de tout savoir et de tout pouvoir. Les acteurs économiques, notamment les producteurs, s'imaginent donc fondés à diriger la cité, c'est-à-dire à accéder à la classe non pas immédiatement supérieure mais à la plus haute.

La πολυπραγμοσύνη, elle, intervient à un autre niveau, même si elle repose aussi sur l'ignorance de la spécificité du savoir politique. Elle est l'expression d'un appétit de reconnaissance dont les indices sociaux – richesse ou nombre de partisans – sont considérés par les producteurs comme les preuves irréfutables de leur valeur : un changement de groupe en serait la consécration. On peut le voir déjà dans notre extrait du livre IV avec les hommes de guerre, c'est-à-dire les auxiliaires, qui s'estiment *dignes* des fonctions supérieures remplies par les gardiens, et pas seulement *compétents* pour les remplir. En revanche, le statut des gardiens, sans possessions ni richesses, et le communisme familial qui leur est imposé sont présentés ici comme hors du champ des aspirations sociales des producteurs, qui cherchent plutôt à devenir guerriers. Pourquoi donc cette limitation de leur horizon, d'autant que dans la cité idéale les conditions matérielles de vie des hommes de guerre sont identiques à celles des gardiens ? Si seul le prestige ou la reconnaissance (τὰς τιμάς) qui s'attache aux honneurs militaires fait l'objet de leur envie, c'est soit parce que Platon invoque ce qu'on pourrait nommer un principe de « réalité » en vertu duquel le désir de promotion est fonction de l'espérance objective d'y parvenir, laquelle est nécessairement plus grande s'il ne s'agit que de passer dans la classe immédiatement supérieure ; soit parce que les honneurs militaires sont encore une forme de rétribution personnelle, de récompense s'ajoutant au nécessaire que les guerriers reçoivent des producteurs, mais qui doit avoir disparu entièrement chez les gardiens, ou tout au moins changé de nature : les gardiens de la cité juste « mépriseront les honneurs d'à présent [...] mais auront la plus haute estime pour la rectitude et les honneurs qui proviennent de l'action droite »[1].

Un argument confirme que c'est ce souci de prestige social lié au rang et à la fonction que Platon perçoit à la source des bouleversements socio-économiques, et donc politiques, qu'occasionne la πολυπραγμοσύνη. Dans les deux interversions évoquées en 434a9-434c2, ce sont les instruments (τὰ ὄργανα) et la reconnaissance (τὰς τιμάς) qui leur est attachée qui sont échangés. Or l'utilité des instruments est fonction du savoir de leur usage : les échanger sans acquérir aussi les savoirs qu'ils requièrent, c'est effectuer une transaction inutile, dont le gain est objectivement nul pour

1. *Rép* VII, 540d5-e1.

l'individu comme pour la cité. Ce qui motive néanmoins cet échange et fait croire qu'il est profitable, c'est que sont échangées aussi les τιμάς, du moins dans le cas du changement de catégorie. L'emploi de ce terme à propos des artisans n'est pas dépourvu d'ironie puisqu'il désigne d'ordinaire les charges publiques ou les magistratures, c'est-à-dire les fonctions politiques[1]. Mais Platon n'en est pas moins sérieux en l'employant car il modifie ainsi, du moins dans la *République*, la conception courante de la participation politique : elle ne désigne plus l'exercice d'une charge administrative mais l'exercice de sa fonction propre dans une cité où la valeur des fonctions est censée reposer sur une organisation hiérarchique rationnelle. C'est ce que montre aussi le noble mensonge : les parents aux âmes d'or et d'argent dont les enfants naissent avec une part de bronze ou de fer doivent les « déclasser » dans le groupe des artisans et des cultivateurs, leur attribuant ainsi la τιμή qui convient à leur nature. À l'inverse, un fils d'agriculteur ou d'artisan possédant en son âme une part d'or ou d'argent doit faire l'objet d'une promotion rehaussant sa τιμή, c'est-à-dire à la fois la fonction et le prestige qui lui est attaché[2]. C'est donc ce souci de l'honneur, du prestige social et du pouvoir qu'il confère qui, dans les mauvais régimes, c'est-à-dire ceux où la distribution des fonctions n'est pas fondée sur le critère du savoir politique, est à l'origine de la πολυπραγμοσύνη.

Loin d'être donc seulement l'expression d'un jugement social polémique, ou le simple constat d'une mauvaise distribution des fonctions, la notion de πολυπραγμοσύνη est utilisée par Platon pour exposer la difficulté à soumettre la distribution des fonctions économiques à une hiérarchie fonctionnelle et axiologique dont le principe est politique, et dont le critère est celui de la possession du savoir politique. La πολυπραγμοσύνη est ainsi l'expression de l'appétit de possession sur le plan de la reconnaissance sociale.

La πολυπραγμοσύνη soulève une dernière difficulté : elle ne peut manquer de se manifester aussi dans la cité juste. Comment en effet affirmer d'un côté la supériorité des fonctions guerrières et des fonctions de direction, et ne pas reconnaître de l'autre la légitimité de la prétention des classes inférieures à y accéder ? En d'autres termes, comment faire accepter aux producteurs la subordination fonctionnelle, mais aussi et surtout la subordination axiologique qui lui est liée, alors même que leur sont présentées des fonctions dont la supériorité prétendue peut difficilement ne pas être

1. LSJ *s.v.* τιμῶ, I, 3, a.
2. *Rép.* III, 415b3-c6.

désirable ? La πολυπραγμοσύνη semble donc inévitable dans la cité juste, puisque le critère du savoir impose un ordre hiérarchique fonctionnel et axiologique qu'il faut faire reconnaître, mais qui ne peut manquer de susciter son propre bouleversement. Et si la πολυπραγμοσύνη est la prétention d'un naturel inapte au savoir le plus haut à exercer des fonctions ne lui convenant pas et ne convenant pas à l'ordre de la cité tout entière, cette prétention ne peut avancer que des critères non pertinents pour les fonctions qu'elle revendique, précisément par manque de science.

La πολυπραγμοσύνη cristallise donc dans le rapport entre la sphère économique et la sphère politique toute l'ambivalence d'une philosophie qui fait d'un savoir différent de l'opinion le critère de la compétence politique véritable : sans doute est-ce là l'exigence la plus haute pour garantir à la sphère politique une autonomie réelle et une capacité prescriptive sur le monde économique; mais c'est en même temps un critère si haut qu'il risque, par ses conditions mêmes, de ne pouvoir faire reconnaître sa légitimité et d'être finalement inefficace. C'est pourquoi persuasion et violence sont clairement évoquées dans la *République* pour y remédier[1]. En valorisant l'ἀπραγμοσύνη d'Ulysse quand bien même elle ne se fonde pas sur la possession du savoir politique ou philosophique, Platon laisse donc entendre qu'outre l'opinion droite, la crainte, non celle des maux à venir mais la honte liée au regard social, est l'un des remèdes persuasifs contre la tentation de la πολυπραγμοσύνη, motif que les *Lois* étendront au respect des lois en général[2].

Après la πολυπραγμοσύνη, examinons les autres manifestations économiques et politiques du désir d'avoir dans les cités imparfaites.

Dangers et enjeux du prêt

Les progrès du désir d'avoir au cours de la dégradation des régimes exposée aux livres VIII et IX de la *République* s'expriment aussi par des pratiques économiques concrètes. Elles pourront donc donner lieu à des réformes, ce sera notamment le cas dans les *Lois*. Ainsi du prêt en général, et du prêt à intérêt en particulier[3]. Platon les proscrit ou les aménage : plus précisément, la *République* suggère d'interdire le prêt à intérêt et de ne

1. *Rép.* III, 415d8-e3.

2. *Lois* I, 646e3-647d8 sur ces deux sortes de craintes.

3. Les verbes δανείζειν et εἰσδανείζειν signifient prêter à intérêt, LSJ *s.v.* Le verbe δανείζειν est employé aussi au moyen, avec le seul sens d'emprunter, sans l'idée d'intérêts : dans le *Tim.*, les démons « empruntent (δανειζόμενοι) au monde » des portions de feu, d'air, de terre et d'eau afin de fabriquer le corps des vivants mortels, « en reconnaissant que ces portions devaient lui être rendues un jour », *Tim.* 42e8-43a1.

conclure les contrats qu'aux risques du prêteur[1]; les *Lois* interdisent l'achat et la vente à crédit et le prêt à intérêt, mais s'ils ont lieu néanmoins, c'est toujours aux risques du créancier, c'est-à-dire sans qu'il lui soit possible d'intenter une action en justice en cas de non remboursement[2]. Contrairement à ce qu'on observe avec le christianisme[3], ce ne sont pas des raisons morales ou religieuses qui en expliquent l'interdiction chez Platon mais plusieurs raisons qui sont liées au souci de garantir l'unité de la cité.

L'argument principal que Platon oppose au prêt porte sur ses conséquences psychologiques : le prêt facilite le développement des appétits non nécessaires. Chez le débiteur, il multiplie les possibilités et les envies de dépense, et le rend semblable à cet homme évoqué par Socrate dans le *Gorgias*[4], qui posséderait des tonneaux percés et serait condamné à les remplir sans cesse. Le prêt ouvre ainsi directement la voie à la vie de l'homme tyrannique, comme en témoigne ce dialogue entre Socrate et Adimante :

> *Socrate* : Dès lors, chaque jour et chaque nuit, des désirs violents ne bourgeonnent-ils pas en se multipliant autour de lui [le type tyrannique], chacun réclamant quantité de choses ?
> *Adimante* : Ils sont nombreux, certes.
> Alors rapidement ses revenus sont dépensés, s'il y en a de disponibles.
> Inévitablement.
> Après cela, il s'endette et il se met à dilapider son capital.
> Certes[5].

Lorsque ce prêt se fait à intérêt, la critique psychologique du débiteur se double de la critique morale du créancier qui, afin de s'enrichir, prête à intérêt (εἰσδανείζοντες, 555c5) à des jeunes gens trop indisciplinés pour contrôler leur dépenses : « on ne peut estimer la richesse et acquérir en même temps la modération (σωφροσύνην) requise », dit Socrate[6].

Une seconde raison motive l'interdiction du prêt à intérêt. Elle est plus directement politique, comme on peut le voir avec le cas du type psycho-politique oligarchique au livre VIII de la *République*. L'institution du prêt à intérêt profite aux oligarques car les intérêts sont à la fois un instrument de domination économique, en ce qu'ils augmentent l'écart entre riches et pauvres, et de domination politique, dans la mesure où l'oligarchie recrute

1. *Rép.* VIII, 555a10-b4.
2. *Lois* XI, 915d6-e6 ; V, 742c4-6.
3. B. Clavero, *La Grâce du don. Anthropologie de l'économie catholique*, [1991], trad. fr. Paris, Albin Michel, 1996.
4. *Gorg.* 493d-494b.
5. *Rép.* IX, 573d7-e2.
6. *Rép.* VIII, 555c7-d1.

ses membres parmi les riches. Ainsi, « le but [des oligarques] est, en achetant leurs biens [aux jeunes gens dont les désirs sont indisciplinés] et en leur prêtant à intérêt, de devenir encore plus riches et plus *considérés* (ἐντιμότεροι) »[1] : plus considérés, donc plus légitimes à exercer le pouvoir dans ce régime où « se verra interdire de participer aux responsabilités du pouvoir celui dont la fortune n'atteint pas la valeur fixée »[2]. Le prêt à intérêt n'est possible dans ce régime qu'en raison de deux choses : d'une part la totale liberté de commerce qui y règne, c'est-à-dire « la totale liberté de vendre tous ses biens, et la liberté pour quelqu'un d'autre de les acquérir » ; d'autre part le fait qu'on y tolère ceux qui ont tout perdu et qui n'exercent aucune des fonctions constitutives de la cité[3]. Le propos de Socrate n'est pas ici de stigmatiser les indigents, mais au contraire de montrer que laisser libre cours à l'appétit de possession matérielle aboutit à l'aliénation d'une partie de la cité à une autre, et à l'aliénation des individus, riches comme pauvres, à leurs appétits. C'est pour cette raison que dans la cité des *Lois*, le citoyens et ses biens appartiennent à la cité et non l'inverse, et que des mesures sont prises pour éviter la richesse et l'indigence[4]. Le prêt à intérêt est donc un facteur d'instabilité, de conflit et de désunion dans la cité : par le prêt, le pauvre n'est riche que provisoirement, sans voir qu'il s'appauvrit par là davantage ; et par les intérêts, le riche n'est qu'un riche en sursis, jusqu'au jour où les pauvres ne pourront plus rien rendre ou s'uniront pour prendre le pouvoir[5].

C'est pourquoi les *Lois*, comme la *République*, évoquent la nécessité d'une réforme des prêts en invitant à les conclure aux risques du prêteur et sans intérêt[6] ; l'Athénien suggère aussi d'opposer une fin de non-recevoir à toute plainte qui serait déposée pour non remboursement du prêt[7]. Ce silence de la loi sur la dette non remboursée et cette interdiction des intérêts peuvent être vus comme un moyen de limiter la pratique du prêt et, ainsi, de freiner le désir d'avoir chez les créanciers et par suite chez leurs débiteurs. Mais la raison d'une mesure aussi paradoxale est plus positive : il s'agit de favoriser l'amitié, car « jamais les citoyens ne seront amis (φίλοι) là où il y aura entre eux beaucoup de procès, beaucoup d'injustices, mais là seulement où procès et injustices seront les moins graves et les moins

1. *Rép.* VIII, 555c4-5.
2. *Rép.* VIII, 551b2-3.
3. *Rép.* VIII, 552a7-10.
4. *Lois* XI, 915e2-9.
5. *Rép.* VIII, 556c8-e2.
6. *Lois* V, 742c4-6.
7. *Lois* XI, 915d6-e6.

fréquents »[1]. L'interdiction du prêt à intérêt et le refus de la loi de juger de telles affaires ont pour but d'encourager la confiance entre les membres de la cité. C'est ce que confirment deux autres passages des *Lois*. Au livre VIII, le commerce au marché est fondé sur la confiance : « Là, on échangera monnaie contre denrées et denrées contre monnaie, sans rien remettre autrement que contre échange. Mais celui qui livrerait d'avance parce qu'il fait confiance (ὡς πιστεύων), qu'il obtienne ou non ce dont il a fait crédit à l'autre, devra se résigner à l'idée qu'il n'y aura pour lui aucun recours en justice[2]. » De même au livre XI : « Si quelqu'un échangeait avec quelqu'un d'autre différemment ou en d'autres lieux quoi que ce soit contre quoi que ce soit, en faisant confiance (πιστεύων) à celui avec qui il traite, qu'il le fasse en sachant bien que pour les ventes qui ne sont pas faites aux conditions qui viennent d'être formulées, la loi ne laisse aucune place à aucun recours en justice[3]. » Ce souci de la confiance est aussi une invitation à instaurer une conformité entre les intentions d'un côté, et les discours et les comportements de l'autre, contre toute duplicité. Car les *Lois* ont certes pour fonction d'obliger et de sanctionner, mais également d'introduire un changement d'attitude à l'égard de la possession matérielle et plus généralement des objets de nos appétits inférieurs, comme dans le *Gorgias* Socrate l'exigeait déjà de la part des politiques[4]. Ainsi avec le contrat commercial : la peine infligée à un employeur qui ne rémunère pas son employé dans les termes prévus par le contrat, ou qui le paye en retard, consiste précisément à lui faire verser des intérêts à cet employé (δανεισμῷ, 921d1). On peut certes se demander quelle peut bien être la portée d'une sanction de nature pécuniaire dans un régime qui place la richesse au bas de l'échelle des biens : celui à qui cette peine est infligée ne devrait pas considérer qu'il subit un grand dommage. C'est que précisément, s'il n'attachait pas une grande valeur à l'argent, il aurait dû payer son employé en temps et en heure : par cette sanction, il est donc stigmatisé pour l'attachement qu'il témoigne à la richesse matérielle[5]. Les intérêts de l'argent, de désirables qu'ils étaient dans l'institution ordinaire du prêt, deviennent ainsi une sanction dans la cité juste.

Analysons maintenant la troisième manifestation économique et politique du désir d'avoir dans les régimes imparfaits.

1. *Lois* V, 743c5-d6.
2. *Lois* VIII, 849e6-850a1.
3. *Lois* XI, 915e2-9.
4. *Gorg.* 503c6-d3.
5. *Lois* XI, 921c5-d3.

Privatiser le public : de la chambre forte d'Homère à la cave de Platon

Sur le plan économique et politique, la dégradation des régimes se traduit également par la privatisation ou la domestication de l'espace public et politique, qui n'a plus alors de politique que le nom. Ce processus commence avec la timocratie : elle inaugure un mouvement de repli vers le monde privé dont elle fait le lieu d'une jouissance secrète de la richesse. Voici en effet comment Socrate décrit les timocrates :

> De tels hommes, repris-je, auront de la convoitise pour la richesse, comme les hommes des oligarchies, et honoreront sans réserve sous le couvert de l'ombre (ὑπὸ σκότου) l'or et l'argent, car ils posséderont des caves (ταμιεῖα) et des coffre-forts (θησαυρούς) qui leur appartiendront en propre (οἰκείους) où ils les placeront pour les cacher (κρύψειαν), et par ailleurs des enceintes (περιβόλους) autour des habitations (οἰκήσεων), qui en feront des sortes de nids privés (νεοττιὰς ἰδίας), dans lesquels ils pourront dépenser aussi bien pour des femmes que pour qui ils voudront, en gaspillant beaucoup d'argent.
>
> *Adimante* : C'est très vrai, dit-il.
>
> Par conséquent, ils seront économes de leurs richesses, parce qu'ils les tiendront en honneur et ne les possèderont pas au vu de tous (οὐ φανερῶς), tandis qu'ils aimeront à dépenser celles d'autrui, pour satisfaire leur désir ; et ils cueilleront le plaisir en cachette (λάθρᾳ)[1].

Est ainsi réamorcée la tendance que Platon prête à l'*oikos*, et contre laquelle avait été élaborée la vie commune des gardiens, à savoir qu'il fait obstacle à la cité, qu'il prétend la modeler à son image pour en faire un espace domestique à grande échelle, définissant lui-même ses propres valeurs plutôt que de se laisser politiser par la cité et d'adopter des valeurs communes. Ce mouvement de retrait du domestique par rapport au commun, du privé par rapport au public, se marque de deux façons : matériellement et symboliquement au niveau de l'architecture de l'*oikos* ; et axiologiquement, par la duplicité dont l'*oikos* est le lieu.

Sur le premier point, on voit que les timocrates jouissent de leurs richesses dans des lieux domestiques et secrets. Un phénomène similaire de repli est discrètement exposé dans le *Critias*. La capitale du royaume atlante comprend en effet trois enceintes d'eau et plusieurs frontières matérielles – murs d'enceintes, tours et ponts richement ornés – qui la séparent du reste du royaume[2]. À la clôture unique (ἑνὶ περιβόλῳ) de l'acropole de

1. *Rép.* VIII, 548a5-b6.
2. *Crit.* 115c4-116c7. Voir le schéma de L. Brisson, *Timée. Critias*, Carte n°7, p. 399.

l'Ancienne Athènes, qui délimite l'espace politique commun des gardiens[1], s'oppose la clôture d'or (περιβόλῳ χρυσῷ) qui, dans l'acropole même de l'Atlantide, interdit l'accès au temple de Poséidon et de Clitô. Est ainsi instauré au cœur du monde commun des dirigeants un lieu particulier rappelant implicitement, en la transposant sur le plan divin, la primauté de la structure familiale puisque « c'est là [dans l'acropole] qu'à l'origine, Clitô et Poséidon avaient conçu et enfanté la race des dix familles royales »[2].

Par leur fonction comme par leur place dans la configuration de l'espace domestique, les dépôts (ταμιεῖα) évoqués dans l'extrait de la *République* qui vient d'être cité ne sont pas sans faire songer à la chambre forte (θάλαμος) du palais royal qui, chez Homère, désigne la chambre à coucher mais aussi le lieu où sont entassés les trésors (ἀγάλματα) offerts aux invités prestigieux[3]. Lieu de thésaurisation, la chambre forte homérique recèle des objets dont on ne se défait que pour sceller un lien d'amitié non entre deux individus mais entre deux puissants *oikoi* et les peuples qui en dépendent[4]. La chambre renferme aussi des armes : c'est là que sont remisées celles qui furent prises à l'ennemi, qu'est rangé l'arc avec lequel Ulysse triomphe des prétendants, et qu'est démasquée la traîtrise de Mélanthée[5]. La chambre forte est donc le lieu symbolique du pouvoir, la réserve secrète de la puissance de l'*oikos* sur les plans intérieur et extérieur : Ulysse rétablit l'ordre dans le palais en chassant les prétendants, en reprenant possession de Pénélope et en tuant les servantes qui ont accordé leurs faveurs aux prétendants[6], et ce faisant il réaffirme la puissance ternie de son *oikos* aux yeux des autres *oikoi*.

Le θάλαμος est donc comme le centre dynamique de l'*oikos*, le symbole du rôle déterminant que joue la possession dans l'articulation du privé et du public, du domestique – et de ce point de vue, de l'économique au sens ancien – et du politique : possession matérielle, possession personnelle de l'épouse par le mari, et possession de l'*oikos* tout entier qui réaffirme ici son pouvoir face à l'agression des *oikoi* extérieurs dont les prétendants sont les représentants. La chambre forte d'Homère consacre donc symboliquement l'enracinement privé des relations publiques et l'ancrage

1. *Crit.* 112b5.
2. *Crit.* 116c6-7.
3. *Odyssée* VI, v. 74 ; VIII, v. 439 ; XV, v. 99.
4. Voir J.-P. Vernant, « Hestia-Hermès : Sur l'expression religieuse de l'espace et du mouvement chez les Grecs », [1963], dans *Mythe et Pensée chez les Grecs*, Paris, La Découverte, 1996, p. 185.
5. *Odyssée* XVI, v. 284-286 ; XIX, v. 17 et 256 ; XXI, v. 42-54 ; XXII, v. 108-193 ; XXIV, v. 165-166.
6. *Odyssée* XXII, v. 381-473.

domestique des relations « politiques » ou tout au moins extérieures. Or les dangers de cette structure sont patents : en l'absence du maître et de sa force, l'*oikos* est incapable de se défendre contre l'appétit de possession des agresseurs extérieurs. Les vicissitudes dont il est victime tiennent précisément à la duplicité inscrite dans son organisation architecturale même. Car en se dissimulant dans le lieu clos d'une chambre forte, la force et le pouvoir réels des individus se dérobent à toute possibilité d'évaluation et laissent dans l'incertitude les observateurs extérieurs. Sur le plan de la signification symbolique de l'organisation de l'espace domestique, le θάλαμος est donc solidaire de la ruse et de la duplicité, ce qu'évoque aussi le déguisement d'Ulysse en mendiant dans cet épisode du massacre des prétendants. On ne saurait donc fonder une *polis* unifiée en procédant à l'intégration d'*oikoi* ainsi agencés, c'est-à-dire en tolérant un lieu domestique secret qui abrite une force d'accaparement pouvant s'appliquer à tout ce qui est extérieur à l'*oikos*, donc à l'espace public. Contre la tradition colportée par les récits d'Homère, la référence à la cave ou dépôt (ταμιεῖον) au livre VIII de la *République* signale donc les dangers politiques qu'une telle organisation de l'espace domestique fait peser sur la cité.

L'obscurité architecturale figure donc une obscurité psychologique, tendanciellement inhérente à la partie mortelle de l'âme comme l'explique l'Athénien : « la nature mortelle poussera constamment l'homme à avoir plus (πλεονεξίαν) et à l'activité égoïste (ἰδιοπραγίαν); cette nature qui fuit déraisonnablement la peine, qui déraisonnablement poursuit le plaisir, se fera de ces deux choses un écran en avant de ce qui est le plus juste et le meilleur; produisant ainsi l'obscurité (σκότος) en elle-même, elle finira par emplir de tous les maux à la fois elle-même et la cité dans son ensemble[1]. » C'est pourquoi dans la *République* Socrate propose que les gardiens « ne possèdent ni habitation ni cave [ou dépôt : ταμιεῖον] tels que quiconque le souhaite ne puisse y entrer »[2]. On peut se demander pourquoi Socrate ne suggère pas plutôt de faire bâtir des demeures sans ταμιεῖον pour y loger ses gardiens. Peut-être est-ce parce que la loyauté de ces auxiliaires militaires tient à la reconnaissance dont elle fait l'objet : le ταμιεῖον, toujours offert aux regards, est donc pour eux et pour la cité le meilleur moyen de démontrer, et donc d'entretenir, l'amour sans tâche qu'ils doivent porter à l'honneur plutôt qu'à la richesse. Cette mesure s'inscrit donc dans le cadre d'une politisation de l'espace domestique fondée sur les principes de la cité juste, qui subordonne le monde privé, ou

1. *Lois* IX, 875b6-c3.
2. *Rép.* III, 416d6-7.

ce qu'il en reste, au public. Plus généralement, les *Lois* feront de la transparence publique et du regard social le principe régulateur des comportements. Il faut que les citoyens se connaissent, que le caractère d'aucun d'entre eux ne soit laissé dans l'ombre, afin que chacun cherche à « être simple et vrai, et à ne pas, étant tout différent de ce qu'il paraît être, donner à autrui des illusions complètes à son sujet »[1].

Le mouvement de repli du monde de l'*oikos* par rapport au monde commun et la lente domestication de ce dernier se marquent aussi par la duplicité qui pénètre dans l'*oikos* même. En timocratie, cette duplicité se caractérise par une tension entre valeurs publiques et valeurs privées. Le timocrate, on l'a vu, est partagé entre la valorisation publique de l'honneur et la passion secrète des richesses. Cette dualité va de pair avec un comportement lui-même double : sauvage et brutal (ἄγριος) envers les esclaves, doux et apprivoisé (ἥμερος) envers les hommes libres, le timocrate n'adopte pas la même conduite à l'intérieur et à l'extérieur de l'*oikos*[2]. La formation même du timocrate procède de cette rivalité entre le monde public de la *polis* et le monde privé de l'*oikos*, qui se propage à l'intérieur de l'*oikos* où il est élevé. L'autorité de son père est ébranlée par les tensions conjugales et la duplicité des serviteurs, qui font pénétrer dans l'*oikos* les dissensions dont la cité est elle-même victime[3]. Ainsi, la mère relaie les valeurs dominantes d'une cité déjà engagée sur la voie de l'affirmation individuelle des appétits, et tente de les introduire à l'intérieur même de l'*oikos* : elle reproche à son mari son incapacité à s'enrichir et à s'affirmer dans les conflits publics et privés. Le regard social et le jeu des apparences auxquels la mère est si sensible le disputent au fait « d'appliquer son esprit à soi-même (ἑαυτῷ μὲν τὸν νοῦν προσέχοντα) »[4] qui est le propre du père. La duplicité propre à la timocratie se retrouve à l'intérieur même de l'*oikos* dans le comportement des serviteurs : « ils tiennent à l'occasion en secret (λάθρᾳ) des propos du même genre [que ceux de la mère] au fils de la famille. En apparence, ils sont bien intentionnés, mais s'il leur arrive de rencontrer un débiteur que le père ne poursuit pas, ou quelqu'un d'autre qui se trouve en faute à son égard, ils recommandent au fils, quand il sera devenu adulte, d'humilier tous ces gens-là et de chercher à se montrer plus

1. *Lois* V, 738e5-8.
2. *Rép.* VIII, 549a1-3.
3. *Rép.* VIII, 549c8-550a4.
4. *Rép.* VIII, 549d4.

homme que son père[1]. » Les serviteurs contribuent ainsi sournoisement à faire prévaloir dans l'*oikos* les valeurs d'une *polis* rongée par la concurrence.

Si ce mouvement de projection des valeurs domestiques sur l'espace publique est analysé surtout à propos de la timocratie, Platon l'évoque aussi, mais plus rapidement, à propos de la démocratie et de la tyrannie. Tandis que ce processus s'amorçait avec la timocratie, il s'épanouit pleinement dans ces deux régimes, et culmine dans l'atomisation de l'*oikos* : ne subsistent que des individus rongés par le désir d'avoir et de jouir à l'état brut, c'est-à-dire la force la plus privée qui s'impose à tout l'espace public et l'annihile, après avoir brisé le dernier espace commun que l'*oikos* incarnait encore malgré tout. En démocratie, le plaisir de la liberté aboutit à une confusion statutaire et à une « anarchie » généralisée (ἀναρχίαν, 562e4), qui n'est pas la disparition immédiate de tout pouvoir (ἀρχή) mais au contraire la revendication personnelle de l'*arkhè* par tout un chacun. Les statuts domestiques se fondent alors dans un océan d'équivalences : l'esclave devient l'égal du maître, l'enfant du père, et la femme du mari[2]. Le tyran, lui, bouleverse les derniers vestiges de l'ordre domestique en se montrant capable de spolier ses parents et, éventuellement, de les tuer[3]. Toutefois, ces deux passages ne doivent pas conduire à penser que Platon est finalement favorable à la structure de la cité de son époque, où des *oikoi* juxtaposés se font concurrence. Ils soulignent seulement que corruption politique et corruption domestique se conjuguent une fois que l'appétit de possession, dont l'*oikos* est pour Platon le foyer social originaire, pénètre dans l'arène publique.

La configuration architecturale évoquée ici n'est donc pas la cause mais la traduction matérielle et symbolique du désir d'avoir. Enfin, ce dernier se manifeste aussi dans le fait que, dans les cités imparfaites, l'argent est la mesure de toute chose.

L'argent comme mesure : la ruine du point de vue politique

Dans les régimes empiriques dont Socrate analyse la dégénérescence aux livres VIII et IX de la *République*, l'obscurité que nous venons d'évoquer se double d'un aveuglement à ce qui constitue la mesure véritable de l'ordre politique et économique. C'est désormais le sensible qui, sous la

1. *Rép.* VIII, 549e3-550a1. L'expression οἱ δοκοῦντες εὔνοι εἶναι (549e4-5) peut signifier « ceux qui passent pour être bienveillants » ou « ceux qui croient être bienveillants ». La première traduction a l'avantage de souligner la duplicité propre à la timocratie.

2. *Rép.* VIII, 562d6-563d1.

3. *Rép.* IX, 574a6-b11.

forme de l'argent, se donne pour seul critère de la valeur des choses. L'argent n'est plus seulement un instrument d'échange, il est assimilé à la valeur intrinsèque des choses échangées, ce qui s'exprime en particulier dans le mercantilisme généralisé qui caractérise l'oligarchie : dans ce régime, on l'a vu, tout peut se vendre ou s'acheter[1].

Plus encore, dès qu'il sert à mesurer la valeur que les individus se reconnaissent dans la société, l'argent devient un facteur décisif de la dégradation des cités car il invite à la surenchère et à la concurrence dans le jeu des apparences sociales. On a déjà vu comment en oligarchie l'enrichissement des uns se faisait au prix de l'appauvrissement des autres. Reste à voir plus précisément en quoi cet antagonisme social et politique se traduit par la perte du point de vue politique, qui doit prendre en compte l'intérêt de toute la cité, au profit d'un point de vue particulier, qui est à la fois cause et effet de l'antagonisme social et politique.

Dans le passage du livre VIII consacré à l'oligarchie, Socrate ne considère pas simplement l'argent comme le moyen de posséder des biens destinés à une jouissance de consommation, mais comme le moyen d'affirmer une prétendue supériorité sociale et politique. Si le fils du timocrate, futur oligarque, est humilié par la pauvreté et cherche à en imposer par sa richesse, c'est parce que la visibilité sociale qu'elle lui confère est plus impressionnante et plus immédiatement perceptible que celle qui est attachée à l'honneur : un tel homme « force l'élément d'ardeur à n'admirer et à n'honorer que la richesse et les riches, et à s'enorgueillir de ce que sa réputation ne soit fondée sur rien d'autre que la possession de richesses et de tout autre bien propre à y contribuer »[2]. La reconnaissance recherchée par le futur oligarque ne porte donc plus sur une action dont les effets seraient bénéfiques pour toute la société, comme c'est le cas avec la gloire que l'on tire des actions politiques ou militaires, mais sur lui-même, sur la valeur personnelle qu'il tire de sa richesse. La valorisation de la richesse ne peut alors manquer de favoriser la rivalité sociale : comme le dit Socrate, « chacun voyant autrui et cherchant à lui faire concurrence (εἰς ζῆλον), ainsi [les oligarques] rendent la masse semblable à eux »[3]. En devenant le critère de toute valeur, la richesse, dont l'argent est l'étalon, réduit donc l'écart entre l'être et l'apparence des individus, comme le laissaient déjà présager les invectives de la femme envers le père du futur timocrate :

1. *Rép.* VIII, 552a4-c1.

2. *Rép.* VIII, 553d1-7, et 554a10-b1 à propos de l'éloge dont l'homme oligarchique est l'objet de la part du grand nombre pour son enrichissement et sa capacité à thésauriser.

3. *Rép.* VIII, 550e1-3.

désormais, avoir, c'est être. C'est maintenant l'apparence à la fois physique et sociale portée par le corps qui sert de critère à l'évaluation des régimes et se trouve à l'origine de leur transformation. Ainsi en est-il dans le célèbre passage expliquant à la fois la naissance de la démocratie par le fait que le pauvre amaigri jauge la faiblesse du riche « nourri à l'ombre, chargé du poids inutile de sa graisse, essoufflé et embarrassé », et la lâcheté des pauvres qui ont toléré cet enrichissement à leurs dépens[1].

Exacerbés par l'antagonisme social, les appétits liés au corps se replacent alors au principe de l'évaluation du rapport entre intérêt particulier et intérêt commun, au détriment de ce dernier. L'affirmation de l'appétit de possession fait ainsi prévaloir l'intérêt d'un groupe social et politique sur celui de la cité, et s'accompagne d'un aveuglement à l'unique point de vue qui prend en compte la totalité, celui de la cité juste. En oligarchie le pouvoir des riches, qui concentrent pouvoir économique et pouvoir politique[2], constitue non seulement une infraction au principe de la fonction propre mais fait aussi écran à la compréhension même de la justesse de ce principe : le désir de richesse rend aveugle à l'ordre politique droit institué par les philosophes-rois. Tout individu de la cité oligarchique qui ne participe pas au pouvoir n'est alors plus considéré comme « appartenant aux parties de la cité » (μηδὲν ὄντα τῶν τῆς πόλεως μερῶν) mais est « appelé (κεκλημένον) pauvre et indigent »[3]. Ce changement de dénomination est symptomatique : le concitoyen n'est plus perçu comme celui qui participe d'un ordre commun fondé sur la division des tâches et des fonctions, il est désigné par son niveau économique et social. Le livre VIII ne se contente donc pas de dénoncer la confusion des fonctions résultant de l'abandon des principes de la cité droite : il indique comment l'appétit de possession, la valorisation de la richesse et « l'étalon-argent » infléchissent la manière qu'ont les membres de la cité de parler de leurs rapports et de se les représenter. La thèse de Platon sur l'argent et la richesse n'est donc pas morale mais politique. En tant qu'instruments, ils ne sont ni bons ni mauvais[4], mais leur mauvais usage par des appétits non contrôlés ne peut qu'entraîner le conflit dans la cité.

1. *Rép.* VIII, 556c8-e1.

2. *Rép.* VIII, 551e6-552a2.

3. *Rép.* VIII, 552a7-10.

4. « Nous affirmons souvent que nous faisons grand cas de l'or et de l'argent, mais cela ne correspond pourtant pas à la réalité. Ce dont nous faisons grand cas en réalité, c'est ce qui nous paraît être la fin en vue de laquelle l'on se procure l'or et toutes les choses que l'on se procure », *Lys.* 220a1-5. Sans l'usage dit Socrate, « il n'y a aucun intérêt à posséder la richesse [...]. Je pense en effet qu'il est sans doute autrement plus mauvais, si on se sert d'une chose

De l'économie comme politique ou le monde rêvé des appétits

La description de la chute de l'Atlantide dans le *Critias*, et plus encore l'exposé de la dégradation des régimes au livre VIII de la *République*, font voir suffisamment la tendance apolitique de toute économie livrée à elle-même et que n'encadre pas une *politeia* fondée sur le savoir philosophique. Ces deux textes, le second en particulier, décrivent un mouvement inverse de celui du livre II de la *République*[1] qui concluait que le lien économique, nécessaire à formation de la cité, était impuissant à constituer par lui-même un lien politique durable et unitaire, requérant dès lors des spécialistes de la politique. À l'inverse, le *Critias* et le livre VIII de la *République* montrent que la ruine d'un ordre politique juste et droit laisse ressurgir des facteurs économiques, qui façonnent des liens sociaux imparfaits et néfastes à l'unité de la cité. Ces deux passages présentent ces facteurs à la fois comme des manifestations et comme des causes de la corruption de l'ordre politique.

Corruption politique et corruption économique sont donc indissociables parce qu'elles traduisent une même turbulence indomptée des appétits liés au corps. Loin de considérer chacun de ces deux domaines comme autonome, Platon souligne donc ici, négativement, que la détermination d'un ordre politique droit implique nécessairement la régulation des activités économiques, notamment par une prescription réglant le statut de la propriété : la possession étant à l'horizon des appétits liés au corps, la moindre concession qui leur est faite est un danger pour l'unité de la cité, surtout lorsqu'elle a lieu chez les gouvernants. Aussi la compétence propre du politique devra-t-elle se déterminer en se démarquant notamment des compétences relevant de la sphère économique. Ce lien étroit entre désordre politique et désordre économique est particulièrement repérable à propos de la corruption de l'âme, qui est exprimée tantôt en termes politiques, tantôt en termes économiques. Dans le premier cas, les rapports des parties de l'âme sont désignés par leurs relations de subordination, indues ou légitimes : par exemple, l'*epithumètikon* cherche à asservir (καταδουλώσασθαι) et à diriger (ἄρχειν) les autres parties, alors que l'individu est modéré « lorsque la partie qui commande (τό ἄρχον) et celles qui sont commandées (τὼ ἀρχομένω) ont en commun la conviction que

quelconque, d'en faire un usage incorrect que de la laisser en l'état. Car dans le premier cas, c'est un mal, mais dans l'autre, ni un bien ni un mal », *Euthyd.* 280d1-281a1.

1. Sur cette correspondance inversée : G. Leroux, *op. cit.*, p. 27-32.

c'est la raison qui doit commander (ἄρχειν), et que, contre elle, il ne doit pas y avoir de dissension de leur part (μὴ στασιάζωσιν) »[1]. Dans le second cas, c'est la « balance des appétits », selon qu'ils font dépenser ou acquérir, qui traduit sur un mode « comptable » l'état relatif d'équilibre ou de déséquilibre de l'âme. D'après un passage du livre VIII de la *République*, les désirs non nécessaires sont des désirs qui font dépenser (ἀναλωτικὰς); les désirs nécessaires, qui portent sur ce qui est « utile pour nos travaux », sont des désirs qui font s'enrichir (χρηματιστικὰς)[2], si bien qu'on a pu parler à ce propos, tant pour la cité que pour l'âme individuelle, d'une « économie à l'envers » où enrichissement veut dire limitation des richesses[3]. Malgré les difficultés liées à la correspondance structurelle entre l'âme individuelle et la cité, cette double lecture du désordre de l'âme souligne néanmoins qu'une « économie » des appétits, et plus généralement, une « économie » des désirs est nécessaire, au sens d'organisation rationnelle des différents désirs auxquels nous sommes sujets, en fonction de ce qu'ils nous coûtent pour obtenir la justice et le bonheur. Cette économie n'est pas simplement une métaphore ou une projection du collectif sur l'individuel, mais l'expression de l'identité partielle du citoyen et de la cité[4].

On peut se demander pourquoi, à propos des désirs nécessaires, Platon réutilise ici dans un registre positif le terme χρηματιστικὰς. En général, ce terme est péjoratif car il est attaché à un appétit dont les sollicitations exagérées sont néfastes pour l'ordre de l'âme comme pour celui de la cité. Deux éléments de réponse peuvent être apportés. D'une part, c'est à l'utilité (χρησίμους, 559c4) et non au plaisir que ces *epithumiai* nécessaires (559b9) sont rapportés ici. D'autre part, la mesure de cette utilité n'est pas subjective mais se rapporte à nos travaux ou fonctions (πρὸς τὰ ἔργα, 559c4), c'est-à-dire à une mesure objective. Dans la cité juste, l'appétit reçoit sa mesure d'une norme objective extérieure, non de l'inconstance d'une âme en désordre. La richesse est alors réglée car elle est mesurée par son utilité et sa nécessité objectives. À l'opposé, l'apparition du type tyrannique consacre l'affirmation de l'appétit de possession et celle d'un monde à sa (dé)mesure : est alors instaurée une économie fondée sur le vol et la

1. *Rép.* IV, 442a4-b3 ; 442c10-d1.

2. *Rép.* VIII, 559c3-5.

3. « *inverted economy* », F.M. Cornford, *The* Republic *of Plato, translated with introduction and notes*, Oxford, Clarendon Press, 1944, p. 258.

4. Le terme *politeia* a longtemps eu une signification collective et individuelle, témoignant de la profonde unité entre la cité et ses citoyens ; voir J. Bordes, *op. cit.*, p. 16-17.

spoliation[1]. Il n'est d'ailleurs pas certain que le terme d'économie puisse s'appliquer à l'individu et la cité tyranniques, si la tyrannie psycho-politique est synonyme d'anomie et de dérèglement : là où le souci de posséder et la cupidité faisaient encore calculer et prévoir, notamment chez l'oligarque, et conservaient donc encore sa rectitude au nom même d'éco-*nomie*, le désir tyrannique consacre en revanche l'abolition de toute règle, comme on l'a vu avec les tentations parricides du tyran. La ruine de l'économie va donc de pair avec celle de la politique, s'il est vrai que la tyrannie signe à la fois la disparition de l'*oikos* et celle de la cité. Une telle situation ne peut alors que déboucher sur la guerre, à l'extérieur comme à l'intérieur.

DE L'ÉCONOMIE À LA GUERRE

Faute de véritable régulation politique, les cités ordinaires sont gangrenées par l'anomie économique. La guerre en est la conséquence ultime. On verra donc d'abord en quoi le corps, et plus précisément les appétits qui lui sont liés, sont à l'origine des dérèglements économiques et de la guerre, comme Socrate le soutient dans le *Phédon*. Ensuite, la guerre extérieure dont l'économie est grosse met en lumière les rapports subtils que Platon perçoit entre l'économie et la politique : au livre II de la *République*, la nécessité de la politique et de sa fonction régulatrice ne s'imposent qu'à l'occasion du danger causé par l'expansion sans frein d'une « cité » dont l'économie est livrée à elle-même. Enfin, la guerre se manifeste aussi à l'intérieur des cités, tant par la lutte pour la possession des biens et le conflit entre riches et pauvres que par la privatisation des rapports personnels, qui fait prévaloir la logique antipolitique de l'*oikos* sur la logique unifiante qui anime la véritable cité.

Le corps à l'origine de la guerre : l'anthropologie du Phédon

Les causes de la guerre sont analysées par Platon à deux niveaux : l'un anthropologique, l'autre social, le second étant le prolongement du premier.

Dans le *Phédon*, Socrate étudie le premier niveau. Il est on ne peut plus clair sur la cause de toutes les sortes de conflits :

> Prenons les guerres, les révolutions, les conflits : rien d'autre ne les suscite que le corps et ses appétits. Car toutes les guerres ont pour origine l'appro-

1. *Rép.* IX, 575b6-9.

> priation des richesses. Or ces richesses, c'est le corps qui nous force à les acquérir, c'est son service qui nous rend esclaves [1].

Socrate s'inscrit donc ici en faux contre les explications de la guerre proposées par les poètes, les historiens et l'aristocratie qui, depuis Homère, s'identifie aux valeurs guerrières. Les ressorts psychologiques qu'ils avancent pour rendre compte des conflits – haine, vengeance, gloire, ambition de pouvoir – ne sont d'après Socrate que le masque des appétits liés au corps. Ainsi, aux couches aristocratiques de la société athénienne qui voient dans le souci de l'honneur et l'exaltation du courage le motif et la justification de la guerre, Socrate oppose que dans les guerres de conquête, ces valeurs ne sont que le masque de la cupidité dont les appétits du corps sont la source[2]. On l'a vu, le livre VIII de la *République* a souligné cette duplicité à propos du type timocratique dont le souci apparent de l'honneur est en réalité sous-tendu et sapé par une valorisation secrète des richesses[3]. Cette duplicité n'est pas sans surprendre puisque tandis que le *thumœides* « tend toujours tout entier vers le pouvoir, la victoire et la renommée » et « considère le plaisir provenant des richesses comme un plaisir vulgaire »[4], aucun des régimes dégradés présentés par Socrate au livre VIII ne recherche exclusivement les honneurs. La corruption du type psychologique auquel le *thumoeides* est censé donner naissance – un pur amoureux des honneurs, comme celui qu'exalte l'aristocratie athénienne – semble donc inévitable dès qu'il entre dans l'arène sociale : la soif de reconnaissance qui l'anime donne immanquablement naissance à la duplicité timocratique, car l'honneur ne peut être une valeur sociale qu'à condition d'être reconnu sans ambiguïté par tous. L'argent, on l'a vu, remplit bien mieux cette fonction. Prétendre qu'on peut être un pur amoureux des honneurs et faire la guerre pour ce motif-là n'est donc pour Socrate qu'une mascarade : ce qui pousse à la guerre, c'est le désir d'avoir.

Si un tel désir qui anime notre corps est bien à l'origine de la guerre, la pratique du pillage ou la quête d'un butin ne peuvent plus être considérées comme des à-côtés de la guerre, comme des bénéfices par surcroît : ils en sont l'objectif même[5]. Dans le cadre de la politique de la cité juste, ce genre de pratiques ne devrait donc pas être tolérée à la guerre, et seule la guerre défensive devrait être permise. Pourquoi Socrate autorise-t-il donc qu'on

1. *Phéd.* 66c5-d2.
2. Sur l'héroïsme guerrier : voir W. Jaeger, *op. cit.*, p. 120-132, p. 120-122, et *Lois* I, 629a4-e8, sur Tyrtée comme parangon de ces valeurs traditionnelles.
3. *Rép.* VIII, 548a5-c2.
4. *Rép.* IX, 581a9-b1 ; d5-9.
5. Voir par exemple le discours de Thersite, *Iliade* II, v. 225-242.

s'empare (ἀφαιρεῖσθαι) des récoltes de l'ennemi[1] : n'est-ce pas là une manière d'encourager la tendance spontanée des appétits à la *pleonexia* et d'aviver le désir d'avoir qui, d'après notre extrait du *Phédon*, donne justement naissance à la guerre? Et en quoi Socrate peut-il dire qu'il s'agit là d'une solution paraissant « mesurée (μέτριον) »[2] ? Ne risque-t-elle pas au contraire d'entretenir le cycle indéfini de la vengeance et avec lui, la démesure à laquelle les appétits sont portés spontanément?

En réalité, Socrate invite par là les gardiens de la cité juste à faire preuve de modération à la guerre : « C'est donc avec bienveillance que [les gardiens] modéreront (σωφρονιοῦσιν) leurs adversaires et éviteront de les punir par l'esclavage ou par la destruction : ils seront en effet leurs modérateurs (σωφρονισταί), non leurs ennemis (πολέμιοι)[3]. » L'unité entre cités grecques est si difficile à réaliser – Socrate et Platon en savent quelque chose – qu'en comparaison de la dévastation et de l'incendie des terres qui ont cours d'ordinaire[4], le pillage apparaît comme la violence nécessaire la moins préjudiciable à la perspective de réconciliation future qui doit animer les gardiens quand ils sont contraints d'entrer en guerre[5]. Recommander le pillage, c'est peut-être donner une « mesure » au désir d'avoir en délimitant strictement son objet, au lieu de l'abandonner à une errance destructrice. La recommandation de Socrate s'inscrit donc dans le droit fil de l'anthropologie présentée dans le passage du *Phédon* cité plus haut[6] : c'est bien le corps qui est à l'origine de la guerre, et il faut trouver les moyens de le soumettre autant que possible à la modération. Les raisons anthropologiques de la guerre avancées dans le *Phédon* n'excluent pas néanmoins une causalité fondée sur la structure de société. Bien qu'elles étayent les motifs économiques que le livre II de la *République* plaçait lui aussi à l'origine de la guerre, ces raisons d'ordre anthropologique ne montrent pas directement comment l'économie mène à la guerre, intérieure ou extérieure. Il faut pour le comprendre revenir à la *République*.

1. *Rép.* V, 470a5-b1.
2. *Rép.* V, 470d8, et voir plus largement d3-e3.
3. *Rép.* V, 471a6-7.
4. *Rép.* V, 471b1-5.
5. *Rép.* V, 471a4.
6. On ne peut manquer toutefois d'être surpris du silence de Socrate après cette remarque conclusive de Glaucon : « à l'endroit des Barbares, [nos citoyens] doivent se comporter comme les Grecs le font à présent les uns à l'égard les autres », *Rép.* V, 471b6-8. Socrate considère-t-il qu'une union avec les Barbares est à jamais impossible et qu'il faut détourner sur eux une violence irrépressible ?

La guerre extérieure

Les fauteurs de guerre : les producteurs ou les gardiens-auxiliaires ?

Lequel, du politique ou de l'économique, est responsable de la guerre ? Au livre II de la *République*, l'expansion démesurée des besoins de la cité malade conduit à la conquête des territoires voisins[1]. Ce serait donc l'économie qui serait à l'origine de la guerre. On a toutefois remis en question cette idée en raison de l'incohérence suivante : au livre III, la distinction des modes musicaux destinés à l'éducation des gardiens doit permettre de purger la cité de son luxe amollissant (τρυφή)[2]. Or au livre II cet amollissement n'est pas attribué aux gardiens, puisqu'ils ne sont pas encore introduits dans la cité, mais aux producteurs, dont les appétits, après l'indignation de Glaucon devant la cité des cochons, se tournent vers la recherche du superflu et donnent libre cours à leur *pleonexia*. Comment comprendre alors que ce soit l'éducation des gardiens et plus particulièrement celle des auxiliaires qui puisse purger la cité des appétits des producteurs ? Ne faudrait-il pas plutôt purger ou limiter directement les appétits des producteurs eux-mêmes ? Si l'on se fonde sur cette remarque du livre III, le livre II n'imputerait donc pas la responsabilité de la guerre à la sphère économique, car il faudrait pour cela que ce soient les gardiens eux-mêmes qui fussent en proie à la *pleonexia*[3]. La guerre serait donc d'origine politique. La séparation des fonctions économiques et militaires dans la cité plaiderait aussi en faveur d'une origine politique de la guerre.

Il n'en demeure pas moins que c'est bien l'expansion économique qui est à sa source. Le livre II souligne que c'est la multiplicité des besoins qui en tant que telle est facteur d'expansion et de désir de conquête. Les gardiens ne sont institués que pour répondre à ce désir de conquête, et rien n'interdit de penser qu'eux-mêmes sont agités par la force des appétits liés au corps puisque dans la cité atteinte d'inflammation, ils ne sont pas encore éduqués. À l'inverse, il ne serait pas inconcevable que les producteurs fassent la guerre, comme le fait remarquer Glaucon, autrement dit que leur *thumoeides* soit au service de leurs appétits[4].

Outre l'argument de l'efficacité liée au principe de la spécialisation individuelle, la séparation fonctionnelle des gardiens et des producteurs

1. *Rép.* II, 373d4-e1.

2. *Rép.* III, 399e5-6.

3. Je résume ici l'argumentation de M. Schofield, art. cit., p. 189, reprise dans *The Cambridge History of Greek and Roman Political Thought*, Cambridge, Cambridge University Press, 2000, p. 212-213.

4. *Rép.* II, 374a3.

vise donc essentiellement à empêcher que les producteurs ne disposent d'armes pour mener eux-mêmes la guerre : ce serait d'une part économiquement contre-productif puisqu'ils délaisseraient de temps à autre leurs métiers, et d'autre part très dangereux pour la cité elle-même puisque les producteurs pourraient alors se battre les uns contre les autres pour posséder davantage, et contre les gardiens et les auxiliaires. Reste alors à éviter que ces deux groupes-ci ne luttent à leur tour contre les producteurs pour s'approprier leurs biens. Il faut pour cela modérer leurs appétits et leur apprendre la distinction de ce qui est ennemi et ami, en leur recommandant notamment de considérer tous les membres de la cité comme leurs frères et de respecter la tripartition fonctionnelle, même s'il est difficile de faire admettre le noble mensonge[1]. Il n'y a donc pas d'incohérence entre la remarque du livre III et le livre II, c'est-à-dire dans le fait de régler l'éducation des gardiens par la musique pour purger la cité : une telle mesure est au contraire indispensable puisque les auxiliaires disposent de la force et des armes, et les gardiens du pouvoir. Mais ce sont les auxiliaires qui forment surtout le groupe le plus redoutable car c'est de leur degré d'attention aux exigences des gardiens et de leur docilité à la raison que dépendent l'unité et la stabilité de la cité. C'est donc surtout à cause d'eux qu'il faut régler l'économie, et pas tant à cause des producteurs qui, une fois désarmés, ne sont pas si redoutables. Sans doute est-ce pour cette raison que Platon ne dit pas grand-chose de leur mode de vie, tandis qu'il prend soin de détailler celui des auxiliaires et des gardiens, en insistant sur leur mise à l'écart de la vie économique telle qu'elle se développe dans la première cité puis dans la cité malade. Offrir à des gardiens et à des auxiliaires non éduqués le spectacle d'une économie tournée vers une consommation et une dépense effrénées, et plus encore les autoriser à y participer, serait fatal à la cité. Le lien est donc théoriquement très étroit entre la guerre et l'économie : le livre II nous apprend qu'une économie déréglée, c'est-à-dire privée du principe de spécialisation des fonctions et sans limitation des appétits, mène à la guerre externe ; le livre III, que des gardiens non éduqués risqueraient fort de déclencher une guerre interne.

La *République* assigne donc à la guerre des causes principalement économiques, même si ce sont davantage les auxiliaires et les gardiens que les producteurs qui risquent d'en être les propagateurs dans les cités mal dirigées. Ces causes prolongent sur le plan collectif la tendance anthropologique évoquée dans le *Phédon*. En effet, c'est par une expression proche de celle du *Phédon* que le livre II de la *République* désigne les causes de

1. *Rép.* III, 414b8-c2.

l'entrée en guerre de la cité : « la soif illimitée de posséder des biens » au-delà du nécessaire, qui se traduit par une inflation démesurée des besoins[1]. Sont ainsi mises de côté les causes strictement politiques de la guerre, d'autant que l'organisation sociale des cochons est encore dépourvue de *politeia*. Ainsi, aucun motif strictement politique n'est avancé pour rendre compte de l'expansion de la cité qui cherche à conquérir le territoire voisin : ni soif de vengeance ni visée stratégique ne sont mentionnées par Platon pour rendre compte de la guerre. Ce n'est pas davantage la surpopulation qui l'explique[2] : elle n'est qu'un facteur indirect de guerre, la cause première étant à chercher dans la tendance spontanée des appétits humains à la démesure.

Au livre II de la *République*, l'inflation des besoins est présentée comme nécessaire, et semble rendre la guerre nécessaire ou inévitable elle aussi :

> *Socrate* : Nous faut-il donc tailler une part du territoire de nos voisins, si nous voulons en avoir un suffisant pour faire paître et pour cultiver ? Et eux, ne faut-il pas qu'ils taillent aussi une part du nôtre, s'ils s'abandonnent également à l'acquisition illimitée de richesses et dépassent la limite du nécessaire ?
> *Glaucon* : De toute nécessité, Socrate, dit-il.
> Nous ferons donc la guerre, Glaucon, voilà la conséquence ? Ou en sera-t-il autrement ?
> Oui, c'est cela, dit-il[3].

Tout laisserait donc penser que la guerre de conquête est la finalité même de la cité. Mais Socrate propose ensuite une analyse originale des implications de la guerre, qui va se répercuter sur le statut de l'économie elle-même : avec le risque de sa destruction, la cité en paroles perçoit la nécessité d'introduire en elle-même un début d'ordre politique.

*Une armée séparée contre l'expansion économique de la cité, ou comment préserver l'*ousia *de la cité*

En inscrivant la cité en paroles dans un monde composé de multiples cités mues par les mêmes appétits, Socrate fait de la menace de destruction par la guerre le principe qui permet à cette cité de donner la priorité à la guerre défensive, et par là, à la limitation de l'économie et des besoins, sur

1. διὰ γὰρ τὴν τῶν χρημάτων κτῆσιν, *Phéd.* 66c7-8 ; χρημάτων κτῆσιν ἄπειρον, *Rép.* II, 373d9-10.

2. Contrairement à ce que soutient R. Waterfield, *Plato's* Republic, Oxford, Oxford University Press, 1993, p. 389.

3. *Rép.* II, 373d7-e3.

la guerre offensive. Là où l'on pouvait en effet s'attendre à la constitution d'une armée de conquête pour satisfaire la *pleonexia*, Socrate déçoit cette attente en mettant au premier plan la fonction défensive de cette armée. Celle-ci se bat en effet « pour la défense de l'*ousia* (ὑπὲρ τῆς οὐσίας ἁπάσης) dans son ensemble et pour celle des gens dont nous parlions tout à l'heure »[1]. Comment comprendre cette phrase ?

Le terme *ousia* a d'abord ici un sens matériel. L'*ousia*, c'est tout ce que possède la cité. À ce stade du dialogue, cela ne peut désigner que la sphère économique, ses fonctions et ses objets. Dans cette armée, ce seront ceux qui seront désignés ultérieurement comme auxiliaires, c'est-à-dire les militaires au sens propre, qui seront chargés de cette défense de la cité matérielle contre les agressions extérieures.

Mais l'expression τῆς οὐσίας ἁπάσης signifie aussi « l'essence dans son ensemble ». Entendons d'abord par là l'essence de la cité tout entière : contre la destruction menaçant tout ce qui devient, les futurs philosophes-rois, assistés des auxiliaires, devront donc organiser la cité de manière à en préserver la réalité ou l'essence. L'unité interne en est la condition[2], mais elle est menacée par la propension de nos appétits à la *pleonexia* : on se souvient par exemple que l'oligarchie n'est pas une mais deux cités, celle des pauvres et celle des riches[3]. Donner une armée à la cité constitue donc la première étape de la distinction fonctionnelle nécessaire à sa préservation, la seconde consistant dans le mode de répartition de ces fonctions. Cette distinction et cette répartition sont indispensables pour prémunir l'unité de la cité contre la polyvalence des individus et la préserver du déferlement de leurs appétits. Préserver l'*ousia* de la cité, c'est donc montrer qu'elle ne peut se cantonner à être une cité économique, sous peine de ne plus être une cité du tout : il faut qu'elle accède à une dimension politique. Les besoins et l'économie produisent (*poiein*, 369c9-10) l'*ousia* de la cité mais ne la conservent pas.

Plus généralement, c'est aussi l'essence en tant que telle que désigne l'expression τῆς οὐσίας ἁπάσης, et pas seulement l'essence de la cité. Nos appétits tendent à borner la réalité au sensible et à annuler la différence entre l'être et l'apparaître, entre l'être et le devenir. C'est alors la portée du *logos* et la possibilité du *logos* philosophique qui sont ici mis en cause : le *logos* ne peut-il dire que ce qui paraît, en croyant avoir atteint ce qui est, ou

1. *Rép.* II, 374a1-2.

2. Cf. *Phil.* 27b9 : le troisième genre est la « réalité (οὐσίαν) mélangée [de limite et d'illimité] et advenue ».

3. *Rép.* VIII, 551d5-7.

peut-il atteindre ce qui est véritablement en allant au-delà de ce qui paraît ? Il n'est donc pas fortuit que ce jeu sur la polysémie d'*ousia* intervienne à propos de l'économie, puisque nos appétits corporels érigent le sensible en seul critère de la réalité et rapportent l'être à l'avoir. Préserver l'*ousia* de la cité en réglant son économie, c'est donc aussi instaurer les conditions de possibilité du discours philosophique, de ce *logos* qui porte sur l'*ousia* véritable des choses, et qui doit assurer ainsi la sauvegarde de l'*ousia* de la cité en garantissant la conformité de la cité empirique à la cité intelligible[1].

Si la constitution d'une armée est nécessaire pour préserver la cité dans ce qu'elle a d'économique, c'est donc bien que la cité ne peut plus se cantonner à l'économie et que la guerre doit être prioritairement défensive. Dès lors, quelle influence le monde économique et le monde militaire subissent-ils l'un de l'autre ? C'est ce que permettent de comprendre les réponses de Socrate à trois remarques de Glaucon, la première au livre II, les deux autres au livre IV.

La première a lieu à l'occasion de l'introduction d'une armée de métier dans la cité, qui provoque la surprise de Glaucon[2]. Car à l'époque présumée du dialogue, même si le rôle rempli au sein de l'armée est fonction du statut social et de la capacité censitaire, tous les citoyens d'Athènes prennent part à la guerre[3]. Mais sa surprise s'explique aussi et surtout par la pertinence de son argument implicite : la cité la plus redoutable à la guerre et qui a le plus de chance de remporter la victoire n'est-elle pas celle dont chaque membre est apte au combat ?

Pour justifier la séparation de la fonction militaire des fonctions économiques, Socrate invoque alors deux arguments : celui de la spécialisation des tâches, utilisé au préalable pour assigner une seule et unique fonction à chacun des membres de la cité ; puis celui de la plus grande difficulté à maîtriser l'art militaire que n'importe quelle technique de production[4]. Néanmoins, si l'efficacité militaire était vraiment le souci de Socrate, les victoires de Marathon, de Salamine et de Platées offriraient d'éloquents contre-exemples à sa thèse et donneraient plutôt raison à Glaucon : la qualité des soldats n'est pas incompatible avec l'exercice de

1. Voir M. Dixsaut, « *Ousia*, *eidos* et *idea* dans le *Phédon* de Platon », *Revue philosophique de la France et de l'étranger*, Paris, P.U.F., N°4, oct.-déc. 1991, en particulier, p. 487-492.

2. *Rép.* II, 374a3.

3. Voir Y. Garlan, « L'Homme et la Guerre », dans *L'Homme grec*, Vernant J.-P., (dir.), Paris, Le Seuil, 1993, p. 96-100. Sur la date dramatique de la *République* : G. Leroux, *op. cit.*, p. 15-18.

4. *Rép.* II, 374c2-e3.

leur métier dans le civil. Plus encore, on peut supposer qu'un citoyen qui se bat pour préserver ses moyens de survie, ses propres biens, est plus ardent au combat qu'un soldat de métier qui se bat pour un bien commun. Car, comme dit Aristote, « les individus s'occupent principalement de ce qui leur est propre et moins de ce qui est commun »[1]. Quelle est donc l'intention de Socrate ?

Elle est de montrer que la recherche illimitée de la richesse est néfaste à l'unité de la cité. Attribuer les fonctions économiques et militaires à des groupes distincts est le moyen de délimiter une sphère de compétence de l'économie, et de donner ainsi à la cité une unité. Si l'on confiait les armes à ceux qui produisent, la cité n'étant pour l'heure qu'économique, cela reviendrait à leur donner les moyens d'accroître la tendance de leurs appétits à la multiplication illimitée, et de se lancer dans des conquêtes périlleuses. Le mal politique – Socrate a laissé en suspens la question de « savoir si c'est du mal ou du bien que cause la guerre »[2] – n'est donc pas tant la guerre que ce qui l'alimente. En raison du risque de destruction de la cité par la conquête, la séparation individuelle des fonctions réalise donc, au nom de l'unité et de la conservation de la cité, deux substitutions : la substitution de la guerre défensive à la guerre offensive en invitant à limiter les entreprises guerrières ; et, par conséquent, la substitution d'une économie limitée à une économie tendanciellement expansionniste.

Mais on ne saurait considérer comme réglé à si bon compte le rapport de l'économie et de la guerre. Car s'il est vrai que la *recherche* de la richesse peut s'avérer néfaste à l'efficacité militaire, en revanche la *possession* de la richesse semble indispensable. Comme Glaucon le rappelle très justement dans une seconde remarque, au livre IV de la *République* (421d1-423c4), la richesse est le nerf de la guerre : comment la cité qu'ils façonnent pourra-t-elle donc résister à une cité riche et grande, si elle ne l'est pas elle-même[3] ? L'histoire semble une nouvelle fois lui donner raison : la puissance militaire d'Athènes provient en effet de sa richesse et du tribut ou des contributions qu'elle réclame aux cités alliées des deux confédérations, celles du Vᵉ et du IVᵉ siècle[4]. Socrate soutient pourtant que la cité doit exclure tout à la fois pauvreté et richesse, cette dernière ne produisant que paresse et

1. *Polit.* II, 3, 1261b34-35.
2. *Rép.* II, 373e4-8.
3. *Rép.* IV, 422a4-7.
4. Sur le tribut payé par les alliés d'Athènes pour les dépenses militaires dans le cadre de la Symmachie de 476, et les contributions de la Seconde Confédération de 377 : C. Mossé, *Les Institutions grecques* [1967], Paris, Armand Colin, 1991, p. 122-130.

mollesse[1], et il se justifie par une réponse qui semble trop paradoxale pour être satisfaisante : « contre une seule cité, évidemment, [combattre] sera plus difficile, alors que contre deux cités de ce genre, ce sera plus facile[2]. » Car même si dans le combat individuel au pugilat, qui sert ici d'analogie à la guerre, le riche n'a pas pris la peine de s'exercer, cela ne rend pas le combat contre deux adversaires plus facile pour autant s'il faut les combattre en même temps, comme le voit Glaucon[3]. De plus, rien n'empêcherait cette cité ennemie de contenir d'un côté des citoyens riches et gras préoccupés uniquement de leurs affaires économiques, et de l'autre une armée de métier sur le modèle de la cité juste. Or le schéma de Socrate semble exclure ce cas de figure et laisse plutôt penser que les adversaires riches et gras sont eux-mêmes soldats. Pour Socrate, la cité ennemie doit donc sa faiblesse à l'absence de séparation entre la sphère économique, envisagée ici sous l'angle de la possession de biens, et la sphère guerrière : la paresse née de la richesse s'accommode mal de la rigueur exigée par les exercices militaires. Cette critique de l'amollissement (τρυφή) né de la richesse fait ici écho à l'amollissement qui a fait passer de la cité saine à la cité malade au livre II[4]. L'inefficacité militaire est donc un premier argument en faveur de la séparation de l'économie et des fonctions militaires. Elle est aussi surtout une première étape dans la critique du critère communément admis de la grandeur politique : la richesse.

Une dernière remarque de Glaucon dans ce passage permet à Socrate d'aller plus loin encore dans ce sens, et éclaire *a posteriori* le sens de sa première réponse, pour le moins paradoxale. D'après Socrate, le fait de ne pas valoriser les richesses confère à une cité deux avantages dans ses relations avec les autres cités : elle ne saurait susciter leur convoitise ; et l'endurance morale de ses soldats en fera toujours une alliée précieuse pour toute cité cherchant à s'approprier les richesses d'une autre[5]. Mais dans ce cas, demande Glaucon, si une cité accapare toutes les richesses, la cité sans richesses ne sera-t-elle pas impuissante contre cette dernière, quelle que soit l'endurance de ses soldats ? À quoi Socrate répond qu'en réalité cette cité riche n'est pas une mais deux cités, celle des riches et celles des pauvres, en guerre l'une contre l'autre. Cette désunion est même redoublée à l'intérieur de chacune de ces deux parties, qui sombrent en une multiplicité polémique, Socrate songeant sans doute ici à la concurrence des

1. *Rép.* IV, 422a1-3.
2. *Rép.* IV, 422a8-b1.
3. *Rép.* IV, 422b9.
4. *Rép.* II, 373e4-5.
5. *Rép.* IV, 422d1-7.

pauvres entre eux dans la course aux biens matériels, et à celle des riches rivalisant d'ostentation[1]. Ce que voulait donc dire Socrate dans sa réponse paradoxale précédente – se battre contre deux cités imparfaites est plus facile que contre une seule –, c'est que la cité riche n'est pas une cité une, mais un agrégat de clans et d'individus en guerre les uns contre les autres.

Tout ce passage du livre IV (421e7-423c1) vise donc à démentir trois opinions courantes sur ce qui fait la puissance politique d'une cité : premièrement, elle ne tient ni au nombre de ses soldats ni à sa réputation ni à sa richesse, mais à son unité interne[2]; deuxièmement, cette unité est incompatible avec la richesse, recherchée ou possédée, et donc avec l'expansion économique; troisièmement, l'efficacité militaire d'une cité ne tient pas à l'importance numérique de son armée mais à l'éducation de ses soldats et à leur indifférence à la richesse.

Reste donc à savoir où fixer les limites économiques de la cité. « Que la cité s'accroisse, dit Socrate, tant que, en s'accroissant, elle persiste à être une, mais pas au-delà[3]. » Contrairement aux *Lois*, qui indiquent un nombre fini de lots, cette limite n'est pas ici déterminée quantitativement : c'est plus généralement la suffisance des ressources (ἱκανὴ, 423c4) qui est la condition de cette unité interne. Ce qui suppose trois choses : une certaine indépendance économique, dont les conditions naturelles de la cité des *Lois* et les restrictions imposées à son commerce extérieur se feront l'écho; une éducation pour borner les appétits; et le respect de la tripartition fonctionnelle, comme le rappelle Socrate immédiatement après (423c6-d6) : si les types de fonctions sont distincts et si les fonctions sont réparties individuellement, alors les guerriers éduqués à ne pas valoriser la richesse n'entreprendront pas de guerre de conquête, et pas davantage les producteurs, qui ne sont pas militaires. L'efficacité militaire et l'unité intérieure supposent donc une économie réglée, subordonnée à une politique dont tout le travail est d'unifier la tendance à la multiplicité portée par l'économie et l'appétit de possession. Ce n'est qu'à ce prix que sera préservée l'*ousia* de la cité.

La guerre, épreuve du passage de la cité économique à la cité politique

Aux yeux de Platon, la guerre est donc essentiellement d'origine économique. Plus précisément, si une guerre est toujours politique au sens

1. *Rép.* IV, 422d8-423a2.

2. *Rép.* IV, 422c8-9; 423a8b-2; 423a7; c4. Même idée en *Crit.* 119a-c : en dépit de la démesure de son armée et de sa richesse, l'Atlantide ne peut rien contre l'unité interne de l'Ancienne Athènes. Voir *Tim.* 24e; 25b-c.

3. *Rép.* IV, 423b9-c1.

où c'est toujours une cité qui la déclare à une autre, elle ne l'est pas au sens où la politique en serait la cause déterminante. La guerre n'est politique qu'à condition de prendre le terme politique en son sens le plus bas, pour les cités qui ne sont pas vraiment des cités, soit pour Platon toutes les cités empiriques. Elles ne méritent pas d'être qualifiées véritablement de politiques parce qu'elles sont en réalité subordonnées aux impératifs d'une économie débridée[1].

L'économie menace donc la cité de deux manières : par l'expansion et la guerre qu'elle implique sous l'effet de l'augmentation des besoins, ou sous l'effet d'un amollissement interne qui l'expose à la dissension interne. On se souvient que Socrate a différé la question de savoir si la guerre produit un bien ou un mal[2]. Elle produit un mal si elle entraîne la disparition de la cité. Mais elle peut être aussi pour la cité l'occasion d'un passage à la politique proprement dite. Degré zéro de la politique, la cité organisée uniquement pour la satisfaction des besoins ne se conserve pas d'elle-même. La guerre, ou plutôt sa menace, la fait passer sur un plan politique supérieur en l'obligeant à créer un corps de spécialistes de la guerre et de la protection. Le comportement de la cité à la guerre est l'épreuve de son unité, de son agencement interne, et tel est bien le sens de la demande de Socrate au début du *Timée* : mettre en mouvement la cité de la *République* pour voir « comment cette cité rivalise avec les autres, comment elle entre en guerre avec le droit pour elle, et comment, dans la guerre, elle fait voir les qualités qu'ont transmises aux citoyens leur éducation et leur formation »[3]. Que l'économie livrée à elle-même entraîne la guerre ne fait pas pour autant de cette dernière la finalité de la cité : la fin est la conservation de la cité, et la guerre défensive l'un de ses moyens.

Platon considère donc la guerre comme une donnée politique inévitable et ne semble pas envisager la possibilité de la justice entre les cités[4], pour deux raisons au moins. Tout d'abord, la conception de la justice développée pour l'organisation de la cité et l'âme de l'individu semble difficilement applicable aux rapports entre les cités : pourrait-on concevoir une cité de producteurs soumise à une cité de gardiens ? La notion même de cité juste

1. Y. Garlan, *Guerre et économie en Grèce ancienne*, p. 21-40. Pour la thèse adverse, voir P. Vidal-Naquet et M. Austin : « Il serait dangereux d'affirmer que les guerres en Grèce avaient des "causes économiques". Les causes se situeront très souvent au niveau politique », *Économies et sociétés en Grèce ancienne*, Paris, Armand Colin, 1972, p. 26.

2. *Rép.* II, 373e4-5.

3. *Tim.* 19c2-8.

4. G. Leroux, *op. cit.*, note 76, p. 557-8. Voir aussi J.-F. Pradeau, *op. cit.*, p. 296; L.H. Craig, *The War Lover, A Study of Plato's* Republic, Toronto, University of Toronto Press, 1994, p. 15-17; H. Joly, *La Question des étrangers*, Paris, Vrin, 1992, p. 64 et 74.

impliquant une tripartition fonctionnelle, la transposition de ce schéma aux rapports entre les cités est inconcevable. Ensuite, la tendance des appétits à la possession au-delà du nécessaire, ainsi que la difficulté à instaurer le gouvernement des philosophes, rendent peu probable une justice interétatique. Le pessimisme anthropologique de Platon implique que la guerre est difficile à éviter.

Platon n'est donc ni un belliciste ni un pur pacifiste. Dans la *République*, il oppose un refus constant à la guerre offensive menée par la cité juste[1], et dans les *Lois* l'Athénien précise que « le plus grand bien, ce n'est ni la guerre ni la guerre civile – l'obligation de recourir à la guerre est détestable – mais la paix mutuelle et la bienveillance »[2]. Mais il s'oppose aussi aux tentatives faites pour sauver la paix à n'importe quel prix, attitude dénoncée dans le *Politique* (307e-308a) car elle peut conduire la cité à l'esclavage[3]. Après l'économie, la guerre s'impose donc comme le fait politique le plus nécessaire. Dans les deux cas est mise en avant l'instabilité fondamentale du monde politique, sur le plan interne comme sur le plan externe. Mais en mettant la cité face au risque de la mort, la possibilité de sa destruction par la guerre la fait ainsi accéder à une sorte de « conscience de soi », et passer de la précarité économique à la possibilité de la stabilité politique sur le plan intérieur.

Reste toutefois à prémunir la cité contre une autre guerre : celle qui la menace de l'intérieur, et qui a elle aussi, en partie, ses racines dans l'économie.

La guerre intérieure : causes économiques de la dissension

L'économie est un facteur de dissension (στάσις) dans la cité. La *stasis* a de multiples causes, dont les trois principales sont, il est vrai, de nature politique : la soif de pouvoir; le conflit sur les valeurs communes, qui crée dans la cité des partis opposés; plus généralement enfin, de mauvaises lois ou des constitutions imparfaites, comme par exemple celles qui motivent l'intervention de Platon en Sicile[4]. Mais les facteurs économiques – y compris ceux qui concernent la vie domestique, les relations entre les membres de l'*oikos* – ont également leur importance. On peut en dénom-

1. Contrairement à ce qu'affirme G. Leroux, *op. cit.*, note 90, p. 636.

2. *Lois* I, 628b6-c3 ; 628c9-11.

3. H. Joly, *op. cit.*, p. 64. Pour la thèse adverse : S. Grésillon, « Platon le pacifique », *Cahiers de philosophie politique et juridique*, N°10, Caen, 1986, p. 53.

4. Sur le premier motif de dissension : *Rép.* VI, 488a2-489a2; VII, 520c6-d1. Sur le deuxième : *Euthyph.* 7c10-d7; *Pol.* 306a8-308b9 sur la traduction politique du conflit des parties de la vertu. Sur le troisième : *L.* VII, 336d7-337b3; *Lois* IV, 708c2-d1; VIII, 832b10-c3.

brer trois. D'abord, l'appétit de richesses qui conduit à la guerre extérieure va de pair avec l'opposition des riches et des pauvres dans la cité elle-même. Ensuite, le désir de posséder conduit au bouleversement de la tripartition fonctionnelle, qui est l'une des conditions de l'unité politique : on a vu plus haut les dégâts que la πολυπραγμοσύνη causait sur la cité. Enfin, le sentiment d'appartenance à une communauté restreinte, en particulier domestique, se développe au détriment du sentiment d'appartenance à la communauté politique.

Ces trois éléments, relatifs au risque qu'une économie livrée à elle-même fait peser sur l'unité interne de la cité, apparaissent clairement dans le passage consacré au noble mensonge au livre III de *République* : pour éviter la *stasis* et « renforcer les relations mutuelles (ἀλλήλων) » de ces trois classes, il faut éviter de confier le pouvoir à l'homme de bronze ou à l'homme de fer, c'est-à-dire aux producteurs, sous peine de voir périr la cité[1]. On ne saurait être plus clair sur la menace que la suprématie économique fait peser sur la survie de la cité. Tandis que le livre II présentait la cité économique acculée à la guerre, et faisait alors apparaître la nécessité d'un ordre politique ou du moins militaire dans un premier temps, la leçon du noble mensonge est ici légèrement différente puisqu'on est en présence des trois classes qui composent la cité. Le livre II exposait la génération puis la corruption par la guerre à laquelle s'expose une cité qui ne serait qu'économique. Au livre III, il s'agit de montrer que la cité où la tendance anomique de l'économie s'accompagne d'une politique imparfaite est également vouée à la disparition par implosion interne, pour les trois raisons indiquées plus haut. Mais au livre II comme au livre III, l'économie est bien un facteur de trouble, contre lequel il faudra trouver des éléments stabilisateurs pour assurer la pérennité de la cité.

Une phrase sur le mode de vie des gardiens est particulièrement significative sur ce point au livre V de la *République*. Elle fait écho à l'hypothèse anthropologique du *Phédon* sur les causes des différentes sortes de conflits, mais elle offre l'intérêt de proposer une explication exclusivement centrée sur la dissension, et donc de se situer au niveau de l'organisation interne de la cité : la communauté économique des gardiens, matérielle et familiale, doit les « préserver de la dissension (ἀστασιάστοις) interne, de tout ce qui, à cause de la possession (κτῆσιν) de biens matériels, d'enfants et de parents fait que des hommes sont en dissension (στασιάζουσιν) »[2]. Avant d'expliquer en quoi la possession de ces trois éléments peut entraîner la dissension dans la cité, on ne manquera pas de s'étonner d'un passage de la *Lettre* VII,

1. *Rép.* III, 415d3-4.
2. *Rép.* V, 464d9-e2.

en contradiction flagrante avec celui-ci. Pour remédier aux multiples *staseis* qui ravagent Syracuse[1], Platon préconise en effet des dirigeants « tout d'abord âgés, qui ont femmes et enfants à la maison, qui comptent parmi leurs ancêtres le plus grand nombre possible d'hommes de bien et de personnages illustres, et qui possèdent tous une fortune suffisante »[2]. La contradiction s'estompe si l'on remarque que les dirigeants évoqués dans cette *Lettre* ne sont pas des philosophes, mais ceux qu'éclaire une opinion droite (δόξης ὀρθῆς, 336e3) et qui se maîtrisent eux-mêmes (ἐγκρατεῖς, 337a1-2). On peut donc supposer que dans leur cas, Platon considère ces possessions (femmes, enfants, biens matériels, honneurs), associées à la maîtrise de soi, comme un rempart supplémentaire contre toute tentative de corruption dont ils pourraient faire l'objet. La différence entre la proposition de Platon pour Syracuse et le meilleur régime est également perceptible dans la différence de leurs fondements épistémologiques : le projet pour Syracuse repose sur l'opinion droite, le meilleur régime repose sur le savoir ou la science politique[3]. En préconisant dans la *Lettre VII* de soumettre vainqueurs et vaincus aux mêmes lois[4], Platon envisage donc clairement le gouvernement de la loi qui, dans le *Politique*, est le critère second de la rectitude des régimes imitant au mieux le régime fondé sur le savoir ou la science politique, et dans lesquels nous sommes « nécessairement »[5] condamnés à vivre. C'est parce qu'il est ici sur le terrain de la pratique que Platon prend en compte cette nécessité et qu'il propose comme solution à Dion et à ses partisans non les philosophes-rois mais l'obéissance à la loi.

Expliquons donc maintenant la phrase du livre V de la *République* sur le mode de vie économique des gardiens, pour comprendre en quoi l'économie est l'une des causes des guerres intestines.

La possession matérielle : riches et pauvres

Que la recherche de biens matériels suscite le conflit dans la cité a été explicité plus haut à propos du livre VIII de la *République*. Quelques remarques supplémentaires sont toutefois nécessaires. Au livre VIII, les Muses « expliquent » la dégradation de la *politeia* idéale par la mystérieuse irruption d'une *stasis* entre les dirigeants, celle-ci étant due au réveil de

1. *L. VII*, 336d8-e1.
2. *L. VII*, 337b6-c1.
3. *Rép.* VIII, 543a1-7 ; *Pol.* 293c5-d3.
4. *L. VII*, 337c2-d2.
5. *Pol.* 293e1-5 ; 302e5-6.

l'appétit de possession[1]. Ce désir des biens matériels bouleverse le principe de la tripartition fonctionnelle et est à l'origine du conflit entre riches et pauvres qui, dans l'oligarchie, divise la cité en deux cités, celle des riches et celle des pauvres. Mais c'est avec la tyrannie que ce conflit déploie toute sa puissance de destruction à l'intérieur de la cité. Voici en effet comment Socrate décrit l'accession au pouvoir du tyran :

> *Socrate* : Celui qui est à la tête du peuple, quand il dispose d'une foule qui se laisse complètement convaincre par lui, ne s'abstient plus de goûter au sang de sa propre tribu : il accuse injustement les gens, comme ces hommes-là aiment à le faire, les traîne devant les tribunaux, et se souille du crime consistant à détruire la vie d'un homme ; il apprécie, d'une langue et d'une bouche impies, le sang des gens de sa race ; il exile et fait mettre à mort, tout en laissant entrevoir des suppressions de dettes et une redistribution de la terre. Un tel homme, après cela, n'est-il pas soumis à la nécessité fatale ou bien d'être détruit par ses ennemis ou bien d'exercer la tyrannie et de se transformer d'homme en loup ?
> *Adimante* : Si, c'est tout à fait nécessaire.
> C'est donc lui, dis-je, qui s'avère fomenter la dissension (ὁ στασιάζων) contre ceux qui possèdent les richesses.
> Oui, c'est lui[2].

Le tyran a besoin du soutien populaire pour prendre le pouvoir. Il promet donc de satisfaire les deux revendications économiques majeures du IVᵉ au VIᵉ siècle : l'annulation des dettes et le partage des terres. Il monte ainsi le peuple contre les possédants[3]. Laissées entièrement à sa discrétion, les mesures économiques décidées par le tyran signent donc la ruine de la vocation unificatrice de la politique. Une fois de plus, l'économie des mauvaises cités ne peut que déployer les effets néfastes auxquels ses assises anthropologiques l'inclinent naturellement. En ce sens, même si ces mesures sont *décidées* par le tyran, elles sont une manière de livrer l'économie à elle-même, c'est-à-dire de ne pas la régler.

Les *Lois* reconnaissent aussi au conflit entre riches et pauvres une part de responsabilité importante dans les guerres civiles qui déchirent les cités. Des deux sortes de guerres que l'Athénien distingue, extérieure et intérieure, la seconde est selon lui la plus difficile[4]. Elle est suscitée notamment par la différence de richesse : « l'excès en chacune de ces choses [la richesse et les biens] entraîne inimitiés et séditions (στάσεις) dans les cités comme

1. *Rép.* VIII, 545c8-d4 ; 547b2-c1.
2. *Rép.* VIII, 565e3-566a8.
3. Voir aussi 566e2-3 : « il libère les gens de leurs dettes et distribue la terre au peuple ainsi qu'à ceux qui l'entourent lui-même. »
4. *Lois* I, 629c6-d6.

dans les individus[1]. » La même idée réapparaît un peu plus loin : « Il faut sans doute, dans une cité qui cherche à échapper au pire des fléaux, dont la dénomination juste serait plutôt désunion (διάστασιν) que dissension (στάσιν), qu'il n'y ait chez certains des citoyens ni une embarrassante pauvreté ni une embarassante richesse, puisque cette double cause produit ce double effet[2]. » À propos des conséquences négatives de la pauvreté sur l'unité de la cité, l'Athénien formule une idée similaire à celle qui, dans la *République*, occasionnait la révolte des pauvres contre les riches et faisait passer de l'oligarchie à la démocratie : l'insuffisance de leurs moyens de subsistance rend les pauvres « prêts à suivre leurs meneurs pour marcher en armes contre les biens de ceux qui en possèdent »[3]. La répartition du territoire en lots agricoles dont la qualité ne peut varier que sur une échelle de 1 à 4 sera l'un des dispositifs permettant d'introduire une mesure entre la richesse et la pauvreté, de réduire l'antagonisme social né de la démesure de leur écart, et de promouvoir par l'économie le sentiment d'appartenance à un monde commun. Certes, ces mesures ne prendront sens qu'à l'aide de la persuasion et de la contrainte dont le législateur devra user pour orienter les désirs des membres de la cité, notamment en écartant par tous les moyens l'avidité pour les biens (φιλοχρηματία) et en introduisant l'esprit de justice[4]. Mais leur nécessité témoigne une nouvelle fois des risques que fait encourir à la conservation de la *polis* une économie livrée à elle-même.

La possession des femmes et des enfants

La phrase de la *République* est plus surprenante quant aux deux derniers objets qu'elle évoque comme motifs de dissension, à commencer par les enfants[5]. Utiliser le même vocabulaire de la possession (κτῆσις) pour les choses et les personnes ne s'explique pas seulement par le contexte historique, à une époque où, par son statut juridique, le citoyen était possesseur de son *oikos* et de tout ce qu'il comprenait, c'est-à-dire les biens matériels et les personnes (femme, enfants, esclaves)[6] : ce vocabulaire témoigne du fait que, selon Platon, un même appétit est à l'œuvre dans les deux registres, personnel et matériel, de l'économie domestique.

1. *Lois* V, 728e7-729a2.
2. *Lois* V, 744d3-7.
3. *Lois* V, 735e5-736a1. Cf. *Rép.* VIII, 556c8-e2.
4. *Lois* V, 737a4-6.
5. Voir aussi V, 453d2-3 : « la loi concernant la possession des femmes et l'élevage des enfants » ; 451c5-6 : « il n'y a pas d'autre façon correcte de posséder femmes et enfants. »
6. L. Gernet, *Droit et société dans la Grèce ancienne*, Paris, Sirey, 1964, p. 151-172.

Les conflits suscités par les rivalités autour de la possession des femmes sont familiers[1]. Ils commencent avec l'*Iliade*: c'est, entre autres, pour la possession d'Hélène que s'affrontent « les Achéens aux bonnes jambières » et les Troyens « dompteurs de cavales »[2]. Dans sa colère contre Agamemnon pour la possession de Briséis, Achille lui reproche d'être cupide (φιλοκτεανώτατε, I, v. 122), de ne songer qu'au gain (κερδαλεόφρον, I, v. 149)[3]. En revanche, l'idée que la possession des enfants puisse être cause de dissension n'a rien d'évident. Que veut donc dire Platon en parlant de possession des enfants, et en quoi cette possession peut-elle être motif de dissension dans la cité?

On peut avancer deux éléments de réponses, tous deux liés au thème de l'éducation. Le premier concerne le modèle d'éducation à transmettre. La crise des valeurs aristocratiques aux Vᵉ et IVᵉ siècles, et le bouleversement lié à l'apparition de l'enseignement sophistique dans le cadre de l'émergence des institutions démocratiques et de l'essor de la *polis* grecque, mettent en question la valeur du « schéma paternel » comme modèle éducatif à transmettre aux descendants mâles: « À cette époque [la première partie du Vᵉ siècle], le but principal des éducateurs est d'abattre les vieilles conceptions encombrantes, l'admiration traditionnelle pour une noble ascendance, qui ne se justifie que lorsqu'à cette noblesse s'ajoutent des qualités morales et intellectuelles comme la *sophia* et la *dikaiosunè*[4]. » Le discours de Lysimaque au début du *Lachès* fait écho à ces préoccupations: il s'interroge sur le contenu de l'éducation transmise par les pères[5]. On en trouve aussi trace dans le bouleversement des rapports hiérarchiques entre père et fils par quoi Platon explique ou décrit le passage de la

1. Même si les femmes n'apparaissent pas dans la phrase que nous commentons, il va de soi qu'elles rentrent dans le même schéma puisque les épouses seront communes chez les gardiens.

2. Ce qui n'exclut pas l'interprétation symbolique du personnage d'Hélène par les Grecs eux-mêmes : B. Cassin, *Voir Hélène en toute femme : d'Homère à Lacan*, Paris, P.U.F., 2000.

3. Voir la joute oratoire entre les deux chefs jusqu'au moment où Briséis est enlevée à Achille, *Iliade* I, v. 105-348.

4. W. Jaeger, *op. cit.*, p. 336. Sur le lien entre la crise politique et morale et l'émergence des sophistes, voir aussi, p. 371; H.I. Marrou, *Histoire de l'éducation dans l'Antiquité, I*, [1948], Paris, Le Seuil, 1964, p. 84-85; J. de Romilly, *Les Grands Sophistes dans l'Athènes de Périclès*, Paris, De Fallois, 1988, p. 25-28; G. Romeyer Dherbey, *op. cit.*, p. 4; W.C.K. Guthrie, *op. cit.*, p. 57; A. Capizzi, « La confluence des sophistes à Athènes après la mort de Périclès et ses connexions avec les transformations de la société attique », dans *Positions de la sophistique*, B. Cassin (éd.), Paris, Vrin, 1986, p. 167-177.

5. *Lach.* 178a1-180a5. Voir *Les Nuées*, v. 1468 : Strepsiade invoque « Zeus, dieu de la paternité (πατρῷον Δία) » dans l'espoir de recouvrer son autorité sur son fils Phidippide.

démocratie à la tyrannie dans la *République*[1]. Ce rapport filial sert aussi à illustrer le rapport entre le tyran et ses sujets[2]: il en est le «fils», et la politique qu'il mène lui vaut le nom de parricide (πατραλοίαν, 569b6).

Pour ce qui nous intéresse ici, trois concurrents sont en lice pour l'éducation de la jeunesse: les pères de famille associés aux «pères» éducateurs de la Grèce que sont les poètes; les sophistes décrits par l'Étranger comme des chasseurs de jeunes gens riches[3]; et Platon. À cette question historique et culturelle, ce dernier donne une pertinence philosophique sur les plans pédagogique et politique: le modèle éducatif à imiter et à transmettre implique que l'enfant soit investi de la valeur à laquelle obéit son éducateur, comme le souligne un passage du *Phèdre* à propos des rapports pédérastiques[4]. Sur l'enfant est projetée la valeur qui donne sens à la vie du père, comme sur l'éromène est projetée celle de l'éraste. La possession de l'enfant peut alors devenir un motif de rivalité entre les valeurs domestiques et les valeurs politiques. Le livre VIII de la *République* décrit superbement ces conflits en montrant comment la transformation psychologique du fils timocrate par rapport au père aristocrate procède par infiltration dans l'*oikos*, par l'intermédiaire de la mère, des valeurs sociales provenant d'une cité sujette au délitement et à la privatisation de la sphère publique[5]. Le fils est-il donc fils de son *oikos* ou fils de la *polis* et de sa *politeia?* Cette interrogation sur l'appartenance de l'enfant – domestique ou politique? – va donc de pair avec celle sur l'appartenance à soi: parce qu'ils ne reconnaissent comme propre que leur corps individuel[6], et parce que leur âme harmonieuse détient une science connaissant le bien de chaque partie et de l'ensemble[7], qu'il s'agisse de l'âme ou de la cité, les gardiens de la *République* renoncent à la possession familiale et transfèrent à la *politeia* et aux lois d'une cité droite la priorité jusqu'alors accordée à l'*oikos* dans la fonction éducative. Cela ne signifie pas la disparition de l'*oikos* mais plutôt le déplacement de sa fonction dans son rapport avec la *polis*. Cette opposition entre un principe d'éducation domestique et un principe politique est particulièrement nette dans le *Criton*. Selon Socrate, les lois ont pour fonction l'éducation des enfants (50d5-7), et le citoyen est

1. *Rép.* VIII, 562e7-9.
2. *Rép.* VIII, 568e7-569b8.
3. *Soph.* 223b1-7. W. Jaeger voit néanmoins une continuité entre les poètes, anciens éducateurs de la Grèce, et les sophistes, *op. cit.*, p. 343-345.
4. *Phdr.* 252c3-253c2.
5. *Rép.* VIII, 549c8-d3; et 550a1-4 sur ce que le fils, futur timocrate, entend hors de chez lui.
6. *Rép.* V, 464d8-9.
7. *Rép.* IV, 442c5-9.

leur rejeton (50e2-4). Le refus de la possession de ses enfants par Socrate et la priorité qu'il accorde au plan politique sur le plan domestique (51a7-c4) en matière d'éducation se marque aussi par la confiance qu'il peut avoir en ses amis : ils se chargeront de l'éducation de ses enfants, le critère implicite de cette amitié étant la commune obéissance aux lois. Que Socrate ait ou non la vie sauve, ses enfants ne seront donc pas moins bien élevés (54a1-b1). Le souci de l'éducation domestique des enfants fait partie de ces sujets qui détournent le grand nombre de la question la plus importante : savoir ce qu'est la justice (48b11-d7). Par conséquent, tant qu'il demeure étranger à cette question et à son contexte politique, ce souci concernant l'éducation entretient l'ignorance et, avec elle, la *stasis* nécessairement présente dans toute cité empirique[1].

Le second élément qui peut rendre compte de l'idée d'une « possession des enfants » et de la dissension qu'elle introduit dans la cité est à chercher au sein même de l'*oikos*, entre le père et la mère, cette dissension pouvant ensuite avoir des répercussions au niveau de la *polis*. Il suffit de rappeler l'influence que la mère tente d'exercer sur le fils de son époux aristocrate, en lui faisant part de ce qu'elle reproche à ce dernier. Détourner le fils du père, c'est donc le détourner du modèle éducatif à imiter. Mais au profit de quel autre modèle ? La dimension apolitique de la mère et épouse grecque s'accompagne d'un vide fonctionnel en matière d'éducation : pure réceptacle du futur citoyen dans l'idéologie sexuelle des Grecs, elle n'a pas de modèle éducatif politique à transmettre au fils, si ce n'est un modèle corrupteur ou fauteur de division dans l'*oikos* et dans la cité[2]. C'est pourquoi la revendication par Platon de l'égal accès à la fonction de gardien aux hommes et aux femmes, et à l'éducation qu'elle implique, rendra alors aussi ces dernières en mesure de transmettre une éducation droite. Mais si cette éducation est droite, pourquoi ne pas permettre à la philosophe-reine de reconnaître son enfant, contrairement à ce que préconise Socrate[3] ? C'est qu'il faut sans doute éviter toute expression du sentiment individuel, tel celui qui, comme dans maintes tragédies, lie « instinctivement » la mère

1. Sur l'injustice comme dissension (*stasis*) interne : *Rép.* I, 352a5-9. L'âme juste ne connaît aucune discorde : IX, 586e4-587a2.

2. Voir le désaccord entre Strepsiade et sa femme sur le nom et le genre de vie future de leur fils Phidippide avant sa naissance, *Nuées*, v. 60-72. Pour Aristophane comme pour Platon, la mère de famille a le mauvais rôle, qu'elle soit dépensière (*Nuées*, v. 55) ou geignarde (*Rép.* VIII, 549c8-e1). Voir N. Loraux, « Sur la race des femmes et quelques-unes de ses tribus », *Les Enfants d'Athéna* (1981), Paris, Le Seuil, 1990, p. 75-117, p. 106-107 en particulier sur la voracité féminine chez Hésiode et Simonide, pour qui la femme serait un principe de séparation plutôt que d'union.

3. *Rép.* V, 460c8-d1.

à sa progéniture et met en péril le lien de la cité si les fils doivent à partir à la guerre. Mais surtout, puisque les enfants filles sont aussi concernées, il s'agit de déplacer le centre de la relation de paternité et de maternité de l'*oikos*, avec ce qu'il contient de désir de possession et de risque de scission, vers une *polis* où prime le sentiment d'une appartenance commune.

Pour les gardiens, paternité et maternité sont donc des fonctions politiques dont la finalité éducative consiste à éliminer tous les facteurs de désunion dans la cité, en éliminant d'abord tout sentiment d'appartenance entre les individus. Relais essentiel de la transmission des valeurs et du rapport entre économie et politique, la possession des enfants est donc au cœur de l'articulation délicate entre cet aspect de l'économie domestique ancienne qu'est la vie familiale au sein de l'*oikos* et la vie politique au sein de la *polis*.

La possession de ce qui est apparenté

Le dernier élément de la phrase du livre V sur les causes de la dissension est d'interprétation plus délicate : en quoi la possession des parents (συγγενεῖς) peut-elle engendrer la dissension ? Et que peut signifier « posséder » des parents ? Les « parents » ne désignent pas ici les seuls géniteurs mais les membres d'une même famille, d'un même sang, et plus largement encore ceux qu'une ressemblance rassemble[1]. Tandis que le critère le plus étroit de l'appartenance à un même *genos* est celui de la consanguinité, Platon cherche ici à donner un sens politique à la parenté, qui ne désignait jusqu'alors que des relations « domestiques », et par là économiques. Plus généralement, il fait varier le critère de la parenté en fonction des problèmes envisagés. Par exemple dans la « première vague » – l'égale aptitude des hommes et des femmes à la fonction de gardien – les gardiennes sont dites apparentées (συγγενεῖς) à leur époux selon le critère du naturel philosophe et des aptitudes à gouverner[2]. Dès lors, à quels parents Platon fait-il référence dans la phrase du livre V et en quoi l'apparentement peut-il être séditieux ?

La parenté suppose une ressemblance, réelle ou supposée. Elle peut alors se fonder sur une propriété commune à plusieurs choses : l'assemblage des pièces de tissus, la cordonnerie ou la pelleterie sont parents

1. LSJ. *s.v.* συγγένεια. D'où l'usage de ce terme pour décrire le rapport de la pensée aux intelligibles, l'οὐσία, notamment dans le *Phéd.* 79d1-7 ; voir M. Dixsaut, note 164, p. 353 de sa traduction commentée du *Phéd.* et art. cit., p. 488. La συγγένεια se distingue de l'οἰκειότης, qui désigne les rapports entre tous les membres de l'*oikos*, esclaves compris, et n'implique pas nécessairement la consanguinité.

2. *Rép.* V, 456b1-3.

(συγγενῶν) du tissage en ce que, comme ce dernier, ils relèvent de l'art qui produit des moyens de « faire obstacle (προβληματουργικῆς) »[1]. Mais la parenté peut aussi porter sur un intérêt partagé, sur une valeur commune : la question est alors de savoir qui assigne cette valeur ou comment elle est instituée. À propos des liens humains et divins, l'Étranger souligne à la fin du *Politique* que ce n'est pas en général l'adhésion à une valeur commune qui est cause de la parenté (συγγένεια) mais que c'est au contraire la parenté portée par une similitude dans le caractère, modéré ou énergique, qui détermine une même manière de juger du différent et du proche et qui est à l'origine des valeurs communes : « selon leur parenté (συγγένειαν) avec les uns ou les autres de ces caractères, les individus en louent certains parce qu'ils les jugent familiers (ὡς οἰκεῖα σφέτερα) – les leurs – et ils blâment ceux de leurs opposants parce qu'ils les jugent étrangers »[2]. Ce que dénonce ici l'Étranger, c'est que la distribution du même et de l'autre ne procède pas d'une analyse objective de ces caractères mais sont déjà présupposés dans un jugement dont le principe est le caractère de celui qui le formule : le familier, c'est par avance ce qui est mien ; l'étranger fait toujours déjà partie de ce qui est présupposé comme différent de soi. C'est « ce qui est nôtre » qui nous fait juger quelque chose comme familier. C'est ce que suggère en parallèle le second membre de la phrase : « [les individus] blâment [les caractères] de leurs opposants parce qu'ils les jugent étrangers. » Familiarité et étrangeté ne sont pas des jugements reposant sur une analyse de l'objet, mais sont préjugées en vertu d'une différenciation préétablie du même et de l'autre. Cette manière de juger où l'on ne « sort pas de soi » ne peut donc que produire du conflit : l'identification du même et de l'autre est toujours auto-identification, donc toujours partielle et partiale. Ces différences de caractères entre les individus suscitent ainsi « une profonde haine sur des sujets sans nombres »[3].

Pour la cité dans son ensemble, cette manière de (pré)juger est cause de la maladie la plus grave, celle qui introduit entre ces deux « familles [de caractère] […] haine et dissension (στάσιν) au plus haut degré »[4]. Qu'il s'agisse des « modérés » ou des « énergiques », les liens humains du mariage se font alors en général par affinité de caractère dans l'intérêt du *genos*

1. *Pol.* 280d6. Voir plus largement 280a8-e5. Pour l'adjectif συγγενῶν : 280b4.

2. *Pol.* 307d1-3. Sur ce passage, voir M. Lane, *Method and Politics in Plato's* Statesman, Cambridge, Cambridge University Press, 1998, p. 174-182. Je suis C.J. Rowe (*Plato's* Statesman, p. 241) sur l'inutilité de la correction de Stephanus οἰκεῖα <καὶ> σφέτερα.

3. *Pol.* 307d3-4.

4. *Pol.* 308b2-4.

« alors qu'il faudrait faire le contraire »[1]. Car personne se s'aperçoit que cette attraction pour le même, si elle renforce pour un temps la tendance propre de ce caractère, finit par le dénaturer – les modérés deviennent mous et les énergiques furieux[2] – et par diviser la cité. On trouve la même idée dans les *Lois* : le législateur doit inciter les hommes à ne pas chercher les mariages de fortune et à ne pas s'unir avec ce qui leur ressemble, car « il en résulte dans la cité tout entière un déséquilibre, tant des fortunes que des mœurs et façons de vivre »[3]. C'est le choix de la solution de facilité, d'une action menée « sans droite raison (οὐδ' ἐξ ἑνὸς ὀρθοῦ λόγου) et selon la facilité du moment (ῥᾳστώνην) »[4] qui, parce qu'il empêche d'envisager la cité comme totalité une, est placé par Platon à l'origine de ce mouvement d'auto-corruption des naturels.

Un bon tissage d'éléments est donc requis pour recomposer l'unité propice à la cité et maintenir la puissance de chacun des deux caractères dont elle a précisément besoin. L'unité du tissu politique se constitue donc contre la cette tendance spontanée de l'économie domestique dans sa dimension familiale : là où cette économie tend à séparer le même de l'autre et procède à des assemblages par similitude aboutissant à des conflits, le politique doit unir le même et l'autre selon un savant mélange.

Est-ce à dire que l'unité artificielle composée par les gardiens ne relève pas de la parenté (συγγένεια) ? C'est ce que dément la *République* où, à l'occasion du noble mensonge, est proclamée la parenté des trois classes de la cité[5]. En d'autres termes, à la parenté comme tendance spontanée à l'identification au même et à l'exclusion de l'autre telle qu'elle se développe dans l'économie domestique d'une cité mal dirigée et mal constituée, Platon substitue une parenté politique, qui procède d'un point de vue unifiant sur les différentes composantes de la cité. Il est alors conduit à déplacer les critères du proche et de l'étranger, comme il le fait à propos de la distinction entre guerre et dissension, selon que l'ennemi est grec ou barbare[6].

Qu'il s'agisse des relations composant la vie domestique ou de l'acquisition des biens, l'économie aboutit donc à la même catastrophe lorsqu'elle est abandonnée à elle-même, comme c'est le cas, certes à des degrés divers,

1. *Pol.* 310b10-e4. En 310b10, je ne suis pas la correction de Stallbaum qui substitue ἤθη à γένη. Voir la note de C.J. Rowe, *op. cit.*, p. 244 sur le sens familial et caractérologique de ce dernier terme. Même idée dans les *Lois* VI, 772e7-773e4.

2. *Pol.* 310d6-e3.

3. *Lois* VI, 772e7-773e4.

4. *Pol.* 310c4-5.

5. *Rép.* III, 415a7-8.

6. *Rép.* V, 470b4-471a3.

dans toutes les cités empiriques : la destruction de la cité comme entité politique.

Les dangers que fait courir la tendance spontanément anomique de l'économie conduisent donc à la conclusion suivante : il faut produire le citoyen et la cité en encadrant leur développement. Livré à lui-même, l'homme se révèle en effet l'animal le plus apolitique, le plus divisé contre lui-même et le plus hostile à toute la collectivité dont il a pourtant besoin, de même que la cité court à sa perte si la propension à l'expansion économique qui la fait naître se poursuit sans limites. C'est ce qui explique que dans le *Politique*, la politique soit conçue comme un art constructeur et conservateur de son objet, sur le modèle du tissage, et qu'elle fasse valoir son autonomie et sa précellence sur les arts de la sphère économique dans l'élaboration de la cité. Quelles mesures Platon préconise-t-il donc pour régler l'économie et rendre la cité « vraiment » politique ? Comment l'art politique se démarque-t-il des arts économiques qu'il doit se subordonner, alors même qu'ils prétendent eux aussi « faire » la cité ? C'est ce que nous allons voir maintenant, en nous demandant si la conquête d'une sphère politique autonome et réglant l'économie implique pour Platon que celle-ci perde sa spécificité.

CHAPITRE III

RENDRE L'ÉCONOMIE *VRAIMENT* POLITIQUE

Si, livrée à elle-même, l'économie fait et défait la cité d'un seul et même mouvement, comment s'assurer de ses bienfaits sans pâtir de ses méfaits ?

La cité des cochons a offert l'improbable modèle d'une économie droite : modèle d'une vie réglée dans une cité véritable parce que saine, mais modèle improbable en raison des présupposés anthropologiques de Platon, pour qui la cité des cochons ne saurait être vraiment humaine. Le salut de la cité n'est donc possible qu'à deux conditions étroitement liées : il faut concevoir un art politique autonome et régulateur des pratiques économiques, et concevoir aussi des pratiques économiques qui contribuent en retour à maintenir l'autonomie de la politique et l'unité de la cité. C'est un renversement de l'ordre, ou plutôt du désordre, spontané des choses que Platon appelle de ses vœux. Dans les cités empiriques, l'économie a en effet tendance à se « politiser » d'elle-même au sens où elle instrumentalise la politique, notamment en subordonnant l'intérêt de la cité à celui des intérêts économiques et « politiques » des dirigeants. Pour bâtir la cité droite, il faut au contraire politiser vraiment l'économie, c'est-à-dire la soumettre à une politique elle-même autonome, régulatrice, et capable d'inventer des pratiques et des institutions économiques propices à sa propre autonomie et à l'efficacité attendue de l'économie. On pourrait certes craindre que, subordonnée à la politique, l'économie perde sa spécificité, qu'elle ne devienne qu'un simple rouage politique, que « l'État absorbe tout, [qu'il n'y ait] plus rien de privé, plus rien qui appartienne à l'économie domestique »[1]. Au contraire : politiser vraiment l'économie est le seul moyen

1. A. Espinas, « L'art économique dans Platon », *Revue des études grecques*, N°27, 1914, p. 111.

d'assurer l'efficacité et de la politique et de l'économie, en distinguant leur causalité propre.

C'est pourquoi on ne saurait comprendre l'économie de Platon en se contentant de décrire ou de rappeler la liste des mesures qu'il préconise : ni celle, très réduite et purement programmatique de la *République*[1], ni celle bien plus détaillée des *Lois*, présentée dans l'Annexe 2. Ces mesures ne prennent sens que rapportées au motif qui les fonde, au principe qui les dirige, et qui consiste principalement en l'instauration d'un rapport de commensurabilité entre le monde privé et le monde commun. Après avoir montré comment, en distinguant l'efficience politique de l'efficience économique, Platon préserve l'art politique de la concurrence des arts de la sphère économique dans la course au titre de cause de la cité, on se penchera ensuite sur les trois moyens principaux grâce auxquels il instaure cette commensurabilité entre ces deux mondes : la mise en place d'une commune mesure entre l'*oikos* et la *polis*, grâce à l'institution du lot (κλῆρος) ; la redéfinition des critères de répartition des fonctions politiques et économiques par l'accès des femmes à la politique ; l'élaboration du concept de « fonction propre ».

LES RIVAUX ÉCONOMIQUES DU POLITIQUE : EFFICIENCE POLITIQUE ET EFFICIENCE ÉCONOMIQUE

Platon voit dans les acteurs économiques de redoutables concurrents du politique : ils prétendent en effet être en mesure de conduire la cité. Quels sont donc leurs motifs, et pourquoi Platon rejette-t-il la légitimité de leur revendication ?

Nourrir la cité

Les agents économiques sont les nourriciers de la cité, et en ce sens, il va de soi qu'ils la font. Le livre II de la *République* montre comment, avant

1. « *Socrate* : Mais que dire, au nom des dieux, dis-je, de ces affaires qu'on traite sur l'agora, des conventions que, sur l'agora, en matière de contrats, les uns et les autres concluent entre eux ? Et, si tu veux, des contrats concernant les travailleurs manuels [...] et de ce qui se passe au cas où il est nécessaire, pour les taxes, de les percevoir ou de les instituer sur les marchés ou sur les ports, ou bien encore plus généralement de tout ce qui concerne la réglementation des marchés, celle des villes ou celle des ports, et tous les détails de ce genre ? Aurons-nous l'audace, en ces matières, d'édicter des lois ? *Adimante* : Non, dit-il, il ne vaut pas la peine de donner à des hommes de bien [les gardiens] des instructions ; la plupart des détails qu'il faudrait fixer par la loi, ils les fixeront facilement d'une façon ou d'une autre », *Rép.* IV, 425c10-e2.

l'apparition des gardiens, la nécessité de satisfaire nos besoins fait d'abord de la cité une société économique. Mais le statut politique de cette fonction nourricière n'est pas dépourvu d'ambiguïté, notamment si l'on compare la *République* et le *Politique* : si elle contribue à l'unité politique dans le cadre d'une réciprocité fonctionnelle entre les groupes constituant la cité droite dans le premier dialogue, elle permet au contraire aux acteurs économiques de revendiquer l'exercice du pouvoir dans le second.

Les nourriciers et les protecteurs de la cité : une réciprocité illusoire ?

Dans un passage de la *République* (V, 463a1-b9), les membres du peuple sont qualifiés de « donneurs de salaires et nourriciers (Μισθοδότας τε καὶ τροφέας) » (463b3). Que le peuple soit nourricier se comprend aisément : c'est lui qui procure leur nourriture aux gardiens et à leurs auxiliaires, le principe de spécialisation des fonctions ne permettant pas à ces deux groupes de subvenir par eux-mêmes à leurs besoins. Mais comment comprendre que le peuple soit qualifié de « donneur de salaire » ? À qui donne-t-il un salaire et en quoi consiste ce salaire ? Celui-ci n'est pas à mettre sur le même plan que le salaire perçu par ceux qui vendent leur force de travail de la part d'employeurs appartenant eux-mêmes au peuple[1]. Le salaire des gardiens et des militaires dont parle ici Socrate est en réalité une indemnité en nature que leur versent les producteurs, comme le suggère au début du livre III la réponse de Socrate à l'objection d'Adimante sur le bonheur des gardiens. Selon ce dernier, les militaires semblent être « des auxiliaires salariés (ὥσπερ ἐπίκουροι μισθωτοί) installés dans la cité qu'ils ne font que surveiller (*phrorountes*) ». « Oui, répond Socrate, [...] et cela seulement en étant nourris et sans même recevoir de salaire en plus de leur nourriture (ἐπισίτιοι καὶ οὐδὲ μισθὸν πρὸς τοῖς σιτίοις), comme en reçoivent les autres salariés[2] [...] » Pour ces auxiliaires, et *a fortiori* pour les gardiens, le salaire se résume à une indemnité en nature qui leur garantit le nécessaire[3].

Mais pour comprendre comment Platon procède à l'intégration politique des fonctions économiques dans la cité juste et réduit la prétention des agents économiques à faire la cité, et par là à la gouverner, il faut voir

1. *Rép.* II, 371e3-5.
2. *Rép.* IV, 419a10-420a3.
3. Ce μισθός platonicien est donc aux antipodes de celui institué par Périclès pour indemniser les juges, puis étendu par la suite aux membres des Assemblées. Voir S. Halliwell *Plato.* Republic 5, Warminster, Aris and Phillips, 1993, p. 174. *Constitution des Athéniens* 27, 3-4 ; 62, 2.

que ces deux appellations, « nourricier » et « donneur de salaire », ne sont pas celles que le peuple se donne à lui-même. Ce sont celles qu'utilisent les gardiens à leur propos lorsque la cité se rapproche « d'une personne unique », au lieu de celle d'« esclaves » (δούλους), couramment employée par les dirigeants envers leur peuple dans les cités mal constituées[1]. De même, dans cette cité juste, le peuple nomme ses dirigeants « sauveurs et auxiliaires », et non plus « maîtres » comme dans les mauvaises cités[2]. Outre un éventuel souci « de substituer le plus possible à l'obéissance forcée l'obéissance spontanée, et de réduire ainsi les sources de tension à l'intérieur de l'organisme social »[3], il s'agit surtout pour Platon de démasquer les usages purement nominaux, et en un sens idéologiques, du terme de « citoyen »[4] : ces usages dissimulent en réalité des rapports d'exploitation ou d'asservissement des dirigés par les dirigeants. Platon peut ainsi substituer à un rapport politique pensé sur le modèle de la servitude un rapport fondé sur une réciprocité complémentaire des fonctions au sein d'une communauté politique une. Au rapport despotique que l'on trouve dans l'*oikos*, il substitue un rapport politique. Analysons donc cette réciprocité.

Le but politique déclaré de cette réciprocité fonctionnelle est de promouvoir l'unité de la cité. Mais cette substitution dans les appellations mutuelles est aussi à lire en termes économiques. Elle souligne en effet l'usage que Platon fait du modèle économique domestique traditionnel pour élaborer sa cité. Il récuse la pertinence de la relation despotique, c'est-à-dire entre le maître et les esclaves, fondamentale au sein de l'*oikos* à son époque, pour penser la relation politique. Car la relation despotique ne saurait constituer une cité véritable mais deux, celle des maîtres et celle des esclaves, quand bien même tous y porteraient le nom de « citoyens ». Platon lui préfère une relation d'échange, qui toutefois n'abolit pas la hiérarchie des fonctions.

Dans ce passage de la *République*, le rejet de ce modèle obéit à deux motifs. D'une part, la fonction nourricière et productive de l'esclave qui a lieu traditionnellement dans l'*oikos* en est ici extraite et attribuée à un groupe constitutif de la cité. Comme au livre II de la *République*, en faisant sortir la production du cadre de l'*oikos* pour la placer dans celui de la *polis*, l'économie est donc présentée ici aussi comme une question politique même si concrètement, en dépit du silence de Platon sur ce point dans la

1. *Rép.* IV, 462c10-d7 et *Rép.* IV, 463b4-5.
2. *Rép.* IV, 463b1 ; 463a8.
3. Y. Garlan, *Les Esclaves en Grèce ancienne*, [1982], Paris, La Découverte, 1995, p. 151.
4. *Rép.* IV, 463a1-5. Voir S. Halliwell, *op. cit.*, p. 174.

République, rien n'empêche que cette production s'effectue dans des *oikoi*. Mais ce seraient des *oikoi* conçus du point de vue politique, subordonnés à l'unité de la cité. Reste alors à s'assurer que les dirigeants n'asserviront pas les producteurs à leurs désirs, comme c'est le cas dans les mauvaises cités. En d'autres termes, comment éviter de reproduire à l'échelle de la cité la relation despotique propre à l'*oikos*, sans toutefois que les producteurs tirent argument de leur nombre pour exercer le pouvoir, et consentent à le confier aux gardiens ?

Pour parer à ce danger, il faut donc d'autre part instaurer un échange avec le groupe que les producteurs nourrissent. En échange de la subsistance qu'il reçoit de leur part, ce groupe doit les sauver ou les secourir (σωτῆράς τε καὶ ἐπικούρους[1]). En d'autres termes, dans la cité idéale, le modèle domestique de la production, qui consiste, principalement pour des esclaves, à produire pour d'autres, n'est pas aboli mais déplacé au niveau commun de la cité, dans le cadre de ce qui a toutes les apparences d'une transaction juste : en échangeant « protection contre nourriture », les deux parties échangent les moyens d'assurer leur survie individuelle mais aussi leur vie en commun, notamment en atténuant le ressentiment des producteurs envers les riches puisque cette transaction contribue à rendre impossible l'enrichissement des dirigeants[2]. La légitimité des rapports économiques n'est donc ici pensable qu'en termes politiques : quand bien même chacun ne pense qu'à son intérêt propre, selon le schéma de la cité naissante au livre II de la *République* (369c6-8), la satisfaction des besoins doit s'inscrire dans le cadre d'une réciprocité conçue au niveau collectif plutôt qu'individuel pour que la cité puisse perdurer.

On pourrait toutefois dénoncer ce que cette transaction « nourriture contre protection » semble comporter d'injustice ou tout au moins d'inégalité, voire d'idéologie[3] : les termes du contrat implicite sont posés par les seuls gardiens ; l'acceptation de la spécialisation des tâches, qui oblige les producteurs à renoncer à l'exercice du pouvoir, n'a pas été soumise à débat ; les producteurs, privés d'armes, ne peuvent que se soumettre à la force armée des auxiliaires. Dans ces conditions, comment refuseraient-ils de produire pour les auxiliaires et les gardiens ? Autrement dit, ces changements d'appellation pour les différents groupes de la cité ne sont-ils pas

1. *Rép.* IV, 463b1.

2. S. Halliwell, *op. cit.*, p. 174.

3. C. Meillassoux évoque dans les mêmes termes une situation analogue dans certaines sociétés africaines : *Anthropologie de l'esclavage : le ventre de fer et d'argent*, [1986], Paris, P.U.F., 1998, p. 224-225.

« un peu forcés »[1], et Platon échappe-t-il véritablement au modèle despotique qu'il prétend récuser ? En refusant la servitude pour les producteurs, s'agit-il vraiment de se prémunir contre les abus possibles de dirigeants qui exerceraient le pouvoir sans contrepartie pour les gouvernés ? Ou bien n'est-ce là qu'un subterfuge commode qui permet aux gardiens de conserver le pouvoir et, en se réfugiant derrière une transaction dont l'apparence de justice servirait de caution à la répartition des fonctions, d'interdire ainsi l'éventuelle candidature des producteurs à l'exercice du pouvoir ?

Ces objections doivent nous éclairer mais pas nous aveugler. Le souci de Platon de penser les rapports entre les citoyens sur un modèle qui ne soit pas celui de la servitude est constant, la seule servitude politiquement légitime étant celle de tout un chacun à la loi, comme le rappelle l'Athénien dans les *Lois* : « là où la loi est le maître (δεσπότης) de ceux qui détiennent l'autorité, là où ceux qui détiennent l'autorité sont les esclaves (δοῦλοι) de la loi, c'est le salut que j'entrevois et avec lui tous les biens que les dieux accordent aux cités »[2]. En outre, dans la *République*, Platon semble plus soucieux de s'interroger sur la nature de la compétence requise pour l'exercice légitime du pouvoir que sur les éventuels motifs des producteurs à l'exercer, au point qu'il semble lui-même leur donner incidemment des arguments en ce sens. En effet, au livre II, les fonctions les plus nécessaires étaient bien celles des producteurs, et si l'on peut concevoir aisément, sur la base d'une autre anthropologie, une cité sans armée, il est presque impossible d'en concevoir une sans agriculteurs, sans tisserands et sans maçons. Platon ne fournit-il donc pas lui-même aux producteurs des arguments pour réclamer les rênes de la cité et subordonner la politique à l'économie ? Parce que son objectif n'est pas tant de définir l'art politique que de rechercher les conditions de possibilité d'une cité et d'une âme justes, la *République* ne se penche pas davantage sur cette difficulté. Le *Politique* en revanche y est nettement plus attentif.

Berger de la cité : les limites du modèle pastoral

Dans ce dialogue qui se propose de définir ce qu'est l'art politique, la première division des arts aboutit à faire du politique le pasteur du troupeau humain : le politique « paît un troupeau auquel il manque des cornes »[3]. Or l'Étranger critique ensuite cette conception très répandue du pouvoir politique – on la trouve chez Xénophon ou dans la bouche de

1. Voir G. Leroux, *Platon, République, op. cit.,* note 58, p. 630.

2. *Lois* IV, 715d4-6 ; voir aussi III, 700a3-5.

3. *Pol.* 265d3-4. Voir plus largement 258b-267c. Le politique est assimilé à un éleveur (261d3-10) avant d'être qualifié de pasteur.

Thrasymaque[1]. Pourquoi une telle critique? Parce que le modèle pastoral aboutit à confondre le politique et l'économique. Concevoir le politique comme un pasteur, c'est rendre légitime la candidature des acteurs économiques de la cité à l'exercice du pouvoir politique, parce que la fonction politique est alors conçue comme un rapport transitif et direct du politique à la cité et aux citoyens, sur le modèle des multiples fonctions que le pasteur exerce directement sur ses animaux.

Des agents économiques au bouvier

Avant d'examiner la critique du modèle pastoral, notons que dans la division qui a abouti à ce résultat, certains exemples pris pour illustrer les déterminations retenues à chaque étape en vue d'atteindre l'art politique ne sont pas simplement des exemples du type de science ou d'art qu'on cherche à définir, mais des exemples choisis parce qu'ils seront des prétendants au titre de politique : ainsi des hérauts (260d7-e2) qui réapparaîtront en 290b1-7 parmi les arts subordonnés à l'art politique, mais aussi et surtout, dans le domaine économique, des producteurs vendeurs de leurs propres produits (οἱ αὐτοπῶλαι) et des revendeurs (οἱ κάπηλοι) (260c6-d6). La distinction entre vendre ce qu'on a produit soi-même et vendre ce qu'on n'a pas produit soi-même sert ici d'exemple analogique (καθάπερ) à la distinction entre donner ses propres ordres et transmettre ceux d'autrui, cette différence permettant de classer l'art royal parmi les arts qui prescrivent par eux-mêmes (αὐτεπιτακτικήν, 260e6). Comme les hérauts, les revendeurs seront candidats au titre de politique en 290a1 puis relégués par l'Étranger dans les subordonnés de l'art politique[2]. Ce choix des exemples est donc révélateur d'une préoccupation constante de Platon de distinguer la compétence politique des compétences relevant de la sphère économique. C'est ce que confirme la suite du dialogue où l'Étranger expose les limites de cette première division. La fonction d'élevage n'est en effet pas

1. « Comme le pasteur doit, selon [Cyrus], tirer profit de son troupeau en assurant son bonheur – dans la mesure où le bétail connaît le bonheur – de même le roi doit tirer parti des cités et des hommes en leur assurant une vie heureuse », Xénophon, *Cyr.* VIII, 2, 14. Voir aussi I, 1, 1-3, et *Mem.* I, 2, 32 et III, 2, 1. Pour Thrasymaque : *Rép.* I, 343b1-c1. (Je remercie Annie Larrivée de m'avoir suggéré cette dernière référence.)

2. Si, contrairement aux revendeurs (οἱ κάπηλοι), les producteurs-vendeurs (οἱ αὐτοπῶλαι) ne figurent pas explicitement parmi les subordonnés du politique en 290a1, c'est sans doute parce que l'Étranger ne souhaite mentionner aucun producteur parmi ces subordonnés, l'enjeu étant de distinguer le politique de toutes les pratiques non productives qui, dans la cité, prétendent réaliser le tissu politique lui-même (τὸ πλέγμα, 289c5). Ceci expliquerait également la mention des négociants (οἱ ἔμποροι) dans les deux passages (267e7; 290a1), ainsi que celle des armateurs (οἱ ναυκλήροι) en 290a1 (dont l'absence en 267e7 demeure alors inexplicable).

l'apanage du seul politique mais de tous les pasteurs. Il faut donc l'en distinguer et déterminer beaucoup plus précisément quelle est sa fonction, si elle ne consiste pas à nourrir ou à élever le troupeau humain. Le passage du *Politique* est le suivant :

> *L'Étranger* : Considérons donc la différence entre l'ensemble des pasteurs et les rois.
> *Socrate Le Jeune* : Laquelle ?
> Si un autre, bien que portant le nom (ὄνομα) d'un autre art, affirme à quelqu'un et prétend qu'il est, en commun, co-éleveur (σύντροφος) de son troupeau avec le roi [1].
> Explique-toi.
> Par exemple : tous les négociants, les cultivateurs et les boulangers [2], en y ajoutant les maîtres de gymnastique et la famille des médecins, tu sais bien que tous ceux-là, à l'aide d'arguments, batailleraient ferme contre ceux que, pasteurs dans le domaine des choses humaines, nous avons appelés (ἐκαλέσαμεν) politiques, soutenant qu'eux-mêmes (σφεῖς) prennent soin de l'élevage des hommes; non seulement des hommes composant le troupeau, mais aussi des gouvernants eux-mêmes.
> N'auraient-ils pas raison de le dire ?
> Peut-être bien. Cette question, nous l'examinerons, mais ce que nous savons bien par contre, c'est qu'à un gardien de bœufs, en tout cas, personne n'adressera la moindre contestation là-dessus : le bouvier, c'est lui (αὐτός) l'éleveur de son troupeau, lui (αὐτός) son médecin, lui (αὐτός) son marieur (ὁ νυμφευτής) en quelque sorte, et en ce qui concerne les rejetons issus des procréations et les accouchements, c'est lui le seul à s'y connaître (μόνος ἐπιστήμων) dans l'art des sages-femmes. En outre, dans la mesure où la nature de ses nourrissons permet qu'ils prennent part au jeu et à la musique, aucun autre (οὐκ ἄλλος) n'est plus doué pour les stimuler ou les apaiser (παραμυθεῖσθαι) par le charme de son chant, exécutant d'excellente manière, avec ou sans accompagnement d'instruments, la musique adaptée à son propre troupeau. Et évidemment, il en va de même pour les autres pasteurs, n'est-ce pas ?
> C'est tout à fait juste.
> Mais alors, comment notre définition du roi nous paraîtra-t-elle correcte [3] et distincte, quand nous établissons que c'est lui le pasteur et l'éleveur du

1. En 267e4, je lis τῳ, enclitique attique équivalent à τινι. Voir L. Campbell : *The* Sophistes *and* Politicus *of Plato*, [1867], Salem (N.Y.), Ayer Company, 1988, p. 38.

2. En 267e7, le terme σιτουργός peut aussi désigner le meunier, les deux métiers n'étant pas toujours distincts à l'époque : J.B. Skemp, *Plato.* The Stasteman, [1952], London, Bristol Classical Press, 1987, note 2, p. 142-143.

3. En 268b8, je lis ὀρθός.

> troupeau humain en nous contentant de le mettre, lui seul, à part de myriades d'autres qui la lui disputent?
> Elle ne le paraîtra en aucune façon [1].

Ce passage est crucial pour comprendre les motifs qui poussent Platon à distinguer l'art politique des arts de la sphère économique. Comme le voit très bien l'Étranger, penser la politique sur le modèle pastoral revient à confier le pouvoir aux acteurs économiques de la cité: étant donné qu'aucun individu ne peut exercer toutes les *tekhnai* dont les hommes ont besoin, sur le modèle du bouvier élevant ses animaux à l'aide de multiples *tekhnai*, la fonction politique semble nécessairement remise entre les mains des divers artisans et commerçants, puisqu'ils participent individuellement à l'élevage des hommes en leur procurant de quoi satisfaire leurs besoins. Ce n'est donc qu'en critiquant la pertinence du modèle pastoral que la fonction politique pourra être distinguée de celles qui sont remplies par les acteurs économiques de la cité. Récuser ce modèle, ce sera donc du même coup faire tomber les prétentions de l'économie à se substituer à la politique, bien qu'il faille toutefois reconnaître sa contribution à l'édification de la cité. Voyons donc comment s'élabore cette conception courante mais erronée de l'art politique, et ce qu'elle nous apprend sur l'économie.

Derrière le bouvier, les agents économiques

La similitude entre la fonction politique et celle du bouvier a tout l'air d'une évidence. Le bouvier concentre en effet en un seul et même art toutes les fonctions de l'élevage : il les accomplit toutes *lui-même*. C'est ce que soulignent les trois occurrences du pronom αὐτός en deux lignes (268a7-8), ainsi que les expressions μόνος ἐπιστήμων (268b1) et οὐκ ἄλλος (268b3). Il s'occupe en outre aussi bien du corps que de l'âme de ses animaux. Après l'art de l'accouchement ou maïeutique, qui sert de transition entre le soin du corps et celui de l'âme, sont en effet mentionnés le jeu et la musique, activités qui concernent l'âme, et qui sont précisément à la base de l'éducation des gardiens dans la *République* et des citoyens dans les *Lois*[2]. C'est aussi par l'épreuve du jeu que le politique discerne les bons des mauvais naturels dans le *Politique* (308d1-4). De plus, le bouvier encourage ou apaise (παραμυθεῖσθαι, 268b3) ses animaux comme les lois le font envers les hommes[3]. Le bouvier est le « marieur » (ὁ νυμφευτής) de ses bêtes, comme l'est le politique quand il préside aux liens humains du mariage : l'union humaine, qui est certes celle des corps, doit aussi passer

1. *Pol.* 267e1-268c4.
2. *Rép.* III, 376e-403c; *Lois* II, 652a-674c.
3. Voir aussi *Lois* IX, 854a6; X, 899d6; XI, 928a1.

par la concordance des âmes, comme l'indiquent les passages politiques consacrés à cette question où apparaissent les termes « promise » et « promis » (ἡ νύμφης et ὁ νυμφίος)[1]. Plus que n'importe quel autre art, celui du bouvier semble donc offrir un modèle particulièrement adéquat pour penser l'art politique.

Pourquoi faudrait-il donc récuser comme défectueux ce modèle pastoral qu'est celui du bouvier, comme le fera l'Étranger dans le mythe ? C'est qu'il est impossible qu'un seul et même individu exerce sur le corps et l'âme des citoyens toutes les fonctions que le bouvier accomplit à lui seul sur ses bêtes. Transposée à la cité, l'unicité de la fonction pastorale s'éparpille en divers métiers qui relèvent pour beaucoup d'entre elles de la sphère économique. En d'autres termes, le modèle pastoral fait le jeu de la revendication des agents économiques à l'exercice du pouvoir.

Ce modèle s'avère donc confus et trop large pour rendre compte précisément de l'opération propre à l'art politique. Dans le passage qui vient d'être cité, il peut en effet paraître surprenant de ranger les commerçants, les agriculteurs et les boulangers, les médecins et les maîtres de gymnastique parmi les pasteurs. Or un tel regroupement s'explique par la confusion des notions de production, de soin, de nourrissage et d'élevage que toute la division a allègrement entretenue jusqu'ici pour partir en quête de l'art politique, mais que le bouvier réunit en un seul et même individu. D'abord recherché parmi les arts ayant en vue la connaissance (γνωστικῆς, 259c10-d2), l'art politique est dit ensuite prescriptif (ἐπιτακτικόν, 260b3-6), puis prescriptif des ordres qu'il a lui-même conçus. Intervient alors la production (γενέσεώς τινος ἕνεκα, 261a11-b3), (alors que nous sommes censés être dans les arts visant la connaissance). À la production s'ajoute alors subrepticement l'élevage (τὴν γένεσιν καὶ τροφὴν, 261d3), qui permet de trouver une ressemblance entre le politique et l'éleveur d'un troupeau (261d7-10). Puis la ressemblance passe du modèle de l'éleveur à celui du pasteur, le suffixe – *nomikè*, qui désigne l'art de (faire) paître, apparaissant en 264e12 puis en 266e8 (ἀνθρωπονομικῆς). Enfin, le politique « prend soin » (ἐπιμέλειαν ἔχειν, 265e7). L'image du cocher tenant les rênes de la cité (266e10) brouille aussi les pistes puisque le cocher dirige sans prendre soin lui-même de son attelage. Le résumé aboutit à la confusion entre élever – ou seulement nourrir comme le suggère le terme θρεπτική en 267b4-5 ? – et faire paître (νομευτικήν, 267b7). L'art de paître les hommes (267c2, d6, e1), qui s'impose jusqu'à la critique de la division qui nous occupe ici, recouvre donc des fonctions très différentes,

1. *Lois* VI, 775c1 ; 779e1-2 ; 783d8 ; e4-6 ; *Rép.* V, 459e6 ; VIII, 546d2.

auxquelles il n'est pas difficile de rattacher les métiers énumérés : le boulanger et l'agriculteur produisent et nourrissent, le médecin prend soin, le négociant nourrit et prend soin, et ainsi de suite. Idem pour le soin de l'âme : la pratique du bouvier se disperse en différents métiers dès que l'on passe à la cité et aux citoyens. Pédagogues en tout genre, orateurs et sophistes, nourrices et mères qui transmettent les mythes au sein de l'*oikos* : ce sont là autant d'agents économiques (au sens domestique pour les dernières) du secteur éducatif, qui font jouer les hommes, leur enseignent la musique, les apaisent ou les stimulent. C'est à eux qu'il faudrait remettre le pouvoir si l'on transposait le modèle pastoral à la cité. Le risque est qu'ils colportent les valeurs d'un monde privé indexé sur le corps et les appétits sensibles qui lui sont liés, au détriment d'un monde commun vraiment politique.

Le modèle pastoral est donc le cheval de Troie d'une politique remise aux bons soins des agents économiques. La gradation de leurs revendications potentielles est éloquente de ce point de vue. Ils se déclarent dans un premier temps co-éleveurs (σύντροφος, 267e5) avec les dirigeants, puis font valoir qu'ils les nourrissent eux-mêmes (σφεῖς, 268a2). Ils laissent donc entendre que leurs fonctions sont les plus nécessaires et qu'à ce titre, loin d'avoir à partager le pouvoir avec des dirigeants qui dépendent d'eux, ils doivent au contraire diriger eux-mêmes la cité. Le « pastorat politique », ce serait donc l'assemblée des artisans de la cité, et l'on ne voit plus dans ce cas quelles seraient les raisons de remettre le pouvoir à un politique dont la spécificité a tout simplement disparu. Le politique n'aurait donc plus qu'à se soumettre ou se démettre.

Le « peut-être » de l'Étranger en 268a5 signifie que producteurs et commerçants ne pourraient prétendre légitimement au pouvoir politique qu'à condition que celui-ci fût défini exclusivement comme « art nourricier du troupeau humain ». Certes, c'est cette conception de la politique que le « peut-être » de l'Étranger met ici en cause, comme le confirmeront ensuite le mythe des deux âges du monde, ainsi que la subordination future des fonctions économiques à la politique (289c4-290a7). Mais ce « peut-être » indique aussi que l'Étranger a tout à fait conscience que la partie n'est pas simple, parce que la production et la conservation de la cité relèvent aussi, en un sens, de l'économie. Comment dès lors refuser de qualifier de « politiques » ces « myriades » d'activités économiques qui « élèvent » les membres du troupeau humain, si le politique est un pasteur, un éleveur d'hommes ? Tout dépend de ce qu'on entend par « politique ». Ne pas régler précisément le sens de cette notion et l'usage de ce mot (ὄνομα, 267e4; ἐκαλέσαμεν, 268a1) laisserait donc ouverte la possibilité d'une cité dont la politique consisterait uniquement à produire et à échanger. Or on a vu avec la *République* les limites de cette conception pour la stabilité et l'unité de la cité. Le *Politique*, lui, en cherche les limites sur le plan théorique, les prétentions politiques des acteurs économiques étant ici présentées comme une hypothèse donnant lieu à une « bataille au moyen d'arguments » (268a1). Pour éviter la confusion, préjudiciable à la cité, des plans politique et économique, il faut distinguer deux manières de participer à l'élaboration de la cité : en un sens, l'économie et la politique font toutes deux la cité, mais elles n'y font pas la même chose, et seule la politique la fait véritablement. C'est ce travail de distinction à l'œuvre dans le *Politique* qu'il nous faut maintenant analyser.

Efficience politique et efficience économique dans le Politique

Que fait l'art politique ?

La difficulté rencontrée par l'Étranger et Socrate le Jeune se ramène au problème suivant : si l'art politique n'est pas un vain mot, il faut cerner sa fonction, définie par l'objet qu'il réalise et les moyens qu'il met en œuvre pour y parvenir. Que fait donc l'art politique ? Comparé à la plupart des arts démiurgiques relevant de la sphère économique, son effectivité semble nulle. Tandis que le maçon ou l'architecte peuvent montrer les produits de leur art comme preuves de leur compétence[1], que le maître de gymnastique peut exhiber son corps et celui de ses élèves comme preuve de l'efficacité de son art, que le maître de grammaire peut montrer la connaissance produite par lui chez un élève qui en témoigne en lisant et en écrivant, que peut à son tour faire voir le politique pour prouver qu'il possède un art ? Rien, à première vue. C'est du moins la réponse de Socrate et de Clinias que, dans l'*Euthydème*, Socrate rapporte à Criton. Après une analogie avec la médecine qui produit la santé et l'agriculture qui produit la nourriture, Socrate demande en effet à Clinias : « Et maintenant l'art royal qui a autorité sur toutes les choses auxquelles s'applique cette autorité, qu'est-ce qu'il accomplit (τί ἀπεργάζεται;) ? Peut-être ne trouves-tu pas très bien quelle réponse faire ? *Criton* : Non, par Zeus, Socrate ! *Socrate* : De fait, nous [Socrate et Clinias] non plus, Criton, nous ne trouvions pas[2] ! »

Sans doute la preuve la plus forte de l'efficacité de l'art politique véritable se trouverait-elle dans les citoyens qui, grâce à lui, sont devenus meilleurs ou plus justes[3]. Mais l'incapacité de Socrate à s'entendre avec tous les Calliclès du monde sur ce que « plus juste » et « meilleur » veulent dire laisse présumer qu'il sera très difficile de faire reconnaître universelle-

1. *Gorg.* 514a5-d2.
2. *Euthyd.* 292a4-7.
3. *Gorg.* 515b8-c4.

ment la validité de cette preuve[1]. L'art politique ne saurait donc être « sauvé », entre autres, de la concurrence des acteurs économiques qu'à condition de découvrir le modèle de causalité qui lui est propre, l'efficience qui le caractérise.

C'est ce à quoi visent en grande partie dans le *Politique* le paradigme du tissage, la distinction des causes et des causes auxiliaires, et la subordination des arts économiques à l'art politique.

Le paradigme du tissage[2]

Dans le *Politique*, l'Étranger et Socrate le Jeune conviennent de recourir au tissage pour parvenir à la définition de l'art politique : car « il est difficile […] sans user de paradigmes, d'expliquer de façon suffisamment claire un des sujets majeurs, quel qu'il soit »[3]. Ce modèle doit rendre compte de l'efficience de l'art politique.

Une objection vient immédiatement à l'esprit : faire la cité et le citoyen, est-ce la même chose que faire le tissu ? Dans tout le dialogue, l'Étranger invite à penser l'efficience propre à l'art politique comme différente de celle des arts producteurs, lesquels donnent naissance soit à des objets matériels soit à des transformations observables sur ces objets. Malgré ses imperfections, la première division a en effet montré que l'art politique s'apparentait à l'architecture : c'est un art qui n'est pas « pratique » au sens de producteur (258d4-259d3) mais qui prescrit lui-même à des arts producteurs, sans rien produire directement lui-même, et « en vue de faire venir à l'existence » (261b1). Pourtant, en ce début de dialogue, l'art politique n'était pas absolument étranger à toute production : « le roi a assurément *beaucoup plus de familiarité* avec la science qui vise la connaissance qu'avec les arts manuels et en général avec la science pratique (πρακτικῆς) » (259c10-d2). Par l'emploi du comparatif, cette phrase ménage la transitivité bien particulière de l'art politique, qu'on pourrait exprimer de la façon suivante : la politique n'aboutit pas à un produit, elle arrive à un résultat. La définition finale reste conforme à ce souci initial, mais elle augmente la distance séparant l'art politique de la transitivité des arts producteurs ordinaires, en soulignant sa fonction de commandement : « [la science] qui est réellement royale ne doit pas agir (πράττειν) elle-même mais commander (ἄρχειν) celles qui ont cette

1. *Gorg.* 515c4-516a4.

2. De la p. 179 à la p. 198, je reprends en partie et sous une forme modifiée un texte élaboré lors d'un séminaire de traduction et de commentaire du *Politique*, dirigé par Monique Dixsaut.

3. *Pol.* 277d1-2. Le choix du paradigme du tissage a lieu en 279a1-b7.

capacité » (305d1-5). Dans tous les cas, il s'agit d'exclure la prétention politique des « cultivateurs, et des boulangers [...], des maîtres de gymnastique et la famille des médecins, [qui] batailleraient ferme contre ceux que, pasteurs dans le domaine des choses humaines, nous avons appelés politiques, soutenant qu'eux-mêmes prennent soin de l'élevage des hommes [...] » (267e7-268a3). Tous ces arts produisent en effet des objets matériels ou des transformations observables qui sont le signe de leur efficience « pratico-productive ».

De ce point de vue, le tissage est ambigu. Certes, par sa place dans la hiérarchie des arts relatifs au tissu et par sa fonction, le tissage est l'analogue de la politique. Il occupe en effet le sommet de cette hiérarchie et il ne produit pas le tissu au sens où il n'en fabrique pas les composantes : il entrelace les fils produits par les arts auxiliaires (283a3-9) et forme le tissu par cette opération, tout comme la politique, qui prescrit aux autres arts sans recevoir elle-même de prescriptions, fait s'entrelacer les courageux et les modérés, qu'elle ne produit pas directement, pour donner sa souplesse et sa solidité au tissu politique (306a-311b). Mais une différence importante semble demeurer entre le tissage et la politique. Le tissage *stricto sensu* est l'étape ultime d'un processus de fabrication ; il intervient dans le processus de réalisation d'un objet qui n'existait pas avant son intervention, ce dont témoigne la transformation visible qui fait passer des fils au tissu. En revanche, l'art politique prend soin d'un objet apparemment déjà et seulement constitué matériellement par l'économie et ses agents : producteurs, négociants, médecins qui, à ce titre, pourraient être des candidats légitimes au titre de politique, en ce que leur contribution à l'élaboration de la cité est évidente. Si la politique n'a pas d'effets visibles, du moins pas directement, comment donc en authentifier l'efficience et la singularité ? Si l'objet produit est le signe de l'efficience de l'art, faut-il donc en déduire que la politique n'est qu'un mot creux ? L'enjeu est celui du risque démagogique dénoncé par Socrate dans le *Gorgias* : juger de la valeur d'un homme politique à sa capacité à équiper matériellement la cité en arsenaux et en ports, comme l'ont fait Périclès et Thémistocle selon Socrate[1], plutôt qu'à son aptitude à améliorer les citoyens, à veiller ou à prendre soin d'eux[2]. C'est donc la nature de la causalité du soin, qu'on retrouve dans la défini-

1. *Gorg.* 455d8-e6 ; voir aussi 517b2-c4 ; 518e2-519a7.

2. L'idée de soin apparaît plusieurs fois dans le *Gorgias* à propos de l'art politique : ἐπιμελητής, 516a5-b4 ; ἐπιμελεῖσθαι, 520a4.

tion finale du politique[1], qui est difficile à concevoir : le soin est transitif parce qu'il a un effet – l'unité des contraires – sur son objet – la cité – mais cet effet n'est pas immédiatement perceptible parce que la politique ne le produit pas directement : elle le fait produire en commandant aux autres arts.

C'est ce qui explique la concurrence que les acteurs économiques exercent à l'endroit du politique, puisqu'ils peuvent prétendre produire « directement » la cité. De même pour les « serviteurs » comme les magistrats et les prêtres. La cité doit donc être définie autrement que comme ensemble économique ou administratif et religieux, si l'on veut qu'elle soit vraiment l'œuvre de la politique et que celle-ci possède une réelle consistance. C'est pourquoi l'Étranger entreprend ensuite la classification des possessions de la cité et des subordonnés de la politique. Il les regroupe en grandes fonctions qu'il prend soin de démarquer de celle de la politique, à cause de certaines proximités terminologiques qui pourraient laisser croire à la légitimité de l'exercice du pouvoir politique par les acteurs économiques. Mais cette classification semble exiger un réaménagement de la distinction entre causes et causes auxiliaires élaborée pour le tissage.

Cause(s) et causes auxiliaires en politique

L'application du paradigme entraîne en effet la reprise de la distinction élaborée pour le tissage entre les causes et les causes auxiliaires : « Tous les arts qui ne fabriquent pas la chose elle-même, mais fournissent à ceux qui la fabriquent des instruments, sans lesquels la tâche propre à chacun de ces arts ne saurait jamais être accomplie, ceux-là sont des causes auxiliaires (συναιτίους) tandis que ceux qui produisent la chose même sont des causes (αἰτίας)[2]. » Or après avoir distingué ces deux sortes de causes à propos du tissage, l'Étranger annonce qu'il est difficile de « découper en deux [les causes et les causes auxiliaires] » quand on passe au plan politique[3] :

> *L'Étranger* : [...] Revenons en effet au politique, pour lui appliquer le paradigme du tissage que nous avons précédemment décrit.
> *Socrate le Jeune* : Bien parlé ; faisons ce que tu dis.
> Eh bien, nous avions séparé le roi des nombreux arts qui partagent le même domaine, surtout de tous ceux qui concernent les troupeaux. Restent alors,

1. « L'art qui a l'autorité sur toutes celles-là [les sciences précieuses et apparentées à la politique : la science militaire, la science judiciaire et la rhétorique], qui veille (ἐπιμελουμένην) aux lois et à l'ensemble des affaires de la cité [...] », 305e2-4.

2. *Pol.* 281e1-6.

3. *Pol.* 287b10-c1.

disons-nous, les arts qui, concernant la cité elle-même, relèvent des causes auxiliaires et des causes directes (τῶν τε συναιτίων καὶ τῶν αἰτίων), arts qu'il faut d'abord distinguer entre eux.
C'est exact.
Or sais-tu qu'il est difficile de les couper en deux ? La cause (τὸ δ'αἴτιον), je pense, (en) apparaîtra plus clairement en allant de l'avant.
C'est donc ainsi qu'il faut faire.
Divisons-les alors selon leurs articulations naturelles, comme une victime sacrificielle (ἱερεῖον), puisqu'il nous est impossible de les diviser en deux. Car il faut toujours découper en restant le plus proche possible de ce nombre.
Comment donc allons-nous nous y prendre maintenant ?
Comme précédemment : tout autant qu'il y a d'arts qui procurent des instruments au tissage, tout autant nous en avons alors comptés, n'est-ce pas, comme arts auxiliaires.
Oui.
Et maintenant alors, c'est cela même qu'il nous faut faire, plus nettement que précédemment : les arts qui fabriquent quelque instrument, petit ou grand, concernant la cité doivent tous être posés comme auxiliaires. Car en leur absence, il ne pourrait jamais y avoir de cité ni d'art politique ; mais en revanche, nous ne rangerons sans doute parmi ceux-ci aucun ouvrage de l'art royal.
Non, assurément.
Nous entreprenons cependant de faire quelque chose de difficile, en séparant ce genre (τὸ γένος) de tous les autres ; en effet, de n'importe quelle réalité, dire qu'elle est l'instrument de quelque autre, c'est sembler dire quelque chose de convaincant (πιθανόν)[1].

« Sais-tu qu'il est difficile de les couper en deux ? » demande l'Étranger. Cette phrase est ambiguë : est-il difficile de distinguer l'une de l'autre les deux espèces de causes, comme le laisse entendre la phrase précédente (« Restent alors, disions-nous, les arts qui, dans la cité elle-même, relèvent des causes auxiliaires ou des causes, arts qu'il faut d'abord distinguer entre eux », 287b6-8) ? Dans ce cas, quel statut accorder aux arts économiques dans la cité ? Ou est-il seulement difficile de diviser en deux *à l'intérieur de* chacune de ces espèces, comme le suggère ensuite la mention du découpage « selon les membres » (287c2-5) ?

À première vue, la seconde hypothèse semble s'imposer car elle suppose, et confirme en même temps, l'application adéquate du paradigme

1. *Pol.* 287a7-e1. En d9, je conserve la correction de L. Campbell ἔστιν ὡς, ce qui implique de lire ὅτι, accusatif neutre de ὅστις, et non conjonction de subordination.

du tissage à la politique[1]. À la dichotomie, l'Étranger substituerait la division selon les membres pour diviser les causes auxiliaires de l'art politique, c'est-à-dire les arts producteurs qui lui fournissent des instruments (287c6-289c3). Puis, en distinguant les arts subordonnés (esclaves, marchands et salariés, 289c4-291c7) et ensuite les rivaux que sont la science militaire, la science juridique et la rhétorique (303e7-305e7) et enfin l'éducation (308b10-309a6), l'Étranger retrouverait les causes de la cité, équivalentes à l'art du foulage, qui prend soin du vêtement, et à l'art de travailler la laine, qui fabrique les fils (281e1-11).

Toutefois, la première hypothèse n'est pas impossible, bien qu'elle mette en question la pertinence du paradigme et la distinction des causes et des causes auxiliaires. Et ses implications sont très intéressantes pour comprendre la place qu'il convient d'attribuer à l'économie dans la cité. L'Étranger évoque explicitement la catégorie des auxiliaires à propos de l'art royal – ce sont les arts qui produisent ce que l'Étranger appellera les possessions (κτήσεως) de la cité[2] – mais au moment où l'on s'attendrait à ce qu'il divise les causes, conformément à ce que suppose la juste application du paradigme, il se met à hiérarchiser les subordonnés du politique (289c4-290a7)[3]. Parmi eux, il évoque certes l'analogie avec le cardage et le filage, « qui [en tant que causes] contestaient au tisserand la fabrication même du tissu » (289c6-7), mais il n'indique jamais explicitement que ces arts subordonnés sont les causes de la cité, le terme de cause (αἰτία) étant en outre définitivement abandonné jusqu'à la fin du dialogue. Ce silence témoigne peut-être du souci de l'Étranger de réserver à l'art royal le monopole de la causalité politique, et des difficultés impliquées par la transposition à la politique des catégories causales élaborées pour le tissage. S'il est vrai que l'art royal ou politique n'est pas, lui non plus, qualifié explicitement de cause de la cité, ce n'est toutefois pas parce que cette catégorie n'est plus pertinente, mais parce son usage passe d'une production proprement dite dans le cas du tissage à une direction produisant indirectement des effets dans le cas de la politique. Maintenir explicitement la notion de cause par souci de fidélité au paradigme, ce serait laisser croire que la politique est un art producteur ordinaire, ce qui risquerait alors de faire renaître les prétentions politiques des acteurs économiques, producteurs ou commerçants, qui font matériellement la cité. Car en tant que dernière étape, logiquement et chronologiquement, du processus auquel

1. H.R. Scodel, *Diaeresis and Myth in Plato's* Statesman, Göttingen, Vandenhoeck & Ruprecht, 1987, p. 139.

2. *Pol.* 289a7.

3. Comme le voit bien C.J. Rowe, *op. cit.*, p. 216.

participent d'autres causes, le tissage produit un changement matériel observable : il fait passer des fils au tissu; dans le cas de la cité en revanche, l'unification produite par la politique modifie une cité qui, matériellement, préexiste, mais cette modification n'est concevable que pour ceux qui sont capables de voir dans la cité autre chose qu'un ensemble économique.

Si donc l'Étranger reste muet sur les causes, notamment là où l'on s'attendrait à les voir évoquées (c'est-à-dire à propos des possessions de la cité, 289c4-291c7), c'est sans doute pour deux raisons : premièrement pour mieux reléguer dans les causes auxiliaires, c'est-à-dire au rang d'instruments, tous les arts « en l'absence desquels » (287d3) ni la cité ni la politique ne pourraient voir le jour, mais qui se considèrent eux-mêmes comme les équivalents des causes dans le tissage, puisqu'ils aboutissent à ce produit matériel et observable qu'est, pour partie, la cité; deuxièmement pour retirer le titre de causes de la cité à des agents et des pratiques, les subordonnés, qui tissent en effet une partie de la cité sans toutefois parvenir à une unité politique proprement dite, et ce pour mieux rabaisser leur prétention à une fonction politique.

La seule véritable cause de la cité est la politique. Sans elle, les acteurs économiques ne produisent qu'un semblant de cité, pas une cité proprement dite. C'est ce que confirment d'autres passages des Dialogues évoquant ces deux types de causes. Ainsi Timée distingue les causes intelligentes, productrices de choses belles et bonnes, et les causes auxiliaires ou accessoires, incapables de rien produire de rationnel quand elles sont livrées à elles-mêmes, mais devant servir d'instruments aux premières[1]. Si avec la politique, il faut donc distinguer les causes des causes auxiliaires « encore plus nettement que précédemment [c'est-à-dire que dans le cas du tissage] » (ἔτι δὲ μᾶλλον ἢ τόθ', 287c11-d1), ce n'est pas en raison de la plus grande quantité d'arts auxiliaires qui accompagneront la politique que le tissage[2], mais à cause des risques politiques qu'entraînerait une confusion de ces deux sortes de causes. « La cause (τὸ δ'αἴτιον) apparaîtra plus clairement, je pense, en allant de l'avant » conclut l'Étranger[3] : le probable jeu de mot sur τὸ δ'αἴτιον, qui fait écho aux αἰτίας de 281e5, irait aussi dans le sens de la première hypothèse de lecture du passage, à savoir qu'il est difficile de distinguer les deux espèces de causes. Le terme τὸ δ'αἴτιον peut en effet désigner la cause ou la raison de la difficulté soulevée par l'Étranger – auquel cas il faut traduire par « la cause *en* apparaîtra plus

1. *Tim.* 46c-e; *Phéd.* 99b2-4; cf. *Gorg.* 519a4-b2.

2. Telle est l'hypothèse de H.R. Scodel, *op. cit.*, p. 142 et note 35, p. 142. Pour tout ce passage du *Politique*, voir plus largement p. 139-142.

3. *Pol.* 287b10-c1.

clairement, je pense, en allant de l'avant» – mais peut-être aussi la cause même de la cité, à savoir l'art royal lui-même.

La première hypothèse de lecture prendrait donc ici tout son sens : la difficulté tiendrait au fait que ce que le paradigme invitait à penser comme cause pour le tissage devrait être considéré comme auxiliaire pour la politique, afin que celle-ci fût la seule et unique cause de la cité. Ce renversement n'est perceptible que du point de vue de la politique et non de celui des auxiliaires eux-mêmes, puisqu'ils se prennent pour des causes. En rappelant la définition des causes auxiliaires – est auxiliaire un art qui procure un instrument utilisé par un autre art pour sa propre fin (287c7-9) – l'Étranger précise alors qu'il est difficile de « séparer ce genre (τὸ γένος) de tous les autres [car] n'importe quelle réalité [...] [peut être dite] l'instrument de quelque autre» (287d8-e1). Ce genre des instruments désigne d'abord l'ensemble des auxiliaires, et la difficulté porte non pas sur le changement de statut du tissage qui, de cause qu'il était dans le paradigme devient ici cause auxiliaire[1], mais sur le rapport général entre causes et causes auxiliaires, c'est-à-dire sur le rapport des moyens et des fins dans l'édification de la cité. Ce que veut dire l'Étranger, c'est qu'il est très facile de renverser ce rapport. La politique peut par exemple très facilement passer pour l'instrument de l'économie, comme c'est le cas selon Platon, on l'a vu, dans la plupart des régimes empiriques. À la question : « qui fait la cité ? », les arts « instrumentaux » pourraient constituer une réponse très plausible (πιθανόν, 287e1), puisqu'ils produisent tout ce qui la constitue matériellement et économiquement, de même que les arts subordonnés qui fabriquent une partie du tissu social. Les arts du secteur économique ne seraient alors pas les auxiliaires de l'unique cause que doit être la politique pour l'Étranger : ce serait l'inverse. La réversibilité potentielle du rapport des moyens et des fins est donc un grand danger pour la suprématie fonctionnelle de l'art royal. Elle oblige à une modification partielle du statut des causes dans l'application du paradigme, afin que la cité ne soit pas seulement un ensemble économique mais une communauté véritablement politique.

La validité de l'hypothèse que j'ai développée sur la difficile transposition à l'art politique des deux sortes de causes présentes dans le paradigme repose sur une décision que l'on peut contester : parce que le terme de cause ne réapparaît pas au moment de l'application du paradigme à la politique, peut-on en déduire que la structure de ce dernier est modifiée ? Platon ne se contente-t-il pas simplement de le transposer à l'iden-

1. Contrairement à ce que suppose H.R. Scodel, *op. cit.*, p. 142.

tique, sans avoir besoin de rappeler la distinction des deux sortes de causes : les possessions seraient les auxiliaires, et les subordonnés et les serviteurs les causes, mais des causes précisément soumises à la cause « suprême » qu'est la politique, de même que le foulage et « le travail de la laine » (qui comprend entre autres le cardage et le filage) sont causes du tissu (281e1-11) mais n'œuvrent que sous la direction du tissage ? Il m'a semblé toutefois intéressant de souligner que l'application du schéma causal élaboré avec le paradigme ne s'applique peut-être pas à l'art politique avec autant d'évidence qu'il y paraît, et que les implications de ce problème sont importantes pour comprendre la concurrence économique dont souffre l'art politique. Quoi qu'il en soit, il semble plus difficile à la politique de faire reconnaître sa suprématie sur les « causes » de la cité qu'au tissage sur les causes du tissu.

Les auxiliaires de la politique : les possessions

Les causes auxiliaires, qualifiées de « possessions qu'on trouve dans une cité » (287e1) puis de « possessions » (289a7) sont présentées dans un passage un peu long pour être cité dans son intégralité (287c7-289c3), mais que l'on peut résumer dans le tableau suivant à partir du récapitulatif qu'en donne l'Étranger en 289a7-c3 :

Objet ou effet :	**Art** :
1 – Intruments	
2 – Récipients	de fabriquer des vases
3 – Véhicules	du charpentier, du potier, du forgeron
4 – Vêtements, abris de pierre ou de terre, armes, murs	du tisserand et de l'architecte
5 – Divertissement	de l'ornementation et de la peinture
6 – Or, argent, minerais, pièces de bois, peaux animales, fibres végétales, liège, papyrus, liens, objets qu'englobe l'espèce « première-née » (ou matières premières prêtes à l'usage)	de la coupe du bois, du décorticage des matériaux, de l'extraction minière
7 – Entretien et nourriture du corps et de ses parties[1]	de l'agriculture, de la chasse, de la médecine, de la cuisine, de la gymnastique.

Le passage qui aboutit à ce récapitulatif a donné lieu surtout à des considérations d'ordre méthodologique, d'une part parce que l'Étranger déclare qu'il est difficile de recourir à la dichotomie pour distinguer les causes des causes auxiliaires en politique, et qu'il recommande alors de

1. Sur le terme θρέμμα (289b2) traduit faute de mieux par « nourriture » : C.J. Rowe, *op. cit.* p. 215.

diviser « selon les articulations naturelles », comme dans le cas d'une victime sacrificielle (*hiereion*, 287c2)[1]; d'autre part parce que le récapitulatif bouleverse l'ordre des étapes distinguées dans le passage qui le précède[2]. L'important pour nous est de comprendre que l'Étranger veut séparer la politique des arts auxiliaires qui pourraient prétendre au titre de causes de la cité. Il ne s'agit pas ici de dénicher la politique en réitérant autant de fois que nécessaire la division en deux de la branche de droite, comme dans le cas des premières divisions, mais de l'atteindre en la séparant de tous les arts qui lui contestent la réalisation de la cité. La quantité d'arts à séparer est immense, et il importe peu de déterminer ensuite les rapports hiérarchiques de ces arts auxiliaires entre eux ; l'essentiel est de les identifier et de les énumérer pour mieux les distinguer. C'est pourquoi cette classification des possessions qu'on trouve dans la cité obéit moins à une « logique de l'objet »[3] qu'à une logique des fonctions remplies par chaque type d'objet, principe classificatoire appliqué ensuite également aux arts subordonnés (289c4-291c9). Dans les deux cas, l'Étranger prend soin de préciser presque à chaque fois que la fonction de l'art écarté ne relève pas de la politique : car, on le verra plus bas, certaines proximités terminologiques pourraient laisser penser à une identité fonctionnelle entre la politique et ces arts auxiliaires, dont la plupart relèvent de la sphère économique. La classification des possessions ne prétend donc pas être une taxinomie rigoureuse mais un recensement général et ordonné selon des fonctions dont la politique doit être écartée. Cette attention de l'Étranger aux réalités matérielles les plus prosaïques souligne qu'il est possible d'introduire un ordre pratique dans la multiplicité sensible, sans qu'il soit utile – à supposer que cela soit possible – de la circonscrire entièrement (σχεδόν, 289a7). Avant de nous pencher sur certaines catégories particulières de cette classification, deux points sont à noter. Le premier porte sur le statut politique de ces possessions, le second sur leur signification anthropologique.

En premier lieu donc, les possessions regroupent les objets matériels manufacturés ou les matières premières transformées par le travail de l'homme en vue de la survie et de la vie quotidienne, et ne concernent donc

1. Cf. *Phdr.* 265e1-3.

2. H. R. Scodel, *op. cit.*, p. 140-148; S. Rosen, *Le* Politique *de Platon. Tisser la cité*, [1995,], trad. fr. Paris, Vrin, 2004, p. 187-194; B. Decharneux, « Le bon politique et la bonne constitution ou les chemins de l'invisible », *Revue de philosophie ancienne*, 13, 1995, p. 173.

3. Contrairement à ce qu'écrit F. Ildefonse, pour qui « définir les arts, c'est définir les arts par les objets qu'ils produisent », « La classification des objets. Sur un passage du *Politique* (287 b-289 c) », dans *Platon : l'amour du savoir*, M. Narcy (coord.), Paris, P.U.F., 2001, p. 111.

que les besoins liés au corps[1], à l'exception peut-être du divertissement. Mais à qui appartiennent ces possessions? Au politique? Le parallèle que cette solution permettrait de conserver avec l'idée que, sous Cronos, le troupeau humain était « la propriété (κεκτημένου) [d'une divinité] qui nous paissait » (274b5-6) ne suffit pas à l'étayer. Elle est en effet peu probable pour trois raisons. La première est que cette hypothèse ne concorde pas avec l'interdiction faite aux gardiens et aux auxiliaires de la cité de posséder quoi que ce soit à titre privé dans la *République*[2]. Cette interdiction, qui suscite le scandale d'Adimante et que Socrate réaffirme immédiatement[3], est motivée par les dangers politiques que fait courir l'appétit de possession, et dont on voit mal comment Platon pourrait ne plus les reconnaître à l'époque supposée où il écrit le *Politique*. La seconde est que, dans ce dialogue, ces possessions sont explicitement attribuées aux hommes en général, si l'on accepte d'étendre à toute la liste des possessions ce que l'Étranger dit de « l'espèce première-née », à savoir qu'elle est « pour les hommes » (ἀνθρώποις κτῆμα, 288e5). Troisième et dernière raison : par la précision « possessions qu'on trouve dans une cité (ἐν πόλει, 287e1) » l'Étranger indique de façon très lâche non pas « les choses que la cité possède » *stricto sensu*[4], mais tout ce qu'on peut y acquérir et qui doit être coordonné, pour son bon usage, par un principe directeur global dont le politique devra prescrire la finalité[5]. Ces possessions désignent ce qu'il est possible d'acquérir dans une cité par tout un chacun, non un capital dont jouirait le politique pour son propre compte ou la cité à titre collectif. C'est un ensemble de choses qui sont les conditions *sine qua non* de la cité et de la politique, et qui attendent d'être hissées au niveau politique par le surcroît de finalité que la science royale leur assignera. La tâche de la politique n'est donc ni de procurer le nécessaire ni d'armer la cité, ce dont les diverses techniques productrices se chargent sans difficulté : elle est de redoubler la finalité pratique de tous ces arts d'une fonction non encore explicitée et qu'à ce stade du dialogue, seule l'unification réalisée par le tissage peut permettre d'esquisser.

En second lieu, ce passage a une signification anthropologique importante pour comprendre la place de l'économie chez Platon. Dans le mythe, la période de Cronos était caractérisée par l'absence de toute

1. Comme le voit S. Rosen, *op. cit.*, p. 189, et contrairement à ce qu'affirme H.R. Scodel, *op. cit.*, p. 147.

2. *Rép.* III, 416d3-417b8 ; V, 458c8-d1.

3. Respectivement *Rép.* IV, 419a1-420a1 et 420a2-421c6.

4. Contrairement à ce que laisse entendre la traduction de L. Brisson et J.-F. Pradeau.

5. C'est semble-t-il en ce sens que S. Rosen parle des possessions du roi, *op. cit.*, p. 189.

possession chez les hommes : absence de possession matérielle, du fait de la profusion spontanée de la nature (272a2-b1), et absence des rapports de possession propres à la famille (271e8), du fait de la génération autochtone et de l'absence d'*erôs* sexuel. À l'époque de Zeus, divers dons nous sont octroyés : le feu, les techniques, les semences et les plantes (274c5-d2). Mais le mythe met exclusivement l'accent sur le bénéfice que nous en avons retiré, non sur le rapport que nous entretenons avec eux. Ici, ces dons sont nettement précisés : à la généralité du mythe, destinée à donner sens à notre rapport général à la nature dans un monde où nous sommes abandonnés à nous-mêmes, l'Étranger substitue la description relativement détaillée de ce que l'homme invente pour pallier sa fragilité et se distraire. Ce passage dessine donc à grands traits une anthropologie de l'*homo faber* et de l'*homo œconomicus* en ramenant à quelques fonctions élémentaires et vitales les opérations ou produits réalisés grâce à la technique et à l'art. Cette diversité presque infinie d'objets nécessaires au quotidien[1] n'est pas sans évoquer la naissance de la cité au livre II de la *République* : Socrate s'y montre également attentif à la diversité inépuisable des réalités matérielles présentes dans une cité ordinaire[2]. Mais tandis que le dialogue de Socrate et de Glaucon était centré sur la question de la limitation du besoin et sur les racines psychiques et politiques de la *pleonexia*, ce passage du *Politique* se veut purement analytique : il n'évalue pas la tendance à la démesure qui fait passer une cité de la santé à la maladie, mais détermine *a minima* les fonctions techniques correspondant aux produits de l'industrie humaine, pour mieux isoler ensuite celle de l'art royal[3]. C'est ce qui explique que l'Étranger ne s'interroge ici ni sur le contenu des imitations produites par le divertissement, contrairement à ce que fait Socrate dans la *République* en analysant la forme et le fond des discours éducatifs tolérés dans la cité juste[4], ni sur les rapports entre les arts qui se rapportent à la nourriture et au soin du corps – la gymnastique, la médecine et la cuisine – qu'un passage du *Gorgias* distingue pourtant scrupuleusement[5]. Dans ce passage du *Politique*, Platon montre toute la nécessité de l'économie et de la satisfaction à apporter aux besoins du corps dans une cité bien constituée. Loin d'être un « contempteur du corps » et de mépriser ce qui relève de

1. Voir les expressions : τοῦτο ...παντοδαπὸν εἶδος, *Pol.* 287e8-9 ; συχνὸν εἶδος, 287e10 ; εἶδος πάμπολυ, 288a3 ; μυρία ἕτερα, 288b4 ; παντοδαπὸν εἶδος, 288d4.

2. Voir les expressions : ἕκαστα τούτων παντοδαπά, *Rép.* II, 373a4 ; σκευῶν τε παντοδαπῶν δημιουργοί, 373b8.

3. Contrairement à ce qu'indiquent L. Brisson et J.-F. Pradeau dans leur traduction, note 236, p. 246, sur le sens du rapprochement de ce passage avec la *Rép.* II, 368b-373e.

4. *Rép.* II, 376c-III, 398b.

5. *Gorg.* 464b-466a.

l'économie, il rappelle ici qu'il est nécessaire de s'interroger sur la place à leur réserver si l'on veut que la vie en commun soit la moins pénible possible dans les cités, « étant donné qu'elle est pénible en toutes »[1].

Au cas par cas, les possessions énumérées par l'Étranger mobilisent des secteurs d'activités différents qui, plus ou moins directement, ont toujours partie liée avec l'économie, ne serait-ce que pour assurer la production des objets requis dans ces secteurs. La liste de ces possessions peut nous éclairer sur le rapport entre l'économie et la politique, l'Étranger prenant soin presque à chaque fois de rappeler que l'art politique n'est pas assimilable à celui qui correspond à la possession envisagée.

Le statut de la première espèce, celle de l'instrument (ὄργανον, 287d2) est équivoque car tout en désignant une espèce particulière, elle semble en même temps pouvoir s'appliquer à toutes les espèces d'auxiliaires. Cette ambiguïté n'est pas imputable à un flottement de la terminologie taxinomique de Platon[2] : même si les instruments constituent un *genos* en 287d8 et un *eidos* en 289a9-c2, il ne faut pas oublier que ces termes sont équivalents chez Platon[3]. C'est plutôt que chaque espèce de possession peut être dite *organon* d'une autre[4], bien qu'une seule mérite ce titre *stricto sensu*, celle des outils ou des ustensiles. C'est pourquoi ce sera notamment en elle qu'on pourra faire rentrer les objets inclassables mentionnés dans le récapitulatif (289b6-7). L'Étranger souligne ici la réversibilité de la relation de moyen et de fin qu'entretiennent entre eux tous les arts autres que la politique, réversibilité qui, on l'a vu, pourrait aussi valoir pour le rapport de la politique et de tous les autres arts tant que sa qualité de cause exclusive de la cité n'est pas assurée.

L'espèce du récipient (ἀγγεῖον, 287e9) a pour fonction la conservation ou la « sauvegarde » (σωτηρίας, 287e6) de divers produits. Or telle est justement la fonction dévolue aux hommes et aux institutions politiques dans tous les Dialogues : les gardiens sont ainsi qualifiés de « sauveurs » (σωτῆράς) et de « secourables » (ἐπικούρους) dans la *République*[5], et l'éducation droite doit former des hommes qui soient les sauveurs (οἱ σωτῆρες) du régime politique[6]. De même, la bonne mesure entre richesse

1. *Pol.* 302b5-6.

2. J.B. Skemp, *Plato.* The Statesman [1952], Londres, Bristol Classical Press, 1987, *op. cit.*, note 2, p. 178. Dans le même sens, S. Rosen, *ibid.*

3. *Soph.* 219a; voir la note 30, p. 217 de N. Cordero à sa traduction du *Sophiste*, Paris, Flammarion, 1993.

4. H.R. Scodel, *op. cit.*, p. 143.

5. *Rép.* V, 463b1 ; 465d8.

6. *Rép.* VI, 502d1.

et pauvreté doit garantir la conservation (σωτηρία) de la cité[1]. Ainsi s'explique la fin de la réplique de l'Étranger : « Cette espèce très variée [...] que nous désignons par cette appellation unique de "récipient", cette espèce couvrant assurément un très vaste domaine, ne convient absolument pas, je crois, à la science recherchée[2]. » Autrement dit, la sauvegarde envisagée ici, purement matérielle, n'a rien à voir avec la sauvegarde propre à l'art politique. La référence aux poteries (κεραμικῆς, 288a9) dans la catégorie du véhicule (ὄχημα) s'explique par le transport de produits que permettent ces objets[3]. Est aussi rappelé le caractère assez souple des catégories forgées dans toute cette énumération, puisque la poterie conserve autant qu'elle autorise le support et le transport. Il est difficile de voir à quel équivalent politique l'Étranger peut songer lorsqu'il rappelle que le « véhicule » n'est pas l'œuvre de la politique. En employant le terme ὄχημα, peut-être l'Étranger songe-t-il implicitement aux chariots[4] et aux navires[5] employés à des fins guerrières, dont on pourrait, dans une conception purement militaire de l'art royal, imputer la fabrication, ou du moins l'initiative, au politique. Avec le terme « assise » (θᾶκος, 288a6) qui peut désigner le fait de siéger dans une assemblée, et le terme « siège » (ἐφέδρας, 288a6) qui renvoie au siège que l'on tient devant une place forte[6], l'Étranger pourrait aussi vouloir dire que la politique n'est pas simplement un art d'observation et de représentation.

L'espèce de l'abri (πρόβλημα, 288b6) recoupe elle aussi les catégories précédentes, puisque les abris peuvent également servir d'assise aux êtres ou assurer leur conservation. C'est ici une conception de la politique comme protectrice ou défensive qui est écartée : en termes modernes, sa tâche n'est pas d'assurer la sécurité des biens et des personnes en construisant des remparts ou des armes. Ce sont l'organisation interne et la paix civile qui garantissent la sécurité. En outre, l'Étranger ne mentionne ici que « la majeure partie de l'armement », et s'il n'évoque pas ici un art de l'armement, sans doute est-ce parce qu'il pense plus spécialement aux

1. *Lois* V, 736e4.

2. *Pol.* 287e10-288a1.

3. Contrairement à ce que soutiennent A. Diès, note 1, p. 51, et C.J. Rowe, p. 214, pour qui la présence de la poterie se justifie par ce qu'elle sert de support, non de transport, à un produit ; ils ne voient pas que les deux fonctions vont de pair.

4. Voir *Phdr.* 247b1-2 où il est question des attelages (τὰ μὲν θεῶν ὀχήματα) des dieux ; Hérodote, *Enquêtes* V, 21, 2 ; Sophocle, *Électre*, v. 740.

5. LSJ *s.v.*

6. LSJ. *s.v.*

armes défensives, comme les remparts dont la réalisation est confiée à l'architecte[1].

L'espèce du divertissement (παίγνιον, 288c6) a pour objet toutes les productions procédant par imitation, et sa finalité est le plaisir. La « musique », c'est-à-dire la poésie, la musique au sens étroit du terme et la danse, entre dans cette espèce, ainsi que la peinture. L'Étranger semble exclure toute visée sérieuse pour les arts qu'il évoque ici, ce qui semble contraire à la portée éducative que Platon leur confère ailleurs[2] : qu'on songe aux règles auxquelles devront se plier les poètes pour élaborer une communauté politique de plaisir et de douleur[3], ainsi qu'à l'éducation décrite dans les *Lois*. Or si l'Étranger prend soin de ne pas mentionner l'usage éducatif et « sérieux » qu'il est possible de faire des arts, ce n'est pas parce qu'il distinguerait deux catégories d'arts imitatifs, les uns à usage éducatif, les autres destinés au divertissement[4], mais précisément pour montrer que la finalité « sérieuse » de ces arts ne leur est conférée que par l'usage qu'en fera la politique véritable en vue de l'unité de la cité et par l'intermédiaire de l'éducation : elle supervisera l'usage éducatif du plaisir que ces arts imitatifs suscitent pour rendre les âmes propices au bon entrelacement des caractères. En termes modernes, l'« industrie » du divertissement ou l'action culturelle ne suffisent pas d'elles-mêmes à faire une politique. Leur place dans la cité est légitime, mais à condition qu'elles servent l'unité de la cité que la politique doit réaliser. Notons enfin qu'en restant muet sur les imitations produites par le discours non « musical », c'est-à-dire celles de la sophistique[5], l'Étranger l'exclut tacitement des arts ayant droit de cité.

Par le terme de « corps » (σώματα, 288d2; *cf.* 258d8-e2), la sixième espèce désigne les matières premières, en un sens plus large que le terme ἡ ὕλη qui, exception faite d'un passage du *Philèbe* (54c2) où son sens est général, ne s'applique qu'aux matières végétales et au bois en particulier[6] : en 272a4, il désignait la végétation, comme dans le *Critias* (107c3). Tous

1. *Gorg.* 517b-c. La référence au tissage dans cette catégorie est surprenante puisqu'il sert de paradigme à l'art politique et que la finalité du politique sera pensée à partir de celle du tissage. Mais le parallèle paradigmatique porte plus précisément sur la similitude d'une opération, l'entrelacement (306a1), non sur la fonction ou l'usage immédiat des produits, comme c'est le cas ici.

2. Comme le remarque C.J. Rowe, *op. cit.*, p. 214.

3. *Rép.* II, 376c-III, 398b ; V, 462c-e.

4. Contrairement à ce que suppose C.J. Rowe, *ibid.* Sa distinction ne tient pas compte du fait que le jeu et le plaisir ne s'opposent pas au sérieux de l'éducation mais qu'ils en sont la matière même (*Lois* I, 643 b-d ; II, 656c-660a).

5. *Soph.* 234 b1-c7.

6. *Tim.* 69a6.

ces « corps » sont des éléments simples destinés à entrer dans la composition d'objets plus complexes, comme le soulignent les termes σύνθετα, συντιθεμένων et ἀσύνθετον (288e3-5). Or une analogie fautive, qui considérerait la politique comme un art producteur, pourrait laisser penser qu'elle aussi a pour fonction de produire les corps individuels humains, qui seraient livrés ensuite à diverses formes d'associations, sociales ou religieuses par exemple. La fin du *Politique* montrera que la politique s'écarte de ce modèle sur deux points : elle ne produit pas des corps mais agence des âmes, et son opération ne consiste pas à élaborer des éléments isolés mais à lier des caractères en vue de l'unité de la cité.

Cette exclusion du corps humain comme objet de la politique est confirmée par la dernière catégorie de possessions, qui en attribue l'entretien physique aux arts nourriciers. Leur objet n'est pas la production mais « l'acquisition (κτῆσιν, 288e8) » de ce qui peut s'incorporer. Ce terme désigne ici certes l'acquisition mais aussi l'usage, notamment pour la gymnastique, la médecine et la cuisine. Comme dans le *Sophiste* (219c2-8), la chasse est ici placée du côté de l'acquisition. En revanche, l'agriculture y était rangée du côté de la production (219a10-c1) : si elle figure ici du côté de l'acquisition, c'est peut-être pour mieux débarrasser la politique du commerce des aliments et notamment des céréales. Il va de soi qu'on ne peut attribuer à la politique la production d'aliments, mais on pourrait lui imputer la charge de leur acquisition, notamment en temps de pénurie[1]. L'Étranger montre donc ici que ce n'est pas son objet.

À la fin de sa récapitulation, l'Étranger ajoute :

> Si une chose sans importance nous a échappé, capable de s'ajuster à l'un des genres précédents, nous l'écartons, par exemple le caractère commun à la monnaie, aux sceaux et à tout ce qui est empreinte; car dans ces choses en elles-mêmes, il n'y a aucun genre de quelque importance pouvant aller de pair avec les autres, mais les unes se rangent sous la rubrique de l'ornement, les autres sous celles de l'instrument, mais, certes avec quelque contrainte, en les tirant bien, elles s'accorderont tout à fait avec les genres en question[2].

1. Selon Aristote, une des assemblées athéniennes « délibère sur les questions d'approvisionnement (περὶ σίτου) et de défense du pays », *Constitution des Athéniens*, 43, 4, 3. Sur cette question, voir P. Garnsey, *Cities, Peasants and Food in Classical Antiquity. Essay in Social and Economic History*, Cambridge, Cambridge University Press, 1998; *Famine et approvisionnement dans le monde gréco-romain*, [1988], trad. fr., Paris, Les Belles Lettres, 1996; A. Jardé, *Les Céréales dans l'Antiquité grecque*, [1925], Paris, De Broccard, 1979.

2. *Pol.* 289a7-b7.

Les inclassables, « monnaie, sceaux et tout ce qui est empreinte », font peut-être allusion aux empreintes des idées en notre âme[1] ; mais cette référence est secondaire car toute cette classification porte davantage sur le corps que sur l'âme. La souplesse de la classification des possessions invite plutôt à se demander pourquoi ce sont précisément ces objets-là qui sont redistribués dans les catégories déjà énoncées. D'une part, on peut supposer que l'Étranger refuse d'en faire un genre pour ne pas allonger inutilement la liste et respecter au mieux la consigne de 287c3-5 invitant à diviser en restant au plus près de deux. D'autre part, l'Étranger se justifie en disant que le genre qu'ils constituent en raison de leur *idea* commune n'est pas assez « grand » par rapport aux autres genres dénombrés. Or comment évaluer la mesure d'un genre ? On peut peut-être soupçonner que la dispersion de ces objets et des fonctions correspondantes dans l'espèce des instruments ou de l'ornementation permet à l'Étranger de diminuer l'importance politique attachée par une cité à l'apposition de sa marque symbolique sur des objets, notamment la monnaie. Si la classification des possessions a pour but d'écarter de la politique véritable les fonctions dont on pourrait croire, à tort, qu'elles la définissent, il faut donc plutôt voir dans ces inclassables une référence à ce qui était historiquement un monopole politique et une marque de pouvoir[2]. Pour l'Étranger, la tâche politique véritable ne consiste pas en la frappe de la monnaie, en l'établissement des sceaux et autres poinçons officiels : la réalité du pouvoir politique ne se résume pas à la diffusion de ses symboles.

Cette longue liste montre donc que la politique ne se résume pas à fournir le nécessaire, à apporter ce que réclame notre constitution physique et psychologique. Elle n'est ni un art nourricier, ni seulement le moyen de nous assurer le minimum de confort matériel et moral requis par notre nature et notre condition, et sa fonction n'est pas non plus de nous garantir la sécurité physique et matérielle. La politique est au-delà de toutes ces fonctions, qui sont du ressort d'activités dont la plupart relèvent du secteur économique. Tous les arts concernés sont « ce sans quoi » la cité ne pourrait pas voir le jour, mais ils n'en sont aucunement la cause, car ils ne doivent leur efficacité au niveau de l'ensemble de la cité que par soumission à une cause intelligente qui leur imprime leur direction. Leur mise à l'écart ne suffit pas néanmoins à assurer au politique le monopole de la réalisation de la cité. D'autres acteurs économiques manifestent leurs prétentions dans ce

1. F. Ildefonse, art. cit., p. 115.

2. Voir D. Gerin, C. Grandjean, M. Amandry, F. de Callataÿ, *La Monnaie grecque*, Paris, Ellipses, 2001.

domaine et l'Étranger s'empresse à nouveau de les écarter : ce sont les subordonnés.

Les subordonnés économiques : esclaves, commerçants au sens large et salariés

Alors qu'on s'attend à une division explicite des causes, l'Étranger se met à hiérarchiser les « subordonnés » du politique. Ils sont de deux types : le groupe des subordonnés économiques et un autre groupe qui comprend les hérauts, les secrétaires des magistrats, les devins et les prêtres. Seul le premier groupe nous intéresse ici.

> *L'Étranger* : Quant au reste, esclaves (δούλων) et serviteurs (ὑπηρετῶν) en tout genre, c'est parmi eux, je crois le deviner, qu'apparaîtront en pleine lumière ceux qui disputent au roi la confection du tissu même (τὸ πλέγμα), de même que tout à l'heure à l'égard des tisserands, c'était ceux qui s'occupaient de filer, de carder et de toutes les autres tâches dont nous avons parlé. Et tous les autres, qualifiés de causes auxiliaires, nous nous en sommes débarrassés en même temps que des travaux dont on vient de parler, et nous les avons séparés de la pratique royale et politique.
> *Socrate le Jeune* : C'est bien ce qu'il m'en semble.
> Allons, approchons-nous davantage de ceux qui restent et examinons-les, afin d'en avoir une connaissance plus assurée.
> Il le faut.
> Les serviteurs par excellence, pour autant qu'on peut les voir d'où nous sommes, nous découvrons que leurs occupations et leur sort sont contraires à ce que nous avions soupçonné.
> De qui s'agit-il ?
> De ceux qu'on achète et dont on prend ainsi possession ; nous pouvons dire que ce sont incontestablement des esclaves, dont les prétentions à l'art royal sont très faibles (ἥκιστα).
> Comment le nier ?
> Mais quoi ? Ceux des hommes libres qui se placent eux-mêmes de leur plein gré au service de ceux dont on a parlé tout à l'heure[1], transportant (διακομίζοντες) les produits de l'agriculture et des autres métiers les uns chez les autres et déterminant entre eux des équivalences (ἀνισοῦντες), les uns sur les marchés (κατ' ἀγοράς), les autres passant (ἀλλάττοντες) d'une cité à l'autre (πόλιν ἐκ πόλεως) par mer (κατὰ θάλατταν) et par voie de terre (πεζῇ), troquant (διαμείβοντες) monnaie contre autre chose, et monnaie contre monnaie, eux que nous avions dénommés changeurs d'argents (ἀργυραμοιβούς), commerçants (ἐμπόρους), armateurs

1. C'est-à-dire tous les producteurs classés dans les possessions (*Pol.* 287e1-289c3).

(ναυκλήρους) et marchands (καπήλους), disputeront-ils quoi que ce soit à la politique ?
Peut-être bien, au moins à la politique commerciale (Τάχ' ἂν ἴσως τῆς γε τῶν ἐμπορευτικῶν)[1].
A fortiori[2] ceux que nous voyons, salariés (μισθωτούς) et hommes de peine (θῆτας), absolument prêts à entrer au service de tous, il y a peu de chance que nous les découvrions jamais prétendant à l'art royal.
Comment en effet le pourrait-on[3] ?

L'Étranger classe les subordonnés par ordre croissant de proximité à la politique, et donc par degré croissant de revendication possible de leur part à la réalisation de la cité. Le terme ὁ ὑπηρέτης désigne soit l'individu subordonné, soit plus largement l'individu qui rend un service. Contrairement au terme ὁ δοῦλος qui désigne le plus souvent la catégorie juridique d'esclave, le terme ὁ ὑπηρέτης n'a pas égard au statut juridique de l'individu : dans les *Lois* l'Athénien distingue les médecins de leurs assistants (ὑπηρέται), ces derniers pouvant être de condition libre ou servile[4]. Toutefois, Platon n'hésite pas à jouer de ces termes : toujours dans les *Lois*, les dirigeants sont qualifiés de serviteurs (ὑπηρέται) des lois, puis d'esclaves (δοῦλοι) de la loi[5].

Avant d'analyser chacune des trois sortes de subordonnés économiques, on peut se demander pourquoi l'Étranger range les esclaves et les salariés parmi les subordonnés plutôt que parmi les producteurs et donc les auxiliaires. C'est que, comme les marchands, ils travaillent pour le compte d'un autre individu, ils ne décident pas de ce qu'ils font, mais doivent suivre les recommandations du maître, du producteur ou de l'employeur. Dans l'hypothèse de l'application terme à terme du paradigme du tissage et de ses deux catégories causales à la politique, il s'agit de montrer que ces pratiques sont certes des causes de la cité mais qu'elles ne peuvent s'émanciper de la tutelle de la politique.

Les subordonnés « économiques et commerciaux » qui nous intéressent ici ne prétendent pas tous à la politique au même degré. Les esclaves y prétendent « très peu ». Leur revendication est sans doute fondée sur le fait que, quelle que soit leur tâche, ce sont bien eux qui l'accomplissent matériellement, et non leurs maîtres : ils agissent donc plus directement et plus immédiatement que ces derniers dans la cité. Il n'est pas non plus

1. Je conserve τῆς plutôt que la correction de D. Robinson τινές.
2. Pour ce sens de ἀλλ' οὐ μὴν, voir Denniston, *op. cit.*, p. 345 avec cette occurrence.
3. *Pol.* 289c4-290a7.
4. *Lois* IV, 720a2-b7.
5. *Lois* IV, 715c6-d6.

impossible de lire dans cette phrase une allusion à quelque révolte servile, comme celle des Hilotes de Sparte au Vᵉ siècle ou celle des esclaves de Messénie évoquée par Platon dans les *Lois*[1]. Contrairement aux traducteurs qui donnent un sens négatif à ἥκιστα (289e2) et traduisent par « ils ne prennent pas part [ou ne prétendent pas le moins du monde] à l'art royal »[2], il faut donner à ce terme le sens positif de « très peu »[3] : car si les esclaves ne manifestaient aucune prétention à la politique, pourquoi faudrait-il donc les ranger parmi les subordonnés qui sont précisément définis comme « ceux qui contestent au roi la réalisation du tissu » (289c4-6) ? En précisant qu'on les possède en les achetant, l'Étranger expliquerait pourquoi ces esclaves ne peuvent revendiquer que « très peu » le titre politique : peut-être est-ce là une référence à ce que les historiens ont nommé la catégorie de « l'esclave marchandise », dont le statut juridique rend presque impossible toute prétention politique[4].

Le degré de revendication augmente avec les commerçants. De manière très significative, l'Étranger décrit leur catégorie plus longuement que celle des esclaves, et Platon multiplie en huit lignes (289e4-290a2) les termes connotant l'échange[5] et le mouvement[6]. Pourquoi cette insistance ? Elle s'explique par la fonction des commerçants : à l'instar du tisserand réunis-sant en un même tissu des fils de natures différentes et du politique réalisant l'unification de la cité à partir de naturels doux et de naturels vifs, eux aussi mettent en relation des individus dont ils égalisent les rapports par la transaction commerciale. Leur prétention à la politique ne tient pas tant à leur influence possible dans ce domaine par l'intermédiaire des banques privées[7], qu'au fait que le commerce pourrait tenir lieu de politique tout court. Absolument nécessaire pour pourvoir aux besoins des membres de la cité, le commerce unit en effet des individus différents au moyen de l'égalité arithmétique : il est donc fort probable que les marchands pensent introduire dans la cité une forme de justice que le politique est peut-être impuissant à réaliser. L'Étranger et Socrate le Jeune affirment donc ici

1. *Lois* VI, 777c1-d3. Voir Y. Garlan, *Les Esclaves en Grèce ancienne* [1982], Paris, La Découverte, 1995, p. 177-192 ; Thucydide, *Hist.* IV, 41, 2-3 ; 80, 3.

2. Ainsi A. Diès, *op. cit.*, p. 53 ; L. Brisson et J.-F. Pradeau, *op. cit.*, p. 156.

3. Comme le fait C.J. Rowe.

4. Y. Garlan, *op. cit.*, p. 30-89.

5. διαμείβοντες : transporter ; ἀνισοῦντες : égaliser ; ἀλλάττοντες : échanger ; ἀργυραμοιβούς : changeurs d'argent ; ἐμπόρους : marchands ; ναυκλήρους : armateurs ; καπήλους : revendeurs.

6. Les quatre derniers termes de la note précédente sont complétés par la précision des lieux et des voies : κατ' ἀγοράς, πόλιν ἐκ πόλεως, κατὰ θάλατταν, πεζῇ.

7. Contrairement à ce que supposent J.-B. Skemp, *op. cit.*, note 1, p. 186-187, et C.J. Rowe, *op. cit.*, p. 217.

clairement que l'échange commercial ne saurait se substituer au véritable lien politique. Celui-ci ne se réduit pas à l'égalité de la transaction marchande, quand bien même elle tisse des liens dans les cités. Livrés à eux-mêmes, ces liens aboutissent au conflit, comme l'a montré le livre II de la *République*; et dans la perspective du *Politique*, si le commerce vaut comme politique, celle-ci n'a alors plus la possibilité de faire valoir et de faire accepter la différence des liens qu'elle réalise. Enfin, l'égalité arithmétique, qui est celle du commerce, est inférieure à l'égalité géométrique qui, selon Platon, est primordiale pour réaliser et conserver l'unité et la justice de la cité[1]. Le commerce est donc effectivement un sérieux concurrent de la politique pour la réalisation de la cité[2].

Enfin, les salariés et les hommes de peine, ces « thètes » situés au plus bas de l'échelle sociale, proches de la servitude mais dont Achille préférerait toutefois partager le sort plutôt que d'être le roi du pays des morts[3], sont exclus d'emblée de la course au titre politique : car ce qu'ils vendent, c'est essentiellement leur force physique[4]. Or d'après la première division, le politique gouverne moins par la force de son corps que par celle de son âme (259c6-9). S'il faut néanmoins prendre la peine de les écarter, c'est parce qu'ils réalisent matériellement la cité.

Faire la cité par le bon usage de ce qu'elle contient

Tout le *Politique* est donc marqué par le souci de distinguer, entre autres, l'efficience politique de l'efficience économique. Malgré les difficultés éventuelles que nous avons relevées dans la correspondance des deux sortes de causes, le paradigme du tissage a permis de comprendre que la politique ne fait pas directement et matériellement la cité, mais la fait faire en présidant aux sciences et aux arts qui interviennent dans son élaboration matérielle : « la science qui est réellement royale ne doit pas agir elle-même (οὐκ αὐτὴν δεῖ πράττειν) mais commander (ἄρχειν) celles qui ont la capacité d'agir (τῶν δυναμένων πράττειν), puisqu'elle discerne, quant à l'opportunité et à l'inopportunité, le départ et l'impulsion des affaires les plus importantes dans les cités, tandis que les autres doivent exécuter ce qu'elle a édicté »[5]. Dans l'hypothèse où la distinction des

1. *Lois* VI, 757b1-d1 ; *cf. Rép.* VIII 558c3-6 ; 561e1-2 ; 563b4-9.

2. C'est pour cette raison, et pas seulement parce qu'elle n'est supportée que par un manuscrit mineur, que je rejette la correction de D. Robinson en 290a3, τινές pour τῆς, (« The New Oxford Text of Plato's *Statesman* : Editor's Comments » dans *Reading the* Statesman, C.J. Rowe (ed.), p. 41).

3. *Odyssée* X, v. 488-491.

4. Voir aussi *Rép.* II, 371e1-6.

5. *Pol.* 305d1-5.

causes auxiliaires et des causes proprement dites s'applique correctement à la politique, les premières seraient, dans le domaine économique, les arts producteurs qui donnent à la cité les objets de tous ordres énumérés dans la liste des possessions sans lesquels elle ne peut subsister matériellement; les secondes seraient l'usage du corps comme force physique en général, dans les pratiques commerciales ou le travail au sens le plus général du terme.

Ce qui vaut à la politique sa suprématie fonctionnelle, c'est qu'elle est l'art de l'usage des arts qui sont compris dans la cité: non pas de l'usage technique de chaque chose ou de chaque objet produit par chaque art de la sphère économique, mais de l'opportunité de l'usage de ces arts par rapport à la finalité de la politique, qui est de réaliser l'unité de la cité par l'entrelacement des caractères. La politique sait quel est le *bon* usage de la cité, et c'est parce qu'elle a cette connaissance qu'elle peut imprimer leur direction aux autres arts, et en particulier à ceux qui relèvent du secteur économique. Cette priorité accordée à l'art de l'usager sur celui du fabricant de l'objet qu'il utilise est un thème important et récurrent des Dialogues. Le passage le plus clair est sans doute le suivant, extrait de la *République* :

> *Socrate* : Pour chaque objet, il existe ces trois arts-là : l'art de s'en servir, l'art de le fabriquer, l'art de l'imiter.
> *Glaucon* : Oui.
> Or l'excellence, la beauté, la rectitude de chaque objet, de chaque être vivant, de chaque action se rapportent-elles à autre chose qu'à l'usage de chacun, c'est-à-dire à ce pourquoi chacun existe, qu'il soit fabriqué ou qu'il existe naturellement ?
> Non, c'est bien le cas.
> C'est donc une nécessité déterminante que pour chacun, ce soit celui qui en fait usage qui soit le plus expérimenté (ἐμπειρότατον) et que ce soit lui qui communique au fabricant les qualités et les défauts de ce qu'il produit, tels qu'ils se révèlent à l'usage pour celui qui les utilise. Par exemple, le flûtiste informe le fabricant de flûtes sur les flûtes qui lui servent à jouer, et c'est lui qui commandera celles qu'il convient de fabriquer, et le fabricant se mettra à son service.
> Forcément.
> Ainsi donc, celui qui sait (εἰδώς) informe sur les aspects utiles ou médiocres des instruments alors que l'autre les fabrique en se fiant (πιστεύων) à lui.
> Oui.
> De la sorte, en ce qui concerne le même objet fabriqué, le fabricant maintiendra, quant à ses qualités et à ses défauts, une croyance qui sera correcte (πίστιν ὀρθήν), parce qu'il est en communication avec celui qui

sait (τῷ εἰδότι) et qu'il est contraint d'écouter celui qui sait, mais c'est celui qui en fait usage qui possède la science (ἐπιστήμην).
Exactement[1].

Le flûtiste qu'évoque ici Socrate n'est pas n'importe lequel : ce n'est ni le débutant ni le dilettante, mais celui qui est le plus expérimenté (ἐμπειρότατον) et qui détient le savoir ou la science (ἐπιστήμην) de la flûte; en d'autres termes, c'est le bon flûtiste. De même, selon le type de vêtement qu'il doit produire, le bon tisserand sait discerner le bon fil du mauvais. Il indique alors aux fabricants de fils (les causes) et éventuellement à ceux qui fabriquent les instruments du tissage comme les navettes (les causes auxiliaires) quelles sont ses attentes : à eux ensuite de modifier leurs techniques et leurs instruments en conséquence. Ce n'est pas tant celui qui porte le vêtement qui est à considérer ici comme l'usager du tissu, mais le tisserand qui sait ce qu'est le tissu adapté à un manteau, à une couverture ou à une robe. En politique, le bon usager de la cité n'est donc pas tant le citoyen – qui serait en somme l'*analogon* du porteur du vêtement – que le politique. C'est ce que confirme un passage du *Cratyle* : de même que l'utilisateur de navette est meilleur juge de la qualité de la navette que son constructeur, et de même que le joueur de cithare est meilleur juge que le fabricant de cithare de la qualité de l'instrument produit par celui-ci, de même le capitaine de navire est meilleur juge de la qualité du navire que le constructeur de navire. Ces trois sortes d'usagers peuvent indiquer au fabricant d'éventuelles modifications à apporter à l'objet et donc « président (*epistatein*) à sa fabrication »[2]. Le politique est à la cité ce que le capitaine est à son navire, cette analogie étant d'ailleurs très fréquente dans les Dialogues[3]. C'est lui qui, comme le tisserand par rapport aux arts qui dépendent de lui, préside au bon usage des arts présents dans la cité afin que celle-ci compose un ensemble véritablement politique. La politique authentique ne se laisse donc pas dicter la direction de la cité par d'autres arts, et en particulier, elle ne saurait être au service de l'économie. *Le Politique* réalise donc le projet de l'*Euthydème*, où Socrate cherche avec Clinias une science « telle que coïncident en elle à la fois le fait de savoir produire et le fait de savoir comment utiliser ce que cette science produit »[4]; c'est l'art politique ou royal (291c) qui semble le candidat le

1. *Rép.* X, 601d1-602a2.
2. *Crat.* 390b1-c1.
3. Par exemple *Pol.* 272d-e; 296e4-297b4; 297e8-299e9; *Rép.* VI, 488a1-489c8; *Euthyd.* 291d1-3.
4. *Euthyd.* 289b4-6.

plus qualifié pour répondre aux caractéristiques de cette science, comme l'explique Socrate :

> C'est à cet art-là [l'art politique ou royal] que l'art du général, et les autres arts confient la souveraineté sur les ouvrages dont ces mêmes arts sont les artisans, car l'art royal est le seul qui sache comment utiliser leurs ouvrages. Nous fûmes donc d'avis que c'était là, de façon claire, l'art que nous recherchions, qu'il était la cause de la rectitude de l'action (τοῦ ὀρθῶς πράττειν) dans la cité[1].

La science royale ou politique est donc la seule à « produire » vraiment la cité : non pas matériellement, mais comme entité politique parce qu'en somme, elle la produit par la connaissance de son bon usage. Il faut alors pour cela que l'économie soit à son service, et non l'inverse. Quelles mesures sont donc nécessaires pour y parvenir ?

POLITISER L'ÉCONOMIE

Puisque l'économie est nécessaire dans la cité, il faut donc la rendre vraiment politique pour en contenir la puissance destructrice, c'est-à-dire la subordonner à l'unique politique authentique. Car la tension perçue par Platon entre d'un côté le « monde politique (τὸν κόσμον πολιτικόν) » ou « le monde commun de la cité (τὸν κοινὸν τῆς πόλεως κόσμον) »[2], et de l'autre l'univers particulier, propre ou privé (ἴδιος) de l'individu ou de l'*oikos*[3] et dont l'économie au sens large tend à n'être que le prolongement, se fait toujours au détriment du premier. Cette subordination suppose des mesures d'intégration, dont la science royale a l'initiative. Platon en élabore au moins trois : il substitue à la conception assimilant maison et cité une conception de leur différence intégrée à un ordre commun ; il introduit les femmes dans la sphère politique, notamment en abolissant le principe traditionnel de répartition des tâches selon le critère du sexe ; il fait du principe de la fonction propre le principe fondamental de cet ordre commun.

1. *Euthyd.* 291c7-d1.
2. Respectivement *Lois* V, 736e6 ; VIII, 846d5-6.
3. Pour ἴδιος appliqué à l'*oikos*, voir *Prot.* 319d7-e1 : Socrate oppose τὸ κοινὸν τῆς πόλεως à ἰδίᾳ pour reformuler l'opposition faite peu auparavant par Protagoras (318e5-319a2) entre περὶ τῶν τῆς πόλεως et περὶ τῶν οἰκείων. Voir aussi *Euthyph.* 14b4-5. Pour ἴδιος appliqué à l'individu, voir le statut de la propriété chez les gardiens, *Rép.* III, 416d5 ; V, 464b9-c1 ; V, 458c9 ; VIII, 543b3.

Toutefois, politiser l'économie ne signifie pas simplement en limiter les effets destructeurs. Il s'agit aussi, grâce à ces trois dispositifs, de convertir les effets de sa tendance à l'appropriation privée ou personnelle en résultats bénéfiques pour le monde commun de la cité, c'est-à-dire de faire en sorte que les institutions économiques inventées par le bon politique contribuent *positivement* à l'élaboration du monde commun. En voulant créer un véritable ordre politique, le souci de Platon est donc aussi de porter l'économie au maximum de ce qu'elle peut être. Politiser l'économie, c'est aussi rendre l'économie vraiment « économique », conforme à ce qu'elle peut être de mieux aussi en elle-même : par exemple le principe de la fonction propre assure à la fois l'unité de la cité – bienfait politique – et la qualité de la production – bienfait économique.

Avant d'analyser les trois grandes mesures évoquées, il faut dire un mot de la tension entre monde public ou commun et monde privé qu'elles sont destinées à résoudre.

Propriété privée et monde commun

L'opposition du public et du privé est un lieu commun de la littérature juridique, politique et historique de l'époque[1] : est δημόσιος ce qui concerne les affaires de la cité, est ἴδιος ce qui relève de la sphère privée, des affaires d'un particulier. Les deux termes désignent moins des sphères ou des domaines délimités que l'exercice d'un pouvoir ou d'une influence au nom d'intérêts communs ou, au contraire, privés ou personnels[2]. Cela vaut tout à fait pour les Dialogues, où δημόσιος désigne ce qui relève de la *polis* et est synonyme de commun (κοινὸς) qui le remplace souvent, tandis qu'ἴδιος renvoie soit à l'*oikos* par opposition à la *polis*, soit à l'individu par opposition à la collectivité, souvent désignée alors par l'adjectif κοινὸς. Le couple δημόσιος – ἴδιος désigne ainsi l'opposition institutionnelle entre le public et le privé[3], et κοινὸς – ἴδιος l'opposition politique et sociale entre le collectif ou le commun et l'individuel[4].

1. Par exemple : Isoc. *In Call.* 24, 5-6 ; *Pan.* 181, 3-4. Is. *Or.* 3,62, 6-7 ; 7, 30, 6-7 ; 8, 12, 1. And. *Myst.* 146, 8 ; *Pax.* 20, 6 ; *Alc.* 18, 11 ; 35, 4. Lys. *Or.* 2, 61, 2-3 ; 6, 47, 5 ; 13, 69, 3 ; 19, 8, 3-4. Prodic. 1, 3, 3. Th. 1, 128, 3, 4 ; 2, 37, 3, 1-2 ; 2, 65, 2, 1-3 ; 3, 45, 3, 1. Xén. *Mem.* : III, 11, 16 ; III, 12, 5 ; *An.* VI, 6, 27 ; *Hier.* XI, 9, 3. *Cyn.* XIII, 10, 1-2. Ar. *Ec.* 205-206.

2. Voir R. Descat, *L'acte et l'effort. Une idéologie du travail en Grèce ancienne (*8e-5e *siècle av. J.-C.)*, CNRS – Université de Franche-Comté, Besançon, 1986, p. 149.

3. Par exemple : *Prot.* 357e8 ; *Apol.* 30b4 ; *Rép.* II, 362b6 ; 364a7-8 ; IV, 424e2 ; V, 473e5 ; VI, 494e6-7 ; 500d5 ; *Lois* XII, 950d7-8.

4. Par exemple : *Hipp. Maj.* 281b6-281d2 ; *Gorg.* 502e6-7 ; *Rép.* I, 333d4 ; *Lois* XII, 946d2-3.

À défaut de pouvoir la supprimer, Platon n'a d'autre choix pour organiser la cité que de partir de cette recherche spontanée de l'*idion*, de cette tendance naturelle à l'accaparement individuel ou familial dont nos appétits sont la source, pour en modifier le cours ou, plus précisément, pour en déplacer le point d'application. Mais comment élaborer une tendance au *koinon* à partir d'un penchant à l'*idion*? Comment cette tendance nécessaire à la possession peut-elle être mise au service d'autre chose que de l'accaparement économique et des ravages qu'il suscite ? Platon élabore en ce sens deux stratégies très différentes. Dans la *République*, c'est en dépit de la nécessité de l'*idion* sur le plan économique et contre elle qu'il édifie un monde politique. Dans les *Lois* en revanche, et très paradoxalement, il fait droit à cette tendance pour mieux en limiter les effets.

Dans la *République*, Socrate fait tout pour réduire au minimum la part de l'*idion*, qui apparaît comme l'obstacle majeur à l'édification d'une cité une. Il faut donc d'abord montrer aux futurs dirigeants qu'il est de plus hautes satisfactions que celle de l'intérêt particulier, notamment matériel. Voici en effet ce que dit Socrate à Glaucon :

> Si tu peux découvrir, pour ceux qui s'apprêtent à diriger, une vie meilleure que le pouvoir, tu peux alors faire advenir une cité bien administrée. C'est en effet dans cette cité seulement que dirigeront ceux qui sont réellement riches : riches non pas d'or mais de cette richesse nécessaire à l'homme heureux, c'est-à-dire une vie bonne et remplie de sagesse. Mais si ce sont des mendiants et des gens affamés de biens personnels (πεινῶντες ἀγαθῶν ἰδίων) qui s'emparent des affaires publiques (ἐπὶ τὰ δημόσια), croyant qu'il se trouve là du bien qu'il faut accaparer, alors ce ne sera pas possible. Si le pouvoir en effet devient l'objet d'un affrontement, une guerre de ce genre, parce qu'elle est intérieure et qu'elle fait s'affronter ceux qui sont apparentés, les détruit eux-mêmes autant que le reste de la cité[1].

Si les dirigeants possèdent en propre une terre (γῆν ἰδίαν), des maisons et de l'argent, ils se conduiront en gestionnaires de leur fortune et mèneront la cité à sa perte ainsi qu'eux-mêmes[2]. C'est pourquoi interdiction est faite aux gardiens de la cité juste de posséder des biens propres ou individuels (οὐσίαν κεκτημένον μηδεμίαν μηδένα ἰδίαν)[3], l'accent étant mis notamment sur le lieu de résidence : contrairement aux nids privés (νεοττιὰς

1. *Rép.* VII, 520e4-521a8.
2. *Rép.* III, 417a6-b6.
3. *Rép.* III, 416d5. Formule similaire en V, 458c8-d1 : ἰδίᾳ δὲ οὐδενὸς οὐδὲν τοιοῦτον κεκτημένου.

ἰδίας) que les oligarques édifient pour leurs parties de plaisir[1], les gardiens ne doivent posséder ni biens ni maisons en propre[2]. La maison ou le foyer, on l'a vu, est en effet le relais social de l'appétit de possession, et constitue une force de privatisation de l'espace politique.

La finalité de ces mesures est de rendre communs dans la cité les sentiments de plaisir et de douleur, le caractère privé (ἰδίωσις) des sentiments étant à l'origine de sa dissolution[3]. Posséder femmes, enfants et biens à titre privé, c'est en effet particulariser le plaisir et la peine : il faut donc éviter, comme le dit Socrate, que les gardiens

> ne déchirent la cité de part en part en disant non pas la même chose mais les uns une chose, les autres une autre chose. [Sinon] l'un tirerait vers sa maison à lui tout ce qu'il lui serait possible d'acquérir à l'écart des autres, l'autre vers une autre maison, la sienne propre, et s'ils avaient une femme et des enfants différents, ils feraient de leurs plaisirs et de leurs peines des affaires privées (ἰδίας), puisqu'ils seraient des individus privés (ἰδίων ὄντων). À l'opposé, s'ils partageaient la même conviction concernant leurs foyers, ne tendraient-ils pas tous vers la même chose et n'éprouveraient-ils pas autant que possible de la même manière la peine et le plaisir[4] ?

La possession matérielle d'une résidence et de biens privés relève d'un ressort psychologique dont les effets politiques sont le plus souvent désastreux. Placer une telle force à la tête de la cité, par exemple en adoptant des lois qui favorisent les intérêts des gouvernants, c'est soumettre les citoyens à l'arbitraire de leurs caprices personnels (χάριτος ἰδίας)[5]. Aussi, en interdisant aux gardiens de faire des sacrifices (θυσίας ἰδίας) et de se rendre à l'étranger « à titre privé » (ἀποδημῆσαι ἰδίᾳ)[6], Socrate interdit que la satisfaction de leurs seuls intérêts soit au principe de leurs actes politiques. La seule chose que les gardiens peuvent encore posséder en privé ou en propre, c'est leur corps qui, en tant qu'entité biologique, ne se prête évidemment à aucune mise en commun[7].

1. *Rép.* VIII, 548a9.
2. οἰκίας ἰδίας, *Rép.* V, 464b9-c1 ; ἴδιον μὲν οὐδὲν οὐδενὶ ἐχούσας, VIII, 543b1-4.
3. *Rép.* V, 462b8.
4. *Rép.* V, 464c5-d6.
5. *Pol.* 300a4-7.
6. *Rép.* IV, 419a7 ; 420a3-5.
7. *Rép.* V, 464d7-9. Dans le régime politique qui lui convient, le gardiens pourra sauver les choses communes en plus de celles qui, littéralement, « sont privées » (μετὰ τῶν ἰδίων τὰ κοινά, *Rép.* VI, 497a4-5). S'agit-il « des propres intérêts » du philosophe (L. Robin), de « son salut personnel » (G. Leroux), de « ce qui lui est propre » (P. Pachet) ? Ces trois premières traductions reposent sur une hypothèse peu vraisemblable : si τῶν ἰδίων se rapporte en effet

Cette réduction de la sphère privée a bien du mal à convaincre Adimante, qui s'insurge contre les conditions de vie inhumaines faites à ces malheureux gardiens, et Socrate sait bien que ses mesures révolutionnaires auront du mal à être acceptées et qu'elles prêteront à rire[1]. Cela n'implique pas qu'elles soient absurdes et impossibles à réaliser[2], mais elles semblent si éloignées de ce qui est humainement possible pour réformer une cité empirique que des solutions plus pragmatiques sont requises, plus propices à l'édification d'un véritable monde politique. À l'improbabilité qui menace l'application de ces mesures s'ajoute l'ambivalence du principe que Platon place au fondement de l'organisation de la cité, à savoir le principe de la fonction propre ou individuelle : si chacun ne doit sa place dans la cité qu'à sa fonction propre, si chacun fait ce pour quoi il est fait, ne renforce-t-on pas la tendance à l'*idion* au détriment du *koinon* nécessaire à la cité ? D'où peut naître l'idée même de ce qui est commun si chacun est défini par sa fonction propre ? Ces difficultés sur la fonction propre seront examinées plus bas. Pour l'instant il suffit de voir que, de manière générale, la *République* se caractérise par le projet de réduire autant que possible la recherche de ce qui est privé ou individuel, mais qu'elle se heurte aux limites qui viennent d'être évoquées. Si les *Lois* suivent la *République* pour ce qui est du projet politique global, elles adoptent en revanche des moyens tout à fait opposés pour y parvenir.

L'objectif de l'art politique dans les *Lois* est identique à celui de la *République* : édifier un monde politique en privilégiant ce qui est commun sur ce qui est privé ou particulier, car « ce qui est commun (τὸ κοινὸν) fait la cohésion des cités, tandis que ce qui est particulier (τὸ ἴδιον) les déchire brutalement »[3]. Ce but est toutefois nettement plus affirmé dans les *Lois*, comme si le contenu des lois dans les *Lois* faisait avancer « substantiellement » l'esquisse constitutionnelle de la *République*[4]. La primauté de ce qui est commun y est en effet exprimée à plusieurs niveaux. Elle figure dans la déclaration générale rappelant qu'« entre amis tout est commun »,

au seul philosophe, que possède-t-il donc en propre, hormis son corps, et comment comprendre cette exception à la mise en commun intégrale qui organise la vie des gardiens ? La traduction d'A. Bloom repose sur une compréhension du passage plus simple et plus probable : le gardien sauve ce qui reste de privé dans la cité juste (« *the private things* »), c'est-à-dire les biens du groupe des producteurs, en évitant notamment qu'ils ne soient la cible de la force des auxiliaires.

1. *Rép.* IV, 419a1-420a1 ; V, 450c6-451a4.

2. Contrairement à ce prétend A. Bloom, *La Cité et son ombre*, [1968], trad. fr. Paris, Le Félin, 2006, p. 121-122.

3. *Lois* IX, 875a5-7.

4. A. Laks, « L'utopie législative de Platon », *Revue philosophique de la France et de l'étranger*, Paris, P.U.F., N°4, oct.-déc. 1991, p. 419-420.

principe qui figurait déjà dans la *République* pour introduire les mesures concernant la vie des gardiens[1], et qui sert ici aussi à définir la meilleure cité. Dans cette cité, dit l'Athénien,

> qu'elle existe maintenant quelque part ou qu'elle doive exister un jour, les femmes sont communes (κοινάς), les enfants sont communs (κοινούς), les richesses sont communes (κοινὰ); par tous les moyens tout ce que l'on dit être privé (τὸ ἴδιον) a été partout retiré de la vie de tous les jours. On est parvenu, dans la mesure du possible et par tous les moyens à faire que ce qui par nature est privé (τὰ φύσει ἴδια) devienne commun (κοινά), et que les yeux, les oreilles et les mains semblent voir, entendre et agir en commun (κοινά), à faire que tous émettent éloges aussi bien que blâmes, se réjouissent et s'affligent des mêmes choses[2].

Certes, ces propos concernent la cité qui doit servir de modèle à la cité des Magnètes, et la soumission de toutes les puissances physiques de tous les membres de la cité à un même ordre commun est sans doute un objectif impossible à atteindre. Mais ils forment néanmoins le principe qui doit guider la pensée et l'action politiques véritables dans les cités de rang inférieur.

Ce principe est en effet un outil théorique et un instrument pratique. C'est un outil théorique en ce qu'il fournit une grille de lecture permettant de comprendre le long avènement des lois dans les cités: ainsi, la *sunoikia* née de l'assemblage de lois particulières (ἰδίους νόμους) aux différentes familles n'est pas viable tant que ne sont pas désignés des magistrats chargés d'adopter certaines de ces lois et d'en abandonner d'autres, avec pour but de fonder une communauté plus vaste[3]. Mais le principe de l'Athénien est aussi un instrument pratique qui doit aider le citoyen à agir dans le sens de l'ordre commun de la cité, et qui doit être au fondement de tout régime législatif, s'il est vrai qu'une véritable loi doit viser l'intérêt commun de la *polis*[4]. Ainsi à propos du lot (*klèros*), dont nous reparlerons plus bas, G.R. Morrow a raison de voir qu'il ne s'agit pas de propriété privée puisque le citoyen ne peut user à sa guise du sol et du domaine, notamment en ce qu'il lui est interdit de les vendre[5]. Aussi le résident du *klèros* n'en est-il «l'administrateur exclusif» que secondairement, qu'en tant qu'agent de la cité dont il est membre et qui seule peut

1. *Lois* V, 739c2-3; *Rép.* IV, 424a1-2; V, 449c4-5. Cf. *Lys.* 207c10.
2. *Lois* V, 739c3-d1.
3. *Lois* III, 681a7-d6.
4. *Lois* VIII, 846d4-7; IV, 715b2-4.
5. *Plato's Cretan city. A Historical Interpretation of the* Laws, [1960], Princeton, Princeton University Press, 1993, p. 106.

être dite sans contradiction propriétaire des biens de la cité « à titre privé *et* à titre public »[1]. De même pour les biens mobiliers, qui ne peuvent être transmis en héritage selon le bon plaisir de leur détenteur puisque ce n'est pas vraiment lui qui en est le propriétaire : les biens personnels du défunt appartiennent à sa famille et en dernier ressort à la cité[2]. Idem pour les personnes elles-mêmes. Ainsi, les enfants appartiennent plus à la cité qu'à ceux qui leur ont donné le jour[3]. Un citoyen ne doit pas négliger ses parents sous l'influence de ses enfants et de son entourage[4]. Ceci signifie que les parents ne se doivent pas exclusivement à leur progéniture : il leur faut également se soucier des générations antérieures, pour éviter une rupture familiale susceptible de faire (re)naître l'exclusivité des sentiments et des actes qui en découlent. Ces mesures visent à lutter contre la tendance à la possession des femmes, des enfants et des parents dont la *République*, on l'a vu au chapitre précédent, faisait la cause de la division dans la cité[5].

Si telle est la finalité des *Lois*, pourquoi semblent-elles donc garantir ce qui ressemble à une propriété individuelle ou privée, relevant de la distinction ordinaire entre le « tien » et le « mien »[6] ? L'Athénien se montre en effet très soucieux de préserver ce qui est « privé » ou personnel, comme si le pas en avant qu'accomplissent les *Lois* par rapport à la *République* – en portant le commun jusqu'au niveau du corps et de ses sensations – avait pour contrepartie un pas en arrière. Par exemple, il n'est pas de contestation possible sur la propriété foncière et la résidence, chacun devant se satisfaire du lot que le sort lui a attribué[7]. En cas de réclamation d'un objet perdu, des délais de prescription sont prévus en fonction de l'endroit où le bien est retrouvé, le nouveau possesseur de l'objet pouvant avec le temps en devenir

1. *Lois* IX, 877d6-e2. « Le seul propriétaire, c'est le détenteur du *klèros*, indéfiniment représentant de sa lignée, indéfiniment représenté par sa descendance [*génos*]. Mais propriétaire a un sens précis : celui d'administration exclusive, et non de pouvoir d'aliénation », L. Gernet, *Lois*, Introduction, p. 156 ; cité par G.R. Morrow, *op. cit.*, note 29, p. 107. Voir E. Lévy qui rappelle la distinction entre droit d'usage et droit d'aliénation : les détenteurs du *klèros* dans la Sparte du IVe siècle auraient joui du premier mais non du second, *Sparte : histoire politique et sociale jusqu'à la conquête romaine*, Paris, Le Seuil, 2003, p. 74-75.

2. *Lois* XI, 923a2-b1. Voir M. Piérart, *Platon et la cité grecque : théorie et réalité dans la constitution des* Lois, Bruxelles, Académie royale de Belgique, 1974, p. 74.

3. *Lois* VII, 804d4-6.

4. *Lois* XI, 932a7-d8.

5. La communauté économique des gardiens, matérielle et familiale, doit les « préserver de la dissension (ἀστασιάστοις) interne, de tout ce qui, à cause de la possession (κτῆσιν) de biens matériels, d'enfants et de parents fait que des hommes sont en dissension (στασιάζουσιν) », *Rép.* V, 464d9-e2.

6. Voir K.J. Dover, *Greek Popular Morality in the Time of Plato and Aristotle*, Oxford, Oxford University Press, 1974, p. 170.

7. *Lois* XII, 954c4-5 ; XI, 913a3-5.

le propriétaire[1]. Plus généralement, les *Lois* ménagent une place à la sphère « privée » ou personnelle, et reconnaissent la légitimité de l'intérêt particulier : « L'intérêt commun *et* l'intérêt particulier gagnent *tous les deux* à ce que le premier plutôt que le second soit assuré de façon convenable[2]. » G.R. Morrow réintroduit d'ailleurs l'idée de propriété privée à l'occasion d'un passage consacré aux biens du condamné à mort : de ce que la cité ne peut transformer ces biens en biens publics[3], il en conclut que le régime de propriété dans les *Lois* « est très similaire à la propriété familiale [...] et l'on peut le décrire comme de la *propriété privée* »[4]. Et de fait, les punitions contre le vol rendent plausible cette analyse. Mais pourquoi maintenir ce qui ressemble à de la propriété privée, au lieu de l'abolir purement et simplement au profit exclusif de la propriété commune ? Et comment concevoir cette propriété apparemment privée pour qu'elle reste compatible avec l'exigence d'unité et de communauté de la cité ?

Certes, il ne s'agit pas de propriété privée au sens strict, comme si le propriétaire pouvait disposer librement de son lot et de ses biens[5]. La légitimité de cette sphère « privée » est très relative et très encadrée : elle est subordonnée, on vient de le voir, à la possession du citoyen et de ses biens matériels par la *polis* elle-même. Mais il n'en demeure pas moins que les *Lois* encouragent un rapport personnel du citoyen à son lot. Sans doute peut-on voir là un réel souci de pragmatisme politique : annihiler tout rapport personnel entre le citoyen et sa terre et ses biens en affirmant que le lot appartient *exclusivement* à la *polis*, ce serait risquer d'encourager sa négligence, et par exemple mettre la cité en péril face à un ennemi extérieur[6]. Mais il est surtout remarquable de voir comment Platon exploite

1. *Lois* XII, 954c3-e3.

2. *Lois* IX, 875a7-b1 (je souligne). Pour la mention conjointe de l'intérêt commun et de l'intérêt particulier, individuel ou familial, voir par exemple *Lois* III, 702a7-b1 ; VII, 796d1-5 ; X, 884a6-885a3 ; 890b1-2 ; XII, 961b6-8.

3. *Lois* IX, 855a5-7.

4. « [Plato's institution] is very much like family ownership [and] [...] can be described as private ownership », *op. cit.*, p. 107 (je souligne).

5. Contrairement à ce que soutiennent A. Fuks, *Social Conflicts in Ancient Greece*, Leiden, The Magnes Press – The Hebrew University of Jerusalem – E.J. Brill, 1984, p. 55-56 ; C. Bobonich, *Plato's Utopia Recast, His later Ethics and Politics*, Oxford, Clarendon Press, 2002, p. 378 ; T.J. Saunders pour qui « [l'Athénien] admet la propriété privée » (*[The Athenian] grants private property [...]*), « Plato's later political thought », dans *The Cambridge Companion to Plato*, Kraut R. (ed.) Cambridge, Cambridge University Press, 1992, p. 474.

6. *Lois* IX, 875b4-7. Les *Lois* semblent ainsi prendre le contrepied de ce que préconise Aristote pour remédier aux défauts de la communauté des biens dans la *République* : « Il faut qu'en un sens les propriétés soient communes, mais que fondamentalement elles soient privées », *Polit.* II, 5, 1263a26-27.

pour le compte de la cité tout entière l'attachement naturel des individus pour ce qu'ils détiennent, comment il utilise la force qui anime la recherche spontanée de l'*idion* au bénéfice du *koinon* politique. Il ne s'agit en aucune cas d'une *concession* aux appétits humain mais de la reconnaissance de leur nécessité anthropologique, reconnaissance qui joue un rôle décisif dans les rapports établis par Platon entre l'économie et la politique de sa cité juste[1]. Si ce dernier cherche « à établir un compromis » entendu non comme *concession* faite à des intérêts opposés mais comme *conciliation* de ces intérêts, ce n'est pas, contrairement à ce que croit J.-F. Pradeau, « entre l'idéal communautaire de la *République* et l'individualisme d'Athènes »[2], mais bien plutôt entre la nécessité du désir de possession tel qu'il se manifeste dans les appétits liés au corps, et les exigences de la vraie politique. La cité des Magnètes n'est pas le résultat d'un « renoncement »[3] ou d'un abandon de la cité de premier rang qui lui sert de modèle, où « résident des dieux et des enfants des dieux », capables du plus haut degré d'unité qui soit, et où « tout ce que l'on dit être privé (τὸ ἴδιον) a été partout retiré de la vie de tous les jours »[4]. Autrement dit, Platon ne se contente d'un pis-aller pour des hommes décidément trop faibles pour se diviniser : le rapport personnel qui est instauré dans la cité de second rang entre le citoyen et son lot, et qui n'est qu'un semblant de propriété privée, est nécessaire précisément en raison de l'aspect mortel de notre âme, de ce qui en elle est lié au corps. Sans doute cette cité est-elle par nature inférieure à ce que serait une cité divine où tout serait vraiment commun, mais par l'originalité de la solution qu'elle propose, elle n'en est pas moins, selon Platon, la meilleure possible pour l'homme.

Reste donc à voir quelles sont les institutions économiques que Platon élabore pour mettre en œuvre ce principe dans la cité, et qui vont politiser l'économie. On peut en dénombrer trois principales : l'intégration de la maison et de la cité à un ordre commun, l'entrée des femmes en politique, et le principe de la fonction propre.

1. J.-F. Pradeau voit bien qu'il ne s'agit pas de *concession* mais il minimise la part de la nécessité anthropologique : « On fait [...] souvent la remarque que les *Lois* accordent à tous les citoyens une propriété privée que la *République* refusait aux gardiens, pour montrer qu'elles se plient ainsi à une sorte de nécessité pragmatique, voire anthropologique. Mais que peut être une propriété privée lorsque la richesse financière et l'enrichissement commercial n'existent pas [...] ? De la sorte, bien loin d'être une concession d'autonomie faite au groupe familial, la propriété est le signe de son appartenance définitive à la communauté », *Platon et la cité*, Paris, P.U.F., 1997, p. 110.

2. *Op. cit.*, p. 80.

3. Contrairement à ce que dit J.-F. Pradeau, *op. cit.*, p. 86.

4. *Lois* V, 739c5-6, et plus largement 739b8-e7.

Polis *et* oikos

À l'époque de Platon, l'*oikos* est l'institution économique centrale, et c'est d'elle que traitent les textes consacrés à l'économie, ceux d'Aristote et de Xénophon notamment[1]. La nouveauté de l'idéal politique de Platon implique une conception neuve de l'*oikos*, dont on peut relever deux traits principaux : sa subordination politique à la cité (*polis*), et sa quasi-disparition dans les *Lois*, au profit de l'institution du lot (*klèros*).

Le rapport établi entre la maison et la cité dans les Dialogues est néanmoins loin d'être évident. Tantôt Platon insiste sur les différences entre ces deux unités, tantôt ils les aligne l'une sur l'autre, comme si leur administration ou leur gestion relevait d'une seule et même compétence. Dans ce dernier cas, comment donc distinguer Platon des sophistes qui, selon lui, prétendent enseigner l'art de bien administrer « sa maison et la cité » comme s'il s'agissait de deux communautés similaires, régies par les mêmes principes[2] ? La finalité politique que, dans la cité des Magnètes, le *klèros* devra remplir par l'intermédiaire de son rôle économique contribue aussi à atténuer la distinction entre la cité et la maison. Deux questions se posent donc : premièrement, Platon ne met-il entre domaine ou maison d'une part et cité d'autre part qu'une différence de degrés, et conçoit-il la maison comme une petite cité, comme le lui reproche Aristote[3] ? Deuxièmement, dans quelle mesure le *klèros* apporte-t-il une solution aux rapports entre *oikos* et *polis* et par là aux rapports entre économie et politique ?

La maison n'est-elle pour Platon qu'une petite cité ?

> Quant à ceux qui pensent qu'être homme politique, roi, chef de famille, maître d'esclaves (πολιτικὸν καὶ βασιλικὸν καὶ οἰκονομικὸν καὶ δεσποτικόν) c'est la même chose, ils n'ont pas raison. C'est, en effet, selon le grand ou le petit nombre, pensent-ils, que chacune de ces fonctions diffère des autres, et non pas selon une différence spécifique : ainsi quand on commanderait à peu de gens on serait maître, à plus de gens, chef de famille, et à encore plus, homme politique ou roi, comme s'il n'y avait aucune différence entre une grande famille et une petite cité (ὡς οὐδὲν διαφέρουσαν μεγάλην οἰκίαν ἢ μικρὰν πόλιν)[4].

1. Voir l'annexe 1.

2. *Mén.* 91a1-6 ; *Rép.* X, 600c2-d4 ; *Prot.* 318e5-319a2. Cf. *Gorg.* 520e2-6 où Socrate semble prendre à son compte ce rapprochement entre cité et maison.

3. *Polit.* I, 1, 1252a7-13. La critique d'Aristote vise aussi Xénophon, *Mem.* III, 4, 12 ; 6, 14.

4. *Polit.* I, 1, 1252a7-13.

Trois raisons laissent penser que ce reproche qu'Aristote adresse à Platon est justifié : la mention conjointe de la cité et l'*oikos* dans plusieurs passages des Dialogues, comme si leur organisation ou leur administration relevait d'une même compétence; un passage très explicite du *Politique*; enfin le choix du tissage comme paradigme de l'art politique dans ce même dialogue.

Il n'est pas rare en effet que Platon mentionne conjointement la maison et la cité. Dans un premier groupe d'occurrences, ce terme désigne l'unité domestique, économique et morale, qui est à la base de l'organisation de la cité; c'est le sens courant du terme à l'époque de Platon. Rare dans les Dialogues, ce premier sens d'*oikos* est toujours placé dans la bouche d'un interlocuteur de Socrate ou utilisé par lui dans l'acception traditionnelle que son interlocuteur prête à ce terme. Ainsi dans la bouche d'Hippias, qui évoque la maison de Callias : l'*oikos* est un domaine à exploiter, dont la prospérité contribue à valoriser celui qui en est le chef et à le distinguer dans la cité[1]. Pour Euthyphron, l'*oikos* est une unité morale qui, pour elle-même et pour le bien de la cité, doit satisfaire à la piété[2]. Dans ces deux occurrences, l'*oikos* est le lieu de la formation morale du citoyen. Dans le *Lachès*, afin de rappeler à Mélèsias l'importance du critère du savoir pour sélectionner l'interlocuteur le plus compétent en toute question et en particulier en matière d'éducation, Socrate évoque l'*oikos* et la qualité de sa gestion, qui dépend de l'éducation reçue, parce qu'il sait l'importance de ce thème pour les représentants des valeurs traditionnelles que sont Mélèsias et Lysimaque[3]. Dans tous ces cas, le terme est employé en dehors d'un contexte politique, et désigne le lieu de formation de l'individu et l'étalon de mesure des valeurs morales qu'il doit suivre tout au long de sa vie.

Dans un second groupe d'occurrences, l'*oikos* est associé à la *polis* comme pour marquer qu'un même ordre les unit ou que leur administration relève d'une seule et même compétence. Dans le *Charmide*, Socrate admet que grâce à la modération ou sagesse (σωφροσύνη), la maison serait bien administrée et la cité bien gouvernée[4], sans s'interroger sur une éventuelle différence entre les deux arts requis. Selon Diotime dans le *Banquet*, « la partie la plus haute et la plus belle de la pensée (τῆς φρονήσεως), c'est celle qui concerne l'ordonnance des cités *et* des domaines (ἡ περὶ τὰ τῶν πόλεών τε καὶ οἰκήσεων διακόσμησις), [et] on lui donne le nom de

1. *Prot.* 337d5-7.
2. *Euthyph.* 14b2-5.
3. *Lach.* 185a5-7.
4. *Charm.* 171e5-7.

modération et de justice »[1]. Mais elle non plus n'évoque pas ce qui pourrait distinguer l'usage de la *phronèsis* dans ces deux cas. L'Athénien des *Lois* évoque lui aussi maintes fois le lien étroit unissant le sort de la *polis* et celui de l'*oikos*. Ainsi certaines études, comme les mathématiques, seraient profitables pour la gestion de ces deux communautés[2]. Le lien étroit entre maison et cité apparaît également dans le fait que tous les actes accomplis dans la cité convergent au bénéfice ou au détriment commun de la maison et de la cité. Par exemple l'homme succombant à la démesure « s'est lui-même ruiné, et avec lui, sa propre maison et la cité dont il fait partie »[3]. De même, l'impiété consistant à croire que les Dieux sont une invention des hommes est un « terrible fléau pour la jeunesse, tant pour la vie publique des cités que pour les familles des particuliers »[4]. Même cas de figure pour le veuf : « c'est une nécessité pour lui de se marier, jusqu'à ce que, dans l'intérêt de son foyer et de la cité, il ait eu un nombre convenable d'enfants »[5], car l'intérêt commun et l'intérêt particulier, individuel ou familial, doivent aller de pair dans la cité des Magnètes. Cette convergence explique également cette remarque profonde de l'Athénien : « Il n'y aurait rien de déplaisant à ce qu'une maison unique ait l'aspect de la cité tout entière[6]. »

Tout porterait donc à croire que Platon transfère sur la cité ce qui vaut couramment pour l'*oikos*. La cité serait une unité morale au même titre que la maison, dont elle ne différerait que par la taille. La cité, notamment celle des *Lois* qui est la plus détaillée sur ces questions, ne serait qu'un ensemble de domaines dont la bonne administration conditionnerait celle de la cité tout entière. Platon reprendrait un lieu commun de son époque, et serait donc très proche des sophistes qui prétendent eux aussi enseigner en quoi consiste la bonne administration de la cité *et* de la maison[7].

C'est bien ce que semble confirmer le texte suivant, extrait du *Politique*, et auquel Aristote songe vraisemblablement dans le passage des *Politiques* cité plus haut :

> *L'Étranger* : Donc, quand nous poserons le politique, le roi, le maître des esclaves (δεσπότην), et l'économe (οἰκονόμον)[8], nommerons-nous toutes

1. *Banq.* 209a5-8.
2. *Lois* V, 747b1-3 ; idée reprise en VII, 809c2-6.
3. *Lois* IV, 716b4-5.
4. *Lois* X, 890b1-2.
5. *Lois* XI, 930b6-c1.
6. *Lois* VI, 779b4-5. Voir aussi VII, 790b5.
7. *Prot.* 318e6-319a2. *Cf.* Isoc. *Ant.* 285 ; Xén. *Mem.* I, 2, 15.
8. « Économe » plutôt qu'« intendant », pour annoncer la « science économique » de 259c3.

ces choses comme si elles n'en faisaient qu'une, ou bien dirons-nous qu'elles constituent autant d'arts différents que de noms énoncés ? Mais suis-moi plutôt par là.
Socrate le Jeune : Par où ?
Par ici. Si quelqu'un est capable de conseiller un médecin public alors qu'il n'est lui-même qu'un simple particulier (ἰδιωτεύων), n'est-il pas nécessaire de lui attribuer le nom tiré de cet art, le même que celui de l'homme qu'il conseille ?
Si.
Mais quoi ! Celui qui, même s'il est un simple particulier (ἰδιώτης), est habile à conseiller l'homme qui règne sur des territoires, ne dirons-nous pas qu'il possède la science que le chef souverain devrait lui-même détenir ?
Nous le dirons.
Mais cependant la science du vrai roi est la science royale ?
Oui.
Or celui qui possède cette science, qu'il se trouve être souverain ou simple particulier (ἄντε ἄρχων ἄντε ἰδιώτης ὢν τυγχάνῃ), ne sera-t-il pas, du fait même de son art, tout à fait correct de l'appeler « royal » ?
Cela serait juste en effet [1].
Or un économe et un maître d'esclaves, c'est la même chose (Καὶ μὴν οἰκονόμος γε καὶ δεσπότης ταὐτόν).
Sans contredit !
Eh quoi ! Y aura-t-il de la même façon une différence en ce qui concerne le commandement entre la structure d'une grande habitation (οἰκήσεως) et le volume d'une petite cité (πόλεως) ?
Non, aucune.
En conséquence, comme on vient de l'examiner, il est clair qu'il existe une science unique qui concerne tout cela. Et cette science, qu'on l'appelle royale, politique ou économique (οἰκονομικήν), cela ne fera pour nous aucune différence.
Pourquoi cela en ferait-il une en effet [2] ?

L'objet de ce texte est de savoir si l'on peut attribuer une dénomination unique à des arts relevant tous de la catégorie des arts « théoriques » ou « visant la connaissance » (γνωστικήν, 258e5), qui a été distinguée à l'étape précédente de la division et qui doit mener à la définition de la science politique, même si les noms usuels et apparemment les objets de ces arts sont différents les uns des autres. Pour comprendre ce passage et jauger la critique d'Aristote, partons de la phrase de 259b7 : Καὶ μὴν οἰκονόμος

1. Je rejette les deux déplacements proposés par Robinson et Sandbach à cet endroit. Voir C.J. Rowe, *op. cit.*, p. 180.
2. *Pol.* 258e8-259c5.

γε καὶ δεσπότης ταὐτόν. Elle a en effet donné lieu à deux traductions : « Or un économe et un maître des esclaves, c'est la même chose » ; « Or c'est la même chose pour un économe et un maître d'esclaves »[1].

Dans la seconde traduction, « la même chose » renverrait à ce qui a été dit juste avant. Deux interprétations sont alors possibles. La première renvoie à l'analogie avec le médecin qui, au début de ce passage, a montré qu'un simple particulier pouvait posséder la science royale et recevoir ainsi le titre d'homme royal sans être roi lui-même et même s'il n'a pas l'occasion d'appliquer son savoir. En d'autres termes, le titre donné à un homme ne doit pas dépendre de sa fonction ni de l'exercice effectif de l'art qu'il possède mais de la connaissance liée à l'art qu'il possède. Dans le cas de l'économe (ou intendant) et du maître des esclaves, cela signifierait donc que l'on peut posséder ces deux arts sans les exercer, et que c'est la connaissance de ces deux arts qui font l'économe et le maître d'esclaves. Mais on ne voit pas comment en tirer la conclusion suivante de l'Étranger, qui consiste à identifier une science unique indifféremment nommée royale, politique ou économique. Tout au plus pourrait-on en déduire que l'analogie entre la médecine et l'art politique se prolonge en analogie avec l'économe et le maître d'esclaves : dans tous ces cas, seule la connaissance de l'art en question justifie la dénomination. Mais même en tenant compte des fréquentes transgressions que, dans la première division, l'Étranger commet à l'égard de la logique, il est difficile de croire qu'il puisse conclure à l'identité des termes qui composent une analogie, et qu'il le fasse surtout en prenant argument de cette analogie même ! Toujours avec cette traduction, une seconde interprétation consisterait à dire que « la même chose » renvoie à l'alternative de la phrase précédente de l'Étranger : « qu'il se trouve être souverain (ἄρχων) ou simple particulier. » Or cette distinction n'a évidemment aucun sens pour les fonctions d'intendant et de maître des esclaves, puisqu'elles s'exercent dans le cadre privé de l'*oikos*, c'est-à-dire uniquement au titre de « simple particulier ».

Aussi la première possibilité de traduction est-elle plus plausible. L'analogie médicale repose sur la différence entre l'exercice public d'un art, d'une part, et l'exercice de cet art en privé, d'autre part. À l'époque de Platon, les cités engageaient ou élisaient des médecins publics aussi bien pour diriger les soins à donner aux victimes de guerre que pour prendre les mesures nécessaires en période d'épidémie[2]. Rémunérés par l'Assemblée, ces médecins pratiquaient donc leur art à titre public. À l'opposé, l'exercice

1. La première est celle de C.J. Rowe et J.B. Skemp, la seconde celle de A. Diès, L. Robin, L. Brisson et J.-F. Pradeau.

2. Voir *Gorg.* 455b2-4, et 514d3-e10. Voir la note de J.B. Skemp, *op. cit.*, note 1, p. 124.

privé d'un art est désigné par le verbe ἰδιωτεύω (259a2) et le substantif ἰδιώτης (259a7; b2). Le raisonnement est donc le suivant: qu'on exerce un art en public ou en privé, le détenteur de l'art en question doit recevoir le même nom dans les deux cas. Or du point de vue de l'opinion ou du sens commun, qu'un Xénophon illustre parfaitement, l'équivalent privé du pouvoir politique, par définition public, est le pouvoir domestique, aussi bien celui de l'économe chargé de la gestion des ressour-ces vitales de l'*oikos* que celui du maître répartissant les travaux entre les esclaves. Les trois fonctions sont donc identiques non pas en ce que leurs exécutants utilisent un objet qu'ils possèdent[1], puisque ni la propriété ni la notion de bon usage ne sont évoquées ici, mais en ce qu'ils exercent un pouvoir sur des subordonnés. Au plan domestique, même si *stricto sensu* un économe et un maître d'esclaves n'exercent pas les mêmes fonctions, ils sont identiques en ce qu'ils exercent un pouvoir à titre privé; de plus, tous deux l'exercent sur des esclaves.

On pourrait alors objecter que l'analogie est bancale: médecin public et médecin privé soignent le même objet, à savoir le corps, alors que le politique gouverne une cité et l'économe, ou le maître, une maison, c'est-à-dire des objets apparemment différents. Les deux répliques suivantes selon lesquelles il n'y a qu'une différence de degré et non de nature entre maison et cité, font tomber cette objection et valident ainsi la pertinence de l'analogie médicale pour penser un pouvoir s'exerçant sur la base d'un savoir sans être lui-même directement pratique. L'Étranger peut donc conclure en identifiant art royal, art politique et art économique[2]. De toute évidence donc, la première traduction semble s'imposer et ce serait à juste titre qu'Aristote signalerait l'identification par Platon de la maison et de la cité.

Le paradigme du tissage dans la suite du *Politique* semble lui aussi confirmer cette idée. Le choix du tissage comme paradigme de l'art politique dans ce dialogue est en effet très significatif à cet égard. En choisissant l'art féminin « par excellence » depuis Homère, Platon semble s'inscrire en faux contre l'idée d'une différence de nature entre *oikos* et *polis*. Aristophane emploie la même image dans *Lysistrata* (v. 574-586): au conflit politique entre Athènes et Sparte répond le conflit conjugal entre hommes et femmes. Seules dans la cité, ces dernières se chargent donc des affaires politiques et cherchent la solution qui fera rester les hommes chez

1. Contrairement à ce que soutient S. Benardete, *op. cit.*, p. 77.

2. Même raisonnement mais plus ramassé de C.J. Rowe, qui ne précise pas assez nettement le rôle de l'analogie médicale à propos de l'identité de l'objet, afin que le raisonnement soit valable, *op. cit.*, p. 178-179. En revanche, il voit bien les limites de l'identification de l'Étranger entre l'art politique et l'art domestique.

eux, et qui préviendra tout conflit futur. À la comique grève du sexe, Lysistrata ajoute une idée plus sérieuse à laquelle sa pratique domestique du tissage sert de modèle : éliminer la « bourre » indésirable de la cité et unir en une « grosse pelote bien serrée » tous les éléments qui la composent, afin d'en « tisser un bon pardessus pour le peuple »[1]. Le ressort de la pièce est bien la « symétrie entre la sphère domestique et la sphère politique »[2]. Chez Platon, de même que les femmes tissent des vêtements pour protéger le corps des rigueurs de la nature, l'art politique unit des corps et des âmes dont les naturels s'opposent, pour préserver la cité et son unité. Aristote aurait donc tout à fait raison de pointer l'identification de la cité et de la maison chez Platon.

Sur plusieurs points néanmoins, la critique du disciple est en porte-à-faux avec l'intention et le texte du maître. Commençons par le passage du *Politique*. Le reproche d'Aristote ne tient pas compte de la place de la phrase de l'Étranger dans l'ensemble du dialogue. La première division a pour fonction d'ouvrir la piste qui doit mener à la définition du politique. Malgré quelques intuitions pertinentes, elle prend son point de départ dans des opinions courantes sur ce qu'est la politique, et dont l'utilité est toute négative. La première division sert en effet à mettre en lumière des erreurs qu'il faudra éviter dans la suite de la discussion. Mentionnons les principales : la confusion entre espèce et partie, l'ethnocentrisme des définitions, la conception pastorale du pouvoir politique, la difficulté à distinguer l'homme des autres animaux[3]. On peut donc supposer qu'en critiquant Platon à cet endroit du dialogue, Aristote lui prête des propos qu'en réalité Platon et l'Étranger ne prennent sans doute pas à leur compte parce qu'ils ne sont qu'un moment du raisonnement appelé à être dépassé.

Par ailleurs, la critique d'Aristote porte sur deux points : l'assimilation des fonctions, puis celle des objets que sont la maison et la cité. Concernant les fonctions, la phrase d'Aristote reprend les quatre fonctions mentionnées par l'Étranger au début du passage. Dans la conclusion de l'Étranger en revanche, la fonction « despotique » a disparu parce que le maître d'esclaves a été assimilé à l'économe. Mais pourquoi l'Étranger a-t-il conservé le nom de la fonction « économique » et pas plutôt celui de la fonction « despotique » ?

1. *Lysistrata* v. 584-586.

2. C. Moulton, *Aristophanic Poetry, Hypomnemata*, N°68, Göttingen, 1981, p. 58, qui montre le lien étroit des deux domaines dans la tirade de Lysistrata, et souligne la récurrence du verbe ταράττω pour désigner l'enchevêtrement désordonné des affaires politiques contemporaines, p. 52-53. Voir tout le chapitre II, « Poetic Structure and Political reference in *Lysistrata* », p. 48-81.

3. *Pol.* 258b2-268d4.

L'étape de leur identification, qui a donné lieu à la difficulté de traduction évoquée plus haut, signale une intention bien calculée de la part de l'Étranger. Sous couvert d'une identification apparemment anodine, l'Étranger amorce peut-être la question du consentement qui, après le critère fondamental du savoir, distingue en partie la tyrannie du véritable gouvernement[1]. Mais le contexte où apparaît cette identification donne une clé plus évidente pour la comprendre. Les interlocuteurs viennent de distinguer les sciences aux applications pratiques immédiates, comme le charpentage, des sciences tournées vers la connaissance qui, comme l'arithmétique, ne font rien par elles-mêmes mais peuvent servir de base théorique à d'autres arts[2]. Or notre passage fait entrer en scène la fonction de commandement, et d'après ce qui a précédé, ce commandement doit s'enraciner dans une connaissance théorique sans rapport immédiat avec la pratique. Or de toute évidence, l'économe répond mieux que le maître d'esclaves à ce critère. Certes, comme ce dernier, il commande; mais son art suppose un minimum de connaissances, comme le calcul ou l'art de l'écriture pour tenir les comptes, dont le maître d'esclaves peut se passer: car pour être efficace auprès des esclaves qu'il côtoie directement, il faut à ce dernier plus de qualités physiques et psychologiques que de connaissances théoriques[3].

La suite du texte apporte une preuve supplémentaire en ce sens, en jouant à l'inverse le maître d'esclaves contre l'économe. Juste après notre passage, l'Étranger explique que par sa fonction «épitactique» ou prescriptive le roi «se comporte à la façon du maître envers ses esclaves (δεσπόζοντα)»[4], et c'est l'économe qui cette fois est passé sous silence. Parce que l'Étranger insiste désormais sur la prescription, par différence avec le jugement, il lui faut prendre appui sur un art où la notion de

1. *Pol.* 276d8-e13; 291e1-292d1. C.J. Rowe, *op. cit.*, p. 179. Ajoutons que le politique s'efforce de produire chez les citoyens le consentement à ses mesures, notamment au moyen de l'éducation; mais les réfractaires sont éliminés, 308d1-309a4. Produire ce consentement est aussi la fonction des préambules des lois dans les *Lois* : voir A. Laks, art. cit.

2. *Pol.* 258d4-e7.

3. Pour une interprétation différente, voir C.J. Rowe: «il est clair [...] que l'administration des esclaves n'impliquera aucune action manuelle – c'est à cela que servent les esclaves. [...] Les quatre types mentionnés [...] opèrent au niveau théorique» (*Clearly,* managing *slaves won't involve doing anything with one's hands – that's what slaves are for. [...] All four types named [...] operate on the theoretical level*), *op. cit.*, p. 179 (souligné par l'auteur). Cette précision ne vaut que comme résultat apparent de l'étape précédente de la division. Mais C.J. Rowe n'explique pas pourquoi l'assimilation de l'économe et du maître se fait au profit du premier : il ne le peut pas, précisément parce qu'il ne voit pas que le pouvoir du maître ne se situe pas – du moins pas essentiellement – «*on the theoretical level*».

4. *Pol.* 260c3-4.

prescription est primordiale : il va de soi que de ce point de vue le maître d'esclaves s'impose avec plus d'évidence que l'économe. Reste alors à comprendre la divergence apparente entre ce passage du *Politique* (260c3-4) d'un côté et ce que la *République* et les *Lois* semblent dire de l'autre : la *République* a montré que le rapport entre dirigeants et dirigés ne pouvait être pensé sur un modèle despotique[1], et dans les *Lois*, seul l'asservissement volontaire à la loi est légitime[2]. La contradiction n'est qu'apparente : dans ce passage du *Politique*, l'usage du verbe δεσπόζω (260c4) n'implique aucune une identification de la fonction royale à la fonction despotique, puisque l'Étranger a précisé juste avant que le roi commandait par sa force d'âme plus que par celle de ses poings[3]. C'est que, contrairement au maître d'esclaves, le roi n'est pas et ne peut pas être en relation immédiate avec les citoyens ou les sujets : « Car comment, demande l'Étranger à Socrate le Jeune, pourrait-il y avoir quelqu'un qui serait capable à tout instant de la vie de venir s'asseoir auprès de chacun pour lui prescrire précisément ce qu'il lui convient de faire[4] ? » Pour Platon, la relation despotique n'éclaire qu'un aspect de la fonction politique, elle n'en est pas le modèle intégral. De même, l'art politique est le maître (δεσπότιν, 305a5) de l'art de la guerre, comme de tous les arts serviteurs, mais cela ne fait pas pour autant de l'art politique un art despotique. Il n'y a donc pas de contradiction entre les trois dialogues.

Le choix des termes, le jeu de leur disparition et de leur réapparition est donc subtilement utilisé dans le *Politique*. Dans la chasse au politique, l'économe est privilégié pour sa science, et le maître pour ses prescriptions. Ce ne sont là que des similitudes partielles avec la politique, justifiées par l'angle sous lequel celle-ci est envisagée, mais qui ne permettent absolument pas de conclure à l'identité de ces trois arts. Il n'y a d'identité que sous un certain rapport, c'est-à-dire qu'en vertu des critères retenus pour traquer le politique et sa science, chaque étape de la division reconfigurant les ressemblances et les différences selon les critères de division adoptés. Le livre V de la *République* offre aussi un exemple de cette démarche : il n'y a pas de différence *a priori* entre les femmes et les hommes par rapport aux fonctions dont le critère est le savoir; mais il y en a par rapport à celles dont le critère est la force physique, les femmes étant généralement, ou statistiquement dirait-on aujourd'hui, moins fortes que les hommes[5].

1. *Rép.* V, 463a1-b9.
2. *Lois* III, 700a3-5 ; voir aussi IV, 715d3-6.
3. *Pol.* 259c6-9.
4. *Pol.* 295a9-b2.
5. *Rép.* V, 453b2-456b10.

Contrairement à ce qu'affirment Aristote et ceux qui lisent Platon à travers son prisme[1], on ne peut donc soutenir que Platon identifie purement et simplement les fonctions politiques, économiques et despotiques, d'autant que la définition finale de l'art politique ne saurait s'appliquer telle quelle ni à l'art de l'économe ni à celui du maître des esclaves[2].

Ce qui vaut pour les fonctions vaut aussi pour les objets : l'identification qu'Aristote reproche à Platon entre grande maison et petite cité n'est pas le dernier mot du *Politique*. L'assimilation sera dépassée dans la suite du dialogue, quand le modèle pastoral sera remis en question[3]. L'art politique sera alors nommé en fonction de son objet, la *polis*, et servira de modèle à la dénomination de l'art de la confection des vêtements[4]. La fin du dialogue n'évoque elle aussi que la cité comme objet de l'art politique et pas l'*oikos*[5].

Mais pour se convaincre que Platon ne met pas seulement une différence de degré entre maison et cité, il faut aller plus loin. On se souvient que dans l'exposé de la naissance de la cité au livre II de la *République*, le terme même d'*oikos*, en tant qu'institution économique, n'apparaît pas, pas davantage que dans la suite du dialogue : car c'est la cité qui en est l'objet problématique[6]. Dans le même sens, dans le passage du *Politique* incriminé par Aristote, ce dernier lit *oikia* là où Platon emploie *oikèsis* (259b9). Or si Platon refuse d'employer le terme désignant l'institution la plus traditionnelle de l'économie et lui préfère celui qui désigne de manière large tout lieu de résidence, c'est sans nul doute pour rejeter l'assimilation faite par Xénophon entre la maison et la cité, et contre l'autonomie relative qu'Aristote concèdera à l'*oikia* ou à l'*oikos*. Le premier n'emploie le terme *oikèsis* que pour désigner un lieu de résidence au sens le plus général du terme : il peut aussi bien s'agir d'une maison, d'un palais royal que d'une ville[7]. Mais c'est toujours *oikos* ou *oikia* que Xénophon emploie

1. Comme A. Espinas : « [...] l'économe, le chef de maison, et le politique [sont] désormais assimilés : "l'économe est au fond un gouvernant" (*Pol.* 259b) », art. cit., p. 110. Pour une position plus nuancée et plus juste, voir C.J. Rowe, *op. cit.*, p. 179.

2. *Pol.* 305e2-6 et 311b7-c6. Voir Skemp, *op. cit.*, note 1, p. 123-124.

3. M. Dixsaut, « Une politique vraiment conforme à la nature » dans *Reading the* Statesman. *Proceedings of the III Symposium Platonicum*, Rowe C.J. (ed.), Sankt Augustin, Academia Verlag, 1995, p. 257-258. M. Lane voit l'étrangeté de cette identification mais l'accepte comme telle néanmoins, *op. cit.*, p. 168-9.

4. *Pol.* 279e6-280a3.

5. *Pol.* 305e3 ; 311 b3-5 ; c3.

6. L'*oikia* n'est mentionnée qu'au sens d'édifice : *Rép.* I, 346d4 ; II, 360c1 ; 370a2 et 7 ; 373a5 ; III, 417a6 ; IV, 419a5 ; 438d2 ; V, 458c8 ; 459a2 ; 464b9 et c9 ; 470a5 et d5 ; 471b2 et c1 ; VIII, 547b4 et 8 ; 562e4 ; 569a7 ; IX, 574c5 et d3 ; 577a7 ; 579b8.

7. Voir Xén. *Hell.* 3.1.27.2 : le lieu de résidence de Midia (sans doute un palais), sa demeure, sans connotation familiale, ni au sens de maison ; *Mem.* III, 8, 10 ; *Œc.* IV, 6 : le lieu

en contexte économique et politique[1]. Quant à la substitution d'*oikia* à *oikèsis* opérée par Aristote, elle ne tient évidemment pas à sa méconnaissance du sens des mots, c'est même tout le contraire. Aristote n'emploie en effet que très rarement le terme *oikèsis*: on n'en dénombre que cinq occurrences dans le corpus aristotélicien[2]. Ce terme n'apparaît qu'une fois en contexte éthique, dans un ouvrage plus aristotélicien dans l'esprit que dans la lettre, et dont on ne saurait rien tirer de très concluant[3]. En revanche, les quatre autres occurrences apparaissent à propos de certains phénomènes célestes sublunaires, pour désigner une région habitée ou habitable du monde[4]. Plus déterminée que le simple « lieu » (ὁ τόπος), l'*oikèsis* reste néanmoins pure de toute signification politique. À l'inverse, le terme *oikia* apparaît vingt-deux fois dans le seul livre I des *Politiques*. Si au terme large délibérément utilisé par Platon pour amorcer dès le début du *Politique* la différence entre politique et économie, Aristote substitue l'*oikia*, ce ne saurait donc être le fruit du hasard. C'est que la différence entre la cité et la famille est essentielle à Aristote pour élaborer ce qu'il nomme la « science politique », c'est-à-dire la science pratique architectonique devant conduire au bonheur[5]. Cette différence permet de discriminer le vivre du bien-vivre spécifiquement humain, de caractériser ainsi l'homme comme le plus politique des animaux[6], et de conserver néanmoins à l'économie domestique et à l'*oikia* une relative autonomie. L'*oikia* servant à satisfaire les besoins vitaux, elle est le moyen humain de réaliser une finalité naturelle commune à tous les animaux. Les hommes se réfugient dans les maisons en cas de froid au même titre que les animaux migrent et changent de territoire, ou que le poulpe se loge dans un coquillage pour échapper à ses prédateurs[7]. La cité, elle, inaugure les rapports de justice et d'injustice qui, avec le langage, permettent à l'homme d'atteindre sa nature propre et de parvenir au bien-vivre[8]. Ne pas remplacer *oikèsis* par *oikia* eût été pour Aristote s'empêcher de repérer la différence spécifique de l'homme en tant

de résidence du roi; *Anab.* 7.2.38.5: le lieu de résidence est ici une ville, Bisanthe, que Seuthès promet à Xénophon en l'échange de ses services; *Cyr.* V, 3, 28: la demeure de Gadatas; *Ages.* XI, 16.

1. Dans l'*Économique* de Xénophon, *oikos* apparaît 36 fois et *oikia* 14 fois.

2. D'après le recensement du TLG.

3. « L'homme libéral fait preuve de simplicité (καθαρός) dans son vêtement et dans son lieu de résidence (περὶ οἴκησιν) », *Des Biens et des Maux*, 1250b28-29.

4. *Météorologiques* II, 363a3. « C'est comme si l'on résidait (ἡ οἴκησις) dans un lieu (τόπῳ) marécageux », *Problèmes* I, 20, 862a7; voir aussi XXVI, 41, 945a10; 47, 945b7.

5. *EN.* I, 1, 1094a26-28.

6. *Polit.* I, 2, 1253a7-8.

7. *HA.* 596b23-28; 622b1-5.

8. *EN.* I, 2.

qu'animal grégaire, s'interdire de penser l'excellence pratique de l'homme, et nier la relative autonomie de l'économie domestique dans la réalisation des fins humaines. Pour Platon, la distinction aristotélicienne est inacceptable comme telle puisqu'elle concède une certaine autonomie à l'*oikia*, alors pourvue de sa propre finalité. Or c'est précisément contre cette autonomie qu'il se bat. Il lui faut donc rejeter tout ce qui pourrait faire penser à un rôle fondateur de l'*oikia* dans la cité : car c'est la cité droite qui, fondée sur le savoir politique, donne son ordre droit à la maison. Pour cette raison, Platon emploie dans ce passage le terme très général d'*oikèsis*.

On voit par là que les passages platoniciens cités plus haut qui mentionnent ensemble la maison et la cité et qui à ce titre pourraient aller dans le sens de la thèse d'Aristote ne permettent donc pas de donner raison à ce dernier quand il reproche à Platon d'assimiler maison et cité. Que certains interlocuteurs de Socrate mentionnent conjointement la maison et la cité ne signifie pas que ce dernier reprenne à son compte leur conception des rapports entre cité et maison. Et même lorsque les porte-parole supposés de Platon évoquent la cité et la maison ensemble, notamment dans les *Lois* où ces mentions conjointes sont les plus nombreuses dans la bouche de l'Athénien, rien ne permet de conclure qu'ils les assimilent. Que le calcul ou la sagesse soient utiles pour bien diriger la maison et la cité ne signifie pas nécessairement que l'administration rigoureuse de la maison soit identique au bon gouvernement de la cité, et encore moins que la maison et la cité ne diffèrent qu'en degré.

Ce qui le montre bien, c'est l'institution du lot (*klèros*) dans les *Lois*. C'est en effet la cité fondée sur des bases droites qui, par le biais de l'éducation, doit servir de modèle à l'administration de la maison. En ce sens, on pourra parler d'une ressemblance entre cité et maison, mais la « modélisation » a lieu de la première vers la seconde : « Il n'y aurait rien de déplaisant à ce qu'une maison unique ait l'aspect de la cité tout entière » dit l'Athénien, non l'inverse[1].

*De l'*oikos *au* klèros

Au livre II de la *République*, Platon faisait naître la cité sans référence à l'*oikos* de son temps, pour faire de l'économie une question politique. Dans les *Lois*, l'intention est la même mais la démarche est différente puisque l'*oikos* y retrouve ses droits. Mais c'est un *oikos* renouvelé, repensé et rebaptisé : le *klèros* est en effet substitué à l'*oikos* en tant que lieu central de la vie économique, tant en ce qui concerne la production que la vie

1. *Lois* VI, 779b4-5. Voir aussi VII, 790b5.

familiale, et en tant que cellule sociale contribuant activement à l'édification de la cité juste et une. Cette substitution ne signifie donc pas la suppression de l'*oikos* ni un simple manque d'attention à son égard[1] mais au contraire la conversion de sa force anti-politique, que Socrate critique dans la *République* au point d'interdire aux gardien de vivre dans des *oikoi*, en force politique bénéfique à l'unité de la communauté civique. L'économie est ainsi mise au service de la politique, et l'économie domestique qui caractérise l'*oikos* devient politique avec le *klèros*. Ainsi « Platon accorde au lotissement une attention d'autant plus grande qu'il doit apporter une solution durable au problème social dont dépend l'équilibre moral de la cité »[2] et, faut-il ajouter, son équilibre politique.

Cette substitution n'est évidemment pas une simple affaire de mots. Par *klèros*, Platon ne désigne pas la traditionnelle propriété foncière définie par son statut juridique, mais un cinq mille quarantième du territoire de la nouvelle cité. Voici en effet comment l'Athénien présente le lot :

> On fera cinq mille quarante lots (κλήρους), mais on coupera chacun de ces lots en deux, et on accouplera les deux fractions, de façon à ce que chaque lot ait une portion rapprochée du centre et une autre éloignée de lui. Une portion attenante à la cité constituera un seul lot (κλῆρος) avec une portion située aux extrémités, la seconde en partant de la cité avec la seconde en partant des extrémités et ainsi de suite. Par ailleurs il faut s'arranger pour assurer dans les deux parts cette proportion de bonne terre et de terre médiocre dont nous parlions à l'instant en compensant les différences d'étendue par les différences de rendement[3].

Chacune de ces parties se compose d'une exploitation agricole et d'un lieu de résidence pour la famille, c'est-à-dire d'une surface de terre cultivable et d'une *oikia* au sens restreint de « maison » en tant qu'édifice, où vit un groupe familial. Lorsque le terme *oikos* réapparaîtra dans les *Lois* après l'introduction du *klèros* en 737e, ce sera donc comme équivalent de ce terme[4], et l'on peut dire ainsi du mot *oikos* ce qu'un traducteur et commentateur des *Lois* dit des termes justice (ἡ δίκη) et châtiment (ἡ τιμωρία) dans ce dialogue : « le vocabulaire familier y est utilisé, mais son contenu est

1. Contrairement à ce que pourrait laisser penser M. Piérart, sauf à entendre *oikos* au sens de l'institution traditionnelle dont Platon fait la critique : « La preuve la plus évidente du peu d'importance accordée à l'*oikos* sur le plan social réside dans l'obligation faites aux hommes et même aux femmes de participer aux syssities », *op. cit.*, p. 73.

2. M. Piérart, *op. cit.*, p. 36.

3. *Lois* V, 745c3-d4. Pour l'aspect juridique du *klèros*, voir l'introduction aux *Lois* de L. Gernet, p. 154-156.

4. Par exemple *Lois* V, 740e3 ; VII, 796d4 ; IX, 856e2.

renouvelé[1]. » L'*oikos* ne sera plus la cellule sociale fondatrice à tendance expansionniste, sur le modèle de laquelle Xénophon estime qu'il faut aligner la cité : il sera dorénavant le rouage économique et politique central dont la conception est subordonnée à ce que doit être la cité juste.

Peut-être inspirée de pratiques historiques réelles ou idéalisées, éventuellement spartiates[2], l'institution du *klèros* par Platon se présente d'abord comme une solution à l'épineux problème du partage des terres, qui a longtemps troublé l'histoire sociale et politique de la Grèce[3]. La division rationnelle du territoire en parcelles cultivables au moment de la fondation de la cité tue ainsi d'emblée les germes de la tyrannie, qui doit en partie son succès à la promesse de redistribution des terres[4]. Parce qu'il est inaliénable et que le citoyen a l'obligation de l'exploiter[5], le *klèros* permet aussi d'assurer autant que possible l'indépendance économique de la cité, en faisant de l'agriculture la première ressource du pays, à l'heure où Athènes est relativement dépendante des importations de blé[6]. Il réduit par là même la part des échanges commerciaux avec l'extérieur, et prévient donc les dangers moraux et politiques qui, selon Platon, menacent une économie trop dépendante du commerce et soumise par là à l'influence néfaste des cités extérieures[7].

1. « *Familiar vocabulary is used, but it acquires a new content* », T.J. Saunders, « Plato's later political thought », *The Cambridge Companion to Plato*, R. Kraut (ed.) Cambridge, Cambridge University Press, 1992, p. 473.

2. M. Piérart, *op. cit.*, p. 36-37. Sur Sparte, voir E. Lévy, *op. cit.*, p. 73-80. Sur la référence à une Sparte idéalisée par les auteurs grecs eux-mêmes, voir F. Ollier, *Le Mirage spartiate. Étude sur l'idéalisation de Sparte dans l'Antiquité grecque du début de l'école cynique jusqu'à la fin de la cité*, t. I, Paris, De Boccard, 1938 et t. II, Paris, Les Belles Lettres, 1943.

3. « Nous ne dissimulerons pas que nous avons de la chance – cette chance qui, nous l'avons dit, a favorisé la migration des Héraclides – celle d'avoir échappé aux disputes redoutables et périlleuses que suscitent la propriété foncière, la remise des dettes et le partage des terres », *Lois* V, 736c5-8. Voir aussi III, 684d4-e5.

4. *Rép.* VIII, 566a1-2 ; e2. Voir A. Fuks, *op. cit.*, p. 126-137.

5. Ainsi s'exprime le législateur : « Commencez par conserver tout le long de votre vie le nombre dont nous avons parlé, et gardez-vous de déprécier le niveau et l'importance des possessions qui vous ont été imparties dès l'origine selon la juste mesure, par des transactions mutuelles d'achat et de vente », *Lois* V, 741b1-5. Puis : « quiconque achètera ou vendra des habitations ou des terrains acquis par le sort subira les peines proportionnées à un tel délit », 741c4-6.

6. Voir *Lois* XII, 949e3-4 et V, 743d4-5 sur l'agriculture comme unique source de richesses, et IV, 704c1-3 sur la quasi-autosuffisance de la cité. Pour l'estimation des importations de blé, voir P. Garnsey, *Famine et approvisionnement dans le monde gréco-romain* [1988], Paris, Les Belles Lettres, 1996.

7. Sur les dangers moraux du commerce, voir *Lois* IV, 704d3-705b8 ; V, 747c2-6 ; XI, 918a6-919b3. Voir G.R. Morrow, *op. cit.*, p. 144.

Mais l'intérêt du *klèros* ne se limite pas à sa pertinence historique. Il apporte surtout une solution d'ensemble aux difficultés anthropologiques, économiques et politiques qui sont à l'origine des malheurs de toutes les cités. Cette solution se décline en trois temps, tous essentiels à l'édification d'une cité une : tourner la nécessaire propension à l'*idion* économique au bénéfice du *koinon* politique en faisant appartenir les individus à la cité et non l'inverse ; instaurer une mesure économique de la richesse et de la pauvreté, qui rende commensurable la cité et la maison ; ancrer la citoyenneté dans une pratique économique qui contribue à politiser l'économie.

Le lot est d'abord l'instrument qui scelle l'appartenance du citoyen à la cité, et qui assure ainsi la subordination de l'économie à la politique. Le *klèros* est en effet la propriété de la cité dans son ensemble, et non de ceux qui l'habitent et l'administrent[1]. La propriété privée de la terre nourrit en effet chez le citoyen le sentiment que la cité est en partie sa chose propre, qu'elle lui appartient, et entretient le conflit entre les désirs des individus et l'unité de la cité. Désormais c'est le citoyen qui, dans ses biens mais plus encore dans sa personne même, appartient à la cité par l'entremise du lot dont il a la responsabilité. Le préambule des lois sur le testament est très clair sur ce point : « Moi donc, qui suis législateur, je déclare que ne vous appartiennent ni votre personne ni vos biens. Vos biens et votre personne appartiennent au contraire à toute votre famille, celle d'hier comme de demain, ou plutôt c'est à la cité qu'appartiennent toute votre famille et ses biens[2]. » L'institution du *klèros* dans les *Lois* réalise donc dans la cité tout entière ce que la *République* et le *Critias* réservaient au seul groupe des gardiens[3]. La loi interdisant de faire de la terre un objet de transaction doit donc être comprise non comme une simple modification du statut juridique du sol mais comme une manière de rendre impossible l'appropriation du sol par les citoyens, et de garantir le sens de la relation d'appartenance : ce sont les citoyens qui appartiennent à la cité, non l'inverse, et ils forment avec leur lot une unité indivisible[4]. Le statut de la terre est donc celui d'une possession sans propriété.

Le lot sert aussi d'étalon de mesure de la richesse et de la pauvreté. Attribué par tirage au sort au moment de la fondation de la cité, chaque lot fait ensuite l'objet d'un ajustement de sa taille en fonction de son rendement agricole, comme cela se produit au niveau des douze sections du territoire : il s'agit par là de prévenir les injustices et de garantir l'égalité

1. *Lois* IX, 877d6-e2.
2. *Lois* XI, 923a6-b1.
3. *Rép.* III, 416d-417a ; *Crit.* 110c5-d4.
4. *Lois* V, 737e1-4.

arithmétique des conditions matérielles[1]. Chaque citoyen est donc pourvu d'un lot supposé égal en qualité et en valeur. Combiné avec la détermination d'un écart maximum de 1 à 4 ou de 1 à 5 entre les fortunes[2], il rend ainsi commensurables le tout de la cité et ses parties, et aussi ses parties entre elles. Concernant la richesse, les *Lois* en limitent d'abord l'attrait en la plaçant au plus bas degré de la hiérarchie des biens humains, eux-mêmes inférieurs aux biens divins[3]. Mais la délimitation d'une échelle de la richesse et de la pauvreté évaluée à partir du lot lui-même est une mesure de bien plus grande importance pour comprendre les rapports établis entre l'économie et la politique. L'Athénien propose en effet d'assigner « pour limite à la pauvreté la valeur du lot initial, qui doit subsister et qu'aucun magistrat ne verra d'un œil indifférent diminuer, ni non plus, en vertu des mêmes considérations, aucun autre citoyen qui tient à mettre son honneur dans la vertu. En prenant cette valeur pour unité de mesure (μέτρον) le législateur permettra d'en acquérir le double, le triple, en allant même jusqu'au quadruple »[4]. Le lot mesure ainsi des écarts de richesse et les maintient dans des limites précises. Il conforte ainsi le sentiment d'appartenance de tous les citoyens à une même cité où l'égalité géométrique s'exprime dans la structure sociale et économique. Le lot sert aussi à toutes les évaluations du bien matériel, qu'il s'agisse de fixer des amendes ou de mesurer une acquisition personnelle. Par exemple, la déprédation des temples sera punie d'une amende dont le montant « ira jusqu'à la valeur dont s'est accru le lot et son équipement, mais point au-delà [...] de façon à éviter que jamais aucun des lots ne reste improductif parce que les moyens pécuniaires feraient défaut à son possesseur »[5]. De même, les magistrats doivent consigner par écrit toute acquisition faite en dehors du lot : sans doute est-ce le moyen de s'assurer que les écarts maximum autorisés sont respectés et de garantir, grâce à cette échelle assez restreinte de 1 à 4 ou 5, la transparence de l'égalité socio-économique[6].

1. Pour le tirage au sort, voir *Lois* V, 740a3. Pour l'égalité des lots, voir *Lois* V, 745d2-4. Pour l'égalité agricole des douze parties du territoires, voir *Lois* V, 745 c2-3 et VIII, 847e2-848c6. Ce dernier passage dément le constat de G.R. Morrow selon qui « Platon ne dit pas comment conserver l'égalité de richesse entre les tribus » (*Plato does not say how the equality of wealth between the tribes is to be preserved*), *op. cit.*, p. 122.

2. Sur ces deux calculs possibles selon que la définition du lot comprend ou non l'équipement nécessaire à son exploitation, voir T.J. Saunders, « The property classes and the value of the *klèros* in Plato's *Laws* », *Eranos* 59, 1961, p. 29-39.

3. *Lois* I, 631b-d.

4. *Lois* V, 744d8-e5. Voir plus largement 744a8-745b2.

5. *Lois* IX, 855a7-b5.

6. *Lois* V, 745a6-b2.

Pour que cette fonction d'étalon de mesure soit assurée, chaque lot doit donc demeurer tel qu'il était lors du partage d'origine : il ne doit pas s'étendre au détriment du lot voisin, ni être réduit par négligence. Si la croissance du lot est limitée par les règlements généraux sur l'enrichissement et par la délimitation d'un maximum de richesse équivalent à quatre ou cinq fois la valeur du lot primitif, en revanche la prévention de l'incurie est en général plus rarement soulignée alors qu'elle relève de la même législation. En tant que limite de la pauvreté, elle n'est souvent perçue que du point de vue social, comme un rempart contre la discorde, alors qu'elle est aussi importante du point de vue strictement économique et politique[1]. Il faut s'assurer en effet que le lot ne devienne pas improductif ou stérile, sans quoi la cité serait atteinte dans son intégrité géographique mais aussi économique et politique, puisqu'elle augmenterait sa dépendance par rapport aux importations. En ce sens, et pas seulement sur le plan militaire, les exploitants agricoles sont aussi les « défenseurs (ἀμυνοῦντες) » de leur lot[2]. Ce souci de maintenir le lot à l'identique apparaît au plan pénal par exemple : lorsque les instigateurs de sédition sont punis d'exil, ils sont renvoyés « avec ce qu'ils possèdent de fortune, exception faite de tout ce qui constitue l'équipement de leur lot, dans leur ancienne patrie et leur ancienne cité »[3]. D'où les injonctions répétées de l'Athénien à conserver toujours le même nombre de lots et à les maintenir toujours identiques à eux-mêmes[4].

Cette fonction de mesure prime sur la valeur du lot, dont la détermination en termes de biens marchands ne saurait être fixée avec précision[5]. Qu'il doive certes permettre à une famille de subvenir à ses besoins, sans doute « modérés » puisque les habitants de la cité sont « tempérants (σώφρονας) »[6], ne permet pas de déduire sa valeur économique historique. Et même si l'on admet en général que les *maxima* de richesse auxquels songe Platon sont probablement bien faibles pour son époque[7], force est de constater que les *Lois* évacuent délibérément toute

1. *Lois* V, 744a8-745b2.

2. *Lois* V, 737e2.

3. *Lois* IX, 856d2-5.

4. *Lois* V, 744e1-3 ; V, 741b1-4. « Les lots doivent toujours rester les mêmes et en nombre égal », *Lois* IX, 855a6-7.

5. G.R. Morrow, *op. cit.*, note 111, p. 131.

6. *Lois* V, 737d1-2. A. Fuks, *op. cit.*, p. 54-55.

7. Sur l'estimation du maximum de richesse (dans l'échelle de 1 à 4 ou 5) : « Ces capitalistes [les Grecs riches] devaient sourire en présence de tels chiffres », A. Espinas, art. cit., p. 237 ; « On ne s'y attarde pas souvent, mais cet éventail des richesses, plutôt restreint, est infiniment moins large que celui qu'offrait la démocratie athénienne », J.-F. Pradeau, *op. cit.*, p. 109. Pour une estimation haute : « Les patrimoines les plus élevés

estimation précise de la valeur du lot[1]. Car l'essentiel est dans la finalité politique de cette institution économique et sociale : le lot doit permettre d'empêcher le processus qui a fait passer de la cité des cochons à la cité malade au livre II de la *République*. Avec le lot en effet, ce ne sont plus les besoins tels qu'ils se manifestent à une époque donnée qui sont la mesure de la cité et des biens des citoyens. C'est au contraire la détermination d'une partie de la cité rapportée à sa totalité qui doit fixer les limites des besoins. Si Platon ne prend pas la peine de déterminer mathématiquement la taille du lot ni sa valeur marchande, ce n'est pas seulement parce que les trois vieillards se contentent d'esquisser des lois dont ils confient l'agencement de détail aux jeunes législateurs à venir[2]. C'est que prime avant tout le rapport que le lot instaure entre la partie et le tout de la cité. Quelle que soit sa valeur quantitative, c'est sa fonction d'étalon de mesure qui est essentielle. Le lot n'est pas délimité en fonction des besoins : ce sont les besoins qui doivent être délimités en fonction du lot.

Enfin, la conservation du lot à l'identique définit le versant économique de l'exercice de la citoyenneté[3]. Alors que dans la *République*, la fonction de conservation de la cité assurée par les gardiens n'était envisagée que du point de vue de la totalité de la cité, cette même fonction, sans rien perdre de sa portée politique centrale, est analysée dans les *Lois* sur le plan économique à partir des parties de la cité. Elle devient la responsabilité de chaque citoyen, et non plus des seuls gouvernants, sans que cela implique que les citoyens travaillent eux-mêmes la terre[4]. Bien que Platon ne donne pas de définition de la citoyenneté[5], celle-ci semble consister au moins en deux choses : non seulement participer à certaines procédures de vote ou exercer certaines charges publiques dans la cité, mais aussi « administrer son lot »[6]. Cet aspect économique de la citoyenneté semble introduire dans la cité un « mérite économique », et par là politique, du citoyen, que le mécanisme subtil des classes censitaires permet d'évaluer.

seront approximativement, de quatre talents : à Athènes, ce n'est pas une très grande fortune, mais c'en est une assez honnête », L. Gernet, introduction aux *Lois*, p. 103.

1. T.J. Saunders, art.cit, p. 37-39.

2. *Lois* V, 734e3-6 ; 737d6-8.

3. Voir plus bas, p. 88-90.

4. Voir plus bas, p. 88-90.

5. M. Piérart, *op. cit.*, p. 50. Sur le vocabulaire de la citoyenneté dans les *Lois*, voir G.R. Morrow, *op. cit.*, note 51, p. 112, note 55, p. 113 et, p. 114. Voir aussi A. Fouchard, « *Astos*, *politès* et *epichôrios* chez Platon », *Ktèma*, Strasbourg, N°9, 1984, p. 185-204, et M. Piérart, *op. cit.*, p. 54-56.

6. J.-F. Pradeau, « La Economía política de las *Leyes*. Observaciones sobre la institución de los *klèroi* », p. 155.

Klèroi *et classes censitaires*

Selon l'Athénien, il faut distinguer quatre classes censitaires, de la plus riche à la moins riche[1], les citoyens pouvant passer de l'une à l'autre selon qu'ils s'enrichissent ou s'appauvrissent dans les limites prévues par la loi. Voici en effet ce que dit l'Athénien :

> Il faut en fonction de l'importance des possessions distinguer quatre classes censitaires. Et les citoyens sont appelés premiers, deuxièmes, troisièmes, quatrièmes ou tels autres qualificatifs, soit lorsqu'ils restent dans la même classe censitaire, soit lorsqu'ils passent, parce que étant pauvres ils deviennent plus riches, ou que étant riches ils deviennent pauvres, dans la classe censitaire qui convient à chacun d'eux [2].

On peut d'abord s'étonner de cette mobilité sociale et économique, qui semble réintroduire dans la cité une inégalité économique que les lots avaient précisément pour fonction d'éliminer. L'Étranger propose une réponse de fait : les écarts de richesse entre les colons sont inévitables puisqu'ils viennent de cités où richesse et pauvreté ne sont soumis à aucune limite[3]. Mais cette réponse n'est pas complètement satisfaisante. Car instaurer l'égalité arithmétique des richesses ne serait-il pas la meilleure solution aux problèmes sociaux et politiques qu'engendre le désir de possession, comme peut le laisser penser l'interdiction de toute possession privée chez les gardiens dans la *République ?* Et quel autre moment que la fondation de la nouvelle cité serait plus propice à une telle mesure ? Cette prise en considération de la richesse et la légitimité des écarts dans l'échelle définie par l'Athénien est d'autant plus surprenante qu'il semble en faire un critère de participation politique, et ce alors même qu'il s'y refusait dans un premier temps. En effet, l'Athénien déclare d'abord : « nous ne donnerons le pouvoir à quiconque ni parce qu'il est riche ni parce qu'il possède un autre avantage du même genre, qu'il s'agisse de la force, de la taille ou de la naissance[4]. » Puis : « [il faut que] les magistratures, les contributions et les

1. La première est la plus riche, la quatrième la moins riche : voir T.J. Saunders, art. cit.

2. *Lois* V, 744c4-d1. On ne peut donc pas dire, avec J.-F. Pradeau, que « les *Lois* mettent définitivement fin à la possibilité de l'enrichissement », *Platon et la cité*, note 1, p. 109. Car dans les *Lois*, la richesse n'est pas condamnée en elle-même mais seulement dans son excès (σφόδρα, *Lois* V, 741e1, et voir plus largement 741e1-6). Elle occupe le 4e rang dans la hiérarchie des biens humains quand son usage est dirigée par la pensée (φρονήσει, *Lois* I, 631c4-5). L'échelle des quatre classes définit les limites de l'enrichissement et en ce sens le rend légitime. Sur les difficultés textuelles de *Lois* V, 744b4-5, voir G.R. Morrow, *op. cit.*, note 115, p. 132.

3. *Lois* V, 744b1-4.

4. *Lois* IV, 715b7-c2

distributions soient en rapport avec l'honneur que mérite la valeur individuelle de chacun, et cela non pas uniquement d'après l'excellence de ses ancêtres et d'après l'excellence personnelle, ou en fonction de la robustesse de son corps et de sa belle apparence, *mais aussi relativement à la condition de sa richesse ou de sa pauvreté*[1] [...] » Et effectivement, la différence de richesse intervient dans l'élection des membres du Conseil, et elle conduit à dispenser partiellement les classes inférieures de leurs obligations civiques. Trois cent soixante membres doivent être élus pour composer le Conseil, soit quatre-vingt dix par groupe censitaire. Tandis que *tous* les citoyens sont convoqués sous peine d'amende pour élire les conseillers des deux premiers groupes censitaires, en revanche, pour l'élection des conseillers du troisième groupe, le quatrième, le moins riche, ne se verra pas infliger d'amende s'il ne participe pas au vote. Pour l'élection des conseillers du quatrième groupe, les membres du troisième sont libres de ne pas voter ainsi que ceux du quatrième, qui désignent pourtant les conseillers de leur propre groupe. En revanche les membres du premier groupe et du second sont obligés de voter dans tous les cas et ceux du troisième dans trois élections sur quatre[2]. Pourquoi le critère de la richesse est-il donc réintroduit pour la distribution des honneurs et des charges alors que Platon s'était efforcé dans un premier temps de le mettre à l'écart pour répartir les magistratures ? En quoi cette échelle des cens est-elle l'instrument de la véritable égalité, l'égalité proportionnelle, seule véritable garante de la justice politique[3] ?

Minimiser ces écarts de richesse ne résout pas la difficulté et n'autorise pas à conclure qu'ils sont insignifiants sur le plan politique[4]. Qu'il faille compenser le nombre sans doute peu élevé des membres de la première catégorie en supposant « qu'un nombre plus ou moins grand des classes inférieures s'abstiendront de voter » ne suffit pas non plus à justifier que le

1. *Lois* V, 744b5-c2. Je souligne.

2. *Lois* VI, 756b7-e2. Voir G.R. Morrow *op. cit.*, p. 134. Sur cette procédure électorale, voir le volume I de la traduction des *Lois* par L. Brisson et J.-F. Pradeau, Annexe 2, p. 440.

3. *Lois* VI, 757b1-c7. Voir G.R. Morrow, *op. cit.*, p. 132-135 et M. Piérart, *op. cit.*, p. 61.

4. Contrairement à ce que font A. Fuks : « L'inégalité (limitée) de richesses qu'incarnent les quatre classes n'a au final qu'une importance mineure par rapport aux fonctions et aux honneurs de l'État des *Lois*. [...]. Les écarts réduits et limités de propriété n'ont qu'un effet mineur sur la société des *Lois* [...]. Dans l'ensemble, la société des *Lois* est égalitaire » (*The (limited) inequality of wealth embodied in the four property classes is, then, on balance, of but minor importance with regard to offices and honour in Plato's* Laws *State. [...] The restricted and limited differentiation of property has but a minor effect on the society of the* Laws *[...]. The society of the state of* Laws *is by and large egalitarian)*, *op. cit.*, p. 67-68 ; et C. Bobonich : « Ces classes de propriété ne jouent pas de rôle politique significatif » (*These property classes do not play a significant political role*), *op. cit.*, p. 375 ; voir aussi, p. 384.

cens soit pris comme critère de la participation politique[1]. Que les membres du quatrième groupe soient dispensés de certaines obligations civiques en raison de la nécessité où ils se trouvent d'exploiter leur lot et de le faire fructifier afin de ne pas tomber en dessous du seuil minimum de richesse nécessaire à la stabilité de la cité n'explique pas davantage pourquoi la richesse est ici un critère de participation politique. Dans la cité des *Lois*, où aucune indemnité civique n'est évoquée, une part de la participation politique est donc fonction de la richesse[2]. Voilà qui ne peut manquer de surprendre de la part d'un Platon qui, dans le *Politique*, disqualifie l'opposition entre riches et pauvres comme critère de la bonne constitution[3], et pour qui la justice politique supérieure consiste à attribuer « plus d'honneurs à ceux dont la valeur est plus grande *en excellence* (ἀρετὴν) »[4]. Faut-il donc supposer que le degré de richesse dont témoigne l'appartenance censitaire est le signe d'un quelconque mérite ou d'une quelconque excellence ?

C'est en effet le cas, et la solution de Platon doit être comprise à deux niveaux. D'abord au niveau socio-politique strict. L'efficacité dans l'exploitation du lot, dans les limites imposées à l'enrichissement, est à l'évidence l'un des seuls critères objectifs pour distinguer l'excellence des citoyens de Magnésie. Puisque le lot est une partie de la cité, la qualité de son entretien et de son exploitation peut être pris comme l'indice de l'attachement du citoyen à la communauté. Ce n'est donc pas à la richesse elle-même que sont conférés les honneurs mais à ce qu'on peut supposer être les qualités morales et civiques de celui qui a mis tous ses soins à exploiter son lot et dont le degré censitaire est le signe[5]. La seule difficulté consiste alors à apprécier dans quelle mesure l'inégalité initiale de richesse n'empêche pas les groupes censitaires inférieurs, notamment le dernier, de

1. M. Piérart, *op. cit.*, p. 98-99.

2. G.R. Morrow, *op. cit.*, p. 137-138. Aristote, *Polit.* II, 6, 1266a5-14.

3. *Pol.* 292a5-d1.

4. *Lois* VI, 757c3-4 (je souligne).

5. « À la sagesse et à la vertu comme critères du pouvoir politique, il nous faut ajouter la richesse. Platon se dit peut-être qu'appartenir à l'une des deux classes supérieures en termes de propriété, est un signe d'industrie, d'épargne et de désirs modestes. Il n'y a pas de vertus mineures ; et puisque la richesse est strictement limitée dans la cité de Magnésie, elle peut difficilement dégénérer en cupidité. Quoi qu'il en soit, la possession de la richesse en Magnésie confère une modeste influence politique. » (*To wisdom and virtue as qualifications for political power we are to add wealth. Plato perhaps feels that membership in one of the two higher property classes is a sign of industry, thrift, and modest desires. These are no small virtues; and since there is a strict upper limit on wealth in Magnesia, they are unlikely to degenerate into greed. At any rate, possession of wealth in Magnesia confers some modest political clout*), T.J. Saunders, art. cit., p. 475. « Le niveau de richesse d'un homme donne un premier aperçu de sa valeur morale » (*The level of a man's wealth is a rough* prima facie *guide to his moral worth*), *Notes on Plato's* Laws, p. 32.

remonter dans l'échelle du cens. Étant donné que la proportion d'un à quatre dans l'échelle des richesses ne produit sans doute pas d'écarts importants en valeur absolue, on peut supposer que le fait d'appartenir au groupe censitaire le plus bas ne constitue pas un handicap rédhibitoire pour quiconque souhaite devenir plus riche et avoir ainsi davantage part à toutes les procédures électorales.

Mais cette lecture ne suffit pas car, contre toute attente, Platon réunit dans *Lois* ce que la *République* séparait au nom même de la justice dans la cité : le pouvoir politique et la puissance économique[1]. Ce sont en effet les membres de la classe la plus riche, la première, qui sont les plus sollicités pour les diverses charges civiques. Ce mélange « explosif » ne saurait donc s'expliquer au seul niveau politique. Sa pertinence politique n'est en réalité compréhensible qu'à condition d'être envisagée à la lumière de l'anthropologie de Platon. La réunion de la richesse et du pouvoir dans le cadre de limites économiques et politiques précises imposées aux citoyens comme aux étrangers[2] apparaît alors à la fois comme un dispositif limitatif destiné à freiner la tendance tyrannique souterraine des appétits individuels, et peut-être comme un dispositif incitatif invitant chacun à produire plus pour participer plus.

Que cherche-t-on d'autre en effet dans le pouvoir que son avantage propre ? Le pouvoir est recherché soit en vue d'un bénéfice matériel, soit pour lui-même sous la forme des signes qui consacrent l'ostentation de notre propre puissance. L'intervention d'Adimante au début du livre IV de la *République* illustre le premier motif : la vie des gardiens a selon lui bien peu d'attrait car « la cité est à eux et eux *cependant* ne jouissent d'aucun des biens de la cité, à la différence d'autres qui, placés dans la même position, possèdent des champs, se font construire de belles et grandes habitations,

1. « Pour Platon, l'union du pouvoir politique et du pouvoir économique aurait été mauvaise en toutes circonstances » (*To [Plato] the union of political and economic power would have been wrong under any circumstances*), A. Fuks, *op. cit.*, p. 113.

2. Limites économiques que sont le caractère inaliénable de la terre, les seuils de pauvreté et de richesse, l'interdiction de la pratique du commerce par les citoyens ou encore la durée limitée de résidence des étrangers dont les bénéfices commerciaux ne peuvent pas dépasser les richesses de la troisième classe censitaire (voir l'Annexe 2) ; limites politiques que sont les obligations politiques, passibles de diverses sanctions si elles ne sont pas respectées. Astreints aux mêmes limitations de richesse que les citoyens, les étrangers voient leur durée de résidence limitée afin de préserver la cité du danger « d'avoir [...] un groupe important de résidents permanents qui soient riches *mais privés du pouvoir politique* » (*of having [...] a large class of permanent residents possessing wealth* but lacking political power), G.R. Morrow, *op. cit.*, p. 148 (je souligne). Voir *Lois* VIII, 850a5-b5. Voir aussi M. Piérart, *op. cit.*, p. 467 ; S. Benardete : *Plato's* Laws : *The Discovery of Being*, Chicago-Londres, The University of Chicago Press, 2000, p. 248.

acquièrent un mobilier en conséquence [...], possèdent or et argent [...] »[1]. La dégradation des régimes aux livres VIII et IX de la *République* illustre le second : de l'oligarchie à la tyrannie, l'argent, les honneurs ou la liberté sont le moyen d'afficher sa propre puissance. Dans tous les cas donc, personne ne souhaite exercer le pouvoir politique sans l'espoir d'un bénéfice personnel. Thrasymaque ne dit pas autre chose[2]. À l'inverse, personne ne veut se charger du fardeau de la politique véritable, c'est-à-dire de la politique exercée en vue de la communauté, pas même les philosophes de la *République*, qu'il faudra obliger à redescendre dans la caverne[3].

Or le système censitaire des *Lois* permet de prévenir tout à la fois le risque d'expansion économique et le risque de négligence politique, c'est-à-dire tout ce qui favorise la recherche de l'intérêt personnel au détriment de l'intérêt commun. La solution, pour autant qu'on puisse généraliser à toutes les magistratures ce qui vaut pour l'élection du Conseil, consiste à proportionner l'aspiration à l'aisance matérielle et les obligations politiques. Le citoyen souhaitant parvenir au maximum légal de richesse doit être conscient qu'il lui faudra se soumettre à de nombreuses charges, c'est-à-dire qu'il ne tirera aucun bénéfice personnel de cet enrichissement. À l'inverse, celui qui « ne veut pas voter », celui qui se montre réticent à jouer le jeu du *koinon* n'en retirera pas non plus de bénéfice personnel : en dépit du temps qu'il aura gagné, il n'en tirera aucun avantage pour être plus productif puisque sa richesse est limitée, et que son mérite civique sera moindre. En couplant richesse et pouvoir dans le cadre d'un ensemble d'obligations et de limites, Platon fait donc d'une pierre deux coups : ceux qui désirent le pouvoir pour le pouvoir trouveront un obstacle à cette ambition dans la nécessité où ils se trouvent d'exploiter leur lot pour mériter une plus grande participation à la vie politique, et ils seront donc ainsi contraints d'œuvrer à la conservation de la cité ; ceux qui désirent le pouvoir afin d'en retirer un avantage matériel se heurteront aux limites de l'enrichissement et à la contrainte que représente une plus grande participation politique en vue de l'intérêt commun. Le lien du pouvoir et de la richesse présenté dans les *Lois* n'est donc pas une concession à des sentiments oligarchiques[4]. Outre qu'il s'agit de montrer, au niveau politique, que la richesse *mérite* le pouvoir à titre de récompense pour les efforts individuels fournis pour l'entretien du lot, il faut aussi garantir au plan

1. *Rép.* IV, 419a1-420a1 ; je souligne.
2. *Rép.* I, 343b1-c1.
3. *Rép.* VII, 517c7-d3 ; 519b7-d7.
4. Contrairement à ce qu'affirment T.J. Saunders, art. cit., p. 476, et Aristote, *Polit.* II, 6, 1266a5-14.

anthropologique que, dans la mesure où richesse et pouvoir sont liés par un ensemble rigoureux d'obligations et d'interdits, le pouvoir exercé *en vue de l'ordre politique commun* est la *contrepartie obligatoire* de la richesse. L'économie ainsi conçue est donc l'un des moyens de s'approcher d'une politique authentique. Le « mérite » économique du citoyen est donc à la fois l'instrument d'une politique exercée dans l'intérêt commun, et le moyen de subordonner l'économie à la politique.

À première vue, la fonction préventive de ce dispositif semble toutefois l'emporter sur la fonction incitative. Si le lot suffit pour subvenir à ses besoins, à quoi bon en effet s'enrichir puisque cet enrichissement est limité et qu'il implique en outre des obligations civiques ? La constitution des *Lois* ne risque-t-elle donc pas de conduire les citoyens à se contenter du plus bas niveau censitaire, et à faire droit d'abord à leur intérêt propre ? La cité ne risque-t-elle pas de devenir alors un simple agrégat de *klèroi*, ne formant une communauté que par l'impossibilité où ils se trouvent de se détacher de la cité qui les possède ?

Certes, l'incitation à s'élever dans l'échelle censitaire ne saurait naître mécaniquement de ce seul dispositif. Mais celui-ci n'est pas une simple mesure technique ; il est intégré à des lois, dont les préambules notamment, par leur visée pédagogique et édifiante, doivent modifier les dispositions éthiques et psychologiques des citoyens et les faire adhérer autant que possible aux valeurs politiques promues dans cette cité[1]. Le dispositif censitaire est alors le mécanisme qui permet de témoigner, du moins en partie, de cette adhésion, et de proportionner les honneurs civiques en conséquence. Pour expliquer ensuite en quoi, pris en lui-même, ce dispositif semble plus préventif qu'incitatif, il faut renvoyer une nouvelle fois à l'anthropologie de Platon, qui fait du désir de possession, en tant que désir de puissance, le moteur de tous nos actes et de toutes nos pensées. Le philosophe lui-même n'y échappe pas, même si son désir le tourne vers des objets intelligibles qui, ne suscitant pas la convoitise précisément parce qu'ils ne semblent pas pouvoir être possédés, ne sont pas en eux-mêmes facteurs de dissension politique. Pour Platon, il est impensable que le pouvoir ne soit pas désirable, notamment le pouvoir politique, à titre d'instrument et d'expression de ce qui ressemble à s'y méprendre à la « volonté de puissance » nietzschéenne. Il est donc peu probable que la cité ne comporte pas d'hommes attirés par l'exercice du pouvoir politique, ce qui explique l'aspect massivement préventif du dispositif censitaire, au risque de promouvoir une communauté au sens faible, rassemblée non

1. Sur ce point, voir la synthèse de L. Brisson et J.-F. Pradeau, *Les* Lois *de Platon*, Paris, P.U.F., 2007, p. 84-93.

pas par désir de vivre ensemble mais par nécessité. Indépendamment de l'exercice de la citoyenneté par la participation aux différentes magistratures, tourner les citoyens vers l'entretien du lot constitue le degré élémentaire d'une politique conciliant la satisfaction de l'intérêt individuel et celle de l'intérêt commun. En ce sens, Platon n'hésite pas entre une conception aristocratique de la cité où les citoyens seraient déchargés de toute occupation économique, et une cité d'agriculteurs[1]. Il invente une troisième voie qui consiste à obliger politiquement les plus riches et à laisser au plus bas degré d'aisance matérielle les plus négligents politiquement: les plus ardents dans la satisfaction de leur intérêt propre se trouvent contraints de se préoccuper de l'intérêt commun, tandis que les plus réticents à s'investir pour ce dernier seront limités dans la poursuite de leur intérêt propre et moins honorés dans la cité.

Le lot assure donc l'intégration politique de la vie économique ou domestique dans sa dimension «productive». Mais il ne se contente pas d'apporter une solution originale au problème politique et économique de la propriété[2]. Il apporte aussi une solution à la question anthropologique du désir de possession, qui est à l'origine de l'économie de la démesure et des travers que Platon reproche à l'*oikos* de son temps. Par conséquent, s'il est indéniable que les plans de cité qu'on trouve dans le *Critias* et les *Lois* «sont des réponses politiques données à une difficulté physiologique et dynamique», et que «tracer le plan d'une cité, c'est [...] entreprendre de limiter et d'ordonner les mouvements des corps qui la constituent»[3], la régulation des corps par l'institution du *klèros* n'est que secondaire par rapport à celle de l'âme. Il ne s'agit pas tant d'abord de limiter les mouvements des corps que d'orienter les désirs liés aux corps, en rendant commun l'objet de leur désir. L'exclusivité de ce désir et son insatiabilité ne sont donc pas supprimées mais détournées vers un objet qui utilise leur mécanisme au profit du tout de la cité. Si les *Lois* ont pour objectif la constitution «d'un corps politique» dont le monde serait le modèle[4], cet objectif est subordonné à la constitution d'une hiérarchie psychique commune à l'ensemble des citoyens.

Sur le plan de la production, l'unité fondamentale de la *polis* de Platon n'est donc plus l'*oikos* mais le *klèros*[5]. Cette substitution n'a de sens qu'en vertu du renversement introduit par Platon dans l'ordre de détermination

1. Contrairement à ce qu'avance M. Piérart, *op. cit.*, p. 79.
2. Contrairement à ce qu'estime J.-F. Pradeau, *Platon et la cité*, p. 111.
3. *Ibid.*, p. 95.
4. J.-F. Pradeau, *ibid.*
5. M. Piérart, *op. cit.*, p. 72.

respectif de la politique et de l'économie : ce n'est plus l'économie qui intervient à titre de fondation empirique de la politique dans l'ordre chronologique, mais la politique qui sert de fondement de droit à l'économie. La *polis* n'est pas un agglomérat d'*oikoi* mais ce sont les *oikoi* qui doivent leur existence à la *polis* désormais conçue comme l'ensemble unifié de ces nouveaux *oikoi* que sont les *klèroi*. Cette conversion de la sphère privée au profit du commun en ce qui concerne la production se produit également dans la seconde dimension de l'*oikos*, celle qui concerne les relations humaines et notamment familiales entre les membres de l'*oikos*. Pas davantage que sur le plan productif, l'*oikos* n'est sur celui de la vie familiale le foyer de sens de la cité : c'est au contraire la cité droite qui donne son sens à ce qui reste de l'*oikos* et de l'*oikia* dans la *République*, et surtout dans les *Lois*.

Faire de la cité comme une famille ? Les limites du modèle familial en politique

La famille n'est « l'adversaire numéro un de la cité »[1] que lorsqu'elle est le vecteur des appétits inférieurs et de leur tendance spontanée à la démesure, c'est-à-dire dans les régimes dont l'économie n'est pas réglée. Sa force est tout à la fois une force d'accaparement et d'unification. Elle représente donc un danger tant qu'elle est dirigée contre la cité, comme on l'a vu avec la dégradation des régimes dans la *République*. Mais elle peut devenir un atout lorsque la cité est capable de l'utiliser à son avantage, en vue de sa propre unification. Cette réorientation de la force domestique, dont l'objectif général est de subordonner les sentiments d'appartenance domestique à des sentiments d'appartenance politique, procède différemment dans la *République* et les *Lois*. Dans le premier de ces dialogues, malgré une très nette reconfiguration des rapports de parenté, c'est la famille qui sert encore de modèle aux liens politiques, du moins pour les gardiens[2]. Dans le second en revanche, l'appartenance politique n'est plus modelée sur la parenté domestique[3].

Dans la *République*, on l'a vu, Platon refuse de penser les relations entre les gardiens et les producteurs sur le modèle des rapports entre le maître et l'esclave, au profit d'une complémentarité fonctionnelle au sein d'une même communauté politique. Mais il ne récuse pas pour autant toutes les relations domestiques pour concevoir sa cité juste. S'il y fait référence dans le noble mensonge, c'est uniquement à titre d'image, non de modèle, de

1. L. Brisson et J.-F. Pradeau, *op. cit.*, p. 104.
2. *Rép.* V, 460b7-462a1.
3. *Lois* III, 680a3-681c3.

même que lorsqu'il évoque les rapports entre cités. Chez les gardiens en revanche, il instaure de réelles relations familiales.

D'après le noble mensonge, tous les membres de la cité sont frères car ils sont nés d'une même mère, la terre[1]. Mais l'usage du schéma familial dans ce passage se distingue de ce que sera son application au groupe des gardiens par les quatre traits suivants.

Le noble mensonge constitue une image ou une métaphore plutôt qu'un modèle[2]. Il ne s'agit pas d'utiliser homologiquement les relations domestiques de parenté et de les transposer terme à terme à toute la société, qu'il faudrait alors concevoir comme une grande famille. Fondé sur l'inversion du rêve et de la réalité[3], le noble mensonge ne peut être politiquement efficace qu'à condition de maintenir entre eux un certain écart nécessaire[4]. Tandis que, on va le voir, les gardiens sont une famille, les membres de la cité dans son ensemble sont invités à faire *comme s'*ils en étaient une.

De plus, tout noble qu'il est, et en dépit de son utilité politique réelle, le contenu du mensonge n'en est pas moins absurde[5]. Qui peut croire sérieusement à la vérité objective d'une telle histoire et ignorer comment sont faits les enfants ? On ne peut y croire que comme à une fiction, à un mythe qui mobilise les ressources de l'imagination. C'est pourquoi il sera difficile d'en persuader les gouvernants, mais aussi « le reste de la cité », comme le souligne l'impasse relative qui clôt cette section du dialogue : « À présent, disposes-tu de quelque moyen pour persuader de cette histoire ? » demande Socrate; « Aucun [...] » répond Glaucon[6]. Et pour les producteurs, rien n'indique dans la *République* que les liens traditionnels de parenté sont remis en question comme ils le sont pour les gardiens : les producteurs savent donc qui sont leurs parents biologiques et sociaux.

En outre, l'objectif du noble mensonge n'est pas de concevoir les relations entre tous les membres de la cité sur le modèle familial, contrairement à ce qui se passe avec les gardiens, mais de garantir l'unité de la cité tout en faisant accepter la hiérarchie des groupes et la distribution des individus dans chacun de ces groupes. La famille n'est ici qu'une manière de dire l'unité dont a besoin la cité, et celle-ci est par la suite comparée à un

1. *Rép.* III, 414d1-415c7.

2. Sur cette question, voir V. Goldschmidt, *Le Paradigme dans la dialectique platonicienne*, [1947], Paris, Vrin, 1985, p. 111-117.

3. *Rép.* III, 414d4-7.

4. En témoignent notamment les ὡς introduisant les comparaisons : *Rép.* III, 414e3 ; e5.

5. Voir G. Leroux, *op. cit.*, note 160, p. 591.

6. *Rép.* IV, 414b8-d1. Comment la postérité pourra-t-elle croire plus facilement à cette fiction, comme le suggère Glaucon (415d1-2) ? Les préambules des lois devront remplir, entre autres, cette fonction persuasive, *Lois* IV, 718c7-723d4.

individu[1]. On comprend aisément la nécessité de ce mythe pour les producteurs et les auxiliaires : les premiers doivent accepter qu'en dépit de leur rôle fondateur et vital dans la cité, ils ne peuvent en tirer argument pour revendiquer le pouvoir ou pour se plaindre d'être les esclaves des dirigeants. Les seconds doivent comprendre qu'en dépit de la force dont ils disposent, il ne doivent pas en user à leur profit contre les dirigeants en s'associant avec les producteurs, ou contre les producteurs eux-mêmes pour les dépouiller de leurs biens matériels. Le plus étrange dans ce mensonge, c'est qu'il faut aussi en persuader les gardiens : sans doute pour qu'ils n'oublient pas leurs obligations politiques au profit exclusif de la philosophie, pour qu'ils n'oublient pas de redescendre dans la caverne, et qu'ils ne sacrifient pas l'intérêt de la cité à leur intérêt individuel.

Enfin, l'application du schéma familial dans le noble mensonge n'est pas systématique mais limitée à sa plus simple expression : car aux côtés de la « terre mère »[2], le père manque à l'appel. Si le schéma familial était ici un modèle plutôt qu'une image, il faudrait donc identifier ce père absent. Or qui jouerait ce rôle dans la cité juste ? C'est précisément pour éliminer cette question polémique que la *République* n'emploie qu'une image : car chaque groupe aurait des raisons valables de revendiquer la paternité de la cité. La parenté politique n'a donc ici qu'un sens conceptuel faible, mais une puissance imaginaire forte[3]. Notons qu'il en va de même des rapports entre les cités : le terme « parenté » (συγγένεια) peut bien être le terme le plus fort pour qualifier les relations entre les cités, et la Grèce désignée de famille[4], Platon se contente ici d'employer une image, non de calquer les relations entre cités sur celle des membres d'une famille[5].

1. « Et c'est bien cette cité qui se rapproche le plus d'un homme unique ? », *Rép.* V, 462c10 *sq*. Sur la question de savoir si l'expression ἑνὸς ἀνθρώπου (462c10) implique une conception organiciste de la cité ou si elle n'est que simple métaphore suggestive, voir la note synthétique et les références données par G. Leroux, *op. cit.*, note 55, p. 629. Cf. *Lois* V, 739b8-d5.

2. *Rép.* III, 414e2.

3. *Rép.* III, 415a7. « Le terme pourrait s'appliquer à tous les citoyens (III, 415a7), bien qu'il prenne un sens particulièrement fort pour les membres de la même classe qui se reproduisent entre eux (cf. 463d8) » (*[...] The word could be applied to all citizens (III, 415a7), though it will come to possess an intensified meaning for the inter-breeding members of the same class (cf. 463d8)*), S. Halliwell, *op. cit.*, p. 153.

4. *Rép.* V, 470c1-e11 (e9 en particulier pour le terme *oikia* appliqué à la Grèce).

5. Le vocabulaire de la parenté pour désigner les relations entre cités était très utilisé en Grèce ancienne, et pas comme une simple formule : la parenté entre cités, fondée sur des récits mythologiques et les généalogies héroïques, était tenue pour vraie. « [*Suggenès*] est le terme de parenté le plus fort, celui qui indique le lien le plus étroit et, par conséquent, celui qui est utilisé le moins fréquemment », O. Curty, « À propos de la "*suggeneia*" entre cités », *Revue des études grecques*, vol. 107, 1994, p. 699.

C'est en revanche la famille et non l'individu qui sert véritablement de modèle aux relations entre les gardiens[1]. Socrate étend en effet à leur groupe les relations de parenté qui ne valent d'ordinaire qu'au sein de l'*oikos*, tout en prenant soin de les « désindividualiser » pour élargir à un niveau politique le sentiment d'appartenance des gardiens :

> À compter du jour où l'un deux deviendra un promis (νυμφίος), les rejetons qui naîtront entre le huitième et le dixième mois après, tous ceux-là il les appellera, les mâles ses fils, et les femelles ses filles, et eux le nommeront père, et de la même façon leurs rejetons ils les nommera petits-enfants et eux à leur tour le nommeront grand-père (et grand-mère) ; et ceux qui seront nés pendant le moment où leurs mères et pères engendraient se nommeront sœurs et frères : et par conséquent, comme nous le disions à l'instant, ils ne toucheront pas les uns aux autres [2].

Les gardiens composent donc une grande famille, et même s'il n'applique ce modèle qu'aux seuls gardiens, Platon utilise ici la force d'unification du sentiment familial au profit de la cité tout entière. L'unité des gouvernants conditionne en effet celle du reste de la cité, et c'est avec la discorde qui s'introduit entre eux que commence la dégénérescence des régimes politiques[3]. Cette extension de la parenté dans le groupe des gardiens, qui va de pair avec la mise en commun des femmes et des enfants, est fondée sur un calcul mathématique des dates des naissances à partir du moment où l'homme devient νυμφίος, c'est-à-dire en âge de se marier et de procréer[4]. En fonction de la date à laquelle les individus parviennent à cet âge sont déterminés la nature et le nom de la relation de parenté : sont fils et filles des gardiens les enfants « nés entre le huitième et le dixième mois après », et les enfants de ces derniers sont les petits-enfants des premiers[5]. Ce même calcul détermine donc, en sens inverse, qui il convient de nommer mère, père, grand-père et grand-mère. Sont frères et sœurs tous ceux qui sont nés « pendant la période où leurs parents engendraient », c'est-à-dire tous les enfants nés dans la période de huit à dix mois pour une même génération de « promis »[6]. Désindividualisées au point que les mères

1. Contrairement à ce qu'avance en partie S. Halliwell, selon qui « la classe des gardiens est elle-même à prendre comme une famille et *un individu* dessinés en grands caractères » (*the Guardian class is itself to be a family* and an individual *writ large*), *op. cit.*, p. 20 (je souligne).

2. *Rép.* V, 461d2-e2.

3. *Rép.* VIII, 547a-c.

4. *Rép.* V, 461d3. Ce terme désigne soit le futur marié soit le jeune marié.

5. *Rép.* V, 461d3.

6. *Rép.* 461d7-e1. Pour les difficultés soulevées par la délimitation de cette période, voir S. Halliwell, *op. cit.*, p. 169.

ne puissent reconnaître leurs enfants biologiques[1], les relations familiales ne disparaissent donc pas pour autant[2]. Si Platon abolit la famille comme cellule sociale fermée, il n'abolit pas les sentiments familiaux. On peut certes craindre que devenu le fils de tout le monde, un enfant ne devienne le fils de personne[3]. Platon au contraire prétend étendre le sentiment d'appartenance à plus d'individus pour que leurs liens s'en trouvent renforcés.

Le modèle familial n'est donc utilisé dans la *République* qu'avec parcimonie pour concevoir des relations de nature politique. Le modèle familial ne vaut à strictement parler que pour une petite partie de la cité, à laquelle Platon souhaite conférer l'unité qui naît de la force des liens familiaux. Sa tiédeur pour en étendre l'application à toute la cité se justifie par le danger politique que fait courir un tel modèle : il risque de malmener la hiérarchie que Platon cherche à instaurer, mais aussi d'aligner la cité sur la famille et d'accorder à la seconde la primauté sur la première. Or c'est le contraire que requiert l'unité de la cité. Un passage des *Lois* consacré à l'origine des lois positives et des cités confirme cette tendance, en mettant plus nettement à l'écart l'*oikos* comme modèle pour concevoir la cité.

Comme dans la *République*, Platon cherche dans les *Lois* à désindividualiser autant que possible les sentiments familiaux dans toute la société. Mais il abandonne cette fois complètement le modèle des relations domestiques pour penser l'appartenance commune des citoyens à une même entité politique. C'est ce que montre le récit de la formation de la cité au livre III : penser la formation de la cité à partir du modèle familial aboutit au constat de la force antipolitique des familles. Dans ce passage, l'Athénien évoque en effet les temps qui précédèrent l'apparition des régimes politiques organisés selon une législation écrite, c'est-à-dire des *politeiai* vraiment politiques. Tant que la loi demeure orale et coutumière, la *politeia* (680a9) est appelée « dynastique » (δυναστείαν, 680b2) et n'est qu'une émanation de l'organisation familiale. Ainsi en est-il des premières communautés humaines, comme les Cyclopes dont parle Homère : « Ces hommes [...] restaient dispersés par domaine (οἴκησιν), c'est-à-dire par famille (κατὰ γένος), et la personne la plus âgée commande, parce que chez eux le pouvoir est issu du père et de la mère. Et en suivant ces derniers, pareils à des oiseaux, ils forment une seule troupe, régie par la loi parentale

1. *Rép.* V, 460c8-d1.

2. Pour les difficultés de transfert des relations familiales de la famille au groupe des gardiens, voir S. Halliwell, *op. cit.*, p. 19, 168 et 175.

3. Voir la critique d'Aristote, *Polit.* II, 3, 1261b32-b40, et plus largement 1261b16-1262a24.

et soumise à un pouvoir royal qui est le plus juste de tous[1]. » Dépourvus de toute institution de vie collective en dehors de la famille, les Cyclopes prennent chacun séparément les décisions nécessaires à leurs propres familles[2].

Dans un second temps, même si des familles se rassemblent pour former un groupe plus étendu dont elles délimitent matériellement les frontières à l'aide d'une clôture[3], elles ne constituent pas pour autant une *polis* mais « une seule et unique maison, grande et commune (μίαν οἰκίαν αὖ κοινὴν καὶ μεγάλην) »[4]. Les limites d'une telle organisation apparaissent rapidement : l'unité matérielle de cette *sunoikia* n'en fait pas une unité politique, car chaque groupe familial y apporte ses propres lois[5] et « leur accorde la préférence sur celles des autres »[6]. Une *politeia* peut donc être soit « domestique », pour des familles qui coexistent, soit politique. Mais dans le premier cas, sa viabilité est très fragile, elle suppose que seul un petit nombre de familles soient rassemblées, afin de limiter les dissensions. Ce récit des origines montre donc clairement qu'on ne peut penser la cité et les rapports politiques à partir d'une agrégation de familles.

Ce changement par rapport à la *République* tient au fait que les citoyens des *Lois*, ceux-là mêmes qui exercent les diverses magistratures, vivent dans des familles, qui ne sont en réalité que des moyens de conserver les *klèroi*, c'est-à-dire les parties du tout de la cité[7]. Considérer l'ensemble de la cité comme un *oikos*, ce serait laisser penser aux citoyens que le tout est homogène à ses parties et que par conséquent, la subordination des parties au tout pourrait facilement s'inverser.

Bien que Platon utilise le modèle des relations de parenté pour le groupe des gardiens dans la *République*, ce dialogue s'accorde donc néanmoins avec les *Lois* sur le point suivant : prise dans son ensemble, la cité ne peut pour Platon être conçue comme une grande maison, ce qui fait tomber la critique d'Aristote. Et si la *République* concède que la *sunoikia* économique fait en partie la *polis*, elle souligne aussi qu'elle ne suffit pas à en faire une entité véritablement politique, c'est-à-dire véritablement une. Plus radicales, les *Lois* montrent qu'une *sunoikia* n'est pas une *polis*, ce que

1. *Lois* III, 680d7-e4.
2. *Lois* III, 680b3-c1.
3. *Lois* III, 681a1-2.
4. *Lois* III, 681a2-3.
5. *Lois* III, 681b6-7.
6. *Lois* III, 681c1-2.
7. L. Brisson et J.-F. Pradeau, *op. cit.*, p. 104.

souligne aussi à sa façon dans le *Critias* le désastre du règne collégial des clans familiaux atlantes évoqué au chapitre précédent[1].

En résumé, Platon échappe à trois schémas. D'abord, il n'assimile pas maison et cité. Ensuite, il ne modélise pas non plus la politique sur l'art domestique comme le fait Xénophon, mais établit plutôt la relation inverse[2]. A. Espinas le perçoit lorsqu'il écrit : « Tandis que pour Xénophon, l'administration royale est une administration privée très étendue, pour Platon inversement, l'État absorbe tout, il n'y a plus rien de privé, plus rien qui appartienne à l'économie domestique[3]. » Pour Platon en effet, seule une politique droite peut dire comment doivent être dirigées les maisons. En ce sens, les citoyens des *Lois* reçoivent une éducation politique qu'ils appliquent dans la sphère domestique. Et par ce biais, ils jouent un rôle politique. De même dans la *République*, les relations familiales dans le groupe des gardiens ne sont pas un argument pour dire que l'*oikos* est le modèle de la cité, puisque l'*oikos* n'est mobilisé que pour les gardiens et pas pour toute la cité et que cette famille des gardiens est pensée à nouveaux frais, contre l'*oikos* traditionnel et ses rapports d'appartenance exclusive : la famille des gardiens est au contraire une famille politique. Enfin, mais cette fois contrairement à ce qu'avance A. Espinas dans la citation précédente, Platon ne fait pas disparaître la sphère domestique ou « privée », notamment dans ses aspects familiaux, comme on pourrait le croire dans la *République*[4]. Platon institue une famille chez les gardiens, fondée sur la base du *koinon* qui est de nature politique, et une famille interétatique entre les cités grecques. Dans les *Lois*, l'*oikos* demeure sous une nouvelle forme, et la

1. Contrairement à ce que soutient G.R. Morrow selon qui « pour Platon, l'État est donc une union de foyers ou de familles, non une collection de citoyens épars. C'est ce qui ressort clairement de son exposé des origines de l'État au livre III » (*For Plato, then, the state is a union of households or families, not a collection of detached citizens. This clearly emerges from his account of the origin of the state in the third book*), *op. cit.*, p. 118. Que la cité rassemble des familles ne signifie pas qu'elle est un simple agrégat d'*oikoi*. La vision de G.R. Morrow est faussée par le rapprochement qu'il propose de ce passage avec le début des *Politiques* d'Aristote (1252b) : selon lui « Platon comme Aristote exposent là leur conception de l'histoire ; c'est ainsi qu'à leurs yeux est apparue la cité » (*both [*Plato and Aristotle*] are writing what they understand to be history; this is the way they think the* polis *actually came to be*), *ibid.*, p. 119. Or le récit de la naissance de la cité au livre III des *Lois* n'est pas de l'histoire mais *une* histoire adaptée à une politique devant concilier l'existence de la famille et l'unité de la *polis*.

2. Voir L. Brisson, *Le Politique*, note 21, p. 216-217.

3. Art. cit., p. 111.

4. Même idée chez M. Piérart : « Les théories extrêmes professées par Platon dans la *République* avaient abouti *à la suppression pure et simple de la famille*. [...] L'abandon de la famille est la conséquence extrême de ses théories sur la propriété », *op. cit.*, p. 71 (je souligne).

famille est maintenue dans la sphère des relations personnelles, mais elle est subordonnée à l'appartenance de tous les citoyens à une seule et même cité par l'intermédiaire de l'institution du lot. L'économie, dans son versant domestique, est un instrument de la politique et devient ainsi elle-même politique.

Ce renouvellement des rapports entre *oikos* et *polis* implique nécessairement une modification des rapports entre l'homme et la femme. Pour que l'économie domestique devienne complètement politique, encore faut-il que les femmes le deviennent elles aussi : car en tant qu'agents traditionnellement chargés de l'administration intérieure de l'*oikos* et en raison de leur rôle important dans l'éducation, elles relaient les tendances spontanées de nos appétits à l'accaparement affectif et matériel, et dressent ainsi l'*oiko*s contre la communauté nécessaire à la cité droite.

Politiser les femmes

Pour faire entrer les femmes en politique et convertir leur sentiment d'appartenance domestique en un sentiment d'appartenance politique, Platon substitue partiellement à la répartition des tâches selon la distinction sexuelle le critère des aptitudes nécessaires pour l'accomplissement d'une fonction donnée. Et à défaut d'abolir complètement la sphère domestique, Platon ouvre l'*oikos* au monde commun et public de la cité juste.

Le travail sans sexe

À Socrate qui lui demande ce qu'est pour lui la vertu, Ménon répond en distinguant d'abord dans « l'essaim » des vertus celle de l'homme : « être en mesure de gérer les affaires de la cité [...] (τὰ τῆς πόλεως πράττειν) », de celle de la femme : « bien administrer sa maison (τὴν οἰκίαν εὖ οἰκεῖν) en veillant à la conservation de ce qu'elle renferme (σῴζουσαν [...] τὰ ἔνδον)[1] [...] » Cette distinction, proche de celle d'Ischomaque dans l'*Économique* de Xénophon et de celle d'Aristote dans les *Politiques*[2], est rapidement remise en question. Mais elle ne l'est que du point de vue d'une définition unitaire de la vertu, et non de la distinction des tâches de l'homme et de la femme. Autrement dit, même si Ménon accepte de reconnaître que c'est par une même propriété que l'homme et la femme remplissent excellemment leur fonction ou sont vertueux, cela ne suffit pas

1. *Mén.* 71e1-72a1.

2. Ischomaque affine cette distinction en précisant ce qui, dans la gestion du domaine, revient en propre à la femme et ce qui revient en propre à l'homme : *Économique* VII, 16 *sq.* *Cf.* Aristote, *Polit.* I, 13, 1260a20-24.

à invalider la possibilité que cette vertu s'accomplisse selon des modalités différentes, pouvant tenir notamment aux différences physiques de l'homme et de la femme. Il faut se tourner vers la *République* pour voir Platon rejeter clairement la différence sexuelle comme critère de répartition des tâches, pour lui substituer celui de la compétence ou de la propriété requise par la fin visée[1].

Certes, Socrate et Glaucon « reconnaissent que la nature de la femme est différente de celle de l'homme »[2]. Mais cette différence de nature est très vite ramenée à une simple différence de degré : « La nature des femmes est plus faible (ἀσθενέστερον) en toutes choses[3]. » Même si cette phrase porte la trace d'un contexte idéologique[4] dont Platon ne s'émancipe pas entièrement alors qu'il œuvre à sa réforme – il n'affirme pas une totale égalité entre l'homme et la femme – elle ne vaut que « dans l'ensemble (τὸ δὲ ὅλον, 455d4) » et non pour tous les cas particuliers, et elle n'empêche pas Platon de penser « la nature humaine » de façon unitaire[5]. Mais elle s'inscrit surtout dans un raisonnement qui vise à refuser toute pertinence à la différence sexuelle comme critère de sélection pour une fonction donnée, sauf peut-être à titre subsidiaire ou secondaire, une fois les critères de sélection pertinents épuisés[6]. Il y a en effet de multiples façons d'envisager des différences, et il est nécessaire de préciser « l'espèce de la nature autre et celle de la nature différente [...] et ce à quoi elles se rapportent »[7]. En d'autres termes, les différences entre l'homme et la femme n'ont de sens que par rapport aux fonctions qui les sollicitent. Une différence de nature précise, pour irréductible qu'elle soit, ne devient pas pour autant un obstacle à l'affirmation d'une identité ou d'une similitude sur un autre plan et par rapport à des fonctions où ces différences ne sont pas pertinentes. Si l'un des critères de la compétence politique est le bon naturel, c'est-à-dire la bonne disposition à apprendre et à réfléchir, alors la différence physiologique entre l'homme et la femme est sans pertinence puisqu'elle n'a pas à

1. *Rép.* V, 453b2-456b10.

2. *Rép.* V, 453e2-4.

3. *Rép.* V, 455e1-2; même idée en 451e1-2 et 456a10-12. À l'inverse, les contemporains de Platon regardent cette infériorité comme une différence de nature : voir K.J. Dover, *op. cit.*, p. 99.

4. Voir N. Loraux, « Sur la race des femmes et quelques-unes des ses tribus », *Les Enfants d'Athéna. Idées athéniennes sur la citoyenneté et la division des sexes*, Paris, Le Seuil, 1981, p. 75-118.

5. La nature humaine : ἡ ἀνθρωπίνη φύσις, *Théét.* 149c1 ; ἀνθρωπίνῃ φύσει, *Tim.* 90c3.

6. *Rép.* V, 455d4.

7. *Rép.* V, 454b6-8. Voir aussi 454c7-d1 et le commentaire de M. Dixsaut, *Métamorphoses de la dialectique dans les Dialogues de Platon*, Paris, Vrin, 2001, p. 66-67.

intervenir dans l'exercice de cette compétence[1]. On ne saurait donc arguer de la différence de sexe pour écarter les femmes des fonctions ordinairement dévolues aux hommes, en particulier les fonctions politiques. Au contraire, elles peuvent y prétendre aussi puisque la différence de degré évoquée plus haut – « La nature des femmes est plus faible (ἀσθενέστερον) en toutes choses »[2] – ne constitue en soi le critère sélectif d'aucune fonction. Platon s'oppose ainsi nettement et explicitement à la répartition des tâches entre un pôle politique masculin et un pôle domestique féminin en vigueur à son époque et chez un auteur comme Xénophon : lorsque Socrate demande si « [les femelles des chiens de gardes] doivent demeurer à l'intérieur du foyer (ἔνδον οἰκουρεῖν), dans l'idée que mettre au monde et élever des chiots les rend incapables [des tâches des gardiens], alors que les mâles peineraient et prendraient tout le soin des troupeaux », Glaucon répond qu'elles doivent au contraire « tout accomplir en commun avec eux »[3].

Dans la *République*, la *polis* ne peut donc plus être pensée comme un lieu exclusivement masculin, du moins en ce qui concerne les occupations « relatives à l'administration de la cité », comme le précise Socrate à maintes reprises[4]. Pour le reste, il semble s'en remettre à l'expérience et à la tradition : en matière de tissage, de pâtisserie et de cuisine, les femmes montrent leur supériorité[5]. Cette remarque n'est pas tant le fruit d'un préjugé que la contrepartie de la délimitation de l'enquête : c'est la sélection des naturels aptes à la fonction de gardien qui intéresse ici Socrate, et donc « cela ne signifie pas que [les activités domestiques énumérées] soient [les] seules aptitudes naturelles [des femmes], et qu'on doive les cantonner à ces occupations »[6]. En effet, ce qui vaut pour l'administration de la cité dans la *République* est étendu à l'administration de l'*oikos* ou du *klèros* dans les *Lois* : sa bonne gestion ne repose pas sur une division des tâches fondée sur la distinction des sexes, comme chez Xénophon ou Aristote, mais sur un critère de compétence subordonné à une finalité politique : l'unité de la cité. En rupture avec l'infériorité politique dont la femme est victime à son

1. On a pu déduire de ce passage que Platon était féministe (voir G. Leroux, *op. cit.*, note 22, p. 622). Mais il ne s'accorde ni avec le féminisme qui affirme entre l'homme et la femme une différence absolue d'essence fondée sur la différence sexuelle, ni avec celui qui soutient une égalité totale entre l'homme et la femme.

2. *Rép.* V, 455e1-2.

3. *Rép.* V, 451d4-e1.

4. *Rép.* V, 454e1-4 ; 454e6-455a3, 455a9-b2, d6-7 ; 456a7-8.

5. *Rép.* V, 455c6-d1.

6. M. Dixsaut, *op. cit.*, p. 66.

époque[1], Platon étend donc à toutes les citoyennes les mesures éducatives qui étaient réservées aux seules gardiennes dans la *République*, afin de changer leurs dispositions à l'égard de la cité.

Anthropologie économique des femmes : obscures et possessives

Parmi les acteurs économiques, les femmes sont responsables selon Platon d'une bonne part des difficultés à édifier une cité une. Selon l'Athénien des *Lois*, leur *genos* est en effet « beaucoup plus dissimulateur (λαθραιότερον) et beaucoup plus artificieux (ἐπικλοπώτερον) » que celui des hommes[2]. Ces deux adjectifs disent une propension au secret, qui fait de la maison un lieu opaque, replié sur lui-même, et fermé à l'exigence de communauté appelée par la politique juste. Le premier terme et ceux de la même famille, formés autour du verbe λανθάνω, se retrouvent fréquemment chez Platon quand sont examinées les conditions de possibilité d'un acte juste. Ainsi dans la *République*, aux yeux de l'opinion et des poètes, l'acte injuste et invisible est le plus profitable pour celui qui le commet. À la demande de Glaucon et d'Adimante, Socrate essaye de faire voir ce que réalise la justice et l'injustice dans l'âme, indépendamment du regard social ou divin. Il parvient à la conclusion que l'injuste est le plus malheureux des hommes, qu'il agisse ou non à l'insu des dieux et des hommes. Et celui qui commet l'injustice en se cachant devient plus méchant encore, car il échappe à un châtiment censé l'amender[3]. Mais c'est évidemment le foyer, l'*oikia*, qui constitue le lieu le plus propice à ces actes injustes soustraits au regard public et qui, à ce titre, met en cause la « race des femmes »[4] dans le projet d'édification d'une cité vraiment une. L'Athénien des *Lois* évoque la difficulté, dont Sparte a fait l'expérience, d'instituer les repas en commun ou syssities pour les femmes[5], étant donné qu'elles « ont l'habitude de mener une vie retirée et obscure (δεδυκὸς καὶ σκοτεινόν) »[6]. C'est pourquoi il préconise des sanctions contre certains actes pour lesquels le

1. « Ainsi, toutes les instances imaginaires de la cité s'accordent à réduire tendanciellement la place faite à la femme dans la *polis* : la langue lui refuse un nom, les institutions la cantonnent dans la maternité, les représentations officielles lui retireraient volontiers jusqu'au titre de mère », N. Loraux, « Le Nom athénien. Structures imaginaires de la parenté à Athènes », *op. cit.*, p. 131.

2. *Lois* VI, 781a2-4.

3. Pour les emplois du verbe λανθάνω dans ce contexte, voir entre autres : *Rép.* I, 345a6 ; 348d8, et l'histoire de Gygès II, 361a3, 365c7-e1. Voir aussi *Rép.* III, 392b3 ; IX, 580c6 ; X, 591b2.

4. L'expression est d'Hésiode : *Catalogue des Femmes*, 1. Voir N. Loraux « Sur la race des femmes et quelques-unes des ses tribus », *op. cit.*, p. 75-118.

5. *Lois*, VIII, 839c2-d3.

6. *Lois* VI, 781c6.

foyer est un terrain de prédilection : ainsi de la sexualité incestueuse[1], ou encore de l'érection de sanctuaires et d'autels privés ou domestiques, qui semble être « une habitude, particulièrement chez les femmes [...] »[2]. Ces pratiques expriment et renforcent la réticence de l'*oikos* à toute forme de mise en commun.

Mais cette dissimulation n'est pas simplement une vie secrète ou un retrait hors de la vie publique, auquel cas les femmes et le foyer domestique ne seraient pas un obstacle sérieux à l'édification de la cité juste. Elle n'est pas non plus l'apanage des femmes, comme pourrait le laisser croire la citation des *Lois* donnée plus haut : qu'on se souvienne de ces timocrates qui, pour admirer en secret leurs richesses et jouir de plaisirs privés, se retranchent derrière les enceintes de leurs maisons[3]. Si Platon n'a de cesse de stigmatiser tout mouvement de repli vers l'*oikos*, de pointer la dissimulation féminine et de la soumettre à ses réformes politiques, c'est d'une part parce que ce mouvement est à son époque plus répandu et plus fort chez les femmes, et d'autre part parce qu'il est leur unique mode d'expression « politique » dans les cités mal constituées. Plus qu'un simple mode de vie, cette dissimulation consiste en effet à se soustraire au monde commun ou à ne l'envisager que comme une extension du monde privé. Soutenue par les ressources de l'intelligence féminine, par le caractère « artificieux » (ἐπίκλοπος) des femmes[4], cette dissimulation est une force antipolitique à la fois centrifuge et centripète. Force centrifuge lorsque les femmes cherchent à pénétrer le domaine politique par extension du monde de l'*oikos* où elles gouvernent, en incitant par exemple fils et maris à s'enrichir et à étendre l'*oikos* au détriment de la *polis* pour en retirer pour elles-mêmes une plus grande visibilité sociale. Ainsi procède l'épouse de l'homme vertueux : elle se répand en litanies sur son manque de richesses et de

1. *Lois* VIII, 837e9-838d2 (λάθρᾳ, 838b2 ; λαθραίως, 838c6).

2. *Lois* X, 909e3-910a1. On ne saurait néanmoins conclure de la part de Platon à une volonté absolue de transparence sur tous les plans : le secret est la condition de tolérance de certains actes, telles les pratiques sexuelles en vue du plaisir, qu'il serait impossible et sans doute dangereux d'interdire (*Lois* VIII, 841b1-2). De même, le secret et le mensonge sont indispensables de la part des gardiens dans l'organisation de la cité juste. Le noble mensonge (*Rép.* III, 414b8-415d5) réapparaît avec l'arrangement secret des mariages et le fait qu'on ne nourrira pas les enfants des hommes et des femmes les plus médiocres, sans que ces derniers le sachent (λανθάνειν, *Rép.* V, 459e2).

3. *Rép.* VIII, 548a5-b3.

4. *Lois* VI, 781a3-4. Cet adjectif est appliqué à Pandore par Hésiode *Les Travaux et les jours*, v. 67. L'adjectif est soit péjoratif (*Odyssée* XI, v. 364; *Iliade* XXII, v. 281; Théognis, *Élégies* 1, v. 965-966, où le terme est associé à κίβδηλος, « trompeur », et à κρύπτειν, « dissimuler »; Eschyle, *Euménides*, v. 149-164), soit laudatif : *Odyssée* XIII, v. 291 ou XXI, v. 397.

reconnaissance sociale[1]. Force centripète en ce que cette extension doit renforcer leur propre pouvoir dans l'*oikos*, comme dans l'espoir de gouverner la cité depuis leur réclusion domestique. La dissimulation rusée des femmes, renforcée par la complicité d'autres acteurs domestiques, notamment les esclaves qui dénigrent en secret l'homme de bien auprès de son fils[2], font de l'*oikos* le lieu d'un pouvoir occulte par quoi l'économie tend à s'émanciper de la politique et à se la subordonner. L'éducation des femmes est donc nécessaire pour que ce rapport tende à s'inverser. Il faut, d'une manière ou d'une autre, soit les faire sortir de l'*oikos* comme y invite la *République*, soit faire entrer les principes de la *polis* droite dans l'*oikos* lui-même comme le préconisent les *Lois*.

*Faire sortir les femmes de l'*oikos, *faire entrer la* polis *droite dans l'*oikos

Dans la *République*, on l'a vu, les futures gardiennes devront accomplir les mêmes exercices et les mêmes fonctions que les hommes. Pour cela, elles ne pourront plus « demeurer à l'intérieur de la maison (ἔνδον οἰκουρεῖν) »[3] : elles devront au contraire en sortir. Cette sortie s'accompagne d'un transfert des sentiments féminins, notamment maternels, au plan politique. L'extension des liens de parenté à tous les membres du groupe des gardiens permet en effet d'écarter en particulier le caractère exclusif et possessif des sentiments de la mère prévalant dans l'*oikos* : le fils n'est plus un individu mais toute une génération[4]. Indissociable du mode de vie collectif, cette « politisation » du désir maternel, et plus généralement des rapports de parenté chez les gardiens, procède par la désindividualisation de la parenté et des sentiments qui l'accompagnent au profit d'une parenté élargie. C'est pourquoi « aucun parent ne doit savoir qui est sa progéniture, ni un enfant son parent », et à propos des mères en particulier, il faudra « employer toutes sortes de stratagèmes pour faire en sorte qu'aucune ne reconnaisse son enfant »[5]. Ce projet n'a pas pour but d'abolir les attaches affectives mais de les rendre communes : « Ce que nos citoyens posséderont le plus en commun, c'est cela même qu'ils désigneront comme "ce qui est à moi". Et c'est bien en possédant cela en commun qu'ils auront une parfaite communauté de peine et de plaisir[6]. » Il ne s'agit donc pas de

1. *Rép.* VIII, 549c8-e1.
2. *Rép.* VIII, 549e3-550a1.
3. *Rép.* V, 451d6-7.
4. *Rép.* V, 461d2-e2 et 463c3-7.
5. *Rép.* V, 457d2-3 et 460c9-d1.
6. *Rép.* V, 464a4-6.

supprimer la parenté « réelle » pour lui en substituer une conventionnelle, ce qui serait sous-entendre qu'il n'y a de parenté « réelle » que biologique[1]. Il s'agit de montrer au contraire que toutes les parentés sont réelles en ce qu'elle suscitent des sentiments d'attachement, que les structures de la parenté sont conventionnelles et que certaines sont plus propices à l'unité politique que d'autres. L'*oikos* ne saurait donc avoir le monopole de la parenté. Chez les gardiens de la cité juste, la parenté n'est plus domestique, et en ce sens économique : elle est politique et bien réelle aussi[2].

Platon est beaucoup plus discret sur le mode de vie des producteurs. On peut néanmoins discerner quelques mesures qui, tout en visant le même objectif, procèdent en sens inverse de la tendance préconisée pour les gardiennes : tandis que Socrate et ses interlocuteurs font sortir ces dernières de l'*oikos* pour les faire entrer dans la sphère de la *polis*, ils font entrer les décisions concernant l'organisation de la cité droite dans l'*oikos* où sont supposés vivre les producteurs et les productrices. Au livre II, il faut par exemple que les mères renoncent aux fables qui rendent leurs enfants plus peureux, et ne leur racontent désormais que des histoires qui répondent aux critères retenus pour l'édification de la cité juste[3]. Les mères évoquées dans ce passage ne sont pas nécessairement les seules gardiennes, il peut s'agir de toutes les mères vivant dans la cité. Mais pour voir ce mouvement de politisation de l'*oikos* clairement étendu à la cité tout entière, il faut se tourner vers le dernier dialogue de Platon.

Cette politisation de la sphère domestique caractérise en effet de manière plus systématique l'architecture de la cité des *Lois*, dans la mesure où l'institution du *klèros* est l'instrument socio-économique forgé pour garantir l'unité politique de la cité. Toute la cité des Magnètes repose sur la commune éducation des citoyens et des citoyennes. De nombreux passages soulignent les raisons essentiellement politiques de cette mesure : comment ne pas voir que la cité disposerait d'une force deux fois plus grande pour se conserver politiquement si les femmes y bénéficiaient de la même éducation que les hommes[4] ? Se priver d'une telle mesure, ce serait s'arrêter à mi-chemin dans la conquête du bonheur politique[5]. Ce serait également se priver d'un contingent défensif en cas de d'agression de la cité par une cité ennemie[6]. C'est pourquoi l'Athénien critique ouvertement toutes les

1. Contrairement à ce que soutient G. Leroux, *op. cit.*, note 60, p. 630.
2. Contrairement à ce que dit M. Piérart, *op. cit.*, p. 71.
3. *Rép.* II, 381e1-7.
4. *Lois* VII, 805a3-b2
5. *Lois* VII, 806c3-7.
6. *Lois* VII, 813e3-c1.

pratiques qui confinent la femme citoyenne dans la sphère de l'économie, comme les Thraces qui utilisent leurs femmes pour « travailler la terre, mener paître les bœufs, être bergères, bref servir d'une façon qui ne les différencie pas des esclaves »[1]. Les pratiques athéniennes ne valent guère mieux aux yeux de l'Athénien : « En une demeure unique, nous rassemblons, comme on dit, tout ce que nous possédons, confiant aux femmes le soin d'en surveiller l'entretien, de diriger le tissage et le travail de la laine[2]. » Même les exercices de gymnastique pratiqués par les jeunes Lacédémoniennes ne sont qu'une demi-mesure inefficace, puisque toute leur vie de femme est consacrée aux travaux domestiques : elles ne sauraient donc assister leurs époux dans la bataille ni faire preuve de courage face à l'ennemi[3]. Comme le montrent les exemples thraces et athéniens, que les femmes travaillent à l'extérieur ou à l'intérieur de la maison ne change donc rien à leur statut, puisque dans les deux cas elles ne sont que des instruments économiques.

Afin de garantir leur participation à la vie politique, l'Athénien préconise donc les mêmes exercices physiques pour les jeunes filles et les femmes citoyennes que ceux des jeunes gens et des citoyens, qu'il s'agisse de l'équitation et de la gymnastique[4], ou de la danse, du combat et du maniement des armes et de tout ce qui a rapport à la guerre[5]. Outre ces arguments politiques, il s'agit d'éviter aussi d'entretenir la *truphè* des femmes, dont les terribles ravages domestiques, on l'a vu, ne peuvent manquer de se répercuter sur l'éducation des enfants, et par conséquent sur la vie de la cité[6]. Mais pour qu'elles portent leurs fruits, cette éducation et cette politisation doivent se greffer sur le principe fondamental de la rénovation que Platon fait subir à la cité : celui qu'il est convenu d'appeler le principe de « la fonction propre ».

1. *Lois* VII, 805d8-e2.
2. *Lois* VII, 805e4-7.
3. *Lois* VII, 805e7-806c1.
4. *Lois* VII, 804d6-e4.
5. *Lois* VII, 813e3-814c5.
6. *Lois* VII, 806c4. G.R. Morrow voit bien l'importance du transfert des principes de l'éducation de l'*oikos* vers la *polis*, *op. cit.*, p. 130-131. Mais il ne perçoit pas que ce transfert se fait aussi contre l'éducation dont les femmes sont le vecteur dans l'Athènes de cette époque. Sur l'influence de Sparte sur cet aspect de la cité de Platon, voir « La Sparte de Platon », E. Lévy, *Ktèma*, N°30, 2005, p. 217-236.

La fonction propre : un principe économique et politique de mise en commun ?

Le principe de la fonction propre (οἰκειοπραγία)[1] ou le fait de s'occuper de ses propres affaires (τὰ αὑτοῦ πράττειν)[2] est présenté à partir de la naissance de la cité au livre II de la *République* comme l'attribution d'une fonction à un individu ou à un type d'individu en vertu d'une adéquation naturelle. On a vu au premier chapitre qu'il ne pouvait être assimilé à la division moderne du travail, mais qu'il était un principe économique destiné à rendre l'économie efficace, et surtout un principe politique destiné à réserver la direction de la cité à ceux qui en sont capables. Le respect de ce principe est donc impératif pour édifier la cité juste et une, et pour éviter la dispersion dans des activités différentes (πολυπραγμοσύνη) notamment en combinant activités économiques et responsabilités politiques.

Reste toutefois une difficulté. Hormis le *Charmide* où ce principe est avancé comme troisième définition de la modération ou de la sagesse (σωφροσύνη), il apparaît toujours dans des contextes relatifs à la justice, dont il est la définition dans la *République*[3]. Or comment bâtir une cité une et juste si chacun n'y fait que ce pourquoi il est fait ? Le principe de la fonction propre n'encourage-t-il pas plutôt la recherche de l'*idion* que celle du *koinon*, alors même qu'il est présenté comme l'une des conditions essentielles de l'unité de la cité ? Ne fait-il pas le jeu de l'économie au détriment de la politique ? L'οἰκειοπραγία vantée dans la *République* n'est-elle donc pas en définitive synonyme de l'ἰδιοπραγία condamnée dans les *Lois*[4] ? L'examen de ce principe s'impose donc : il apparaît dans l'*Alcibiade*[5], le *Charmide*, la *République* et les *Lois*.

1. *Rép.* IV, 434c8.

2. *Apol.* 33a6-7 ; *Gorg.* 526c3-4 ; *Rép.* II, 370a4 ; III, 400e6 ; 406e2 ; IV, 433a8 ; b4 ; d9 ; 434c9 ; 441e2 ; 442b1 ; 443b2 ; V, 452c5 ; 453b5 ; c4-5 ; VI, 496d6 ; VIII, 550a2 ; IX, 586e5-6. L'expression apparaît dans une Lettre sans doute inauthentique (*L.* IX, 357e6). Pour l'emploi de l'expression au ve siècle, voir Xén. *Mem.* II, 9, 1-2 ; Lysias *Or.* 19 18.4 ; 26 4.1. Le TLG n'en recense aucune occurrence avant le ve siècle. Voir Isoc. *Ant.* 137.7 ; Antiphon Orat. *Caed. Her.* 61.5.

3. *Rép.* IV, 433a8-b1 ; 433e12-434a2.

4. *Lois* IX, 875b7. Ces deux hapax des Dialogues sont manifestement forgés par Platon, aucune occurrence n'étant mentionnée dans le TLG avant lui. On trouve ἰδιοποιήσασθαι chez Ésope dans la fable « Le Chevrier et les chèvres sauvages » (2.6.1.7) avec le sens de « s'approprier ». οἰκειοπραγία ne réapparait que chez Plotin (*En.* 1.2.1.20 ; 1.2.6.20 ; 1.2.6.21 ; 1.2.7.5) et Porphyre (8.32.13 ; 8.32.58 ; 8.32.68.).

5. Sur l'authenticité controversée de ce dialogue, voir l'Annexe 1 à la traduction de J.-F. Pradeau et C. Marbœuf, Paris, Flammarion, 1999, p. 219-220. Je le considère comme authentique.

L'*Alcibiade* : ta hautou prattein *est la justice*

L'*Alcibiade* soulève plus de difficultés qu'il n'apporte de solutions pour comprendre le principe de la fonction propre. Ces difficultés ont toutefois le mérite de mettre en cause la pertinence politique de ce principe.

Les ambitions politiques d'Alcibiade l'amènent à concevoir l'art politique comme l'art de commander à des hommes unis par l'amitié[1]. Or d'où peuvent venir l'amitié et la justice entre l'homme qui accomplit sa fonction d'hoplite et la femme appliquant sa technique de tissage, c'est-à-dire si chacun exerce sa fonction propre[2]? Bien qu'il perçoive la contradiction, Alcibiade n'en démord pas : le principe de la fonction propre instaure la justice et l'amitié[3]. La difficulté est bien celle que nous évoquions : comment unifier la cité à partir d'un principe qui semble plutôt y introduire de la division ?

L'*Alcibiade* tente de surmonter cette difficulté en proposant une conception bien précise de ce principe. En distinguant les techniques prenant soin de ce qui se rapporte à nous et celles qui prennent soin de nous et de ce qui nous est propre, Socrate procède à une première extension de ce principe, de sorte que son application prenne en compte les autres individus : la gymnastique est invoquée pour le soin du pied, puis pour le soin du corps en général, et pour celui de la main[4]. Avec une seule et même technique, il est donc possible de prendre soin de plusieurs parties du corps, et même du corps en général, même si les mouvements à exercer sont particuliers à chaque partie du corps. Cette analogie procurerait donc un modèle pour concevoir le principe de la fonction propre : en l'exerçant, chacun agirait en même temps dans l'horizon commun de la cité. Les interlocuteurs partent alors à la recherche de l'art par lequel on prend soin de soi-même et de ce qui nous est propre[5].

Pour trouver cet art, Socrate souligne la nécessité préalable d'en connaître l'objet : pour savoir quel art permet de prendre soin de soi-même et de s'améliorer, encore faut-il se connaître soi-même[6]. Or Socrate et Alcibiade semblent dénier aux artisans en tous genres la possibilité de se connaître eux-mêmes[7], ce qui entraîne deux difficultés : comment les artisans peuvent-il prendre soin d'eux-mêmes et par là de la cité,

1. *Alc.* 126c1-3.
2. *Alc.* 126e2-127b4.
3. *Alc.* 127b7.
4. *Alc.* 128c5-8 ; c12-15.
5. *Alc.* 128d8-11.
6. *Alc.* 128e10-11.
7. *Alc.* 131a2-b3.

c'est-à-dire mettre en œuvre le principe de la fonction propre tel que l'analogie avec la gymnastique a permis de l'expliciter, s'ils sont privés de la connaissance d'eux-mêmes ? Et ce principe étant étendu à *tous* les membres de la cité juste dans la *République* et les *Lois*, comment rendre compte de cette divergence entre l'*Alcibiade* et ces deux autres dialogues ?

D'après Socrate et Alcibiade, les artisans en effet ne semblent pouvoir se connaître eux-mêmes. Dans un premier temps, après avoir distingué ce qui est soi-même, à savoir l'âme, de ce qui est à soi-même ou ce qui nous est propre, le corps, et de ce qui est propre à ce qui nous est propre ou à ce qui est à soi-même, c'est-à-dire tout ce dont notre corps a besoin, Socrate et Alcibiade tombent d'accord sur le fait que le médecin et le maître de gymnastique ne peuvent se connaître eux-mêmes « en tant qu'ils (καθ' ὅσον) sont médecins, […], en tant qu'ils (καθ' ὅσον) sont maîtres de gymnastique »[1], car ces arts ne portent que sur ce qui est à nous. Reste donc ouverte la possibilité qu'ils se connaissent eux-mêmes en usant d'une autre connaissance que la médecine et la gymnastique[2]. Ce qui vaut pour le médecin et le maître de gymnastique vaut à plus forte raison pour les autres artisans dont les pratiques ne portent ni sur eux-mêmes ni sur ce qui leur est propre ou est à eux, mais sur ce qui est propre à ce qui leur est propre[3]. Les artisans ne se connaissent donc pas eux-mêmes et peut-être pas non plus ce qui leur est propre tant qu'on les envisage en tant que praticiens spécialisés. C'est ce que semble vouloir dire cette déclaration de Socrate : « car les choses qui leur sont propres, ils ne semblent même pas les connaître ; et ils sont encore plus éloignés des choses qui leur sont propres, *en tant qu'ils exercent leurs métiers du moins* (οὐδὲ γὰρ τὰ ἑαυτῶν οὗτοί γε, ὡς ἔοικεν, ἀλλ' ἔτι πορρωτέρω τῶν ἑαυτῶν κατά γε τὰς τέχνας ἃς ἔχουσιν)[4]. » Mais rien n'exclurait qu'en tant qu'hommes, ils se connaissent eux-mêmes.

Or cette possibilité semble définitivement abandonnée, si l'on en juge par la suite du dialogue : « C'est pour cette raison que ces arts (τέχναι) sont des métiers d'ouvriers (βάναυσοι) et qu'un homme de bien n'a pas à les apprendre[5]. » La possibilité ménagée en droit semble impossible en fait : le type de métier déterminerait le rapport à soi-même et à la connaissance de soi, et l'emploi du terme péjoratif βάναυσοι irait dans ce sens[6]. Certes, à

1. *Alc.* 131a5-8.

2. En traduisant καθ' ὅσον par « du fait que », J.-F. Pradeau et C. Marbœuf risquent de faire entendre un sens causal trop fort qui ferme d'emblée la possibilité que nous évoquons, et qui ne correspond pas au sens de κατὰ. Voir LSJ *s.v.* B. IV. 1 et 2.

3. *Alc.* 131a9-b2.

4. *Alc.* 131a10-b1. Je souligne.

5. *Alc.* 131b7-8.

6. Respectivement : *Alc.* 131b7 ; 131a9-10.

force d'habitude, le métier peut infléchir la qualité de l'âme et sa capacité à se connaître elle-même, mais à l'inverse, le métier, ou plutôt le type de métier, est aussi pensé par Platon comme l'effet et le signe du rapport qu'une âme entretient avec elle-même, et donc comme une sorte d'indice de la connaissance qu'elle peut avoir d'elle-même. Dans la *République* en effet, ce n'est pas tant le métier qui détermine la nature d'une âme que l'inverse. Le métier ne ferait donc que renforcer une tendance naturelle. Dans ce cas, il n'y aurait presque aucune possibilité de se connaître soi-même pour le médecin, l'artisan ou l'agriculteur. Toutefois rien n'exclut que dans l'*Alcibiade*, Socrate conçoive l'âme et son degré de connaissance d'elle-même comme un effet du métier, sans faire appel à des déterminations naturelles préalables, d'autant que Socrate ne cherche pas dans ce dialogue à savoir comment se détermine ce qui nous est propre : il constate seulement que le métier y joue un rôle important.

Quoi qu'il en soit, l'*Alcibiade* laisse finalement sans réponses les deux difficultés suivantes. Premièrement, si les artisans ne peuvent se connaître eux-mêmes, comment peuvent-ils respecter le principe de la fonction propre, et comment fonder alors une cité juste ? Si le respect du principe de la fonction propre dépend de la connaissance de soi, la persuasion et la force devront sans doute pallier cette déficience chez une bonne part des citoyens. Deuxièmement, en quoi faire ce qui est nôtre est-il juste et donc propice à l'unité de la cité ? Dans l'*Alcibiade*, on apprend seulement que faire ce qui nous est propre est juste, et que la sagesse (*sôphrosunè*) consiste à se connaître soi-même[1] : mais en quoi la sagesse est-elle condition de la justice et comment s'acquiert-elle ?

Le *Charmide* : ta hautou prattein *est la sagesse*

Dans l'*Alcibiade*, *ta heautou prattein* définit la justice, et se connaître soi-même la sagesse (*sôphrosunè*). Or dans le *Charmide*, *ta hautou prattein* constitue la troisième définition de la sagesse[2]. Ce transfert s'explique soit par l'inauthenticité de l'*Alcibiade* (ou bien justifie son inauthenticité), soit par le fait que la sagesse consiste uniquement en un rapport à soi tandis que la justice est un rapport à soi impliquant un rapport aux autres : il paraît donc logique que pour définir la sagesse, il faille d'abord s'interroger sur ce qui est sien. La difficulté relevée dans l'*Alcibiade* concernant l'articulation du principe de la fonction propre et de la possibilité de la cité juste serait ainsi mise entre parenthèses, sans être éliminée pour autant : car même s'il rejette

1. *Alc.* 127c5-7 ; 131b4-6 ; 131b4-5 ; 133c18-20.
2. *Charm.* 161b3-162b11, 161b6 en particulier.

une acception très étroite de *ta hautou prattein*, le *Charmide* n'apporte aucune solution à cette difficulté.

Tout en reconnaissant qu'ils n'ont examiné le principe de la fonction propre qu'en un sens bien déterminé et qui n'exclut donc pas d'autres hypothèses, Socrate et Charmide rejettent à l'aide de deux contre-exemples cette troisième définition de la sagesse comprise au sens très étroit où chacun ferait uniquement pour et par lui-même chacun des actes qu'il entreprendrait. C'est moins le rapport de *ta hautou prattein* avec la sagesse qui nous intéresse ici que le sens que les interlocuteurs donnent à ce principe. C'est *ta hautou* qui est au centre du premier contre-exemple : le maître d'école ne se borne pas à lire ou à écrire son propre nom, pas plus que ses élèves n'apprennent à lire et écrire seulement leur nom. Ils apprennent à écrire aussi le nom de leurs amis et de leurs ennemis[1]. Lire ou écrire son propre nom implique une compétence générale qui peut avoir pour objet autre chose que moi-même, y compris ce qui me semble le plus éloigné de moi-même comme mes ennemis. Le second contre-exemple se penche sur le verbe *prattein*, qui évoque les arts pratico-productifs ou les métiers. Socrate demande à Charmide :

> Une cité serait-elle bien administrée, à ton avis, si la loi ordonnait à chacun de tisser et de laver son propre vêtement, de tailler le cuir de ses sandales, de fabriquer son lécythe, son racloir et, conformément au même principe, tous les autres objets, bref, de ne pas toucher aux affaires d'autrui mais que chacun réalise et fasse ses propres affaires (τὰ δὲ ἑαυτοῦ ἕκαστον ἐργάζεσθαί τε καὶ πράττειν)[2] ?

« À mon avis, non » répond Charmide. Socrate donne ici à *ta hautou prattein* le sens de faire individuellement, c'est-à-dire pour et par soi-même, ce dont chacun a besoin individuellement. Cette autarcie individuelle exigerait de chacun l'improbable polytechnie d'un Hippias[3], que les interlocuteurs jugent ici peu probable et politiquement peu souhaitable car elle replierait les individus sur eux-mêmes. En même temps, Socrate et Charmide reconnaissent que lire le nom des autres et produire pour les autres ne signifie pas devenir « un touche-à-tout » (ἐπολυπραγμονεῖτε)[4]. Ce passage laisse donc supposer que quelque chose relevant du commun pourrait avoir sa place dans *ta hautou prattein*, et qu'il n'est pas souhaitable politiquement de donner à ce principe un sens trop étroit. Il faut donc le

1. *Charm.* 161d3-e5.
2. *Charm.* 161e6-162a3.
3. *Hipp. Min.* 368a7-e1.
4. *Charm.* 161d11-e2.

concevoir autrement, et mieux analyser ce possible rapport entre ce qui est propre à chacun et ce qui est commun. C'est ce que fait la *République*.

La *République : deux sens de* ta hautou prattein

C'est dans la *République* que les occurrences de *ta hautou prattein* sont les plus nombreuses, et qu'on peut y percevoir les deux sens que Platon lui donne. Comme dans le *Charmide*, il rejette le sens d'autarcie individuelle que ce principe pourrait avoir, et comme dans l'*Alcibiade*, il le rapporte à la justice. En d'autres termes, la *République* fait passer ce principe d'une portée strictement individuelle et antipolitique – faire ses propres affaires – à une portée politique – exercer sa fonction propre dans un ensemble commun – chacune de ces deux conceptions impliquant une économie spécifique.

Socrate et ses interlocuteurs commencent par mettre à l'écart la signification individuelle et antipolitique de *ta hautou prattein*. Lors de l'examen de la naissance de la cité au livre II, *ta hautou prattein* apparaît dans une alternative à laquelle Socrate confronte Adimante en ce qui concerne la répartition des métiers dans la cité : faut-il mettre en commun le produit de son travail ou « faire soi-même par soi-même ses propres biens (αὐτὸν δι' αὑτὸν τὰ αὑτοῦ πράττειν) »[1] ? Dans ce passage, *ta hautou* ne désigne pas la fonction ou l'activité propre à chaque individu en vertu d'une correspondance naturelle établie par les épreuves éducatives de la cité juste, mais les objets dont on a besoin pour survivre. Platon évoque ici l'hypothèse où chaque individu fabriquerait par lui-même tout ce dont il a besoin, ce qu'indique la précision δι' αὑτὸν. Au lieu de se livrer à une seule et unique tâche, il se livrerait donc à plusieurs, ce que la suite va récuser comme inefficace, comme dans le *Charmide*. Traduire par le singulier en supposant que Socrate évoque déjà ici « la tâche qui est la sienne »[2] revient à manquer l'enjeu de ce passage, qui consiste précisément à infléchir le sens de cette expression : elle désigne d'abord une production par chacun de ce dont il a besoin, puis, suite aux arguments de Socrate, l'accomplissement de l'activité propre dans le cadre de la répartition des fonctions au nom du monde commun de la cité. Deux éléments le prouvent. Après l'énoncé des besoins les plus importants en 369d6-9 (la nourriture, le logement, l'habillement), la question est de savoir comment les satisfaire :

1. *Rép.* II, 370a3-4.

2. Comme le fait G. Leroux : « il exerce sa propre activité ». Les traductions suivantes sont plus fidèles : « qu'il fasse [...] les choses qui sont siennes » (L. Robin); « lui-même se soucie pour lui-même de ses propres affaires » (P. Pachet); « *attend himself to all his concerns* » (F.M. Cornford).

il n'est pas d'autre choix que de faire de l'un un maçon, d'un autre un agriculteur, d'un autre encore un tisserand. Ce passage prépare certes l'attribution d'une fonction unique à chaque individu, mais ce n'est pas encore son objet à proprement parler : il s'agit plutôt de désigner les fonctions nécessaires à l'apparition de la cité, la manière de les répartir n'étant examinée qu'ensuite. De plus, dans cette seconde branche de l'alternative proposée par Socrate, la notion d'activité ou de tâche propre n'aurait aucun sens puisque chacun serait obligé d'être à la fois cultivateur, tisserand, maçon et cordonnier.

Une fois écarté le sens étroit, reste donc à découvrir ce qui justifie malgré tout l'adoption de *ta hautou prattein* pour la bonne administration de la cité. En effet, lorsque « τὰ αὑτοῦ πράττειν se produit d'une certaine manière (τρόπον τινά) », nous sommes en présence de la justice[1]. Mais de « quelle manière » s'agit-il ? La signification politique de ce principe a déjà été évoquée au premier chapitre à propos du livre II de la *République*, contre l'interprétation qui y voit une première formulation de la division du travail. Mais encore faut-il comprendre comment Socrate et ses interlocuteurs donnent à ce principe sa portée politique et économique inédite.

Certes, *ta hautou prattein* désigne encore parfois dans la *République* soit l'activité principale d'un individu dans une cité empirique, comme ce charpentier malade qui « retourne à ses affaires » après sa consultation médicale[2], soit la manifestation de l'état d'esprit ou de la valeur morale qui domine en quelqu'un, comme ces plaisantins qui « feraient ce qui leur est propre » en se moquant des nouveautés éducatives préconisées par Socrate[3]. Mais le plus souvent, il est présenté comme le principe architectonique de la cité juste, dans la *République* comme dans les *Lois*. Par exemple, il est à la fois la condition de possibilité et le résultat de l'éducation des gardiens, qui « doivent se mettre en quête [des qualités morales et intellectuelles] s'ils doivent exercer leur activité propre (τὸ αὑτῶν πράττειν) »[4], et au livre VIII, l'homme timocratique, fils de l'homme aristocratique, voit « que ceux qui se soucient de leurs propres affaires (τοὺς μὲν τὰ αὑτῶν πράττοντας) dans la cité, on les nomme des sots, tandis que ceux qui se soucient d'affaires qui ne sont pas les leurs (τοὺς δὲ

1. *Rép.* IV, 433b3-4.

2. *Rép.* III, 406d1-e3 (τὰ ἑαυτοῦ πράττων, 406e2).

3. *Rép.* V, 452b6-c6 (τὰ αὑτῶν πράττειν, 452c5). Peut-être y a-t-il dans ce passage une allusion à Aristophane. Voir G. Leroux *op. cit.*, note 17, p. 622. Cf. τὸ ἑαυτοῦ ἐπιτήδευμα à propos de l'homme juste et de l'homme injuste, *Rép.* II, 360e6.

4. *Rép.* III, 400e5-6.

μὴ τὰ αὑτῶν) sont estimés et loués »[1]. Ce renversement de la valeur du principe dans cette cité va en précipiter la chute.

Entre les cités empiriques et la cité juste, la nature du rapport entre la tâche et l'individu change. Faire ce qui est sien dans la cité juste, ce n'est plus le faire en vertu d'une attirance subjective, changeante, et contre-nature lorsque l'individu n'a pas la compétence et le caractère requis, comme dans les cités empiriques ; c'est faire uniquement ce qui correspond le mieux à sa nature ou à son naturel en vertu d'une adéquation objective. Après l'argument de la facilité et de la qualité de l'ouvrage, Socrate justifie en effet l'adoption de ce principe par la naturalité de la correspondance entre un individu et la tâche qui lui convient[2], et cette correspondance forme la clé de voûte de toute la cité juste. Elle est invoquée au moment de la première vague, pour disqualifier la répartition traditionnelle des fonctions selon le sexe, et permettre aux femmes d'être gardiennes : Socrate rappelle alors qu'au livre II, il a admis avec Glaucon que « chacun doit s'occuper uniquement de ce qui lui revient selon sa nature (κατὰ φύσιν ἕκαστον ἕνα ἓν τὸ αὑτοῦ πράττειν) »[3]. Cette correspondance naturelle entre un élément et sa tâche vaut aussi à propos des parties de l'âme dont l'action conjointe, si chacune accomplit sa fonction propre, réalise la justice dans l'individu : « c'est dans la mesure où chacun des [éléments] qui nous constitue remplit la tâche qui lui est propre (τὰ αὑτοῦ ἕκαστον τῶν ἐν αὐτῷ πράττῃ) que chacun de nous sera juste et remplira la tâche qui lui est propre (τὰ αὑτοῦ πράττων)[4]. » Dans le *Timée*, Socrate rappelle que « conformément à la nature (κατὰ φύσιν), [lui et ses interlocuteurs] ont attribué à chaque citoyen une tâche et une seule (μόνον ἐπιτήδευμα), celle qui lui était appropriée »[5]. Et dans ce même dialogue, le prêtre égyptien consulté par Solon raconte que les fonctions étaient rigoureusement séparées dans l'Athènes d'il y a 9000 ans, comme elles le sont aujourd'hui dans son pays : « En premier lieu le groupe des prêtres s'y trouve à part, séparé des autres. Puis vient le groupe des artisans (τῶν δημιουργῶν), chaque espèce d'artisan exerce son métier séparément, sans se mêler à aucune autre, le groupe des bergers, celui des chasseurs, celui des paysans. Pour sa part, le groupe des guerriers [...] se trouve ici séparé de tous les autres groupes, la loi prescrivant à ses membres de ne s'occuper de

1. *Rép.* VIII, 550a2-4.
2. *Rép.* II, 370a7-b3.
3. *Rép.* V, 453b5.
4. *Rép.* IV, 441d12-e2 ; voir aussi 442b1 ; 443b2.
5. *Tim.* 17c10-18a2 ;

rien d'autre que de ce qui concerne la guerre[1]. » Même si la correspondance naturelle n'est pas explicitement évoquée dans ces propos, l'allusion au principe *ta hautou prattein* est trop évidente pour être contestée. Le *Critias* apporte un argument en ce sens, en rappelant lui aussi que l'Ancienne Athènes comportait « de véritables agriculteurs, c'est-à-dire des agriculteurs qui ne faisaient rien d'autre [...], qui étaient naturellement doués pour cette tâche (εὐφυῶν) »[2]. Enfin dans les *Lois*, l'interdiction d'exercer deux métiers est justifiée par le fait qu'« il n'y a presque aucun naturel (οὐδεμία φύσις) capable de s'appliquer parfaitement à deux arts ou à deux occupations »[3]. Et tandis que la *République* insiste principalement sur la nécessité de ne pas confondre les *types* ou les *espèces* de fonctions, et néglige comme peu important l'échange des métiers au sein d'une même classe, les *Lois* interdisent cette substitution entre métiers[4]. Ce n'est pas qu'elles soient plus radicales que la *République*. C'est que la citoyenneté y est un métier à part entière, dont l'un des aspects est l'administration d'un lot. Si donc les esclaves et les étrangers sont eux aussi soumis à ce principe, c'est pour qu'ils n'introduisent pas cette duplicité dans l'esprit des citoyens.

Dans tous ces passages, *ta hautou prattein* ne désigne donc plus la production par chacun de ce dont il a besoin, mais l'exercice d'une fonction individuelle déterminée, qui correspond naturellement à l'ordre requis par la cité juste. Mais comment établir cette correspondance ? À cette question, l'*Alcibiade* répond en invoquant le « connais-toi toi-même »[5], plus énigmatique que vraiment satisfaisant. Dans la *République*, c'est le concept d'*oikeiopragia* qui donne un sens politique à la détermination de la correspondance naturelle entre un individu et sa tâche. L'unique occurrence de ce terme dans les Dialogues n'affaiblit en rien son lien avec *ta hautou prattein*[6]. La question du caractère proche (οἰκεῖον) ou étranger (ἀλλότριον) du lien entre deux éléments parcourt en effet l'ensemble de la *République*[7]. Que gagne donc Platon à passer de la détermination directe

1. *Tim.* 24a2-b3
2. *Crit.* 111e1-3.
3. *Lois* VIII, 846d7-8.
4. *Rép.* IV, 420e8-421a8 ; 434a3-b8 ; *Lois* VIII, 846d1-3 ; 846e2-b2.
5. *Alc.* 124a8-b1 *sq.*
6. *Rép.* IV, 434c8.
7. Entre autres : Céphale invite Socrate à le considérer lui et ses hôtes comme des proches (οἰκείους, *Rép.* I, 328d6). Selon Thrasymaque, l'homme juste ruine ses affaires propres (οἰκεία, 343c4), et perd l'affection de ses proches (τοῖς τε οἰκείοις, 343e3-5). Dans un autre contexte : l'excellence propre (τὴν οἰκείαν ἀρετήν) d'un organe (353c1). Les gardiens doivent être doux envers leurs proches (τοὺς οἰκείους, II, 375c1), et discerner ce qui leur est proche (τό οἰκεῖον) de ce qui leur est étranger (τὸ ἀλλότριον, *Rép.* II, 376b6 ; voir aussi c1, et

de *ta hautou* à l'élucidation d'une relation de « proximité », d'« apparentement » ou de « familiarité » entre un naturel et une fonction ? Ne se contente-t-il pas de déplacer la difficulté au lieu de la résoudre ?

La médiation par l'*oikeiopragia* offre l'avantage de mettre en avant le caractère relationnel du rapport entre l'individu et l'activité qu'il exerce, de souligner, comme dirait Spinoza, leur rapport de convenance. Loin d'être donnée, une fonction ou une tâche échoit en général à un individu en partie en fonction des relations de toutes sortes dans lesquelles il est pris : l'influence familiale, ses fréquentations, la qualité de son éducation et de son éducateur, la nature des dirigeants de sa cité. L'existence d'un désir naturel portant un individu vers un type d'activité n'exclut donc pas une influence du milieu familial et politique. Loin d'être à lui-même le propre déterminant de sa fonction ou de son activité principale, l'individu la doit en partie à un réseau de relations. Elle n'est pas sienne de toute éternité : il se l'est en réalité appropriée sans forcément s'en rendre compte. En passant de *ta hautou prattein* à l'*oikeiopragia*, Platon dévoile ce qui, sous l'apparence d'une donnée immédiate et sur la base d'une tendance spontanée, est en partie « construit » dans l'individu.

N'est vraiment *oikeion* que ce qui est véritablement approprié à une âme ou à ses parties, et non ce que le hasard leur fait chercher : « le bien suprême de chaque chose est ce qui lui est le plus propre (οἰκειότατον) »[1], ce qui lui permet d'exercer sa fonction propre. Or l'individu peut se tromper dans le choix de ce qui lui est approprié, tout comme les parties appétitives de l'âme se trompent sur ce qui leur est le plus approprié si elles ne sont pas guidées par la vérité et soumises à la pensée[2]. En d'autres termes, sans éducation, l'âme manque ce qui lui est *oikeion*[3]. Concevoir une relation de proximité ou d'apparentement entre l'individu et sa fonction suppose donc de déterminer des critères pour établir les bonnes correspondances et écarter les mauvaises. À l'échelle d'une société, ces critères ne peuvent être que politiques dans leurs principes : dans la cité juste, il s'agira notamment des critères éducatifs conçus par le philosophe pour garantir son unité.

V, 470b6 ; b8 ; c2, où l'opposition à ἀλλότριον est répétée). Ce qui apparente (οἰκεῖα) les gardiens, ce ne doit pas seulement être leur nom de gardiens mais aussi leurs ouvrages (*Rép.* V, 463e1) (*cf.* V, 463b14 ; c9). Le philosophe possède un naturel apparenté (τὴν φύσιν αὐτῶν οἰκείαν) à ce qui est le meilleur (*Rép.* VI, 501d4).

1. *Rép.* IX, 586e2

2. *Rép.* IX, 586d4-587a2.

3. *Rép.* III, 401d5-402a4.

L'intérêt de l'individu n'est donc pas sacrifié par un tel principe, comme le craignait Adimante, et elle le satisfait au contraire bien mieux que l'injustice ne satisfait l'intérêt du plus fort pour Thrasymaque. Dans et par l'*oikeiopragia*, la détermination de ce qui est propre à l'individu doit satisfaire son véritable intérêt *parce qu'* elle passe par la médiation de l'intérêt commun qui seul peut assigner sa fonction à chacun dans l'unique ordre politique juste parce que naturel. Serait ainsi résolue la contradiction apparente entre le *Charmide* et l'*Alcibiade* sur le sens de *ta hautou prattein*. Dans le *Charmide*, la formule désigne la tendance « spontanée » à la satisfaction de l'*idion* : se satisfaire dans l'impossible autosuffisance, à l'écart de toute communauté. Dans l'*Alcibiade*, ce principe serait à comprendre au sens réélaboré dans la *République* après le passage de 370a3 qui, montrant la nécessité d'un détour par le monde commun, peut ainsi servir de définition à la justice.

Ainsi, agencée selon le principe de l'*oikeiopragia*, la cité humaine ne serait pas sans ressembler à l'armée des dieux, dans laquelle chacun accomplit la fonction qui est la sienne[1] : l'économie et la politique y seraient donc à leur place. Mais cet ordre divin se heurte à deux difficultés : si chacun fait vraiment ce pour quoi il est fait, n'introduit-on pas la division et l'injustice dans la cité au lieu de l'unité recherchée ? Et si le philosophe est seul juge de ce qui est *oikeion* pour chacun, comment faire accepter les fruits de sa réflexion à ceux qui ne sont pas philosophes, c'est-à-dire à la majorité ?

Enjeux économiques et politiques du principe de la fonction propre

En révélant à chacun sa nature, ne conduit-on pas en effet les producteurs à produire, les auxiliaires à surveiller, et les philosophes à philosopher, donc à ramener chaque groupe au souci exclusif de son intérêt propre et à annihiler aussi bien l'idée que la possibilité d'un monde commun[2] ? Et l'*oikeiopragia* n'encourage-t-elle pas l'économie dans sa propension à l'indépendance par rapport au politique ?

L'*oikeiopragia* apparaît comme un principe à la fois politique et antipolitique : elle fait la cité juste en y mettant chacun à la place qui convient à la cité, et semble la défaire en donnant à chacun les moyens de

1. *Phdr.* 247a4-6.

2. E.N. Lee, « Plato's Theory of Social Justice in *Republic* II-IV », *Essays in Ancient Greek Philosophy, vol. 3 : Plato*, J.P. Anton, A. Preus (ed.), Albany, State University of New York Press, 1989, p. 121-122. Voir aussi C.L. Griswold, Jr : « Le libéralisme platonicien : de la perfection individuelle comme fondement d'une théorie politique » dans *Contre Platon 2. Renverser le platonisme*, M. Dixsaut (dir.), Paris, Vrin, 1995, p. 155-196.

satisfaire son intérêt propre. Même si l'*oikeiopragia* implique la compréhension ou la représentation d'un intérêt commun, la coïncidence de ce dernier avec l'intérêt individuel dans la cité n'est jamais une réconciliation, mais toujours un compromis instable, un rapport d'instrumentalisation du commun par le particulier que, dans la *République* et les *Lois*, seule la coercition généralisée et la persuasion, et non la conscience d'un devoir moral[1], empêchent de dégénérer en conflit de chacun contre tous. L'intérêt commun ne saurait en effet être envisagé comme une finalité supérieure qui serait visée pour elle-même par les trois groupes de la cité : cela exigerait la représentation d'un tout abstrait, supérieur aux individus et aux groupes, que seuls les philosophes semblent en mesure de penser[2]. L'anthropologie de Platon exclut aussi que les individus sacrifient leur intérêt individuel au nom de l'intérêt commun, et à plus forte raison qu'ils le négligent complètement[3]. Car comment oublier que lorsque la cité naît, chacun consent à échanger avec les autres uniquement « parce qu'il pense que c'est mieux pour lui-même »[4] ? Ou encore l'incessant rappel, adressé notamment aux gardiens, que ce n'est pas leur intérêt qu'ils doivent avoir en vue mais celui de la cité tout entière[5] ? S'il faut rappeler cette exigence à ceux-là mêmes en qui gouverne la pensée, ne doit-il pas à plus forte raison en aller de même pour les deux autres groupes ? Il est improbable qu'auxiliaires et producteurs acceptent le gouvernement des philosophes pour des motifs rationnels liés à l'idée d'un bien commun[6]. C'est plutôt qu'en dépit des limites

1. Contre ce que soutient C.L. Griswold Jr. : « Socrate veut nous faire comprendre que le "moi" ne doit pas être entendu comme une individualité coupée des autres, ni comme une entité pour qui les autres ne sont que des moyens, mais une espèce d'essence (*ousia*, *Phdr.* 245e3) dont le bien propre inclut celui d'autrui et, indirectement, celui de certaines communautés », art. cit., p. 190.

2. En ce sens : « cette unité abstraite qu'on appelle une cité » (*The abstract unity called the city*), G. Grote, *Plato and the Other Companions of Socrates*, [1865], trad. angl., Bristol, Thoemmes Press, vol. III, 1992, p. 139 ; K.R. Popper pour qui la cité est un « superindividu » ou un « métaorganisme », *La Société ouverte et ses ennemis*, t. I. : *L'ascendant de Platon*, [1945], trad. fr. partielle, Paris, Le Seuil, 1979, p. 118. Pour une critique de cette thèse, voir G. Vlastos, « The Theory of Social Justice in the *polis* in Plato's *Republic* » dans *Interpretations of Plato. A Swarthmore Symposium*, H. North (dir.), 1977, Leiden, E.J. Brill, p. 14-15.

3. Contrairement à ce que soutient N. White, « The ruler's choice », *Archich für Geschichte der Philosophie*, N°68, 1986, p. 22-46. Sur le devoir moral qui s'imposerait en particulier aux philosophes pour diriger la cité, voir T.C. Brickhouse, « The Paradox of the Philosophers' rule », [1981], *Plato. Critical Assessments*, vol. III, N.D. Smith (ed.), London-New York, Routledge, 1998, p. 141-152.

4. *Rép.* II, 369c6-7.

5. *Rép.* IV, 419a1-421c7 ; VII, 520a6-9 ; 539e2-540a2.

6. Comme le voient bien R.C. Cross et A.D. Woozley : « Par conséquent, attribuer à Platon l'idée que l'unité de la cité vient d'une communauté de but parmi tous les citoyens – si l'on entend par là que tous, en dépit de leurs différents niveaux de rationalité, sont inspirés par

imposées à leurs activités, ils y trouvent leur intérêt. L'intérêt commun ne peut donc être considéré, au mieux, que comme l'instrument de l'intérêt individuel qui permet à chaque groupe de continuer à exercer sa fonction propre[1].

Cette tension constitutive de l'*oikeiopragia* nous renvoie en définitive au récit de la naissance de la cité au livre II de la *République* : la *sunoikia* n'est qu'un ensemble de relations réciproques entre les trois groupes fonctionnels[2], un vaste réseau d'échanges auquel chaque groupe ou chaque individu accepte de participer « parce qu'il pense que c'est mieux pour lui-même ». Le lien économique, même réglé par l'attribution à chacun de sa fonction propre, ne peut tout au mieux réaliser qu'une mise en commun de bas niveau, consistant davantage à ne pas faire ce qui n'est pas de son ressort plutôt qu'à faire ce qui nous convient naturellement *au nom d'un idéal commun*. Ce premier lien, celui d'une économie réglée, est certes indispensable à l'unité de la cité, mais il ne saurait lui suffire. L'*oikeiopragia* ne suffit pas à tisser la cité, à l'unifier. En d'autres termes, une économie organisée ne suffit pas à faire le lien politique, même si elle en est le point de départ.

C'est sans doute la conscience de cette difficulté qui explique que l'*oikeiopragia* ne soit pas mentionnée dans les *Lois* ni même l'expression *ta hautou prattein* au sens de fonction adaptée au naturel de chacun. L'édification de la cité des Magnètes suppose en effet résolue, ou hors de propos, la question de la répartition des fonctions *selon les naturels*, car les colons ne changent pas de statut en arrivant sur l'île. Mais c'est surtout que l'appartenance commune des citoyens à la cité est posée en principe dès le départ, et que l'exploitation et l'entretien du lot est l'un des principaux moyens de la perpétuer. Tandis que la *République* tâche de fonder *ex nihilo* le sentiment d'appartenance commune et la communauté civique à partir de l'égoïsme foncier de ses membres et contre lui, les *Lois* partent d'un dispositif économique et politique dans lequel doivent s'inscrire les pratiques

une forme unique qui s'impose à elle –, voilà qui serait faire dire à Platon plus qu'on ne peut tirer de son texte » (*Consequently, to attribute to Plato the view that the city's unity derives from a community of purpose among all citizens, if this is to mean that all alike, despite their differing degrees of rationality, are inspired by the notion of a single form to be imposed on it, would be to read into Plato far more than can be extracted from the text*), *Plato's* Republic. *A Philosophical Commentary*, p. 109.

1. « Chacun poursuit son propre intérêt par le biais de sa participation à la *polis* » ([…] *each one [is] pursuing his own self-interest through participation in the* polis), E.N. Lee, art. cit., p. 132. De même, P. Vernezze, « The Philosopher's Interest », [1992], dans *Plato. Critical Assessments*, vol. III, N.D. Smith (éd.), London-New York, Routledge, 1998, p. 153-173.

2. « […] *the reciprocal interrelatedness of [these] functions* », E.N. Lee, art. cit., p. 121.

individuelles. En somme, les citoyens précèdent la cité dans la *République*, la cité précède les citoyens dans les *Lois*. C'est pourquoi dans ce dernier dialogue, le principe de la fonction propre se résume au principe du métier unique pour chaque résident, citoyen ou artisan : « que chacun dans la cité n'ait qu'un seul métier »[1], la citoyenneté étant elle-même considérée comme un métier. Si les *Lois* sont donc beaucoup plus scrupuleuses sur le détail de la séparation des tâches à propos des artisans que ne l'est la *République*[2], ce n'est pas parce que Platon serait passé de l'esquisse d'un idéal à un programme de mesures concrètes, donc plus détaillées, pour sa cité : c'est que le principe de répartition des tâches, s'il vise dans les deux cas à n'attribuer qu'une seule et unique fonction à chaque individu, ne se présente pas exactement sous le même angle. Dans la *République*, l'unicité de la fonction est subordonnée à l'idée d'*oikeiopragia*, de fonction propre, de fonction convenant au naturel de chacun, afin de distinguer des groupes fonctionnels et d'attribuer la direction de la cité aux philosophes, seuls en mesure de faire naître la communauté et l'organisation unitaire de la cité. Dans les *Lois*, l'unicité de la fonction est davantage appelée d'une part par la difficulté du métier de citoyen, qui suppose que les Magnésiens soient débarrassés des autres tâches, et d'autre part par le souci concomitant de dévaloriser la richesse, ce qui implique que personne ne puisse faire deux métiers pour s'enrichir, et donc qu'artisans et étrangers soient eux-mêmes strictement soumis au principe de la fonction unique.

La dimension économique de la citoyenneté

Il ne faudrait pas sous-estimer néanmoins la part de l'économie dans l'exercice de la citoyenneté. Bien que ni les gardiens de la *République* ni les citoyens des *Lois* ne travaillent, ils jouent un rôle économique très important. Cet aspect est présent dans la *République* mais d'une autre manière que dans les *Lois*, et sur un mode moins affirmé pour les gardiens que pour les citoyens de Magnésie. Bien que la qualité de citoyen semble parfois réservée aux seuls gardiens, le terme est toutefois étendu aussi à toute la population de la cité, donc aux agriculteurs et aux artisans, à la différence de ce qu'on observe dans les *Lois*[3]. La cité de la *République*, on l'a vu, repose sur un échange fonctionnel à trois pôles, dont l'un est

1. *Lois* VIII, 847a2.

2. *Lois* VIII, 846d7-847b2. Cf. *Rép.* IV, 434a3-c3.

3. Sur les agriculteurs, A. Fouchard, « Le statut des agriculteurs dans la cité grecque idéale au IVe siècle av. J.-C. », *Revue des études grecques*, N°106, 1993, p. 66. « Citoyen » appliqué aux seuls gardiens : V, 463a6 ; a10 ; 464a4 ; 471b7 ; appliqué à tous les membres de la cité : *Rép.* IV 423d3 ; V, 462b5 ; VI, 501e3 ; 502b9.

l'économie, dans sa dimension productive et commerciale. De ce point de vue, elle ressemble à l'Ancienne Athènes du *Critias* où les artisans sont aussi explicitement qualifiés de citoyens[1]. Si les producteurs de la *République* sont certes exclus du pouvoir, ils ne sont donc pas pour autant exclus de la politique, puisqu'en accomplissant leur fonction propre, ils contribuent à l'unité de la cité[2]. La dimension économique de la citoyenneté dans la *République* concernerait même les citoyens au sens plein, à savoir les gardiens. Ils exercent en effet leur fonction politique dans le cadre d'un échange de services avec les autres groupes. Mais de ce point de vue, leur souci de l'économie est beaucoup plus faible qu'il ne doit l'être chez les citoyens des *Lois*. Pour les gardiens de la *République*, c'est surtout l'extension et la perpétuation des relations de parenté au niveau de leur groupe entier qui concerne plus directement l'aspect économique de leur tâche, « économique » étant à prendre ici au sens ancien qui comprend les relations domestiques.

Dans les *Lois*, Platon interdit certes aux Magnètes la pratique du commerce de détail, des activités artisanales et des tâches agricoles productrices, confiées aux étrangers ou aux esclaves[3]. Le métier du citoyen est en effet « d'assurer pour tout le monde le bon ordre de la cité en le conservant et en l'établissant, et il ne doit pas considérer cette tâche comme un passe-temps »[4] : l'acquisition de la vertu et la maîtrise des plaisirs en vue du bon exercice des magistrature est si difficile et ses résultats toujours si précaires qu'elle ne tolère ni relâchement ni diversion[5]. Ainsi, si l'Athénien qualifie bien plus souvent ses citoyens de paysans ou d'agriculteurs que d'exploitants ou de propriétaires terriens[6], termes sans doute synonymes, ce n'est pas parce qu'il se ferait une double conception de la citoyenneté, comme s'il hésitait entre un citoyen travaillant lui-même son lot et un citoyen exclusivement administrateur de son lot, car l'interdiction du travail agricole, artisanal ou commercial pour les citoyens est claire : « quel serait donc

1. « [...] les autres groupes de citoyens, ceux qui sont occupés à l'artisanat et à la production des nourriture de la terre », *Crit.* 110c3-5.

2. Contrairement à l'hypothèse d'A. Fouchard, art. cit., p. 66.

3. *Lois* VII, 806d7-e2 ; VIII, 849d1-e1.

4. *Lois* VIII, 846d1-7.

5. Ce que montre très bien S. Sauvé Meyer : « The moral dangers of labour and commerce in Plato's *Laws* », *Plato's* Laws : *From Theory into Practice, Proceedings of the VIth Symposium Platonicum*, S. Scolnicov, L. Brisson (éd.), Academia, Sankt Augustin, 2003, p. 207-214.

6. Les citoyens sont nommés γεωργοί en *Lois* VI, 763a2 ; VIII, 842d7 ; 843b2 ; 844a2 ; 848e6 ; e10 ; 849c3 ; et deux fois seulement γεωμόροι en *Lois* V, 737e2 et XI, 919d4. Selon A. Fouchard, ces deux termes sont synonymes et désignent non celui qui travaille la terre mais le propriétaire, art. cit., p. 73. Sur la double conception de la citoyenneté, *ibid.*, p. 77.

le genre de vie à établir pour des hommes qui sont pourvus des choses nécessaires en quantité modérée, qui ont remis à d'autres le soin d'exercer les métiers (τῶν τεχνῶν) et dont les cultures (γεωργίαι), confiées à des esclaves, procurent en produits de la terre tout ce qu'il faut[1] ? » Ou encore : « on ne souffrira d'aucun citoyen résidant ni d'aucun serviteur de citoyen résidant qu'il s'adonne aux activités des artisans. C'est qu'il a un métier qui lui suffit et qui exige à la fois beaucoup de pratique et beaucoup d'études, l'homme qui, en tant que citoyen, assure pour tout le monde le bon ordre de la cité en l'établissant et en le sauvegardant, et il ne doit pas considérer cette activité comme un passe-temps[2]. » Cette manière de désigner le citoyen comme paysan ou agriculteur n'est là que pour rappeler qu'en tant qu'activité économique, l'administration du lot est partie intégrante de l'exercice de la citoyenneté, et qu'au-delà de sa finalité économique et par elle, elle vise aussi la fin politique propre au métier de citoyen. Que les citoyens ne travaillent pas directement eux-mêmes, au sens où ils n'exercent aucune activité de négoce ou de production, ne signifie pas qu'ils n'exercent aucun rôle économique[3]. Celui-ci est principalement directif et administratif, et on a vu plus haut combien la négligence à l'égard du lot était passible de sanctions et impliquait un moindre mérite civique. L'entretien du lot ne constitue donc pas une seconde fonction ou un second métier que le citoyen accomplirait en plus de ses obligations civiques : il en est l'un des aspects. En donnant à cette activité économique un sens politique – garantir l'unité d'une cité fondée sur la justice – Platon se démarque donc tout autant d'une conception purement économique de la citoyenneté selon laquelle le bon citoyen est avant tout l'exploitant d'un *oikos* prospère, comme pour Xénophon, que d'une conception restreignant la citoyenneté véritable à l'exercice d'une magistrature, comme pour Aristote[4].

Couper la citoyenneté de tout rapport à l'économie, ce serait livrer la cité aux appétits privés et la vouer à la discorde permanente. Ce n'est donc pas contre l'économie que Platon bâtit sa cité mais grâce à elle.

1. *Lois* VII, 806d7-e1.

2. *Lois* VIII, 846d2-7.

3. L. Gernet, *op. cit.*, p. 98-100 ; A. Fuks, *op. cit.*, p. 59-61 ; G.R. Morrow, *op. cit.*, p. 138 et, p. 152-153 ; A. Fouchard, art. cit., p. 77. M. Piérart est plus ambigu : selon lui, les citoyens mettent en valeur la terre « avec l'aide d'esclaves », ce qui peut signifier soit qu'ils travaillent eux-mêmes aux côtés des esclaves soit qu'ils se contentent de diriger les esclaves, *op. cit.*, p. 467. Sur la seule interdiction du travail, voir S. Benardete *op. cit.*, p. 248 ; C. Bobonich, *op. cit.*, p. 389-391.

4. *Polit.* III, 1, 1275a22-23.

CONCLUSION

Le problème de Platon est plus que jamais le nôtre : quelle place donner à l'économie dans la cité ? Si nous étions assez sages pour être semblables aux cochons de Glaucon, à ces animaux dont les besoins n'outrepassent jamais la limite du nécessaire, nous n'aurions nul besoin de la politique pour pacifier nos rapports et nous civiliser. Mais nous sommes pour la plupart privés de cette sagesse spontanée : le bonheur et la justice dans la cité exigent que les animaux économiques que nous sommes naturellement deviennent des animaux politiques, au mieux persuadés qu'ils y gagnent, au pis – et c'est pour Platon le cas le plus fréquent – ne s'y soumettant que de mauvaise grâce, sous la menace et la contrainte. Seule une politique intelligente et autonome, c'est-à-dire qui prescrit leurs fins aux pratiques économiques, pourrait nous faire échapper aux conflits de tous ordres que ces dernières provoquent dans les cités mal gouvernées : conflits militaires, politiques, sociaux et psychiques. Qui, hormis les tenants de l'autorégulation des mécanismes économiques, pourrait aujourd'hui dresser le constat contraire ?

L'intérêt de l'approche de Platon n'est toutefois pas seulement de répondre à la difficulté pratique du comment vivre ensemble, ni de cerner ce qu'est la politique et son efficience propre. En inventant l'économie politique et en montrant la concurrence âpre qu'elle oppose à la politique pour l'organisation de la cité, Platon le premier soulève cette question, à laquelle nous n'avons pas fini de répondre : qu'est-ce que l'économie ? Quel est son objet ? « Est-ce la production du nécessaire, la distribution et l'échange des biens requis pour la conservation de la vie ? Ou est-ce l'ensemble de ces comportements tournés vers la satisfaction des besoins avec en plus en ligne de mire le bien-vivre ? Ou est-ce un peu de l'un et un peu de l'autre ? Ou quelque chose d'intermédiaire[1] ? » La réponse de Platon est celle de l'hétéronomie : l'économie se situe à l'articulation du naturel et du culturel, à la jonction de faits nécessaires et d'un ensemble de normes et de valeurs morales, politiques ou plus largement culturelles, qui instituent en grande partie, pour ne pas dire entièrement, ce qu'on considère comme naturel en elle, notamment les besoins. L'économie n'est donc ni une science purement mathématique ni une pratique dépouillée de toute valeur. Elle est bien plutôt une science et une pratique « morales »[2], pétrie de valeurs et de normes extérieures. Vouloir l'en détacher serait vain et contre-productif pour la pertinence et l'efficacité des modèles économiques mathématiques eux-mêmes[3].

Mais cette hétéronomie, qui n'est que l'envers de l'autonomie et de la suprématie que Platon revendique pour l'art politique, n'annule pas pour autant la spécificité de l'économie, comme si cette dernière n'était qu'une modalité de la politique, qu'un de ses prolongements ou de ses reflets. La part de l'économie dans la cité platonicienne ne se solde pas par sa dissolution dans un océan politique total et qu'on a pu, à tort, dire totalitaire précisément pour ce motif[4]. La précision des mesures énumérées dans les *Lois* aussi bien que les effets politiques et sociaux de certaines institutions économiques présentées par Platon sont bien la preuve de la consistance propre qu'il reconnaît à l'économie. Celle-ci est comme une matière souple mais pas inerte, qui adopte les contours de la politique qui l'accompagne. C'est une puissance qui s'actualise et déploie ses effets propres en fonction des normes qui l'instituent, Platon mettant l'accent sur celles qui lui viennent des différentes sortes de politiques.

Si donc dans le *Phèdre*, « le politique, l'administrateur de son domaine ou l'homme d'affaires » (πολιτικοῦ ἤ τινος οἰκονομικοῦ ἢ χρηματιστικοῦ) » occupent ensemble le troisième rang dans la hiérarchie des réincarnations de l'âme qui en comporte neuf[5], ce n'est pas, on l'a vu,

1. « *Is it need-satifying production, distribution and exchange of the goods required for the purpose of securing life ? or is it want-satisfying behaviour of those kinds with a view to achieving the good life ? or something of each, or something in between ?* », P. Cartledge, « The Economy (Economies) of Ancient Greece », dans *The Ancient Economy*, S. von Reden et W. Scheidel (ed.), New York, Routledge, 2002, p. 11-32.

2. A.O. Hirschman, *L'Économie comme science morale et politique*, Paris, Gallimard-Le Seuil, 1982, p. 99-111.

3. A. Sen, *Éthique et Économie*, [1991], trad. fr., Paris, P.U.F., 1993, p. 6-13.

4. F.A. Hayek, *La Route de la servitude*, [1946], Paris, P.U.F., 1985, p. 114.

5. Derrière « l'ami du savoir, l'ami du beau, l'amateur de culture ou le connaisseur des choses de l'amour », et le « roi bon législateur, bon à la guerre, bon au commandement », *Phdr*. 248d3-6.

parce que ces pratiques seraient identiques, ou que la cité et la maison ne différeraient qu'en degré : c'est parce que toutes sont des manières d'œuvrer à l'organisation rationnelle du monde empirique en vertu d'un rapport de même niveau à l'intelligible. Le politique dont il est question ici n'est ni le philosophe ni le bon législateur des rangs précédents, mais sans doute le gouvernant d'une cité empirique, plus ou moins bon – ou plutôt plus ou moins mauvais, étant entendu qu'il est nécessairement moins bon que le véritable politique qui lui sert de norme. L'administrateur de son domaine et l'homme d'affaires, si souvent critiqués dans les Dialogues pour leur soif de richesse, sont considérés comme des acteurs économiques qui introduisent un peu de rationalité, parfois au détriment de la vertu, dans le désordre du monde. En somme, Platon ne préjuge pas ici de l'efficacité ou de la moralité des trois pratiques qu'il regroupe. Il voit plutôt qu'elles se traduisent par un même type d'intérêt pour le monde du nécessaire et une même exigence de pensée rationnelle, quels qu'en soient les résultats et les motivations. Troisième rang : ce classement montre à quel point l'économie est pour le philosophe un sujet très sérieux. Platon avait la vue perçante : il n'est pas certain que nous ayons ses yeux.

ANNEXE 1

CONSIDÉRATIONS THÉORIQUES SUR L'ÉCONOMIE À L'ÉPOQUE DE PLATON

Chez Thucydide, Xénophon et Aristote, l'économie, ou du moins certains de ses aspects, fait l'objet de considérations théoriques précises, parfois concordantes, qu'il importe de préciser pour mieux saisir la singularité de celles de Platon.

Thucydide : l'argent, critère de la puissance politique

À la différence de Xénophon et d'Aristote, l'intérêt de l'historien pour l'économie porte moins sur sa place dans les cités que sur son rôle dans les relations entre les cités. Dans son analyse des causes du conflit entre Sparte et Athènes, Thucydide conclut au rôle décisif, mais pas exclusif, de l'argent comme critère de la puissance politique, ce en quoi il se situe aux antipodes de Platon. L'importance qu'il lui accorde est perceptible dès la brève « archéologie » qui précède le récit de la guerre, même si par la suite, l'argent seul ne suffira plus à garantir la puissance maritime. Il faudra en outre les ressources de l'intelligence (γνώμη) pour faire bon usage de l'argent, et l'aptitude militaire[1]. Les trois étapes majeures qui composent cette longue période préliminaire soulignent toutefois une constante politique, présente dès les premiers temps de la Grèce : le désir d'expansion, en quoi Thucydide voit la cause principale de la guerre du Péloponnèse (I, 23),

1. Voir L. Kallet, *Money and the corrosion of power in Thucydides: the Sicilian expedition and its aftermath*, Berkeley, University of California Press, 2001, p. 147 *sq*. Voir aussi S. Hornblower, *A Commentary on Thucydides*, vol. 1, Books I-III, Oxford, Oxford University Press, 1996, p. 8-9 et 41.

et où la dimension économique apparaît tantôt comme un moyen de domination politique, tantôt comme une fin en soi[1].

Aux premiers temps de l'Hellade en effet, l'insuffisance des ressources et l'absence de commerce livrèrent les peuples au pillage et à la piraterie, et c'est à cela que semble s'être résumée la politique internationale avant l'apparition de l'empire de Minos (I, 6).

En atténuant la piraterie, ce dernier favorisa ensuite l'accroissement général des revenus par l'essor du commerce dans les villes nouvellement fondées. Ce phénomène se révéla lui-même propice à l'apparition de puissances politiques plus importantes, en mesure de s'unir dans des expéditions plus ambitieuses, comme celle de Troie (I, 7-9). Ce conflit fut néanmoins bien inférieur à celui opposant Sparte et Athènes, notamment par l'insuffisance des moyens employés (I, 11-12) : car faute d'argent, les Grecs ne purent envoyer davantage d'hommes contre Priam et Hector et s'assurer par là une victoire plus rapide et moins pénible (I, 11).

Enfin, dans une période plus proche du début des hostilités entre Sparte et Athènes, l'accroissement progressif des revenus fut contemporain d'un nouveau type de régime, celui des tyrans, dont la politique était entièrement tournée vers la croissance (I, 13). Des flottes plus importantes et plus sophistiquées permirent l'extension des zones de commerce et de conquête (I, 13-15), et la stabilité relative qui en résulta servit la visée principale des tyrans : ménager « leurs intérêts particuliers, […] asseoir leur situation personnelle et accroître leur propre maison (τὸν ἴδιον οἶκον αὔξειν) » (I, 17), maison qu'ils étendaient à la cité tout entière[2]. La guerre extérieure fut donc pour eux le moyen d'un enrichissement intérieur sur lequel ils fondaient leur pouvoir.

Le « capital impérissable » légué par Thucydide consiste donc à voir dans l'argent l'un des critères majeurs de la puissance politique, et dans le désir d'expansion son ressort principal, le moteur de l'histoire. Or jusque dans le détail de certaines formules[3], l'archéologie de Thucydide apparaît en filigrane dans le récit de la naissance de la cité au livre II de la *République* et, plus largement, dans la réflexion de Platon sur la dégradation des régimes aux livres VIII et IX : même constat sur l'appétit de

1. L. Kallet, *op. cit.*, p. 291.

2. Sur le sens de l'expression οἰκεῖν τὰς πόλεις que Thucydide emploie à propos du tyran, voir G. Crane, *Thucydides and the Ancient Simplicity. The Limits of Political Realism*, Berkeley, University of California Press, 1998, p. 162-164.

3. Par exemple : « Ils attaquaient les îles et s'en rendaient maîtres, surtout quand leur propre territoire ne leur suffisait pas », *Hist.* 1.15.1. 4-5 ; « Il nous faudra donc nous tailler une part du pays des voisins, si nous voulons avoir un territoire suffisant […] », *Rép.* II, 373d7-8.

croissance à l'origine des guerres de conquête; même lien intime du pouvoir tyrannique et du désir de puissance économique qui confond les limites de la maison et celles de la cité; et plus généralement, même neutralisation morale de l'argent au profit d'une réflexion sur son usage[1]. Mais pour ces deux auteurs, la vérité de la politique prend un sens différent : ce qui pour Thucydide est une loi de l'histoire n'est pour Platon qu'une situation pseudo-politique due au dérèglement des rapports entre économie et politique. Si le philosophe perçoit lui aussi l'importance de l'économie pour la cité, c'est, à la différence de l'historien, pour montrer qu'il faut la régler en la subordonnant à la politique, et que le critère de la puissance politique n'est sûrement pas la richesse mais l'unité interne. Ce qui suppose, non sans quelques variations entre la *République* et les *Lois*, l'égalité matérielle de ses membres et la stricte limitation de sa tendance spontanée à l'expansion économique[2].

*Xénophon : l'identification de l'*oikos *et de la* polis*, ou l'économie comme modèle et propédeutique de la politique*

En se penchant sur l'économie tant sous l'angle domestique dans l'*Économique* que public et politique dans les *Revenus*, Xénophon est le premier à en faire un objet de réflexion théorique à part entière, au point que l'*Économique* est « pour nous l'œuvre qui détermine le champ théorique de l'*oikonomikè tekhnè* dans la culture grecque »[3]. Il est de ce fait, avec Aristote, le principal interlocuteur et adversaire de Platon dans sa réflexion sur l'économie[4]. Entre les deux auteurs, ce sont plus précisément l'assimilation de l'*oikos* et de la *polis*, et celle de l'économie et de la politique qui sont au cœur du débat.

Alors que les auteurs de la première moitié du IVe siècle, encore pénétrés de la mentalité aristocratique du siècle précédent, traitent davantage de la politique, de la guerre et des prouesses sportives que de l'administration de l'*oikos*[5], Xénophon, lui, est attentif à la gestion domestique et à un phénomène comme la corrélation entre la rareté du blé et la hausse de

1. Sur ce dernier point chez Thucydide, voir L. Kallet, *op. cit.*, p. 3-4 et 285 *sq.* Chez Platon, voir *Euthyd.* 280d.

2. *Rép.* IV, 422a-423c ; *Lois* V, 744a-745b.

3. C. Natali, « Socrate dans l'*Économique* de Xénophon », *Socrate et les Socratiques*, G. Romeyer Dherbey (dir.), J.-B. Gourinat (éd.). Paris, Vrin, 2001, p. 264.

4. Sur les rapports entre Platon et Xénophon, voir l'introduction de M. Bizos à sa traduction de la *Cyropédie*, Paris, Les Belles Lettres, 1971, p. 48-52.

5. Voir W. Jaeger, *Paideia. La formation de l'homme grec. La Grèce archaïque. Le Génie d'Athènes,* [1934], Paris, Gallimard, 1964, p. 225-264.

son prix, qu'il expose sans toutefois les expliquer. Il nous livrerait donc, selon la distinction de J.A. Schumpeter[1], une description empirique de l'économie, fondée sur le sens commun, plutôt qu'une analyse scientifique.

L'intérêt de Xénophon pour l'économie dépasse toutefois la simple curiosité et la description. Son intérêt est aussi théorique et technique. Théorique parce qu'il est soucieux de définitions, comme dans l'entretien inaugural de l'*Économique* où Critobule et Socrate s'interrogent sur la nature de l'*oikos* et la notion de bien au sens d'utilité[2]. Technique car il propose certains moyens pour augmenter les recettes de la cité dans les *Revenus*. Et dans ces deux ouvrages, telle est justement la question principale : comment augmenter efficacement les revenus de l'*oikos* et ceux de la *polis ?* Ce questionnement plonge sans doute ses racines dans les difficultés dont Xénophon a pu être le témoin : difficultés de ravitaillement des soldats et du paiement de leur solde dans les campagnes militaires qu'il a dirigées, difficultés de l'année 355-354, au moment où l'avènement de Philippe II de Macédoine entame nettement les forces d'une Athènes affaiblie militairement et financièrement[3]. Présentons donc rapidement ces deux ouvrages.

Les Revenus

Les mesures publiques proposées par Xénophon pour accroître les revenus de la cité ne se comprennent qu'à la lumière de son idéal politique, celui d'une cité de propriétaires fonciers, que les *Revenus* proposent d'instaurer de la façon suivante : l'exploitation des mines du Laurion par des esclaves publics, dont le nombre augmenterait progressivement, procurerait à la cité des ressources croissantes ; libérés du travail, les citoyens pourraient alors se consacrer exclusivement à leurs activités politiques et œuvrer à l'expansion de la cité. Toutefois, l'objet des *Revenus* est peut-être moins de proposer un idéal de cité, où le citoyen vivrait aux dépens des non-citoyens et réaliserait ainsi son essence d'animal politique, qu'une solution à la tension entre vie économique et vie politique que connaissent un grand nombre de citoyens de la démocratie[4]. Dans cette perspective, l'exploitation des mines garantirait une indemnité politique que le citoyen ne devrait compléter par son travail qu'au cas où son patrimoine ne suffirait pas à

1. Schumpeter, J.A., *Histoire de l'analyse économique*, t. I, *L'Âge des fondateurs*, [1954], trad. fr., Paris, Gallimard, 1983, p. 30-33.

2. *Œc.* I et VI.

3. Voir C. Mossé, « Xénophon économiste », *Le Monde grec. Hommages à Claire Préaux*, Bruxelles, Éditions de l'Université de Bruxelles, 1975, p. 174-176.

4. Sur ces deux hypothèses de lecture des *Revenus (Poroi)*, voir P. Gauthier, *Un commentaire historique des* Poroi *de Xénophon*, Genève-Paris, Droz-Minard, 1976, Appendice III, p. 239-250.

subvenir aux besoins de sa famille. C'est pourquoi on a pu voir dans ce projet une critique de la démocratie de la part de Xénophon. Néanmoins, l'intention polémique de Xénophon contre une pratique de la démocratie remontant à Périclès[1] ne saurait être exagérée : car Xénophon ne semble remettre en cause que les conditions matérielles de la participation des citoyens à la démocratie, non la démocratie elle-même. Le point remarquable est surtout que Xénophon prend acte ici, comme Platon, de la difficile coexistence de ces deux domaines, l'économie et la politique, qui exige des solutions pratiques.

L'Économique

Ce lien étroit entre économie et politique apparaît aussi dans l'*Économique* où, par le biais de thèmes éthiques, Xénophon aboutit à l'identification pure et simple de ces deux sphères, tant en ce qui concerne leur finalité que leur objet et leurs moyens respectifs.

Le personnage principal de cet ouvrage est Ischomaque, en qui Xénophon peint l'aristocrate partisan du retour à une cité essentiellement agricole, en lieu et place d'une démocratie plutôt tournée vers l'artisanat et le commerce. Son éloge de l'agriculture et des vertus que la tradition lui associe renoue avec le thème littéraire des genres de vie, et son portrait civique et moral du *kalos kagathos* est celui du propriétaire foncier « riche, bien né, vigoureux, gentleman-farmer et soldat »[2]. Si l'économique est l'art qui permet l'accroissement de l'*oikos*, elle est donc en même temps l'occasion d'un perfectionnement moral[3]. Les moyens techniques évoqués, comme ceux permettant d'augmenter les récoltes, sont indissociables de prescriptions éthiques : l'amour de la terre doit par exemple détourner de la paresse et susciter l'attrait du gain honnêtement acquis[4]. L'augmentation de l'*oikos* est donc l'occasion privilégiée de faire l'épreuve et la preuve de ses qualités morales. L'économie domestique tournée vers la croissance va de pair avec le souci de l'âme.

Qu'il s'agisse d'organiser la cité dans les *Revenus* ou la maison dans l'*Économique*, Xénophon se fonde donc sur un même idéal politique et éthique, centré sur la richesse et l'expansion de la communauté, domestique ou civique, dans le respect des valeurs héritées et de la juste mesure[5]. À

1. Thuc. *Hist.* II, 40.
2. P. Chantraine, *L'Économique*, Paris, Les Belles, Lettres, 1949, note 3, p. 56.
3. *Œc.* VI, 4; VII, 15; XVI, 9.
4. *Œc.* XV-XIX pour les moyens techniques. Ischomaque prie les dieux « de se tirer d'affaire avec honneur à la guerre et d'accroître [sa] richesse honorablement », *Œc.* XI, 8.
5. C. Natali, art. cit., p. 285.

ses yeux en effet, maison et cité ne diffèrent qu'en degré, non en nature[1] : la maison n'est pas la métaphore de la cité mais sa miniature[2]. Le maître y enseigne la justice à ses intendants en se référant aux lois de Dracon et de Solon pour les châtiments, et au Grand Roi pour les récompenses[3]. La femme, elle, doit y tenir deux rôles, celui de « reine des abeilles » qui donne des ordres, cette métaphore ayant dès cette époque une signification politique[4], et celui de « gardienne des lois » qui veille à la stricte application des prescriptions qu'elle a émises[5]. Que la maison soit une cité en miniature ne conduit pas néanmoins à l'égalité entre époux : en vertu de son infériorité « naturelle » physique et psychologique, la femme reste soumise à la direction domestique générale de son mari[6].

Identité des communautés civique et domestique ; identité de leur idéal d'expansion mesurée ; identité, enfin, des pouvoirs qui s'y exercent. Pour Xénophon, direction politique et direction domestique masculine se confondent : « qui est capable de former à l'art de commander aux hommes peut aussi évidemment enseigner à quelqu'un l'art d'être un bon maître ; qui est capable d'enseigner l'art d'être un bon maître peut former aussi à l'art d'être un bon roi[7]. » Il existe en effet « une aptitude à commander commune à tous les genres d'activités, agriculture, politique, économie domestique, conduite de la guerre », et pour laquelle les hommes sont inégalement doués[8]. Le commandement est un art un, s'exerçant de la même façon dans tous les domaines. Son modèle est le commandement militaire. Cyrus par exemple incarne l'unité des pouvoirs militaire, politique et domestique : il organise ses affaires domestiques sur le modèle de la transmission pyramidale du pouvoir militaire, mode d'organisation repris par les satrapes qui, dans leur région, sont à la fois les chefs civils et militaires et les responsables de l'organisation économique[9]. C'est encore la référence au commandement militaire qu'Ischomaque choisit pour peindre à sa femme les fonctions qui lui reviennent dans l'*oikos* et l'inviter

1. *Mem.* III, 4, 12.

2. Contrairement à ce que soutient D. Plácido Suárez dans *La Dépendance dans l'*Économique *de Xénophon*, Paris, Les Belles Lettres, 2001, p. 20.

3. *Œc.* XIV, 1-10.

4. Par exemple Platon, *Pol.* 293d6.

5. *Œc* VII, 16-43 ; IX, 14-15.

6. *Œc.* VII, 22.

7. *Œc.* XIII, 5. Comme le dit M. Foucault à propos de ce texte, « diriger l'*oikos*, c'est commander ; et commander à la maison n'est pas différent du pouvoir qu'on a à exercer en ville », *Hisoire de la sexualité*, t. II, *L'Usage des plaisirs*, Paris, Gallimard, 1984, p. 200.

8. *Œc.* XXI, 2.

9. *Œc.* IV, 11 et 17 ; *Cyr.* VIII 1, 13-15.

« à inspecter les objets quand il lui paraît bon, comme le commandant de place inspecte sa garnison »[1]. L'exercice de ce pouvoir économique domestique requiert des vertus morales comme la justice et la tempérance, mais aussi des qualités physiques que les travaux des champs sont les plus aptes à développer. Cette complémentarité morale et physique se retrouve à tous les degrés de la hiérarchie : le bon paysan ne fait qu'un avec le bon soldat, comme le bon propriétaire ne fait qu'un avec le bon chef militaire et politique[2]. La gestion de la maison est ainsi une propédeutique à celle de la cité, dans l'idée qu'une gestion efficace sur un petit nombre d'individus témoigne d'une compétence valable pour des communautés plus importantes, et notamment la cité[3]. Problèmes politiques et problèmes domestiques sont de même nature et les compétences qu'ils requièrent ne peuvent être qu'identiques[4]. La compétence économique domestique sert donc de modèle et de formation à la gestion des affaires de la cité.

Platon ne manquera pas de relever les impasses et les insuffisances des idées de Xénophon : la femme ne doit pas être confinée dans la sphère domestique mais doit être « politisée », l'économie n'est pas la politique, l'*oikos* n'est pas la *polis*, et la finalité de ces deux communautés n'est pas l'expansion mais la limitation.

Aristote : politique et économie, une proximité ambiguë

Les deux principaux textes aristotéliciens sur l'économie sont le livre I des *Politiques* et l'*Économique*. D'influence péripatéticienne, le second n'est sans doute pas d'Aristote mais de la haute époque hellénistique, ce qui pourrait expliquer certaines différences avec le livre I des *Politiques*[5]. Les *Politiques* exposent davantage ce qui distingue la politique de l'art économique tandis que l'*Économique* souligne plutôt ce qu'elles ont en commun. Dans l'ensemble, Aristote se montre moins radical que Platon sur la nécessité de rendre la politique autonome par rapport à l'économie.

1. *Œc.* IX, 15.

2. *Œc.* V, 1-11 pour les bénéfices physiques de l'agriculture, et 12-17 pour ses bienfaits moraux. « L'art domestique est de même nature que l'art politique ou l'art militaire dans la mesure au moins où il s'agit, là comme ici, de gouverner les autres », M. Foucault, *op. cit.*, p. 201. Précisons que pour Xénophon, c'est l'art militaire qui fonde la ressemblance entre art politique et art domestique.

3. *Mem.* III, 6, 14.

4. C'est ce qu'a bien vu J. Luccioni, *Les Idées politiques et sociales de Xénophon*, Paris, Ophrys, 1947, p. 101-105.

5. *L'Économique*, Paris, Les Belles Lettres, 1968, p. XII.

Les Politiques

Dans les *Politiques*, l'art économique ou art de l'administration de l'*oikos* a un double statut : c'est à la fois un art d'acquisition, qui s'appelle la chrématistique parce qu'il porte sur les biens matériels et l'argent, mais aussi un art d'usage ou, selon l'expression de l'*Éthique à Nicomaque*, une science pratique[1]. Voici la distinction qu'Aristote fait entre art d'acquisition et art d'usage : « le rôle de l'art d'acquérir est de procurer des moyens, le rôle de l'économique est de s'en servir[2]. »

En tant qu'art d'acquisition, l'art économique se distingue de l'art politique, qui est étranger à l'acquisition. Il s'en distingue aussi par la nature et la finalité de la communauté dont il s'occupe : l'*oikos* vise la satisfaction des besoins, c'est-à-dire le « vivre », tandis que la *polis* se constitue en vue du bien-vivre[3]. Cette différence de finalité suppose d'une part une différence de nature entre maison et cité, contrairement à ce qu'affirme Xénophon, et d'autre part entre pouvoir politique et pouvoir domestique : la différence majeure n'est pas celle du nombre de ceux qui sont assujettis à ces pouvoirs, mais leur statut. Le pouvoir domestique, qui se décline en pouvoirs du maître, de l'époux et du père, s'exerce en effet sur des êtres qui ne leur sont pas égaux, tandis que le pouvoir politique s'exerce sur des hommes libres, et égaux à celui qui les dirige[4].

Mais en tant que science pratique ou art d'usage, l'art économique se rapproche de l'art politique : car celui-ci est pour Aristote la science pratique par excellence, à laquelle l'art économique doit être subordonné[5]. Le chef de l'*oikos* a pour devoir de répartir les biens, comme le tisserand a pour tâche non « de produire les différentes sortes de laine mais de s'en servir, et de reconnaître laquelle est de bonne qualité et appropriée à son dessein, laquelle est défectueuse et inappropriée »[6]. La distinction que fait Aristote entre une chrématistique naturelle, tournée vers l'acquisition du nécessaire et veillant à contenir l'enrichissement dans des limites raisonnables, et une chrématistique lucrative, contre-nature et motivée

1. *EN*. I, 1, 1094a26-b7
2. *Polit*. I, 8, 1256a11-12.
3. *Polit*. I, 2, 1252b15-30.
4. *Polit*. I, 7, 1255b19-21. Sur le caractère secondaire de la différence par le nombre et la critique de l'assimilation de l'*oikos* et de la *polis* : *Polit*. I, 1, 1252a7-13. Platon et Xénophon ne sont pas nommés dans ce passage mais c'est sans doute à eux que songe Aristote.
5. *EN*. I, 1, 1094a26-b7.
6. *Polit*. I, 10, 1258a25-27.

par le seul appât du gain[1], montre que l'art économique peut, comme la politique, intégrer un jugement sur les valeurs et sur le bien, jugement qui n'est autre que l'exercice de la prudence[2]. De ce point de vue, l'économie ne se limite pas à la recherche du vivre : elle porte aussi sur le bien-vivre, ce qui estompe la ligne de partage entre économie et politique, ainsi qu'entre *oikos* et *polis*. Cette proximité entre économie et politique apparaît également si l'on songe que la finalité de la cité n'est pas seulement le bien-vivre mais aussi le vivre : elle vise l'autarcie[3], c'est-à-dire la capacité de satisfaire par elle-même aux besoins de ses membres, et l'atteint bien mieux que les maisons et les villages. Ainsi, à la quête du bien-vivre qu'on trouve aussi sur le plan économique répond la recherche du vivre présente sur le plan politique[4].

Par tous ces aspects, l'économie s'inscrit pour Aristote en continuité avec la politique, et l'*oikos* avec la *polis*. Le contraste avec Platon est flagrant : même si Aristote subordonne l'art économique à l'art politique, l'autonomie de ce dernier est affaiblie par rapport à ce que Platon exige. À l'inverse, Aristote investit l'économie d'une authentique dimension politique qui au contraire, selon Platon, lui fait défaut par nature. Le contraste est le même au niveau anthropologique : Aristote pense la compatibilité entre les deux dimensions de l'homme comme animal économique et animal politique, Platon souligne au contraire le conflit qui les oppose tant que le politique véritable ne les concilie pas[5].

1. *Polit.* I, 8 et 9. Selon P. Pellegrin il y a deux chrématistiques, l'une commerciale, l'autre non. Toutes deux sont des perversions de pratiques naturelles : respectivement de l'acquisition naturelle, et du commerce à but non lucratif. Voir ses *Polit.* note 5, p. 117. Au contraire, pour C. Natali, il y a une chrématistique naturelle, l'autre non : la première concerne l'acquisition des biens dans les formes décrites par Aristote au début du chapitre 8 ; la seconde est le commerce à but lucratif; « Aristote et la chrématistique », *Aristoteles'Politik, Akten des XI Symposium Aristotelicum*, G. Patzig (dir.), Göttingen, Vandenhoeck & Ruprecht, 1990, p. 302-303. Voir aussi M. Hénaff, *op. cit.*, p. 109-126, en particulier, p. 120-121.

2. La prudence est la « disposition accompagnée de règle vraie, capable d'agir dans la sphère de ce qui est bon ou mauvais pour un être humain », *EN.* VI, 5, 1140b4-6.

3. *Polit.* I, 2, 1252b27-29. Sur la double finalité de la cité, voir P. Aubenque, « Politique et éthique chez Aristote », *Ktèma*, Strasbourg, N°5, 1980, p. 213 : le concept d'autarcie assure le passage et la continuité du vivre au bien-vivre, par une sorte de finalité par surcroît.

4. « S'étant constituée en vue du vivre, [...] », *Polit.* I, 2, 1252b29-30.

5. R. Bodéüs, « L'animal politique et l'animal économique », *Aristotelica. Mélanges offerts à Marcel De Corte*, A. Motte, C. Rutten (éd.), Liège-Bruxelles, Presses Universitaires-Ousia, 1985, p. 65-81.

L'Économique

Le livre I de l'*Économique* s'ouvre sur la phrase suivante : « Il n'y a pas seulement entre l'économique et la politique autant de différence qu'il y en a entre la maison et la cité (car ce sont leurs objets), mais encore celle-ci : la politique est l'affaire de nombreux dirigeants tandis que l'économique est l'exercice du pouvoir d'un seul[1]. » Malgré les apparences, Aristote soutient ici la thèse de la similitude entre l'art politique et l'art économique plutôt que la thèse de leur différence.

C'est ce que montre d'abord la présentation de la *polis* et de l'*oikos* quelques lignes plus bas : « Une cité, c'est un grand nombre de maisons, de terres et de richesses, qui puisse se suffire à lui-même afin d'assurer le bien-vivre[2]. » La différence semble plus de degré que de nature, contrairement à la différence fonctionnelle présentée au début des *Politiques*, dont on a vu les limites. La nature du tout politique est ici présentée comme identique à celle de ses parties, comme si la cité était un être homéomère, c'est-à-dire dont toutes les parties sont identiques entre elles et au tout.

En outre, la différence par le nombre invoquée dans la phrase liminaire de l'*Économique* est toujours pour Aristote un critère secondaire de différence, qui n'implique pas nécessairement de différence de nature : on l'a vu au début des *Politiques*, à propos du nombre de ceux qui sont soumis au pouvoir domestique ou politique[3].

Non sans surprise ensuite, l'*Économique* fait de la politique, comme de l'art économique, un art double, à la fois de production et d'usage : « Parmi les arts, assurément, certains sont divisés et ce n'est pas au même qu'il appartient de produire et d'utiliser le produit, comme dans le cas de la lyre et de la flûte. Au contraire, il appartient à la politique et de former (συστήσασθαι) la cité dans son principe et de bien utiliser ce qu'elle vient d'établir; si bien qu'il est évident qu'il appartient aussi à l'économique et d'acquérir la maison et d'en user[4]. » Produire, ce serait pour la politique composer la cité, et pour l'économie domestique constituer l'*oikos* par l'acquisition du nécessaire. Présentée comme une évidence, cette similitude ne laisse pas de surprendre en comparaison de l'*Éthique à Nicomaque*, qui soutient la nature exclusivement pratique, et non productive, de la science politique[5]. Le strict parallèle établi ici entre politique et économie

1. *Œcon.* I, 1, 1343a1-4.
2. *Œcon.* I, 1,1343a10-11.
3. *Polit.* I, 1, 1252a7-13.
4. *Œcon.* I, 1, 1343a5-9. Pour ce sens actif de συνίστημι à la voie moyenne, voir LSJ *s.v.*
5. *EN.* I, 1, 1095a5-6.

concernant l'usage et la production invite à remiser au second plan la subordination de l'économie à la politique exposée au début de l'*Éthique à Nicomaque*, et à attribuer à une même disposition éthique, la prudence, leur capacité à bien user de leurs produits respectifs. L'autonomie de la politique, si âprement défendue par Platon, se trouverait du même coup limitée par cette commune subordination à l'éthique, et sa différence avec l'économique ramenée à une différence de degré touchant la communauté à administrer[1].

Platon est en net désaccord avec l'*Économique* sur cette similitude entre l'art économique et l'art politique. Il rejette également l'idée de la complémentarité naturelle entre les aptitudes de l'homme, qui apporte les biens de l'extérieur, et celles de la femme, qui veille sur ce qui est à l'intérieur de l'*oikos*[2]. Il propose de leur attribuer les mêmes fonctions dans la cité dès lors que leurs compétences sont les mêmes.

On pourrait toutefois percevoir trois ressemblances entre Platon et Aristote. L'*Économique* laisse entendre que la bonne administration politique repose sur la bonne administration des maisons particulières. La maison étant une partie de la cité, la compétence économique acquiert une dimension politique : bien administrer son *oikos*, c'est contribuer au bien de la *polis*[3]. Or dans les *Lois*, Platon fait lui aussi de la bonne administration du *klèros* l'instrument privilégié du bien de la cité, et sur ce point sa démarche peut sembler très proche de celle préconisée dans l'*Économique* aristotélicienne. De plus, Aristote soutient que l'économique est antérieure par son origine (γενέσει) à la politique[4], tout comme c'est l'économie qui donne naissance à la cité au livre II de la *République*. Enfin, Aristote rappelle l'antériorité de nature et de principe qui revient à la cité et à la politique[5], tout comme Platon fait de la cité véritablement une la communauté en fonction de laquelle il faut concevoir l'organisation domestique, et de la politique l'art qui se subordonne tous les autres et réalise la cité sans rien faire directement lui-même.

Mais d'un point de vue très général, tandis qu'Aristote souligne davantage la continuité naturelle de l'économie et de la politique, Platon

1. Sur le caractère extrinsèque du lien entre éthique et politique, voir P. Aubenque, art. cit., p. 220-221.

2. Sur le premier point : *Œcon.* I, 2, 1343a25-b6; sur le second : *Œcon.* I, 3, 1343b26-1344a6.

3. *Œcon.* I, 1, 1343a16.

4. *Œcon.* I, 1, 1343a14-15.

5. « De plus une cité est par nature antérieure à une famille et à chacun de nous », *Polit.* I, 2, 1253a18-19. « La politique organise la cité dans son principe (ἐξ ἀρχῆς) », *Œcon.* I, 1, 1343a7.

met bien plus en avant leur rupture : nécessaire à l'autonomie du politique, cette rupture n'implique toutefois pas la mise à l'écart de la sphère économique mais permet au contraire de l'organiser au bénéfice de l'unité de la cité et de lui donner une dimension authentiquement politique.

Disons pour finir quelques mots du livre II de l'*Économique*. Dans ce passage, l'art économique n'est plus restreint à la sphère domestique, il s'étend à des groupes sociaux de différentes tailles. L'auteur distingue en effet quatre sortes d'économies : « royale, satrapique, politique et particulière », qui toutes se ramènent à l'acquisition de revenus financiers[1]. Il s'agit pour les gouvernants ou les habitants d'une cité de trouver les revenus nécessaires pour lutter contre les famines et les disettes, pour payer les soldats et les mercenaires, ou financer la guerre. Les ruses et les stratagèmes recensés ici pour obtenir de l'argent des citoyens, des alliés ou des ennemis, suggèrent davantage d'habileté que de prudence proprement dite, et donnent de l'art économique l'image d'une pratique tâtonnante, fondée sur une collection de procédés empiriques, comme dans les *Revenus* de Xénophon. Ces conseils ne doivent leur efficacité qu'aux hasards heureux de l'expérience, non à des principes éthiques. La *Rhétorique* va dans le même sens : elle place les discussions sur les revenus, les importations et les exportations dans le domaine du délibératif, c'est-à-dire dans le genre des discussions où l'on conseille et déconseille sur le nuisible et l'utile, et où la détermination de ce qui est possible et souhaitable n'obéit à aucun principe, à l'exception du cas où les conseils proviennent de l'homme prudent[2].

Cette exigence d'efficacité dans l'acquisition des revenus se fait dans un complet silence sur la pertinence politique des fins visées et des moyens employés. L'utilité et la légitimité de cette quête de revenus supplémentaires n'est en effet jamais mise en cause. À l'opposé, les mesures économiques de Platon, en particulier dans les *Lois*, n'auront rien d'un catalogue contingent : quand bien même elles s'inspirent de procédés employés par des cités empiriques, elles sont sélectionnées en fonction de l'impératif politique d'unité de la cité et de la limitation de ses besoins. Là où Aristote ou l'un de ses lointains disciples avait donc les moyens de concevoir une économie politique, c'est-à-dire une économie pensée à l'échelle de la cité, il achoppe et se perd en mesures empiriques détachées de la question politique elle-même, celle de l'unité de la cité.

1. *Œcon.* II, 1, 1345b11-14. Sur les difficultés d'établissement et de compréhension du texte : B.A. Van Groningen, *Aristote, le second livre de l'*Économique, Leyde, A.W. Sijthoff, 1933.

2. *Rhét.* 1359b23-32 ; 1360a12-17.

ANNEXE 2

LA LÉGISLATION ÉCONOMIQUE DANS LES *LOIS* DE PLATON

Sont regroupées ici les mesures économiques préconisées par l'Athénien des *Lois* pour toute cité qui veut s'amender en général, et pour la future cité des Magnètes en particulier. Ne sont pas mentionnés les honneurs ou les peines qui dans chaque cas s'appliquent à ceux qui contreviennent ou obéissent à ces lois.

Le territoire, la population et ses biens : répartition et organisation[1]

V, 737d1-2 : l'étendue du territoire doit suffire à nourrir un nombre déterminé d'habitants « modérés (σώφρονας) », et n'a pas besoin d'être plus grande que ce qui est nécessaire à cette fin.

V, 737d2-5 : la population doit être en nombre suffisant pour repousser les attaques injustes des peuples voisins, et pour venir en aide à ses voisins injustement attaqués.

V, 737e1-4 : il faut instituer cinq mille quarante cultivateurs (γεωμόροι) sur autant de portions (γῆ δὲ καὶ οἰκήσεις) du territoire, chaque homme et son lot (κλῆρος) constituant une unité. Chaque cultivateur est aussi défenseur de son lot.

V, 741b1-5 : il est interdit de vendre son lot ou d'en acheter un.

V, 744c4-d1 : il faut instituer quatre classes censitaires.

V, 744d8-745b2 : il y a un minimum de fortune dont l'unité de mesure est le lot, et un maximum qui est le quadruple de la valeur du lot. Tout

1. Sur la démographie et la géographie de la cité des Magnètes, voir l'Annexe 1 de la traduction des *Lois* par L. Brisson et J.-F. Pradeau, p. 429-437.

dépassement du maximum de richesse doit être versé à la cité et aux dieux. Toute acquisition faite en dehors des revenus du lot doit être consignée par écrit chez des magistrats.

V, 745c2-d7 : il faut diviser tout le territoire de la cité en douze parties, puis chaque lot en deux portions, l'une proche de la ville (qui est au centre des douze sections principales du territoire), l'autre en périphérie. Par souci d'égalité, il faut s'assurer de l'égale valeur agricole des douze parties et des lots.

VIII, 847e2-848c6 : l'ensemble de la production agricole des douze sections du territoire doit être partagée en trois parts égales pour les citoyens, leurs serviteurs et les étrangers.

IX, 855a5-7 : afin de préserver l'égalité entre les lots, les biens d'un condamné à mort ne peuvent être requalifiés en objets publics.

L'aménagement du territoire

VI, 759a6-8 : il faut instituer des « agoranomes » pour veiller au bon ordre de la place publique (τὸ δὲ περὶ ἀγορᾶς κόσμον ἀγορανόμους), et des « astynomes » pour diriger l'aménagement et l'entretien de la ville.

VI, 760a6-761e4 : soixante « intendants de la campagne » ou « chefs de la garde » (ἀγρονόμους τε καὶ φρουράρχους) doivent veiller à l'édification et à l'entretien des moyens de défense contre les ennemis extérieurs, à la répartition équitable des eaux naturelles sur le territoire, et sont chargés de régler les litiges entre les cultivateurs.

VI, 763c4-d4 : trois astynomes doivent veiller à l'entretien des voies publiques, ainsi qu'à la répartition et à la qualité de l'approvisionnement de la ville en eau de consommation et d'ornement.

VI, 763e4-764c4 : cinq agoranomes doivent veiller au bon ordre de la place publique lors des marchés, et veiller à la préservation des temples et fontaines qui s'y trouvent.

VI, 778a7-779d7 : il ne faut pas construire de remparts autour de la ville, pour mieux habituer les cultivateurs à savoir se défendre, et pour ne pas leur donner l'habitude de se réfugier en ville à la moindre alerte. Il faut aussi veiller à ce que les habitations de la ville forment elles-mêmes un rempart, veiller à l'édification des bâtiments publics (écoles, gymnases, théâtres), à la salubrité de la ville, ainsi qu'à l'approvisionnement en eau.

VIII, 848c7-849a2 : il faut installer un village au centre de chacune des douze sections rurales. Chacun de ces villages sera équipé de temples et de fortifications, comprendra des spécialistes des différents métiers, dont une équipe sera aussi installée dans la ville centrale.

La possession des biens et des personnes

V, 736c5-737a2 : dans les cités d'origine des colons de Magnésie, il faut essayer de trouver des propriétaires qui instaurent le partage des terres et l'abolition des dettes, comme signe de « leur attachement à la mesure (τῆς μετριότητος), et qu'à leur yeux, la pauvreté consiste non pas à diminuer son bien, mais à accroître l'insatiabilité qu'on a de posséder ».

V, 737a7-b2 : il faut faire en sorte que les possessions ne suscitent pas de disputes entre les citoyens.

V, 739c2-d5 : dans la cité de premier rang, les femmes, les enfants et les biens sont communs. Est éliminé « ce qu'on nomme le propre (τὸ λεγόμενον ἴδιον) ». Cette cité est comme une personne unique.

V, 740a2-4 : dans la cité de second rang, chaque cultivateur doit se dire que le lot (τὴν λῆξιν)[1] que le sort lui a assigné ne lui appartient pas en propre, mais en commun avec la cité tout entière.

VII, 804d5-6 : les citoyens appartiennent plus à la cité qu'à ceux qui leur ont donné le jour.

IX, 877d6-8 : les cinq mille quarante domaines (*oikos*) n'appartiennent ni à leur cultivateur ni à leur famille mais à la cité « en propre et en commun (ὡς τῆς πόλεως δημόσιός τε καὶ ἴδιος). »

X, 884a1-4 : il existe une forme de « propriété », et le vol est interdit.

XI, 913a1-5 : il est interdit de toucher aux biens d'autrui ou de les déplacer sans le consentement de leur propriétaire.

XI, 913a6-914b1 : il est interdit de s'approprier ou de déplacer un trésor qu'on a découvert.

XI, 914b1-c3 : il est interdit de s'approprier ou de déplacer un objet trouvé.

XI, 915c7-d6 : il est autorisé de restituer un objet à qui l'a donné ou vendu, en respectant certains délais.

XI, 923a6-b1 : les individus et leurs biens ne s'appartiennent pas. Ils appartiennent à leur famille présente, passée et future, et plus encore à la cité tout entière[2].

1. Pour ce sens de ἡ λῆξις, voir LSJ *s.v.* 2. Ce lot est constitué de la terre et des maisons, celle de la ville et celle des champs, *Lois* V, 739e8.

2. Comment comprendre que les *khrèmata* appartiennent ici à la cité, tandis qu'un autre passage affirme l'impossibilité pour la cité de rendre publics les biens d'un propriétaire condamné à mort (IX, 855a-7) ? C'est que les contextes sont différents, mais obéissent à une même intention : il s'agit de préserver l'égalité des lots, d'une part en interdisant à la cité de soustraire quoi que ce soit à un lot, de l'autre en interdisant à un individu de disposer de ses biens à sa guise dans son testament.

XI, 922a6-923c2 : il est interdit de léguer son bien à qui l'on veut. Les biens et la personne de chacun appartiennent à la cité.

XII, 941b2-942a4: le vol est interdit, en dépit des louanges que les poètes décernent aux voleurs.

XII, 954c3-e3 : si l'on conteste à autrui la propriété non de sa résidence ou de sa demeure mais de tout autre objet dont il fait usage ouvertement, la prescription qui protège ce dernier est plus ou moins longue selon l'endroit où cet objet est utilisé.

XII, 955b5-6: le recel, en connaissance de cause, est passible des mêmes sanctions que le vol.

La vie familiale et l'insertion politique des femmes

IV, 721c8-d6; *VI, 773e5-774c2* : l'homme doit se marier avant ses 35 ans.

V, 740b1-741a5 : pour maintenir à cinq mille quarante le nombre de lots, il faut faire en sorte d'avoir un seul et unique héritier, mâle, choisi parmi ses enfants, et prendre des mesures pour réguler la natalité. En cas de surpopulation, il faut fonder des colonies.

V, 742c2-3; *VI, 774c3-e3* : il est interdit de recevoir ou de donner une dot pour le mariage de sa fille.

VI, 772d5-773e4 : les hommes doivent se marier avant 35 ans et et être incités à rechercher l'union non pour la richesse, mais pour les qualités opposées à celles qu'ils possèdent, afin d'éviter tout déséquilibre moral et économique dans la cité.

VI, 775e5-776b4 : les jeunes mariés doivent s'installer dans l'une des deux parties du lot afin de se séparer de leurs parents.

VI, 780d8-781c2 : il faut instituer les repas en commun (syssities) pour les hommes et pour les femmes.

VI, 783d4-784e1 : des inspectrices devront contrôler les jeunes mariés pendant les dix ans suivant le mariage pour leur recommander le bon moment d'avoir des enfants, ou au contraire empêcher d'en avoir ceux qui se conduisent mal, ou punir et faire prononcer le divorce de ceux qui n'en auront pas eus pendant ce laps de temps.

VI, 785b2-9: les limites d'âge du mariage sont entre 16 et 20 ans pour les femmes, et entre 30 et 35 pour les hommes.

VII, 804d6-806d3 : les citoyennes doivent faire l'objet d'une éducation au même titre que les hommes.

VII, 813e3-814c5: les citoyennes doivent participer aux exercices gymniques qui préparent à la guerre.

VIII, 841c8-e2 : les deux lois possibles sur la sexualité sont : interdire à tout homme libre d'avoir des relations sexuelles avec une autre femme que la sienne, et interdire les relations homosexuelles mâles.

Les esclaves

VI, 760e5-761a3 : les esclaves, sous la direction des intendants de la campagne et des chefs de la garde, ont la charge des travaux de construction, autant que possible à l'époque où sont interrompus les travaux de la ferme.

VI, 776b5-778a6 : pour que les esclaves acceptent leur servitude, il faut soit n'engager que des esclaves d'origine et de langue différentes pour qu'ils évitent de se concerter et de fomenter des révoltes, soit les traiter convenablement non seulement en vue de leur intérêt mais de celui de leur maître et de la cité.

VII, 806d9-e1 : les esclaves ont la charge du travail de la terre.

VIII, 808a3-b3 : les esclaves ont la charge du travail domestique sous la direction de leurs maîtres.

XI, 915a2-c7 : les esclaves affranchis doivent se rendre régulièrement chez leur ancien maître pour lui rendre service, suivre sa décision pour leur propre mariage, et ne pas devenir plus riches que lui. Plus généralement, la richesse des affranchis (et des étrangers) ne doit pas s'élever au-delà de celle de la troisième classe censitaire s'ils veulent rester dans la cité.

La production

VII, 806d9-e1 : la production artisanale et agricole est confiée non aux citoyens mais aux esclaves (δοῦλοι).

VIII, 842c4-6 : contrairement aux autres Grecs, les nouveaux citoyens ne doivent leur nourriture qu'à l'agriculture de leur terre, sans avoir besoin d'importations maritimes.

VIII, 842e6-844d3 : les lois agricoles interdisent de déplacer les bornes de ses champs, d'empiéter sur ceux du voisin, d'y faire paître ses animaux, de les endommager par négligence, d'en détourner les sources d'eaux pour son propre usage.

VIII, 846d1-847b6 : les métiers ne doivent être pratiqués ni par les citoyens ni par leurs serviteurs-esclaves (οἰκέται) ; personne ne doit pratiquer plus d'un art.

Le commerce et les contrats commerciaux

VIII, 845e10-846b4 : la libre circulation des marchandises est autorisée si les dommages qu'elle peut occasionner sur le terrain voisin sont limités.

VIII, 847b7-8 : il n'y aura d'impôt ni sur les exportations ni sur les importations.

VIII, 847b8-c7 : il est interdit d'importer pour les métiers ce que le pays ne produit pas (en particulier les objets de luxe comme l'encens, les parfums, la pourpre et les teintures étrangères) et d'exporter ce qui lui est nécessaire et qu'il produit lui-même.

VIII, 847d1-7 : les importations et les exportations relatives à la guerre (armes, substances métalliques pour le câblage, plantes ou animaux) relèvent des chefs de la cavalerie et des généraux.

VIII, 847d7-8 : le commerce de détail (καπηλεία) à but lucratif est interdit.

VIII, 849a3-c5 : les agoranomes doivent veiller à la régularité des échanges au marché (trois marchés mensuels tous les dix jours). Le 1er de chaque mois, les intendants vendent le douzième de la récolte aux étrangers qui l'achètent pour tout le mois ; le 10 ont lieu l'achat et la vente des liquides pour un mois entier ; le 20, l'achat et la vente des animaux, des ustensiles divers et des vêtements.

VIII, 849c5-8 : il est interdit aux étrangers d'acheter aux serviteurs des citoyens ou de leur vendre des produits alimentaires au détail.

VIII, 849d1-e1 : le commerce de détail n'est autorisé qu'entre les étrangers et leurs esclaves.

VIII, 849e1-850a1 : aucun délai de paiement ou de livraison entre les parties n'est autorisé ; si l'on fait crédit du paiement ou de la livraison, aucun recours n'est possible en cas de manquement.

VIII, 850a1-5 : le montant d'une transaction ne doit être ni supérieur ni inférieur au niveau légal de propriété défini par le lot.

XI, 915d6-e6 : l'achat et la vente se font comptant. Le crédit est autorisé, mais sans recours possible en justice en cas de non-paiement.

XI, 915e6-9 : les souscriptions pour des associations sont autorisées, mais sans recours possible en justice en cas de litige entre les souscripteurs.

XI, 915e9-916d1 : pour toute somme supérieure à 50 drachmes touchée par le vendeur, ce dernier doit rester en ville pendant les dix jours qui suivent la vente, en cas de réclamation de l'acheteur, auquel il doit donner son adresse. Ces mesures sont détaillées pour la vente d'esclaves malades ou criminels, en distinguant les cas où le vendeur et, ou, l'acheteur ont ou non les moyens d'avoir connaissance de ces « vices cachés ».

XI, 917b7-c3 : il est interdit de vendre la même marchandise à deux prix différents le même jour.

XI, 917c3-4 : il est interdit au vendeur de vanter sa marchandise.

XI, 917c8-918a5 : il est interdit de vendre des produits falsifiés.

XI, 918a6-919d2 : concernant la pratique du commerce de détail (ou revente : καπηλεία) il faut réduire le plus possible la classe des revendeurs qui, en dépit de l'égalisation des ressources que leur métier doit accomplir, l'exercent le plus souvent à des fins lucratives personnelles et dégradent une fonction qui en elle-même n'est pas mauvaise. Ne seront donc revendeurs que ceux dont la dégradation par la revente ne porte pas grand préjudice à la cité; et il faut trouver les moyens de détourner les revendeurs d'une impudence sans mesure et de la bassesse morale.

XI, 919d2-920a3 : il est interdit aux possesseurs des lots de s'établir revendeurs de détail (κάπηλος), vendeurs en gros ou commerçants (ἔμπορος), ou serviteurs (διακονία) d'un autre particulier (à l'exception de leurs parents ou de tout autre citoyen plus âgé qu'eux).

XI, 920a3-b3 : seuls les étrangers ont le droit de s'établir revendeurs, et les gardiens doivent se montrer particulièrement vigilants envers eux.

XI, 920b3-c8 : des spécialistes de chaque sorte de commerce doivent fixer les limites du bénéfice raisonnable (τὸ μέτριον κέρδος) autorisé pour les revendeurs.

XI, 920d1-921a1 : dans le cadre d'un contrat commercial, celui qui ne respecte pas les termes du contrat est passible de sanctions.

XI, 921a1-5 : l'artisan qui ne livre pas son travail dans le délai exigé par son commanditaire est passible d'une sanction.

XI, 921a6-b7 : l'artisan qui surévalue le prix de son travail est passible d'une sanction.

XI, 921b7-d3 : le client qui ne rémunère l'artisan ni au montant ni au moment convenu est passible d'une sanction.

La monnaie, les métaux précieux et l'impôt

V, 741e7-742a6 : il est interdit de posséder de l'or et de l'argent. La monnaie ne doit servir au citoyen qu'à payer les artisans ou les hommes de service, esclaves ou étrangers.

V, 742a7-b7 : il faut instituer une monnaie grecque pour les expéditions militaires, et les relations entre cités. Il est obligatoire de changer la monnaie étrangère lors du retour dans sa cité.

V, 742c4-6 : le prêt à intérêt est interdit. Si un tel prêt a lieu, le débiteur a le droit de ne rendre ni le capital ni les intérêts.

XII, 955d5-e4 : les citoyens doivent déclarer le revenu annuel de leur terre pour savoir si l'impôt sera une partie de ce revenu ou de l'ensemble de leur fortune.

Autres mesures

VIII, 850a5-b5 : les étrangers ne sont acceptés dans la cité qu'à la condition d'exercer un métier, et pour une période maximale de vingt ans. Ils doivent repartir avec leur fortune. À leur arrivée, ils sont soumis aux mêmes règlements que les citoyens concernant l'inscription de leur fortune sur un registre public.

XI, 936b3-c7 : la mendicité est interdite.

BIBLIOGRAPHIE

Ne sont mentionnés que les ouvrages cités.

Dictionnaires, index, bibliographies et ouvrages sur la langue grecque

BENVENISTE É., *Le Vocabulaire des institutions indo-européennes*, 2 vol., Paris, Minuit, 1969.

BRANDWOOD L., *A Word Index to Plato*, Leeds, Maney and Sons Ltd, 1976.

– *The Chronology of Plato's Dialogues*, Cambridge, Cambridge University Press, 1990.

BRISSON L. (en collaboration avec F. Plin), *Lustrum, Platon 1990-1995*, Paris, Vrin, 1999.

– et SAUNDERS T.J., *Bibliography on Plato's* Laws; *Revised and completed with an additional bibibliography on the* Epinomis, Sankt Augustin, Academia Verlag, 2000.

CHANTRAINE P., *Dictionnaire étymologique de la langue grecque*, Paris, Klincksieck, 1968.

CHERNISS H., *Lustrum*, International Forschungsberichte aus dem Bereich des Klassischen Altertums, Göttingen, Vandenhoeck & Ruprecht : N° 4 et 5 (1959-1960) ; L. Brisson, N° 20 (1977) ; (en collaboration avec H. Ioannidi) N° 25 (1983), p. 31-320, avec des corrigenda dans N° 26 (1984), p. 205-206 ; N° 30 (1988), p. 11-294, avec des corrigenda dans N° 31 (1989), p. 270-271 ; N° 35 (1993).

DENNISTON J.D., *The Greek Particles*, 1934 ; 2e ed. rev. par K.J. Dover, Oxford, Oxford University Press, 1950 ; repr. London, Gerald Duckworth & Co. and Indianapolis-Cambridge, Hackett Publishing Company, 1996.

LIDDELL H.G. and SCOTT R., *A Greek-English Lexicon*, 1843 ; 9th ed. rev. and augm. by Sir H.S. Jones, with a rev. supplement, Oxford, Clarendon Press, 1996.

Ouvrages et articles d'économie et d'anthropologie économique modernes

CAILLÉ A., *Dé-penser l'économique. Contre le fatalisme*, Paris, La Découverte-MAUSS, 2005.

FRIEDMAN M., *Essais d'économie positive*, [1953], trad. fr. Paris, Litec, 1995.

HAUSMAN D., *The Philosophy of Economics. An Anthology*, Cambridge, Cambridge University Press, 1984.

HAYEK F.A., *La Route de la servitude*, [1946], Paris, P.U.F., 1985.

HIRSCHMAN A.O., *L'Économie comme science morale et politique*, Paris, Gallimard-Le Seuil, 1982.

KEYNES J.N., *The Scope and Method of Political Economy*, [1891], London, Macmillan, 1917.

KLAPPHOLZ K., « Value Judgments and Economics », dans *The British Journal for the Philosophy of Science*, vol. 15, 1964, p. 97-114.

LAVAL Ch., *L'Homme économique. Essai sur les racines du néolibéralisme*, Paris, Gallimard, 2007.

MATHIOT J., *Adam Smith, philosophie et économie : de la sympathie à l'échange*, Paris, P.U.F., 1990.

MEILLASSOUX C., *Anthropologie de l'esclavage : le ventre de fer et d'argent*, [1986], Paris, P.U.F., 1998.

MYRDAL G., *The Political Element in the Development of Economic Thought*, London, Routledge & Kegan Paul, 1953.

POLANYI K., *La Grande Transformation*, [1944], trad. fr., Paris, Gallimard, 1983.

SEN A., *Éthique et Économie*, [1991], trad. fr., Paris, P.U.F., 1993.

– *L'Économie est une science morale*, [1990], trad. fr., Paris, La Découverte, 1999.

SÉRIS J.-P., *Qu'est-ce que la division du travail ?*, Paris, Vrin, 1994.

Ouvrages et articles portant en partie ou en totalité sur l'économie, l'anthropologie et la culture grecques

ADKINS A.W.H., « *Polupragmosunè* and minding one's own business, A study in greek social and political values », *Classical Philology*, Chicago, vol. 71, N°4, 1976, p. 301-327.

BORDES J., Politeia *dans la pensée grecque jusqu'à Aristote*, Paris, Les Belles Lettres, 1982.

BRESSON A., *L'Économie de la Grèce des cités (fin VIe-Ier siècle av. C.)*. vol. 1. *Les Structures et la production*, Paris, Armand Colin, 2007.

CAPIZZI A., « La confluence des sophistes à Athènes après la mort de Périclès et ses connexions avec les transformations de la société attique », dans *Positions de la sophistique*, B. Cassin (éd.), Paris, Vrin, 1986, p. 167-177.

CARTLEDGE, P., « The Economy (Economies) of Ancient Greece », dans *The Ancient Economy*, S. von Reden et W. Scheidel (ed.), New York, Routledge, 2002, p. 11-32.

CASSIN B., *L'Effet sophistique*, Paris, Gallimard, 1995.

– (éd.), *Positions de la sophistique*, Colloque de Cerisy, Paris, Vrin, 1986.

– *Voir Hélène en toute femme : d'Homère à Lacan*, Paris, P.U.F., 2000.

CURTY O., « À propos de la "*suggeneia*" entre cités », *Revue des Études Grecques*, vol. 107, 1994, p. 698-707.

DENIS H., *Histoire de la pensée économique*, Paris, P.U.F., 1966.

DESCAT R., *L'Acte et l'effort. Une idéologie du travail en Grèce ancienne* (8e-5e *siècle av. J.-C.)*, CNRS-Université de Franche-Comté, Besançon, 1986.

DETIENNE M., *Les Maîtres de vérité dans la Grèce archaïque*, [1967], Paris, La Découverte 1990.

– et VERNANT J.-P., *La Cuisine du sacrifice en pays grec*, Paris, Gallimard, 1979.

DODDS E.R., *The Ancient Concept of Progress and other Essays on Greek Literature and Belief*, Oxford, Clarendon Press, 1973.

DOVER K.J., *Greek Popular Morality in the Time of Plato and Aristotle*, Oxford, Oxford University Press, 1974.

EHRENBERG V., « *Polupragmosunè* : A study in Greek Politics », *The Journal of Hellenic Studies*, vol. 67, 1947, p. 46-67.

FINLEY M.I., *Le Monde d'Ulysse*, [1956], trad. fr. [1978], Paris, Le Seuil, 2002.

– *L'Économie antique*, [1973], trad. fr. Paris, Minuit, 1975.

FUKS A., *Social Conflicts in Ancient Greece*, Leiden, The Magnes Press-The Hebrew University of Jerusalem-E.J. Brill, 1984, p. 80-114.

GARLAN Y., *Guerre et économie en Grèce ancienne*, [1982], Paris, La Découverte, 1989.

– *Les Esclaves en Grèce ancienne*, [1982], Paris, La Découverte, 1995.

– « L'Homme et la guerre », dans *L'Homme grec*, Vernant J.-P., (dir.), Paris, Le Seuil, 1993, p. 75-120.

GARNSEY P., *Famine et approvisionnement dans le monde gréco-romain*, [1988], trad. fr. Paris, Les Belles Lettres, 1996.

– *Cities, Peasants and Food in Classical Antiquity. Essay in Social and Economic History*, Cambridge, Cambridge University Press, 1998.

– *Food and Society in Classical Antiquity*, Cambridge, Cambridge University Press, 1999.

GERIN D., GRANDJEAN C., AMANDRY M., CALLATAŸ F. de, *La Monnaie grecque*, Paris, Ellipses, 2001.

GERNET L., *L'Approvisionnement d'Athènes en blé au* V*e* *et au* IV*e* *siècles*, Paris, Alcan, 1909.

– « Aspects du droit athénien de l'esclavage » dans *Droit et société dans la Grèce ancienne*, Paris, Sirey, 1964, p. 151-172.

HANSEN M.G. (ed.), *The Ancient Greek City-State, Symposium on the occasion of the 250th anniversary of The Royal Danish Academy of Sciences and Letters*, July, 1-4 1992 ; Copenhagen, 1993

HASEBROEK J., *Trade and politics in ancient Greece*, [1928], trad. anglaise [1933], Chicago, Ares publishers, 1978.

HÉNAFF M., *Le Prix de la vérité. Le don, l'argent, la philosophie*, Paris, Le Seuil, 2002.

HUMPHREYS S.C., *Anthropology and the Greeks*, London, Routledge & Kegan Paul, 1978.

JAEGER W., *Paideia. La Formation de l'homme grec*, [1934], trad.fr. t. I, Paris, Gallimard, Paris, Gallimard, 1964.

JARDÉ A., *Les Céréales dans l'Antiquité grecque*, [1925], Paris, De Broccard, 1979.

KNORRINGA, H., *Emporos, Data on Trade and Trader in Greek Literature from Homer to Aristotle*, [1926], Chicago, Ares publishers, 1987.

LÉVY E., *Sparte. Histoire politique et sociale jusqu'à la conquête romaine*, Paris, Le Seuil, 2003.

– « La Sparte de Platon », *Ktèma*, N°30, 2005, p. 217-236.

LITTMAN R.J., « Kinship in Athens », *Ancient Society*, N°10, 1979, p. 5-31.

LORAUX N., *Les Enfants d'Athéna. Idées athéniennes sur la citoyenneté et la division des sexes*, Paris, Le Seuil, 1981.

– *Les Mères en deuil*, Paris, Le Seuil, 1990.

MARROU H.I., *Histoire de l'éducation dans l'Antiquité*, [1948], Paris, Le Seuil, 1964.

MOSSÉ C., *Les Institutions grecques*, [1967], Paris, Armand Colin, 1991.

OLLIER F., *Le Mirage spartiate. Étude sur l'idéalisation de Sparte dans l'Antiquité grecque du début de l'école cynique jusqu'à la fin de la cité*, t. I, Paris, De Boccard, 1938 ; t. II, Paris, Les Belles Lettres, 1943.

REDEN S. von et SCHEIDEL W. (ed.), *The Ancient Economy*, New York, Routledge, 2002.

SALVIOLI G., *Le Capitalisme dans le monde antique. Études sur l'histoire de l'économie romaine*, trad.fr. Paris, Giard et Brière, 1906.

SCHUHL P.-M., *Études platoniciennes*, Paris, P.U.F., 1960.

SCHUMPETER J.A., *Histoire de l'analyse économique*, t. I, *L'Âge des fondateurs*, [1954], trad. fr., Paris, Gallimard, 1983.

SOUCHON A., *Les Théories économiques dans la Grèce antique*, Paris, Larose, 1898.

VERNANT J.-P., « Aspects psychologiques du travail en Grèce ancienne », [1962], dans *Mythe et pensée chez les Grecs*, Paris, La Découverte, 1996, p. 295-301.

– « Hestia-Hermès : Sur l'expression religieuse de l'espace et du mouvement chez les Grecs », [1963], dans *Mythe et Pensée chez les Grecs*, Paris, La Découverte, 1996.

– « Mortels et immortels : le corps divin », dans *L'individu, la mort, l'amour; Soi-même et l'autre en Grèce ancienne*, Paris, Gallimard, 1989.

VIDAL-NAQUET P. et LÉVÊQUE P., *Clisthène l'Athénien. Sur la représentation de l'espace et du temps en Grèce de la fin du VIe siècle à la mort de Platon*, Paris, Macula, 1964.

WEBER M., *Économie et Société*, trad. fr., [1971], Paris, Pockett, 1995.

Platon

Textes grecs et traductions

Platonis Opera. ed. J. Burnet, 5. vol. Oxford, 1900-1910.
Œuvres complètes de Platon, tomes I à XII, Paris, Les Belles Lettres, CUF, 1946-1956.
Platon. Œuvres complètes, trad. nouvelle et notes par L. Robin, avec la collab. de J. Moreau, Paris, Gallimard, Bibl. de la Pléiade, 2 vol. 1959-1960.

Apologie de Socrate. Criton : trad. fr. L. Brisson, Paris, Flammarion, 1997.
Alcibiade : trad. fr. J.-F. Pradeau et C. Marbœuf, Paris, Flammarion, 1999.
Banquet : trad. fr. L. Brisson, [1998], Paris, Flammarion, 2001.
Charmide. Lysis : trad. fr. L.A. Dorion, Paris, Flammarion, 2004.
Euthydème : trad. fr. M. Canto, Paris, Flammarion, 1989.
Gorgias : trad. fr. M. Canto, Paris, Flammarion, 1987.
Les Lois : trad. fr. L. Brisson et J.-F. Pradeau, 2 vol., Paris, Flammarion, 2006.
Lettres : trad. fr. L. Brisson, Paris, Flammarion, 1987.
Phédon : trad. fr. M. Dixsaut, Paris, Flammarion, 1991.
Philèbe : trad. fr. J.-F. Pradeau, Paris, Flammarion, 2002.
Phèdre : trad. fr. L. Brisson, Paris, Flammarion, 1989.
Le Politique : trad. fr. L. Brisson et J.-F. Pradeau, Paris, Flammarion, 2003.
Protagoras : trad. fr. F. Ildefonse, Paris, Flammarion, 1997.
La République : trad. fr. G. Leroux, Paris, Flammarion, 2002.
La République. Du régime politique : trad. fr. P. Pachet, Paris, Gallimard, 1993.
Sophiste : trad. fr. N. Cordero, Paris, Flammarion, 1993.
Théétète : trad. fr. M. Narcy, Paris, Flammarion, 1994.
Timée. Critias : trad. fr. L. Brisson, Paris, Flammarion, 1992.

Plato. The Laws : trad. angl. T.J. Saunders, [1970], London, Penguin, 1975.
The Republic *of Plato* : trad. angl. A. Bloom, [1968], New York, Basic Books, 1991.
The Republic *of Plato* : trad. angl. F.M. Cornford, Oxford, Oxford University Press, 1941.
Plato. Republic *5* : trad. angl. S. Halliwell, Warminster, Aris and Phillips, 1993.
Plato. Republic : trad. angl. R. Waterfield, Oxford, Oxford University Press, 1993.
The Sophistes *and* Politicus *of Plato* : trad. angl. L. Campbell, [1867], Salem (N.Y.), Ayer Company, 1988.
Plato. Statesman : trad. angl. C.J. Rowe, Warminster, Aris & Phillips, 1995.
Plato. The Stasteman : trad. angl. J.B. Skemp, [1952], London, Bristol Classical Press, 1987.
Plato's Statesman, Part III of *The Being of the Beautiful* : trad. angl. S. Benardete, Chicago-Londres, The University of Chicago Press, 1984.

Ouvrages et articles généraux

DIXSAUT M., *Métamorphoses de la dialectique dans les dialogues de Platon*, Paris, Vrin, 2001.

FESTUGIÈRE A.J., *Contemplation et vie contemplative selon Platon*, Paris, Vrin, 1975.

GOLDSCHMIDT V., *Le Paradigme dans la dialectique platonicienne*, [1947], Paris, Vrin, 1985.

TAYLOR A.E., *Plato. The Man and his Work*, London, Methuen, 1948.

VOEGELIN E., *Plato*, [1957], Baton Rouge, University of Missouri Press, 2000.

Sur l'économie et, ou, la politique chez Platon

BONAR J., *Philosophy and Political Economy in Some of their Historical Relations*, [1909], Bristol, Thoemmes press, 1992.

CRAIG L.H., *The War Lover, A study of Plato's* Republic, Toronto, University of Toronto Press, 1994.

DIXSAUT M., (dir.), *Études sur la* République *de Platon*, vol. 1. *De la justice*, Paris, Vrin, 2005.

ESPINAS A., « L'Art économique dans Platon », *Revue des Études grecques*, N°27, 1914, p. 105-129 ; 236-265.

FOUCHARD A., « *Astos, politès* et *epichôrios* chez Platon », *Ktèma*, Strasbourg, N°9, 1984, p. 185-204.

– « Le statut des agriculteurs dans la cité grecque idéale au IVe siècle avant J.-C. », *Revue des Études grecques*, N°106, 1993, p. 61-81.

GORDON B., *Economic Analysis before Adam Smith*, Macmillan, London, 1975.

GRÉSILLON S., « Platon le pacifique », *Cahiers de philosophie politique et juridique*, N°10, Caen, 1986, p. 49-61.

GRISWOLD C.L. Jr., « Le libéralisme platonicien : de la perfection individuelle comme fondement d'une théorie politique », dans *Contre Platon 2. Renverser le platonisme*, M. Dixsaut (dir.), Paris, Vrin, 1995, p. 155-196.

HOUMANIDIS L., « Plato's Economic Doctrine », *Archives of Economic History*, VI, 1, 1995, p. 19-34.

JOLY H., *La Question des étrangers*, Paris, Vrin, 1992.

LACOUR-GAYET J., *Platon et l'économie dirigée*, Communication faite à l'Académie des Sciences morales et politiques, le 6 novembre 1944, Paris, 1945.

LOWRY Todd S., *The Archaeology of Economic Ideas, The Classical Greek Tradition*, Durham, Duke University Press, 1987.

NESCHKE-HENTSCHKE, A., (éd.), *Images de Platon et lectures de ses œuvres : les interprétations de Platon à travers les siècles*, Louvain, Peeters, 1997.

POPPER K.R., *La Société ouverte et ses ennemis*, t. I. : *L'ascendant de Platon*, [1945], trad. fr. partielle, Paris, Le Seuil, 1979.

PRADEAU J.-F., *Platon et la cité*, Paris, P.U.F., 1997.

– *Le Monde de la politique, Sur le récit atlante de Platon*, Timée *(17-27) et* Critias, Sankt Augustin, Academia Verlag, 1997.

ROBIN L., « Platon et la science sociale », *Revue de métaphysique et de morale*, Paris, 1913, p. 211-255.

SAUNDERS T.J., « Plato's later political thought », dans *The Cambridge Companion to Plato*, R. Kraut (ed.) Cambridge, Cambridge University Press, 1992, p. 464-492.

SCHOFIELD M., *Plato*, Oxford University Press, 2006.

VOEGELIN E., *Plato and Aristotle*, Baton Rouge, Louisiana State University Press, 1957.

Sur le livre II de la République

ANNAS J., *Introduction à la* République *de Platon*, [1981], trad. fr. Paris, P.U.F., 1994.

BALOGLOU C.P., « La division des tâches chez Platon », [grec moderne], *Archives of Economic* History, II, 1992 [1993], p. 45-60, résumé en fr., p. 77.

CROSS R.C. et WOOZLEY A.D., *Plato's* Republic, *A Philosophical Commentary*, London, Macmillan, 1964.

FERRARI L., « The Origin of the State according to Plato », *Laval Théologique et Philosophique*, Québec, vol. XII, 1956, N°2, p. 145-151.

FOLEY V., « The Division of Labor in Plato and Smith », *History of Political Economy*, Durham, N°6, 1974, p. 220-242.

FRIEDLÄNDER P., « *Republic* : The Origin of the Human Community », *Plato III*, trad. angl. Princeton, Princeton University Press, 1969, p. 79-84.

GROTE G., *Plato and the Other Companions of Socrates*, [1865], trad. angl., Bristol, Thoemmes Press, vol. III, 1992.

HELMER É., *La République. Livre II.* Introduction, traduction et commentaire, Paris, Ellipses, 2006.

O'MEARA D., « Conceptions néoplatoniciennes du philosophe-roi » dans *Images de Platon et lecture de ses œuvres*, Netschke-Henschke A. (éd.), Louvain, Peeters, 1997.

OSTENFELD E. N. (ed.) : *Essays on Plato's* Republic, Aarhus, Aarhus University Press, 1998.

RANCIÈRE J., *Le Philosophe et ses pauvres*, Paris, Fayard, 1983.

SCHOFIELD M., « Plato on the Economy », dans *The Ancient Greek City-State*, M.G. Hansen (ed.), Symposium on the occasion of the 250th anniversary of The Royal Danish Academy of Sciences and Letters, July, 1-4 1992; Copenhagen, 1993, p. 183-196.

STRAUSS L., *La Cité et l'Homme*, [1964], trad. fr. Paris, De Fallois, 2005.

Sur d'autres passages de la République

ARENDS F., « Plato as a Problem Solver; The Unity of the Polis as a Key to the Interpretation of Plato's *Republic* », dans *Essays on Plato's* Republic, E.N. Ostenfeld (ed.), Aarhus University Press, Denmark, 1998, p. 28-41.

BLOOM A., *La Cité et son ombre*, trad. fr. [1968], trad. fr. Paris, Le Félin, 2006.

BLÖSSNER N., « The City-Soul Analogy », *The Cambridge Companion to Plato's* Republic, G.E.R. Ferrari (ed.), Cambridge, Cambridge University Press, 2007, p. 345-385.

BRICKHOUSE T.C., « The Paradox of the Philosophers'rule », [1981], *Plato. Critical Assessments*, vol. III, Smith N.D. (ed.), London-New York, Routledge, 1998, p. 141-152.

DIXSAUT M., (dir.), *Études sur la* République *de Platon*, vol. 1, Paris, Vrin, 2005.

FERRARI G.E.R. (ed.), *The Cambridge Companion to Plato's* Republic, Cambridge, Cambridge University Press, 2007.

GUTGLUECK J., « From *pleonexia* to *polupragmosunè* : A conflation of possession and action in Plato's *Republic* 349b-350c », *American Journal of Philology*, vol. 109, N°1, 1988, p. 21-39.

LAFRANCE Y., « La Rationalité platonicienne : mathématiques et dialectique chez Platon », *Platon. L'Amour du savoir*, Narcy M. (dir.), Paris, P.U.F., 2001, p. 13-48.

LEAR J., « Inside and outside the *Republic* », *Phronesis*, 37, 1992, p. 184-215.

LEE E.N., « Plato's Theory of Social Justice in *Republic* II-IV », dans *Essays in Ancient Greek Philosophy*, vol. 3, Anton J.P., Preus A. (ed.), Albany, State University of New York Press, 1989, p. 117-140.

LUDWIG P.W., « Eros in the *Republic* », dans *The Cambridge Companion to Plato's* Republic, Cambridge University Press, 2007, p. 217-222.

MEULDER M., « Est-il possible d'identifier le tyran décrit par Platon dans la *République ?* », *Revue belge de philologie et d'histoire*, N°67, 1989, Part. 1, p. 30-52.

MORRISON D.R., « The Utopian Character of Plato's Ideal City », dans *The Cambridge Companion to Plato's* Republic, G.R.F. Ferrari (ed.), Cambridge, Cambridge University Press, 2007, p. 232-255.

VERNEZZE P., « The Philosopher's Interest », [1992], dans *Plato. Critical Assessments*, vol. III, Smith N.D. (ed.), London-New York, Routledge, 1998, p. 153-173.

VLASTOS G., « The Theory of Social Justice in the polis in Plato's *Republic* », dans *Interpretations of Plato. A Swarthmore Symposium*, H. North (dir.), 1977, Leiden, E.J. Brill, p. 1-40.

WHITE N., « The ruler's choice », *Archich für Geschichte der Philosophie*, N°68, 1986, p. 22-46.

Sur les Lois

BENARDETE S., *Plato's* Laws. *The Discovery of Being*, Chicago-Londres, The University of Chicago Press, 2000.

BOBONICH C., *Plato's Utopia Recast. His Later Ethics and Politics*, Oxford, Clarendon Press, 2002.

BRISSON L. et PRADEAU J.-F., *Les* Lois *de Platon*, Paris, P.U.F., 2007.

– et SCOLNICOV S., *Plato's* Laws : *From Theory into Practice. Proceedings of the VIth Symposium Platonicum*, (ed.), Academia, Sankt Augustin, 2003.

DANZIG G. et SCHAPS D., « The Economy : What Plato Saw and What he Wanted », dans *Plato's* Laws *and its historical significance, Selected Papers of the International Congress on Ancient Thought*, F. Lisi (ed.), Sankt Augustin, Academia Verlag, 2001, p. 143-147.

DIÈS A. et GERNET L., « Les Lois et le droit positif », Introduction aux *Lois* de Platon, Paris, Les Belles Lettres, 1951, p. 94-203.

DIXSAUT M., « La *philia* et ses lois », dans *Cosmos et psychè. Mélanges offerts à Jean Frère*, E. Vegleris (ed.), Heildesheim, Zürich, New York, Olms, 2005, p. 101-122.

DRECHSLER W., « Plato's Nomoi as the basis of Law & Economics », dans *Plato's* Laws : *From Theory into Practice. Proceedings of the VIth Symposium Platonicum*, L. Brisson et S. Scolnicov, (ed.), Academia, Sankt Augustin, 2003, p. 215-220.

LAKS A., « L'utopie législative de Platon », *Revue philosophique de la France et de l'étranger*, Paris, P.U.F., N°4, oct.-déc. 1991, p. 417-428.

LISI F. (ed.), *Plato's* Laws *and its historical significance, Selected Papers of the International Congress on Ancient Thought*, Sankt Augustin, Academia Verlag, 2001.

MORROW G.R., *Plato's Cretan City. A Historical Interpretation of the* Laws, [1960], Princeton, Princeton University Press, 1993.

PIÉRART M., *Platon et la cité grecque : théorie et réalité dans la constitution des* Lois, Bruxelles, Académie royale de Belgique, 1974.

PRADEAU J.-F., « La Economia Politica de las Leyes. Observaciones sobre la Institucion de los *klèroi* », dans *Plato's* Laws *and its historical significance, Selected Papers of the International Congress on Ancient Thought*, F. Lisi (ed.), Sankt Augustin, Academia Verlag, 2001, p. 149-160.

SAUNDERS T.J., « The property classes and the value of the *klèros* in Plato's *Laws* », *Eranos*, Upsala, N°59, 1961, p. 29-39.

– *Notes on Plato's* Laws, *Institute of Classical Studies*, London, Bulletin Supplement, N°28, 1972.

– « Plato's later political thought », dans *The Cambridge Companion to Plato*, R. Kraut (ed.) Cambridge, Cambridge University Press, 1992, p. 464-492.

SAUVÉ MEYER S., « The moral dangers of labour and commerce in Plato's *Laws* », dans *Plato's* Laws : *From Theory into Practice. Proceedings of the VIth Symposium Platonicum*, L. Brisson et S. Scolnicov (ed.), Academia, Sankt Augustin, 2003, p. 207-214.

Sur le Politique

DECHARNEUX B., « Le bon politique et la bonne constitution ou les chemins de l'invisible », *Revue de philosophie ancienne*, 13, 1995, p. 163-185.

DIXSAUT M., « Une politique vraiment conforme à la nature » dans *Reading the* Statesman. *Proceedings of the III Symposium Platonicum*, C.J. Rowe (ed.), Sankt Augustin, Academia Verlag, 1995, p. 253-273.

ILDEFONSE F., « La classification des objets. Sur un passage du *Politique* (287b-289c) », dans *Platon : l'amour du savoir*, M. Narcy (dir.), Paris, P.U.F., 2001, p. 105-119.

LANE M., *Method and Politics in Platos's* Statesman, Cambridge, Cambridge University Press, 1998.

ROBINSON D., « The New Oxford Text of Plato's *Statesman* : Editor's Comments » dans *Reading the Statesman. Proceedings of the III Symposium Platonicum*, C.J. Rowe (ed.), Sankt Augustin, Academia Verlag, 1995, p. 37-46.

ROSEN S., *Le Politique de Platon. Tisser la cité*, [1995], trad. fr. Paris, Vrin, 2004.

ROWE C.J. (ed.), *Reading the* Statesman. *Proceedings of the III Symposium Platonicum*, C.J. Rowe (ed.), Sankt Augustin, Academia Verlag, 1995.

SCODEL H.R., *Diaeresis and Myth in Plato's* Statesman, Göttingen, Vandenhoeck & Ruprecht, 1987.

Sur le Timée

BRAGUE R., « The Body of the Speech, A New Hypothesis on the Compositional Structure of Timaeus'Monologue », dans *Platonic investigations*, D. O'Meara (ed.), Washington DC, The Catholic University of America Press, 1985, p. 54-83.

BRISSON L., *Le Même et l'Autre dans la structure ontologique du* Timée, Paris, Klincksieck, 1973.

CORNFORD F.M., *Plato's cosmology. The* Timaeus *of Plato translated with a running commentary*, [1937], London, Routledge, 2000.

GRAU N.A., « Le rôle du corps dans l'anthropologie platonicienne », *Akten des XIV Internationalen Kongress für Philosophie* (résumé), Wien, V, 1970, p. 428-430.

JOUBAUD C., *Le Corps humain dans la philosophie platonicienne*, Paris, Vrin, 1991.

MILLER H.W., « The aetiology of disease in Plato's *Timaeus* », *Transactions and Proceedings of the American Philological Association*, N°93, 1962, p. 175-187.

MOHR R.D., « The Mechanism of Flux in the Timaeus », *Apeiron*, N°14, 1980, p. 96-114; repris dans *The Platonic Cosmology*, Leiden, E.J. Brill, 1985, p. 116-138.

MORTLEY R.J., « Plato's Choice of the Sphere », *Revue des Études grecques*, 1969, t. 82, p. 342-45.

MUGLER C., « Le Corps des dieux et l'organisme des hommes », *Annales de la Faculté des Lettres et Sciences humaines de Nice*, N°2, 1967, p. 7-13.

PARRY R.D., « The Unique World of the *Timaeus* », *Journal of the History of Philosophy*, XVII, 1979, N°1, p. 1-10.

PATTERSON R.A., « The Unique Worlds of the *Timaeus* », *Phoenix, Journal of the Classical Association of Canada*, N°35, 1981, p. 105-119.

TAYLOR A.E., *A Commentary on Plato's* Timaeus, Londres, Oxford University Press, 1928.

Sur le Critias

BRISSON L., « De la philosophie politique à l'épopée. Le *Critias* de Platon », *Revue de Métaphysique et de Morale*, N°75, 1970, p. 402-438.

PRADEAU J.-F. : *Le Monde de la politique*, Sankt Augustin, Academia Verlag, 1997.

Sur le Phédon

DIXSAUT M., « *Ousia*, *eidos* et *idea* dans le *Phédon* de Platon », *Revue philosophique de la France et de l'étranger*, Paris, P.U.F., N°4, oct.-déc. 1991, p. 479-500.

Sur le Philèbe

DIXSAUT M. (dir.), *La Fêlure du plaisir. Études sur le* Philèbe *de Platon*, 2 vol. Paris, Vrin, 1999.

VAN RIEL G., « Le plaisir est-il la réplétion d'un manque ? », dans *La Fêlure du plaisir. Études sur le* Philèbe *de Platon*, vol. 1, M. Dixsaut (dir.), Paris, Vrin, p. 299-314.

Sur le Sophiste

ROSEN S., *Plato's* Sophist. *The Drama of Original and Image*, South Bend Indiana, St. Augustine's Press, 1999.

YUNIS H., « The Protreptic Rhetoric of the *Republic* », dans *The Cambridge Companion to Plato's* Republic, G.E.R. Ferrari (ed.), Cambridge, Cambridge University Press, 2007, p. 1-26.

Auteurs anciens autres que Platon : textes grecs, traductions et études

Aristote

Économique : trad. fr. A. Wartelle, Paris, Les Belles Lettres, 1968.

Éthique à Nicomaque : trad. fr. J. Tricot, [1959] Paris, Vrin, 1990 ; trad. fr. R. Bodéüs, Paris, Flammarion, 2004.

Les Politiques : trad. fr. P. Pellegrin, [1990], Paris, Flammarion, 1993.

Rhétorique : trad. fr. M. Dufour, [1938], Paris, Les Belles Lettres, 1991.

AUBENQUE P., « Politique et éthique chez Aristote », *Ktèma*, Strasbourg, N°5, 1980, p. 211-231.

BODÉÜS R., « L'Animal politique et l'animal économique », dans *Aristotelica. Mélanges offerts à Marcel De Corte*, A. Motte, C. Rutten (éd.), Liège, Presses Universitaires ; Bruxelles, Ousia, 1985, p. 65-81.

NATALI C., « Aristote et la chrématistique », dans *Aristoteles' Politik, Akten des XI Symposium Aristotelicum*, G. Patzig (dir.), Göttingen, Vandenhoeck & Ruprecht, 1990, p. 296-324.

POLANYI K., « Aristote découvre l'économie », dans *Les Systèmes économiques dans l'histoire et dans la théorie*, K. Polanyi, C. Arensberg, [1957], trad. fr., Paris, Larousse, 1975.

VAN GRONINGEN C.A. (éd.), *Aristote, le second livre de* l'Économique, Leyde, A.W. Sijthoff, 1933.

Xénophon

Œconomicus. A Social and Historical Commentary : trad. angl. S.B. Pomeroy, Oxford, Clarendon Press, 1994.

Économique : trad. fr. P. Chantraine, introduction de A. Wartelle, Paris, Les Belles Lettres, 1971.

Mémorables : trad. fr. L.-A. Dorion, Paris, Les Belles Lettres, 2000.

Cyropédie : trad. fr. M. Bizos, Paris, Les Belles Lettres, 1971.

FOUCAULT M., *Histoire de la sexualité*, vol. II : *L'Usage des plaisirs*, Paris, Gallimard, 1984.

GAUTHIER P., *Un Commentaire historique des* Poroi *de Xénophon*, Genève-Paris, Droz-Minard, 1976.

LUCCIONI J., *Les Idées politiques et sociales de Xénophon*, Paris, Ophrys, 1947.

MOSSÉ C., « Xénophon économiste », dans *Le Monde grec. Hommages à Claire Préaux*, Bruxelles, Éditions de l'Univerité de Bruxelles, 1975, p. 169-176.

NATALI C., « Socrate dans l'Économique de Xénophon », dans *Socrate et les Socratiques*, G. Romeyer Dherbey (dir.), J.-B. Gourinat (éd.), Paris, Vrin, 2001, p. 263-288.

PLÁCIDO SUÁREZ D., *La Dépendance dans* l'Économique *de Xénophon*, Paris, Les Belles Lettres, 2001.

Thucydide

Histoire de la guerre entre les Péloponnèsiens et les Athéniens : trad. fr. D. Roussel, Paris, Gallimard, 1954.

CRANE G., *Thucydides and the Ancient Simplicity. The Limits of Political Realism*, Berkeley, University of California Press, 1998.

HORNBLOWER S., *A Commentary on Thucydides, vol. 1, Books I-III*, Oxford, Oxford University Press, 1996.

KALLET L., *Money and the corrosion of power in Thucydides : the Sicilian expedition and its aftermath*, Berkeley, University of California Press, 2001.

Textes grecs et autres études cités

ARISTOPHANE, *Théâtre complet*, 2 vol., trad. fr. V.-H. Debidour, Paris, Gallimard, 1966.

MOULTON C., *Aristophanic Poetry, Hypomnemata*, N°68, Göttingen, 1981.

ÉSOPE, *Fables*, trad. fr. D. Loayza, Paris, Flammarion, 1995 ; trad. angl. B.E. Perry, *Aesopica*. Urbana (Illinois.), The University of Illinois Press, 1952.

EURIPIDE, *Tragédies complètes*, 2 vol., trad. fr. M. Delcourt-Curvers M., Paris, Gallimard, 1962.

HÉRODOTE, *L'Enquête*, trad. fr. A. Barguet, Paris, Gallimard, 1964.

HÉSIODE, *La Théogonie. Les Travaux et les Jours*, trad. fr. P. Brunet, Paris, Le Livre de Poche, 1999.

HOMÈRE, *Iliade*, trad fr. P. Mazon, Paris, [1937], Gallimard, 1975.

– *Odyssée*, trad. fr. Ph. Jaccottet, Paris, François Maspero-La Découverte, 1982.

GUTHRIE W.C.K., *Les Sophistes*, [1971], trad. fr. Paris, Payot, 1988.

HADOT P., *Qu'est-ce que la philosophie antique ?*, Paris, Gallimard, 1995.

ROMEYER DHERBEY G., *Les Sophistes*, Paris, P.U.F., 1985.

ROMILLY J. de, *Les Grands Sophistes dans l'Athènes de Périclès*, Paris, De Fallois, 1988.

ROWE C., SCHOFIELD M. (ed.), *The Cambridge History of Greek and Roman Political Thought*, Cambridge, Cambridge University Press, 2000.

Autres ouvrages cités

CLAVERO B., *La Grâce du don. Anthropologie de l'économie catholique*, [1991], trad. fr. Paris, Albin Michel, 1996.

DURKHEIM É., *Sociologie et Philosophie*, [1924], Paris, P.U.F., 1996.

WHITEHEAD A.N., *Process and Reality*, [1929], édition corrigée, New York, The Free Press, 1979.

L'Encyclopédie ou Dictionnaire raisonné des Sciences, des Arts et des Métiers. Textes choisis, Paris, Éditions Sociales, 1984.

INDEX NOMINUM

ANNAS J. 35, 45, 52, 63, 111, 112

BOBONICH C. 208, 229, 265
BONAR J. 15, 19
BRISSON L. 14, 17, 18, 26, 27, 67, 70, 74, 104, 105, 134, 188, 189, 197, 214, 229, 233, 235, 240, 241, 264, 283

CASSIN B. 93, 99, 160
CROSS R.C. 12, 35, 43, 45, 63, 261

DIXSAUT M. 78, 80, 82, 150, 163, 179, 219, 243, 244, 260

ESPINAS A. 8, 16, 17, 167, 219, 226, 241

FINLEY M.I. 13, 20, 21
FOUCAULT M. 20, 276, 277
FUKS A. 208, 223, 226, 229, 231, 265

GARLAN Y. 150, 154, 170, 197
GERNET L. 159, 207, 222, 227, 265
GRISWOLD Jr. C.L. 260, 261

HÉNAFF M. 13, 97, 98, 279
HIRSCHMAN A.O. 11, 268
HOUMANIDIS L. 15, 19

JAEGER W. 93, 144, 160, 161, 273

LEE E.N. 260, 262
LEROUX G. 31, 48, 58, 86, 114, 141, 150, 154, 155, 171, 204, 236, 237, 244, 248, 255, 256
LORAUX N. 38, 162, 243, 245

MORROW G.R. 206, 207, 208, 223, 225, 226, 227, 228, 229, 230, 231, 241, 249, 265

PACHET P. 48, 58, 86, 204, 255
PIÉRART M. 207, 222, 223, 227, 229, 230, 231, 234, 241, 248, 265
POPPER K.R. 17, 261
PRADEAU J.-F. 104, 107, 154, 188, 189, 197, 209, 214, 226, 227, 228, 229, 233, 234, 235, 240, 250, 252, 283

ROBIN L. 17, 48, 86, 204, 214, 255
ROSEN S. 32, 102, 187, 188, 190
ROWE C.J. 109, 164, 165, 183, 186, 191, 192, 197, 198, 213, 214, 215, 217, 219

SAUNDERS T.J. 208, 223, 225, 227, 228, 230, 232
SAUVÉ-MEYER S. 26, 264
SCHOFIELD M. 35, 36, 38, 41, 53, 55, 63, 81, 146
SCHUMPETER J.A. 13, 18, 274
SCODEL H.R. 183, 184, 185, 187, 188, 190
SKEMP J.B. 174, 190, 197, 214, 219
STRAUSS L. 53

VERNANT J.-P. 13, 66, 135, 150

WATERFIELD R. 15, 53, 148
WOOZLEY A.D. 12, 35, 43, 45, 63, 261

INDEX DES TEXTES CITÉS

PLATON
Alcibiade
122e1-123a4 : 116
124a8-b1 : 258
126c1-3 : 251
126e2-127b4 : 251
127b7 : 251
127c5-7 : 253
128c5-8 : 251
128c12-15 : 251
128d8-11 : 251
128e10-11 : 251
129e5-130c7 : 66
131a2-b3 : 251
131a5-8 : 252
131a9-10 : 252
131a9-b2 : 252
131a10-b1 : 252
131b4-5 : 253
131b4-6 : 253
131b7 : 252
131b7-8 : 252
133c18-20 : 253
Apologie de Socrate
19d8-20c3 : 101
22d5-8 : 127
23b8-c1 : 101
30a7-8 : 101
31a3-c3 : 101
31a7-b1 : 101
31b5-c3 : 101
31c2 : 101
31c5 : 122
33a6-b6 : 101
33b1-c2 : 102
36b6 : 122
36b7 : 25
36d4 : 101
37c4 : 101
Banquet
182c1-7 : 32
182c7-d2 : 88
188a7-b6 : 85
192d2-e9 : 79
192e10-193a1 : 79
193c2-5 : 79
209a5-8 : 212
Charmide
161b3-162b11 : 253
161d3-e5 : 254
161d11-e2 : 254
161e6-162a3 : 254
171e5-7 : 211
172d3-4 : 28
Cratyle
390b1-c1 : 200
Critias
110c3-5 : 264
110e3-111c8 : 105
111c3 : 105
111c7 : 105
111d2 : 105
111e1-3 : 258
111e2 : 53
112b5 : 135
113d5-e1 : 110
113e6-114b1 : 110
114d4-6 : 106
114e5-6 : 106
114e6-7 : 105
114e6-9 : 108
115a2-3 : 108

115a3-b6 : 106
115a5-b6 : 106
115c4-116c7 : 134
115c4-6 : 110
116b2-c2 : 106
116c6-7 : 135
116c9-117a3 : 106
119a-c : 153
119c1-120d5 : 109
119c2-5 : 109
120d1-2 : 109
120e6-121a3 : 107
121a8-b7 : 105
121b6 : 88

Euthydème
280d1-281a1 : 141
280d1-4 : 83
289b4-6 : 200
291c7-d1 : 201
292a4-7 : 178

Euthyphron
7c10-d7 : 155
14b2-5 : 211

Gorgias
455d8-e6 : 58, 181
457c-461b : 95
464b-466a : 189
482a5 : 101
483c8-d2 : 88
489e6-491a6 : 87
491a7-b1 : 87
492c4-8 : 59
493d-494b : 131
493d5-494b7 : 78
494b6 : 75
503c1-d3 : 100
503c6-d3 : 133
507e6-508a8 : 85
514a5-d2 : 178
514d3-e10 : 214
515b8-c4 : 178
515c4-516a4 : 179
516a5-b4 : 180
517b-c : 192
517c7-518a5 : 26
518a2 : 26
518e2-519a4 : 58
520a4 : 180
520e2-9 : 98
524d7-525a7 : 59

Hippias Majeur
281a-282e : 94
281a-283b : 97
281a1-282c6 : 99
282e6-283b3 : 87

Hippias Mineur
363d : 97
368a7-e1 : 254
368a-e : 39

Lachès
178a1-180a5 : 160
179c5-d2 : 59
185a5-7 : 211
186c3 : 101

Lettre VII
326b-d : 115
336d7-337b3 : 155
336d8-e1 : 157
337b6-c1 : 157
337c2-d2 : 157

Lettre VIII
354d5-7 : 60

Lois
Livre I
628b6-c3 : 155
629c6-d6 : 158
628c9-11 : 155
631b-d : 225
631c4-5 : 228
646e3-647d8 : 130

Livre II
652a-674c : 175

Livre III
677a1-680a2 : 35
677b5-9 : 88
680a3-681c3 : 235
680b3-c1 : 240
680d7-e4 : 240
680d7-681b7 : 40
681a1-2 : 240

681a2-3 : 240
681a7-d6 : 206
681b6-7 : 240
681c1-2 : 240
693d2-702b1 : 103
695c6-696a2 : 59
695d7-696b1 : 103
700a3-5 : 172, 218
702a7-b1 : 208
Livre IV
704c1-3 : 223
704d3-705b8 : 223
708c2-d1 : 155
712e10-713a2 : 110
715b2-4 : 206
715b7-c2 : 228
715c6-d6 : 196
715d4-6 : 172
716b4-5 : 212
718c7-723d4 : 236
720a2-b7 : 196
Livre V
737d6-8 : 227
728e7-729a2 : 159
735e5-736a1 : 159
736c5-8 : 223
736e4 : 191
736e6 : 201
737a4-6 : 159
737d1-2 : 226, 283
737e1-4 : 224
737e2 : 226
738e5-8 : 137
739b8-e7 : 209
739c2-3 : 206
739c3-d1 : 206
739c5-6 : 209
740a3 : 225
741b1-4 : 226
741b1-5 : 223, 283
741c4-6 : 223
741e1 : 26, 228
741e1-6 : 26, 228
742c4-6 : 119, 131
743a1-3 : 102
743c3-4 : 84
743c5-d6 : 133
743d4-5 : 223
743d5-7 : 83
744a8-745b2 : 225
744b1-4 : 228
744b4-5 : 228
744b5-c2 : 229
744c4-d1 : 228, 283
744d3-7 : 159 :
744d8-e5 : 225
744e1-3 : 226
745a6-b2 : 225
745c3-d4 : 222
745d2-4 : 225
747b1-3 : 27, 213
747c2-6 : 223
Livre VI
756b7-e2 : 229
756e-758a : 115
757b1-c7 : 229
757b1-d1 : 199
757c3-4 : 230
763a2 : 264
772e7-773e4 : 165
775c1 : 176 :
777c1-d3 : 197
779b4-5 : 212, 221
781a3-4 : 246
781c6 : 245
782d10-783b1 : 76
782e6-783a4 : 32
783a1-4 : 78
783a4-b1 : 76
Livre VII
791d5-7 : 58
796d1-5 : 208
804d4-6 : 207
804d6-e4 : 249
805d8-e2 : 249
805e4-7 : 249
805e7-806c1 : 249
806c3-7 : 60, 248
806c4 : 249
806d7-e1 : 265

806d7-e2 : 264
808a7-b1 : 27
809c2-6 : 212
809c3-6 : 27
813e3-c1 : 248
813e3-814c5 : 249, 286
819c1-5 : 28
Livre VIII
831e1-2 : 81
831c4-832a1 : 81
832b5-8 : 83
832b10-c3 : 155
836a6-b2 : 79
837e9-838d2 : 246
839a6-b1 : 78
839c2-d3 : 245
842d7 : 264
843b2 : 264
844a2 : 264
846d1-3 : 258
846d1-7 : 264
846d2-7 : 265
846d4-7 : 206
846d5-6 : 201
846d7-8 : 258
846d7-847b2 : 263
846e2-b2 : 258
847a2 : 263
847e2-848c6 : 225, 284
848e6 : 264
849c3 : 264
849d1-e1 : 264, 288
849e6-850a1 : 133
Livre IX
855a5-7 : 208, 284
855a6-7 : 226
855a7-b5 : 225
856d2-5 : 226
869e10-870a6 : 81
870a1-5 : 80
870a5-7 : 83
870a6-b6 : 83
875a5-7 : 205
875a7-b1 : 208
875b4-7 : 208
875b6-7 : 89
875b6-c3 : 136
875b7 : 250
877d6-e2 : 207, 224
Livre X
884a6-885a3 : 208
890b1-2 : 208, 212
896e8-897b1 : 66, 75
897a6 : 68
900e9-14 : 59 :
906c2-6 : 85
909e3-910a1 : 246
Livre XI
913a3-5 : 207
915d6-e6 : 119, 131
915e2-9 : 132, 133
918a6-919b3 : 223
918c9-e7 : 84
918d-919b : 26
919b1-3 : 26
919b8-c1 : 59
919d4 : 264
921c5-d3 : 133
923a6-b1 : 224, 285
930b6-c1 : 212
932a7-d8 : 207
Livre XII
949e3-4 : 223
959a4-b5 : 66
954c3-e3 : 208, 286
954c4-5 : 207
961b6-8 : 208
Ménon
71e1-72a1 : 242
76b7-c1 : 58
91a1-6 : 210
94a7-b8 : 95
Parménide
137b7 : 124
Phèdre
229a3 : 61
247a4-6 : 260
248c2-e3 : 28
248d5-6 : 28
252c3-253c2 : 161

Phédon
66c5-d2 : 31, 144
66c7-8 : 148
66d5-6 : 74
68c-69c : 82
68d2-e1 : 124
71a12-b5 : 68
99b2-4 : 184
109c3-e2 : 65
Philèbe
29b3-c4 : 65
34d1-3 : 77
34e13-35a2 : 77
35c6-7 : 75
35d1-3 : 75
42c9-d3 : 68
Politique
258b2-268d4 : 216
258d4-e7 : 217
258e8-259c5 : 213
259c6-9 : 198, 218
260c3-4 : 217, 218
265b-267c : 71
265d3-4 : 172
265d9-e9 : 31
267e1-268c4 : 175
271d6 : 30
271d6-272b1 : 29
271d7-e2 : 30
271e4-272a5 : 108
271e8-272a1 : 31
272a5-b1 : 30
272b8-d2 : 33
276d8-e13 : 217
277d1-2 : 179
279e6-280a3 : 219
280d6 : 164
281e1-6 : 181
287a7-e1 : 182
287b10-c1 : 181, 184
287d-289c : 61
287e10-288a1 : 191
288b1-9 : 72
288c1-6 : 62
289a7 : 183, 186, 187
289a7-b7 : 193
289b1-2 : 72
289c4-290a7 : 177, 183, 196
289e4-290a3 : 8
291c9-303d3 : 103
291e1-292d1 : 217
291e2 : 103
292a5-d1 : 230
292b12-c3 : 103
293e1-5 : 157
293e3-5 : 109
295a9-b2 : 218
300a4-7 : 204
301a1 : 53
302b5-6 : 22, 190
302e5-6 : 157
302e6 : 8, 91
305d1-5 : 180, 198
305e2-4 : 181
305e2-6 : 219
305e3 : 219
306a8-308b9 : 155
307d1-3 : 164
307d3-4 : 164
307e6 : 31
308b2-4 : 164
308d1 : 8
310b10 : 165
310b10-e4 : 165
310c4-5 : 165
310d6-e3 : 165
311b7-c6 : 219
Protagoras
310e1-2 : 94
311b-314b : 97
313c4-314b4 : 96
313c4-6 : 94
313c7-d4 : 25
314e3-315b8 : 99
318e5-319a2 : 28
318e6-319a2 : 212
319d7-e1 : 201
320c-322d : 34
320d8-e1 : 71
320e3 : 71

321b5-6 : 71
321c5 : 71
321d4 : 72
322a6 : 72
322a6-8 : 72
322b1-8 : 73
337d5-7 : 211
République
Livre I
347d5 : 53
330d4-331b7 : 82
343b1-c1 : 173, 232
345b9-347d8 : 99
346d4 : 219
352a5-9 : 162
Livre II
358c5-6 : 52
359c4-5 : 86
360b1-2 : 86
360c1 : 219
360c3 : 86
362b7-c1 : 86
365b4-7 : 52
368a1-b3 : 111
369b5-8 : 69
369c6-7 : 261
369d1-e1 : 72
369d6-9 : 30, 255
370a2 : 219
370a3-4 : 255 :
370a7-b3 : 257
370c7-d4 : 124
371e3-5 : 169
372b1-5 : 31
372b5-6 : 30, 60
372e4-6 : 57
373a5 : 219
373b5 : 62
373c4 : 62
373d1 : 62
373d4-e1 : 146
373d7-e3 : 148
373d9-10 : 148
373e4-5 : 152, 154
373e4-8 : 31, 151
374a1-2 : 149
374a3 : 146, 150
374c2-e3 : 150
381e1-7 : 248
Livre III
389d7-391a2 : 57
395b3-4 : 45
398e1 : 111
399e5-6 : 146
400e5-6 : 256
401d5-402a4 : 259
406d1-e3 : 256
414b8-c2 : 147
414b8-d1 : 236
414d1-415c7 : 46, 236
414d4-7 : 236
414e2 : 237
415a7 : 237
415a7-8 : 165
415b3-c6 : 129
415b6-c2 : 46
415c3-5 : 47
415c5-6 : 47, 127
415d3-4 : 156
415d8-e3 : 130
416d-417a : 224
416d3-417b8 : 188
416d5 : 201, 203
416d6-7 : 136
417a6 : 219
417a6-b6 : 25, 28, 203
Livre IV
419a10-420a3 : 169
419a1-420a1 : 188, 205, 232
419a1-421c7 : 261
419a5 : 219
419a7 : 204
420a2-421c6 : 188
420a2-3 : 99
420a3-5 : 204
420d5-420e1 : 46
420e7-421a8 : 47
420e8-421a8 : 258
421a7 : 46
422a1-2 : 59

422a1-3 : 152
422a4-7 : 151
422a8-b1 : 152
422b9 : 152
422c8-9 : 153
422d1-7 : 152
422d8-423a2 : 153
422d8-423c5 : 89
422e3-5 : 41
423c4 : 153
423d3 : 263
423a7 : 153
423a8b-2 : 153
423b9-c1 : 153
424a1-2 : 206
425c10-e2 : 168
427a4 : 53
430e6-432b1 : 57
433a8-b1 : 36, 250
433a8-b4 : 44, 122
433b3-4 : 256
433e12-434a2 : 250
434a3-8 : 124
434a3-b8 : 48, 258
434a9-434c2 : 125, 128
434c8 : 121, 250, 258
434d6 : 75 :
435a1-3 : 111
438d2 : 219
439a6-7 : 77
439a9 : 77
439c2-e3 : 77
439d6-8 : 76
441d12-e2 : 257
442a5-7 : 76
442a4-b3 : 142
442b1 : 250, 257
442c10-d1 : 142
442c5-9 : 161
443b2 : 250, 257
Livre V
449c4-5 : 206
450c6-451a4 : 205
451c5-6 : 159
451d4-e1 : 244
451d6-7 : 247
452b6-c6 : 256
453b2-456b10 : 218, 243
453b5 : 250, 257
453d2-3 : 159
453e2-4 : 243
454b6-8 : 243
454e1-4 : 244
454e6-455a3 : 244
455a9-b2 : 244
455c6-d1 : 244
455d4 : 243 :
455e1-2 : 243, 244
456a7-8 : 244
456b1-3 : 163
457d2-3 : 247
458c8 : 219 :
458c8-d1 : 188, 203
458c9 : 201
459a2 : 219
460b7-462a1 : 235
460c8-d1 : 162, 239
460c9-d1 : 247
461d2-e2 : 238, 247
461d3 : 238
461d7-e1 : 238
462a-e : 41
462b5 : 263
462b8 : 204
462c-e : 192
462c10 : 237
462c10-d7 : 170
463a1-5 : 170
463a8 : 170
463a6 : 263
463a10 : 263
463a1-b9 : 169, 218
463b1 : 170, 171, 190
463b4-5 : 170
463c3-7 : 247
464a4 : 263
464a4-6 : 247
464b9 : 219
464b9-c1 : 201, 204
464c5-d6 : 204

464d7-9 : 204
464d8-9 : 161
464d9-e2 : 156, 207
465d8 : 190
470a5 : 219
470a5-b1 : 145
470b4-471a3 : 165
470c1-e11 : 237
470d8 : 145
471a4 : 145
471a6-7 : 145
471b1-5 : 145
471b2 : 219
471b6-8 : 145
471b7 : 263
475b4-7 : 76
Livre VI
488a2-489a2 : 155
491a7-b3 : 102
491a8-b3 : 45
495d4-e3 : 26
497e9-498a3 : 25
501e3 : 263
502d1 : 190
502b9 : 263
Livre VII
517c7-d3 : 232
519b7-d7 : 232
520a6-9 : 261
520c6-d1 : 155
520e4-521a8 : 203
521e4-5 : 68
522c-528d : 27
533c1-d1 : 11
539e2-540a2 : 261
540a-b : 45
540d5-e1 : 128
Livre VIII
543a1-7 : 157
543a1-569c9 : 111
543b1-4 : 204
543b3 : 201
544c1 : 114
544c1-3 : 116
545c8-d4 : 158
546a1-3 : 113
547a-c : 238
547b2-c1 : 114, 158
547b2-c4 : 113, 115
547b4 : 219
547b8 : 112, 115,219
547c1-4 : 114
548a5-6 : 116
548a5-b2 : 126
548a5-b3 : 246
548a5-b6 : 134
548a5-c2 : 144
548a9 : 204
548b3-c1 : 111
549a1-3 : 137
549c8-550a4 : 137
549c8-d3 : 161
549c8-e1 : 123, 162, 247
549d4 : 137
549e3-550a1 : 138, 247
550a1-4 : 123, 161
550a2-4 : 257
550b4-6 : 112
550d9-10 : 115
550d11 : 117
550e1-3 : 139
550e4-9 : 119
551a-d : 28
551b2-3 : 132
551c2-5 : 118
551d5-7 : 119, 149
551e6-552a2 : 119, 140
552a4-c1 : 139
552a7-10 : 132, 140
552c6-d6 : 119
552e5 : 111
553c3-4 : 116
553d1-7 : 139
553d2-7 : 117
553d5 : 81
554a5 : 81
554a10-11 : 117
554a10-b1 : 117, 139
554a11 : 117
555a10-b4 : 131

555b10 : 117
555c1-2 : 117
555c1-556b4 : 118
555c4-5 : 132
555c7-d1 : 131
556b8-c2 : 59
556c8-557a8 : 120
556c8-e1 : 108, 140
556c8-e2 : 132, 159
557b8-10 : 120
558c3-6 : 115, 198
559c3-5 : 142
561d2 : 120
562a10-b5 : 112
562b6-8 : 120
562b9-c2 : 120
562d6-563d1 : 138
562e4 : 138, 219
562e7-9 : 161
563b4-9 : 115, 198
564c9-565a3 : 126
564e6 : 120
565a1-2 : 123
565a1-5 : 123
565e3-566a8 : 158
566a1-2 : 223
566e2-3 : 158
568e7-569b8 : 161
569a7 : 219
Livre IX
571a1-576b3 : 111
572b4-6 : 31
572d1 : 112
573d2-575a8 : 79
573d7-e2 : 131
574a6-b11 : 138
574c5 : 219
574d3 : 219
575b6-9 : 143
577a7 : 219
578a10-12 : 78
579b8 : 219
580d10-581a8 : 80
580e2-4 : 76
581a9-b1 : 144
581d5-9 : 144
586d4-587a2 : 259
586e2 : 259
586e4-587a2 : 162
588c7-10 : 65
590b3-4 : 58
590c2-7 : 26
Livre X
600c2-d4 : 210
601d1-602a2 : 200
620c6-7 : 123
Sophiste
218a-236d : 97
219a : 190
222a9-11 : 94
222b-231e : 95
223b1-7 : 161
231d2-4 : 26
231d9 : 97
234b1-c7 : 192
240b3-4 : 53
Théétète
1149c1 : 243
184e4 : 124
Timée
17c10-18a2 : 257
19b4-c1 : 108
19c2-8 : 154
24a2-b3 : 258
30c2-31a1 : 67
31c2-32c4 : 67
32c5-33a1 : 67
32c5-6 : 67
32c8-33b2 : 67
33a3-6 : 67
33c1-2 : 67
33c4-6 : 67
33c7-8 : 67
33c7-d1 : 67
33d2 : 68
34b2-3 : 67
42d1 : 74
42e-43a : 69
42e6-43a1 : 67
42e8-43a1 : 130

43a2 : 70
43a5-6 : 73
43b1-5 : 74
46c-e : 184
53b3-5 : 74
56d-61c : 68
58a2-4 : 68
65a2-3 : 74
69a6 : 192
70d7-71a3 : 76
70d7-8 : 75
70e4 : 80
72e3-6 : 75
73a1-8 : 74
74a7-c5 : 70
74b7-8 : 70
75b7-c3 : 70
76b1-d3 : 70
76c7 : 70
77c6-7 : 65
80d3 : 70
81a4-6 : 70
82a2-3 : 85
90c3 : 243

ARISTOTE
Constitution des Athéniens 43, 4, 3 : 193
Des Biens et des Maux 1250b28-29 : 220
Des Parties des animaux 686b3 : 71
Éthique à Nicomaque I, 1, 1094a26-28 : 220
Histoire des Animaux 596b23-28 : 220
622b1-5 : 220
Météorologiques II, 363a3 : 220
Politiques II, 3, 1261b34-35 : 239
II, 5, 1263a26-27 : 208
III, 1, 1275a22-23 : 265
Problèmes I, 20, 862a7 : 220

XÉNOPHON
Cyropédie 2, 14 : 173
Mémorables III, 4, 2 : 210, 277
III, 6, 14 : 277

TABLE DES MATIÈRES

INTRODUCTION 7

La thèse de Platon sur l'économie 7

Raisons du silence sur l'économie chez Platon 9

Comment définir philosophiquement l'économie ? 10

Les Grecs, un peuple seulement politique ? 12

L'économie sans la philosophie : trois lectures de Platon et leurs limites 14

Platon : de l'économie domestique à l'économie politique 19

CHAPITRE PREMIER : L'ÉCONOMIE : FAIRE ET DÉFAIRE LA CITÉ 23

L'ambivalence morale et politique de l'économie 24

L'économie critiquée 24

L'économie légitime et ses paradoxes 26

L'absence ambiguë de l'économie dans le mythe du *Politique* 29

Le texte 29

L'absence de l'économie : une condition du bonheur ? 29

L'économie au service de la philosophie : la formule du bonheur 32

L'économie, puissance des contraires dans la *République* 34

La cité naissante est-elle économique ou politique ? 34

Deux thèses fondamentales de Platon sur l'économie 36

Les deux paradoxes de la cité naissante 37

L'origine de la cité : la multiplicité des besoins 37

De la *polis* comme *sunoikia* : l'invention de l'économie politique 40

La spécialisation individuelle des tâches : un principe avant tout politique 42

La cité saine : une cité aux besoins limités 49

La cité malade 55

Les deux bords de l'économie ou l'invention de l'économie politique 63
La part maudite : anthropologie de l'économie platonicienne 65
Le corps dans l'économie platonicienne 66
Le corps du monde : un modèle pour limiter l'expansion économique 66
Le corps humain, source de l'économie 69
Le corps humain, source de l'anomie économique 73
L'âme dans l'économie platonicienne 75
L'appétit de consommation et la possession du Tout 75
Psychologie de l'argent 80
De la richesse au conflit des apparences : la *pleonexia* 84

CHAPITRE II : DE L'ÉCONOMIE COMME POLITIQUE 91
L'économie sophistique 92
Le sophiste commerçant : une métaphore ? 93
Le sophiste : marchand de savoir, donc producteur de savoir 95
Portée économique et politique du commerce sophistique 98
Une économie « socratique » ? 100
L'économie des mauvaises cités 102
Critias : l'économie de la démesure chez les Atlantes 104
L'île des éléphants : le facteur anthropologique dans la défaite des Atlantes 105
L'Atlantide ou la cité des familles 109
Le désir d'avoir et ses manifestations économiques dans la succession des mauvaises cités 111
Du désir d'avoir au désir de pouvoir 113
La *polupragmosunè* : désordre socio-économique et prestige social 121
Dangers et enjeux du prêt 130
Privatiser le public : de la chambre forte d'Homère à la cave de Platon 134
L'argent comme mesure : la ruine du point de vue politique 138
De l'économie comme politique ou le monde rêvé des appétits 141
De l'économie à la guerre 143
Le corps à l'origine de la guerre : l'anthropologie du *Phédon* 143
La guerre extérieure 146
Les fauteurs de guerre : les producteurs ou les gardiens-auxiliaires ? 146

Une armée séparée contre l'expansion économique de la cité, ou comment préserver l'*ousia* de la cité 148
La guerre, épreuve du passage de la cité économique à la cité politique 153
La guerre intérieure : causes économiques de la dissension 155
La possession matérielle : riches et pauvres 157
La possession des femmes et des enfants 159
La possession de ce qui est apparenté 163

CHAPITRE III : RENDRE L'ÉCONOMIE *VRAIMENT* POLITIQUE 167
Les rivaux économiques du politique : efficience politique et efficience économique 168
Nourrir la cité 168
Les nourriciers et les protecteurs de la cité : une réciprocité illusoire ? 169
Berger de la cité : les limites du modèle pastoral 172
Des agents économiques au bouvier 173
Derrière le bouvier, les agents économiques 175
Efficience politique et efficience économique dans le *Politique* 178
Que fait l'art politique ? 178
Le paradigme du tissage 179
Cause(s) et causes auxiliaires en politique 181
Les auxiliaires de la politique : les possessions 186
Les subordonnés économiques : esclaves, commerçants au sens large et salariés 195
Faire la cité par le bon usage de ce qu'elle contient 198
Politiser l'économie 201
Propriété privée et monde commun 202
Polis et *oikos* 210
La maison n'est-elle pour Platon qu'une petite cité ?.................. 210
De *l'oikos* au *klèros* 221
Klèroi et classes censitaires 228
Faire de la cité comme une famille ? Les limites du modèle familial en politique 235
Politiser les femmes 242
Le travail sans sexe 242
Anthropologie économique des femmes : obscures et possessives 245
Faire sortir les femmes de l'*oikos*, faire entrer la *polis* droite dans l'*oikos* 247

La fonction propre : un principe économique et politique de mise en commun ? ... 250
L'*Alcibiade* : *ta hautou prattein* est la justice ... 251
Le *Charmide* : *ta hautou prattein* est la sagesse ... 253
La *République :* deux sens de *ta hautou prattein* ... 255
Enjeux économiques et politiques du principe de la fonction propre ... 260
La dimension économique de la citoyenneté ... 263

CONCLUSION ... 267

ANNEXE 1 : CONSIDÉRATIONS THÉORIQUES SUR L'ÉCONOMIE À L'ÉPOQUE DE PLATON ... 271
ANNEXE 2 : LA LÉGISLATION ÉCONOMIQUE DANS LES *LOIS* DE PLATON ... 283

BIBLIOGRAPHIE ... 291

INDEX NOMINUM ... 305
INDEX DES TEXTES ANCIENS CITÉS ... 307

TABLE DES MATIÈRES ... 317

Imprimerie de la Manutention à Mayenne (France) – Mai 2010 – N° 32-10
Dépôt légal : 2e trimestre 2010